张岱年　方克立
主编

中国文化概论

普通高等教育「十五」国家级规划教材

第3版

ZHONGGUO
WENHUA GAILUN

北京师范大学出版集团
BEIJING NORMAL UNIVERSITY PUBLISHING GROUP
北京师范大学出版社

图书在版编目(CIP)数据

中国文化概论/张岱年,方克立主编.—3 版. —北京:北京
师范大学出版社,2023.7(2025.10 重印)

ISBN 978-7-303-29293-6

Ⅰ. ①中 ⋯   Ⅱ. ①张 ⋯ ②方 ⋯   Ⅲ. ①中华文化   Ⅳ.
①K203

中国版本图书馆 CIP 数据核字(2023)第 119448 号

出版发行:北京师范大学出版社 https://www.bnupg.com
　　　　北京市西城区新街口外大街 12-3 号
　　　　邮政编码:100088
印　　刷:天津中印联印务有限公司
经　　销:全国新华书店
开　　本:787 mm×1092 mm　1/16
印　　张:20.25
字　　数:430 千字
版　　次:2023 年 7 月第 3 版
印　　次:2025 年 10 月第 63 次印刷
定　　价:49.80 元

策划编辑:周劲含　仇春兰　赵月华　　责任编辑:周劲含
美术编辑:李向昕　　　　　　　　　　装帧设计:李向昕
责任校对:陈　民　　　　　　　　　　责任印制:马　洁

目 录

中 编

下　编

绪　论

本书概论中国文化，在编章展开之前，有必要就全书的核心概念、涉及范围、基本宗旨等问题预做说明，是为绪论。

一、"文化"界说

"文化"，是中国语言系统中古已有之的词语。

"文"的本义，指各色交错的纹理。《周易·系辞下》载："物相杂，故曰文。"《礼记·乐记》称："五色成文而不乱。"《说文解字》称："文，错画也，象交文。"均指此义。在此基础上，"文"又有若干层引申义。其一，为包括语言文字在内的各种象征符号，进而具体化为文物典籍、礼乐制度。《尚书序》载伏羲画八卦、造书契，"由是文籍生焉"；《论语·子罕》载孔子说"文王既没，文不在兹乎"，是其实例。其二，由伦理之说导出彩画、装饰、人为修养之义，与"质""实"对称，所以《尚书·舜典》疏曰"经纬天地曰文"，《论语·雍也》称"质胜文则野，文胜质则史，文质彬彬，然后君子"。其三，在前两层意义之上，更导出美、善、德行之义，这便是《礼记·乐记》所谓"礼减而进，以进为文"，郑玄注"文犹美也，善也"，《尚书·大禹谟》所谓"文命敷于四海，祗承于帝"。

"化"，本义为改易、生成、造化，如《庄子·逍遥游》："化而为鸟，其名为鹏"；《周易·系辞下》："男女构精，万物化生"；《黄帝内经·素问》："化不可代，时不可违"；《礼记·中庸》："可以赞天地之化育"；等等。归纳以上诸说，"化"指事物形态或性质的改变，并由此引申为教行迁善之义。

"文"与"化"并联使用，较早见于战国末年儒生编辑的《周易·贲卦·彖传》："观乎天文，以察时变；观乎人文，以化成天下。"这句话里的"文"，即从纹理之义演化而来。日月往来交错文饰于天，即"天文"，亦即天道自然规律。而"人文"，则指人伦社会规律，即社会生活中人与人之间纵横交织的关系，如君臣、父子、夫妇、兄弟、朋友，构成复杂网络，具有纹理表象。这段话说，治国者须观察天文，以明了时序之变化，又须观察人文，使天下之人均能遵从文明礼仪，行为止其所当止。在这里，"人文"与"化成天下"紧密联系，"以文教化"的思想已十分明确。

西汉以后，"文"与"化"方合成一词，如"文化不改，然后加诛"（刘向：《说苑·指武》），"设神理以景俗，敷文化以柔远"（王融：《三月三日曲水诗序》），"文化内辑，武功外悠"（束皙：《补亡诗》）。这里的"文化"，或与天造地设的"自然"对举，或与无教化的"质朴""野蛮"对举。

西方各民族语文系统中，亦多有与"文化"对应的词语，不过它们相互之间还有细微差别。拉丁文 cultura，原形为动词，含有耕种、居住、练习、注意等多重意义。与拉丁语同属印欧语系的英文、法文，也用 culture 来表示栽培、种植之意，并由此引申为对人的性情的陶冶、品德的教养，这就与中国古代"文化"一词的"文治教化"内涵比较接近。所不同的是，中国的"文化"一开始就专注于精神领域，而 culture 却是从人类的物质生产活动生发，继而才引申到精神活动领域的。从这层意义上分析，culture 的内蕴比"文化"更为宽广，而与中国语言系统中的另一词语"文明"更加切近。文明，从词源学上追溯，正如唐人孔颖达疏解《尚书·舜典》"浚哲文明"时所说："经天纬地曰文，照临四方曰明。"文明是从人类的物质创造（尤其是对火的利用）扩展到精神的光明普照大地。简言之，文明兼容物质创造和精神创造的双重意义，接近于今天人们通常理解的广义文化。中国与古埃及、古巴比伦、古印度共称四大"文明古国"而不称"文化古国"，原因正在这里。

文化作为人类社会的现实存在，具有与人类本身同样古老的历史。文化在时间上的流变和空间上的差异，引起思想家们的浓厚兴趣。近世以来社会生产力突飞猛进而带来的研究手段和条件的极大改善，尤其是社会进步大趋势对于精神养料的迫切需求，更直接促成专业化文化研究的长足进展。在广泛研究的基础上，人们已基本形成如下共识。

人类从"茹毛饮血，茫然于人道"（王夫之：《读通鉴论》卷二十）的"植立之兽"（王夫之：《思问录·外篇》）演化而来，逐渐形成与天道既相联系又相区别的人道，这便是文化的创造过程。在文化的创造与发展中，人是主体，自然是客体，而文化便是人与自然、主体与客体在实践中的对立统一物。这里的自然，不仅指存在于人身之外并与之对立的外在自然界，也指人类的本能、人的身体的各种自然属性。文化是改造自然、改造社会的活动，它同时也改造"改造者"自身，即实践着的人。人创造了文化，同样文化也创造了人。举例言之：一块天然的岩石不具备文化意蕴，但经过人工打磨，其中便注入了人的价值观念和劳动技能，从而进入文化范畴。人打磨石器的过程，人在这一过程中知识水平和技能的提高，在这一过程中结成的相互关系，以及最后完成的这件包含着人的价值取向的石器，都是文化现象，均属文化范畴。因此，文化的实质性含义是"人化"或"人类化"，是人类主体通过社会实践活动，适应、利用、改造自然界客体而逐步实现自身价值观念的过程。这一过程的成果体现，既反映在自然面貌、形态、功能的不断改观上，也反映在人类个体与群体素质（生理与心理的、工艺与道德的、自律与律人的）的不断提高和完善上。

　　简言之，凡是超越本能的、人类有意识地作用于自然界和社会的一切活动及其结果，都属于文化；或者说，"自然的人化"即是文化。

二、广义文化与狭义文化

　　长期以来，人们在使用"文化"这一概念时，其内涵、外延差异甚大，故文化有广义与狭义之分。

　　广义文化，着眼于人类与一般动物、人类社会与自然界的本质区别，着眼于人类卓立于自然的独特生存方式，其涵盖面非常广泛，所以又被称作"大文化"。梁启超在《什么是文化》中称，"文化者，人类心能所开积出来之有价值的共业也"[①]，这"共业"包括众多领域，诸如认识的（语言、哲学、科学、教育），规范的（道德、法律、信仰），艺术的（文学、美术、音乐、舞蹈、戏剧），器用的（生产工具、日用器皿以及制造它们的技术），社会的（制度、组织、风俗习惯），等等。面对如此庞杂的认识对象，人们自然要将文化的结构解剖当作文化研究的首要程序。

　　关于文化结构，有物质文化与精神文化两分说，物质、制度、精神三层次说，物态文化、制度文化、行为文化、心态文化四层次说，物质、社会关系、精神、艺术、语言符号、风俗习惯六大子系统说，等等。我们在这里以四层次说展开论述。

　　（一）由人类加工自然创制的各种器物，即"物化的知识力量"（马克思：《政治经济学批判》）构成的物态文化层。它是人的物质生产活动及其产品的总和，是可感知的、具有物质实体的文化事物，构成整个文化创造的基础。物态文化以满足人类最基本的生存需要——衣、食、住、行为目标，直接反映人与自然的关系，反映人类对自然界认识、把握、利用、改造的深入程度，反映社会生产力的发展水平。

　　（二）由人类在社会实践中建立的各种社会规范、社会组织构成的制度文化层。人的物质生产活动是一种社会的活动，只有结成一定的社会关系才能进行。人类高于动物的一个根本之处，就是他们在创造物质财富的同时，又创造了一个属于他们自己，服务于他们自己，同时又约束他们自己的社会环境，创造出了一系列的处理人与人（个体与个体、个体与群体、群体与群体）相互关系的准则，并将它们规范化为社会经济制度、婚姻制度、家族制度、政治法律制度，家族、民族、国家，经济、政治、宗教社团，教育、科技、艺术组织等。这一部分文化成果虽然不直接与自然界发生关系，但它们的特质、发育水平归根结底是由人与自然发生联系的一定方式所决定的。

　　（三）由人类在社会实践，尤其是在人际交往中约定俗成的习惯性定势构成的行为文化层。这是一类以民风民俗形态出现，见之于日常起居动作之中，具有鲜明的民族、地

----

　　① 　梁启超：《什么是文化》，载《学灯》，1922-12-07。

域特色的行为模式。民族的、时代的文化既有物质的标识、制度的规范，又有具体社会行为、风尚习俗的鲜活体现。《礼记·王制篇》说"五方之民，皆有性也，不可推移"，《汉书·王吉传》载"是以百里不同风，千里不同俗"，都是对人类行为文化的明确指认。以民风、民俗形态出现的行为文化，"首先是社会的、集体的，它不是个人有意无意的创作。即使有的原来是个人或少数人创立或发起的，但是也必须经过集体的同意和反复履行，才能成为民俗。其次，跟集体性密切相关，这种现象的存在，不是个性的，大都是类型的或模式的。再次，它们在时间上是传承的，在空间上是扩布的"①。

（四）由人类社会实践和意识活动长期氤氲化育出来的价值观念、审美情趣、思维方式等构成的心态文化层。这是文化的核心部分。具体而论，心态文化又可以再区分为社会心理和社会意识形态两个子层次。社会心理指人们日常的精神状态和思想面貌，是尚未经过理论加工和艺术升华的流行的大众心态，诸如人们的要求、愿望、情绪等。社会心理较直接地受到物质文化和制度文化的影响和制约，并与行为文化交融互摄，互为表里。社会意识形态则指经过系统加工的社会意识，它们往往由文化专家对社会心理进行理论归纳、逻辑整理、艺术完善，并以物化形态——通常是著作、艺术作品——固定下来，播之四海，传于后世。

依其与社会存在关系的疏密程度，我们又可将社会意识形态区别为基层意识形态（如政治思想、法权观念）和高层意识形态（如哲学、文学、艺术、宗教）。作为基层意识形态的政治思想和法权观念，是经济基础的集中表现，与社会存在保持着较密切的联系，但它的产生和发展仍然要经过社会心理这一中间环节起作用。作为高层意识形态的哲学、文学、艺术、宗教，其终极根源当然也要追溯到社会存在，但它们是更高的即更远离物质经济基础的意识形态，具有较强的独立性。在这里，观念同自己的物质存在条件的联系，越来越被一些中间环节弄模糊了。但这一联系是存在着的。社会存在通过一系列中介作用于这类高层意识形态，而社会心理和基层意识形态便是这样的中介。

广义文化从人之所以为人的意义上立论，认为正是文化的出现"将动物的人变为创造的人、组织的人、思想的人、说话的人以及计划的人"②，因而将人类社会—历史生活的全部内容统统摄入文化的定义域。一般来说，文化哲学、文化人类学等学科的研究工作者多持此类文化界说。

与广义文化相对的，是狭义文化。

狭义文化排除人类社会—历史生活中关于物质创造活动及其结果的部分，专注于精神创造活动及其结果，所以又被称作"小文化"。1871 年英国文化学家泰勒在《原始文化》一书中提出，"文化，或文明，就其广泛的民族学意义来说，是包括全部的知识、信仰、

---

① 钟敬文：《民俗学》，见《钟敬文全集》2，49 页，北京，高等教育出版社，2018。

② 庄锡昌、顾晓鸣、顾云深等编：《多维视野中的文化理论》，107 页，杭州，浙江人民出版社，1987。

艺术、道德、法律、风俗以及作为社会成员的人所掌握和接受的任何其他的才能和习惯的复合体"，这是狭义文化早期的经典界说。在汉语言系统中，文化的本义是"以文教化"，亦属于"小文化"范围。毛泽东在论及新民主主义文化时说："一定的文化是一定社会的政治和经济在观念形态上的反映。"(《新民主主义论》)这里的"文化"，也属狭义文化。

广义文化与狭义文化，涉及范围大小有别，文化概念广狭的确定，应由研究者的学科、课题、内容而定。本书肯定"大文化"概念，但基本上以"小文化"为论述范围，主要讨论涉及精神创造领域的文化现象。换言之，在本节前文剖析的文化结构四层次中，我们主要围绕第四层次即心态文化层而展开论析。

需要说明的是，狭义文化在逻辑上从属于广义文化，与后者存在着不可分割的联系。我们在研究人类的精神创造时，不能忽略物质创造活动的基础意义和决定作用；在讨论关于心态文化诸问题的时候，不能忽略物态文化、制度文化、行为文化对心态文化的影响、制约，总之，不能将"小文化"与"大文化"割裂开来。这是历史唯物主义文化观与方法论的一个基本要求。

三、中国文化与中国传统文化

民族性、国度性是文化的重要属性之一。在世界历史上，各民族、各国家分别在不同的自然—社会条件提供的舞台上，演出了情节有别、风格各异的文化正剧。本书所论的中国文化，是指由中华民族在自己生存发展的这片广袤的土地上创造的文化。

中国，是我们民族文化的摇篮。作为一个地理概念，其内涵经历了一个渐次扩展的过程。

上古时华夏族①发源于黄河流域，自认为居天下之中央，故称中国，而将周边地区称为四方。《诗经·大雅·民劳》说"民亦劳止，汔可小康。惠此中国，以绥四方"，《庄子·田子方》载"吾闻中国之君子，明乎礼义而陋于知人心"，均为此义。秦汉以后，以汉族为主体的大一统中央政权建立，历朝版图时有损益，但基本趋势是不断拓展，清代疆域"东极三姓所属库页岛，西极新疆疏勒，至于葱岭，北极外兴安岭，南极广东琼州之崖山"(《清史稿·地理志》)。中华人民共和国成立后，中国政府相继与缅甸、尼泊尔、蒙古国、巴基斯坦、阿富汗等邻国签订边界条约，至此，酷似雄鸡的中国疆域最终定型。本书所论中国文化，在地域范围上，以此为界。

中华民族是中国文化的创造主体。

中华民族是现今中国境内由华夏族演衍而来的汉族及 55 个少数民族的总称。"中

---

① 华夏族，汉族古称。

华"之得名，由来已久。"中"，意谓居四方之中。"华"，本义为光辉、文采、精粹，用于族名，蕴含文化发达之意。《唐律释文》中说：

> 中华者，中国也。亲被王教，自属中国，衣冠威仪，习俗孝悌，居身礼义，故谓之中华。

在漫长的历史年代里，随着疆域的扩大，社会的发展，中国境内各族间的联系纽带愈益强化，民族共同体诸要素（共同语言、共同地域、共同经济生活以及表现于共同文化上的共同心理素质）渐趋完备。进入近代，由于西方资本主义殖民势力的侵入，中国境内各族更增进了政治、经济、文化上的整体意识，进一步形成自觉的民族观念，"中华民族"遂成为包括中国境内诸民族的共同称谓。在全世界范围内，"凡遇一他族而立刻有'我中国人'之一观念浮于其脑际者，此人即中华民族之一员也"（梁启超：《中国历史上民族之研究》）。

中国文化是中华民族对于人类的伟大贡献。独具特色的语言文字，浩如烟海的文化典籍，嘉惠世界的科技工艺，精彩纷呈的文学艺术，充满智慧的哲学宗教，完备深刻的道德伦理，共同构成了中国文化的基本内容。

文化是一个生生不息的运动过程。任何一种民族文化，都有它发生、发展的历史，都有它的昨天、今天和明天。本书所论，重点在中国文化的"昨天"，具体而言，是以1840年鸦片战争以前的中国文化，即通常所说的中国传统文化为主要对象。全书的上编、中编以及下编的前三章，均围绕中国传统文化展开讨论，仅在全书结尾部分论及中国文化的近现代发展问题。

中国传统文化是我们的先辈传承下来的丰厚遗产，曾长期处于世界领先的地位。传统文化是历史的结晶，但它并不只是博物馆里的陈列品，而是有着活的生命。"传统并不仅仅是一个管家婆，只是把她所接受过来的忠实地保存着，然后毫不改变地保持着并传给后代。它也不像自然的过程那样，在它的形态和形式的无限变化与活动里，仍然永远保持其原始的规律，没有进步。"（黑格尔：《哲学史讲演录》第1卷）传统文化所蕴含的思维方式、价值观念、行为准则，一方面具有强烈的历史性、遗传性；另一方面又具有鲜活的现实性、变异性，它无时无刻不在影响着今天的中国人，为我们开创新文化提供历史的根据和现实的基础。因此，传统文化距离我们并不遥远，在现实生活的强劲脉搏里，时时刻刻都能够感觉到它的存在。传统文化在影响现实的同时，也在新的时代氛围中发生蜕变，所以本书在审视中国传统文化的丰富内涵之后，也以一定篇幅讨论它的转型与新生。

四、学习中国文化概论的目的、意义和方法

本书作为高等学校人文素质教育公共课教材，意在给大学生们提供一个了解祖国悠久、丰厚文化遗产的简明文本，使之对中国文化的特征有所把握，并对中国文化的继承和创新问题有所思考。我们不企求读者同意本书的全部观点，但望能启发朝气蓬勃的探索。

学习、研究中国文化，具有重要的现实意义。

（一）有助于更加准确而深刻地认识我们民族自身

开放世界的八面来风驱散了曾经笼罩我们民族心头的封闭阴云。人类各民族文化相互交流的深度和广度都在不断拓展，"地球村"越来越"小"。在这样的时代大背景下，中华民族及其文化以怎样的姿态参与"地球村"的合作与竞争，是每个中国人都应该思考的问题。真切把握一个民族的文化特征，较之把握诸如皮肤、头发、眼睛的颜色之类体质特征要困难得多。然而，任何民族，其文化形态尽管纷繁多彩，但都可以寻觅到该民族文化的主色调、主旋律。唯其如此，才有英国人绅士风度说，德国人精确高效率说，美国人自由开放说，日本人善采异邦说，等等。我们之所以能够从芸芸众生中大致辨识各民族的特征，是因为每一个民族内部，固然存在着繁复多样的阶级、阶层、集团、党派及个人教养和性格的差别，但同时也深藏着表现于共同文化上的共同心理素质，这便是所谓民族精神。学习、研究中国文化，正是我们认识自己，把握中华民族精神的可靠途径。

（二）有助于更加准确而深刻地认识我们当前的国情

跨世纪一代中国人面临的历史使命是建设中国特色社会主义，完成这一千秋伟业的认识前提是切实认清中国的国情。国情不是空洞物，其实质就是文化的历史及其现状。中华人民共和国成立以来，我们走过了艰难曲折的道路，取得了举世瞩目的成就，但是，我们的社会发展和文明进步的程度还远远不能满足人民的要求。数千年传统文化给我们留下了丰厚的遗产，同时也带来因袭的重负。外来文化的积极因素，我们吸取得还不充分，但其负面影响已引起我们的警惕和忧虑。深入剖析传统文化与外来文化对今日中国的影响，总结70多年来我们走过的道路，是认清国情的必要工作。

（三）有助于以理性态度和务实精神去继承传统，创造中华民族更加美好的未来

马克思说过："人们自己创造自己的历史，但是他们并不是随心所欲地创造，并不是在他们自己选定的条件下创造，而是在直接碰到的、既定的、从过去承继下来的条件下创造。"（《路易·波拿巴的雾月十八日》）中国文化，就是我们"直接碰到的、既定的、从过去承继下来的条件"，是影响中国人过去、现在和将来的传统。传统是社会的一种生存机制和创造机制。借助于它，历史才得以延续，社会的精神成就和物质成就才得以

保存和发展。正因为如此，文化传统并非仅仅滞留于博物馆的陈列品和图书馆的线装书之间，它还活跃在今人和未来人的实践当中，并在这种实践中不断改变自己。每个有志于为民族的未来贡献心智和汗水的中国人，都应当努力熟悉传统，分析传统，变革传统，而学习、研究中国文化，正是培育这种理性态度和务实精神的最好课堂。

中国文化源远流长，博大精深。面对这样的学习、研究对象，掌握正确的方法，十分重要。我们要注意掌握以下几种方法。

（一）历史梳理与逻辑分析相结合

中国文化历经数千年演化，内容异常丰富。我们既要对它的来龙去脉有一个明晰的了解，又要避免被无法穷尽的枝节材料所淹没，唯有将历史的方法与逻辑的方法有机地结合起来。正如恩格斯所说："历史常常是跳跃式地和曲折地前进的，如果必须处处跟随着它，那就势必不仅会注意许多无关紧要的材料，而且也会常常打断思想进程……因此，逻辑的方式是惟一适用的方式。但是，实际上这种方式无非是历史的研究方式，不过摆脱了历史的形式以及起扰乱作用的偶然性而已。"（《卡尔·马克思〈政治经济学批判·第一分册〉》）

（二）典籍研习与社会考察相结合

中国文化的要义，多被记录在汗牛充栋的古籍之中。研读这些古籍，尤其是其中具有经典意义的文献，如《诗经》《周易》《论语》《史记》等，对于我们把握中国文化的精髓，无疑是非常重要的。但这只是问题的一方面。另一方面，中国文化的众多要素，是以非文本的形式，存留于社会生活之中的，例如起居习俗、宗教礼仪、道德规范等。这就要求我们将研究视野扩大到文本之外的社会生活的宽阔领域，将典籍研习与社会考察结合起来，相互比照，相互印证，相互补充，从而对生生不息的中国文化，有一个动态的、全面的了解。

（三）批判继承与开拓创新相结合

千百年来，我们的先辈对于养育自己的中国文化，进行过详尽的研究，取得了丰硕的成果。我们没有理由拒绝这一份珍贵的遗产。苛求前人，否定过去，打倒一切的非历史主义和民族虚无主义态度，是不可取的。但是，我们又不能被前辈的认识成就所束缚。一味沿袭前说，只会窒息科学的生命。新的时代，新的社会，对中国文化的研究，提出了新的课题，新的要求。为了完成这一历史使命，我们唯有以历史唯物主义的科学观点和方法，批判地继承前贤已经取得的成就，不断开拓创新，才能在中国文化研究领域有所发现，有所发明，有所创造，有所前进。

□**参考文献**□

1. 钱穆：《中国文化史导论》，北京，商务印书馆，2023。

2. 陈登原：《中国文化史》上册，北京，商务印书馆，2014。

3. 冯天瑜等编著：《中国文化史》，北京，高等教育出版社，2007。

4. ［英］马凌诺斯基：《文化论》，费孝通译，北京，华夏出版社，2002。

5. 庄锡昌等：《多维视野中的文化理论》，杭州，浙江人民出版社，1987。

□思考题□

1. 为什么说文化就是"自然的人化"？

2. 怎样理解广义文化与狭义文化的联系和区别？

3. 文化结构的四层次说包括哪些内容？

4. 怎样认识和评价中国传统文化？

上　编

第一章　中国文化的历史地理环境

从世界范围看，人类文化是千姿百态、丰富多彩的，单就作为世界文化主体的东西方文化而言，也存在着很大的不同。之所以如此，从一定意义上讲，是由不同的地理环境所决定的。因此，了解中国历史地理环境的特征，对于理解中国传统文化是必不可少的。

中国文化产生和发展的历史地理环境，包括两个方面：自然地理环境和人文地理环境（又分为经济地理环境和社会文化地理环境）。一般说来，自然地理环境，如气候、地形、地貌、水文、植被、海陆分布等，发展变化的速度比较缓慢，有时需要相当长的时间才能为人们所觉察。但在某些阶段和某些局部地区，自然地理环境的变化也可能发生得非常迅速、非常剧烈，造成巨大的影响。人文地理环境，如疆域、政区、民族、人口、文化、城市、交通、农业、牧业等方面，发展变化的速度比自然地理因素发展变化的速度要快得多。当然，这两方面也是相互作用、不能截然分开的。关于这一点，在第二节中还要专门讨论。但无论如何，地理环境是在发展变化的，历史上的地理环境不同于现在的地理环境，因此我们在考察中国的传统文化时，必须将它们放在当时的地理环境条件下，注意研究地理环境对文化发展的影响，才能更好地了解中国文化为什么会是这样的。

第一节　中国历史地理环境的基本特征

本节所要讲的是中国的历史地理环境，所以许多与今天基本相同的地理要素一般从略。

疆域　政区

夏朝（约公元前 21 世纪至公元前 16 世纪）的历史尽管还没有完全得到考古发现的证实，但可以肯定它已经统治了范围不小的地区。经过商、周两代约 13 个世纪的发展，到公元前 221 年，秦始皇建立起了中国历史上第一个统一的封建王朝。公元前 210 年，秦的疆域北起河套、阴山山脉和辽河下游流域，南至今越南东北和广东大陆，西起陇山、川西高原和云贵高原，东至于海。此后的历代中原王朝疆域虽然时有盈缩，但基本的趋势是逐渐扩大，逐渐巩固，不少王朝都拥有过今天中国领土以外的疆域。如，从西汉中期至西晋末年的 400 多年间，朝鲜半岛的东北部曾经是中原王朝的正式政区；自西汉中期至明末年的千余年间，今越南北部都是中原王朝的一部分；唐朝和元朝的北界都远达今俄罗斯的西伯利亚，唐朝的西界一度直抵中亚的咸海。

乾隆二十四年（1759 年），清朝奠定了今天中国疆域的基础，形成了一个北起萨彦岭、额尔古纳河、外兴安岭，南至南海诸岛，西起巴尔喀什湖、帕米尔高原，东至库页岛，拥有 1000 多万平方千米地域的统一国家。

1840 年鸦片战争以后，帝国主义侵入中国，用武力迫使清朝政府签订了一系列不平等条约，攫取了中国的大片领土；甚至连条约都不签订，凭借实力造成侵占的既成事实。但中国人民进行了不屈不挠的斗争，使国土免遭更大的损失。

今天，中国陆地面积约为 960 万平方千米，内海和边海的水域面积约 470 万平方千米，国土面积次于俄罗斯、加拿大而居世界第三位。

政区（行政区域）是国家为进行分级管理而划分的地方，它的出现是以国家的建立为前提的。但这并不是说国家建立以后就必定要划分行政区域，如商和西周时期实行分封制，从上到下"分土而治"，天子和各级诸侯的直接统治区都很有限，自然不需要什么分级管理。到了春秋战国时代，经过一系列兼并，剩下的诸侯国范围越来越大。同时，各诸侯国一般都将被灭国置于国君的直接统治之下，不再分封新国，国君的直接统治区也迅速扩大。因此，直接向国君负责的行政单位——县、郡应运而生。一开始，县与郡并没有上下之分，也没有主从关系。但发展到战国后期，随着县的普遍设置，郡成了县的上一级政区。到公元前 221 年秦始皇灭六国，郡县制基本上推行到了全国。

秦、汉都实行郡县制，即由数十个至百余个郡管辖数百个到一千多个县或县级单位。到了 2 世纪末的东汉末期，原来只起监察作用的州才成为最高一级政区，形成州—郡—县三级制。开始全国只设十几个州，但汉以后，州的数量不断增加，到南北朝后期已达到数百个，一个州所管的郡县越来越少，三级制已变得毫无意义。

隋大业三年（607 年）合并、撤销了一些州县，又将州改为郡，重新实行郡、县二级制。尽管唐朝将郡改称州，并有 16 年时间又改州为郡，但基本上都是二级制。由于中央政府直接管理众多的州（郡）级单位总有点鞭长莫及，为了对地方实施监察，开元年间（713—741 年）在全国设置了十五个道。安史之乱爆发后，朝廷为了加强地方的抵抗实力，不得不普遍设置方镇（又称道），以节度使掌握方镇的军政大权。方镇成了州以上的一级政区，形成方镇（道）—州—县三级制。

977 年，宋太宗废止了方镇辖州的制度。但全国有三百多个州（府、州、军、监）级单位，朝廷难以直接管辖，因而不久就由原来专管督征运送财赋的各路转运使兼管军民事务，形成路—州（府、军、监）—县三级制，全国先后设过十五路至二十四路。但为了防止地方权力过于集中而造成割据，一个路的不同事务往往由不同的监司所管辖，不同监司的辖区又不尽相同，州一级还有不少事务直辖于朝廷，所以是一种不完整的三级制。金灭北宋后，实行的政区制度基本与北宋相同。宋朝还将一些比较重要的州改称为府，以后府越来越普遍。

元朝的中央政府称为中书省，在进入中原的初期让它的派出机构——行中书省进驻各地，统管军民事务，此后成为最高一级行政区划。元朝中期，除了行中书省的直辖区（又称腹里）外，全国设十一行中书省（简称行省、省）。省以下一般有路（或府）、州（或县）二级，少数也有路、府、州、县四级。明初洪武九年（1376 年）废除行省制，原来的省改称布政使司，分别任命三位官员负责民政、司法监察和军务。1427 年后，全国划分为两京（南、北直隶）和十三布政使司，俗称两京十三省或十五省。省以下废除了路，但设有若干分守道、分巡道作为省的派出机构。此后，朝廷为了地方治安或边防，陆续向各地派驻总督或巡抚，成为最高的地方行政官。到明朝后期，全国有总督、巡抚辖区约三十个。清初设十八省，以总督或巡抚为长官，以下只有府（或直隶州、直隶所）、县（散州、散所）二级。每省还分为若干道，作为省的派出机构。

中华民国废除了府一级政区，州、所都改为县，又重划了道区，所以成了省—道—县三级制。国民党政府废除了道，企图实行省、县二级制，但到 20 世纪 30 年代又在江西首先分区设行政督察专员，不久推行到全国。中华人民共和国成立后继承了这一制度，称为专区，以后改称地区，作为省的派出机构，基本的政区依然是省（自治区、直辖市）—县二级制。改革开放以来，原来的地区陆续改设为市，成为介于省与县之间的行政区划，出现了省—市—县三级制与省—县二级制并存的局面。

在少数民族或边疆地区，历代还设置过各种特殊的政区或机构，如汉、唐的都护府，元朝的宣政院辖地，清朝的将军、大臣辖区等。少数民族政权或边疆政权有的模仿中原王朝的政区制度，有的建立自己的行政区划，但游牧民族的政权一般仅以部族、军事编制或游牧区作为划分的单位。

民族　人口

历史上曾经在中国范围内居住和活动的民族很多，除月氏（zhī，一作支）族的主体在公元前 2 世纪迁到中亚以外，其他各民族几乎都没有完全离开过中国。在今天中国的 56 个民族中，除朝鲜族、俄罗斯族、塔塔尔族等几个民族是在以往一两个世纪中从境外迁入的以外，绝大多数都是在中国形成的，或者已在中国生活了很长的时间。除汉族以外，匈奴、鲜卑、羯、氐、羌、沙陀（突厥的一支）、契丹、女真、蒙古、满等族都曾建立过统治中原地区的政权，其中蒙古族和满族还统治过整个中国。但无论是汉族还是非汉族建立的政权，都包容其他民族，中国历来都是多民族的国家。

中国的历史是由各民族共同缔造的，中国的领土也是各民族共同开拓和巩固的。早在春秋时代，汉族的前身华夏诸族就已经成为黄河流域的主体民族。此后随着自身的扩大、迁移和其他民族的迁入，汉族与少数民族不断交融。在开发和巩固边疆方面，少数民族做出了特别重要的贡献，如藏族及其前身吐蕃在青藏高原，古代的西域诸族和维吾尔族在新疆，蒙古族在内蒙古，契丹、女真和满族在东北，高山族在台湾。如今，各民族在爱国主义的旗帜下团结起来，形成了中华民族共同的意识和信念。

据《汉书·地理志》记载，公元 2 年在汉朝设置政区的范围内有近 6000 万人口，未列入统计的少数民族和此范围之外的中国人，估计还有数百万，合计超过当时世界人口（约 1.7 亿）的 1/3。12 世纪初的北宋末年，其境内的人口已经超过 1 亿，加上辽、西夏境内和其他少数民族地区的就更多了，当时世界人口约有 3.2 亿，中国人口也占了约 1/3。1850 年，世界人口达到约 12 亿，而中国人口已突破 4.3 亿，所占比例并没有减少。

当然，在以往两三千年间，中国的人口并不是直线上升的，而是经历过无数次起落。在大规模的天灾人祸持续发生时，人口损失的幅度在 20％ 以上的情况并不少见，有时甚至超过 50％。但即使在低谷期，中国人口在世界人口中的比例一般也在 1/5 以上。在主要依靠人力和简单工具的历史条件下，中国无疑拥有世界上最强大的生产力。

这样庞大的人口分布很不均衡。公元初，60％ 的人口分布在太行山、中条山以东，豫西山地、淮河以北，燕山山脉以南的地域内，这一范围内的人口平均密度约为每平方千米 77 人。而长江以南大多数地区人口稀少，尤其是今浙江南部、福建、广东、广西、贵州等地，还有大片无人区。当时人口最稠密的地区，一是首都长安及其近郊，每平方千米超过 1000 人；二是今山东菏泽、定陶、东明一带，每平方千米 263 人。以后随着经济的发展，政治中心的转移，人口的迁移和自然条件的变迁，人口的分布发生了很大的变化。如果以淮河、秦岭、白龙江作为划分南北方的界线，北方和南方所占人口的比例从公元初的 7∶3 演变为 10 世纪末的 4∶6，14 世纪前期竟达到 2∶8。明清以来，人口的北南差有所缩小，大致稳定在 4∶6。10 世纪以后，主要的人口稠密区已经转到南方，其中长江中下游、成都平原、福建等地区人口尤其稠密。19 世纪前期，苏州府（大致相当于今苏州市）的人口密度超过每平方千米 1000 人，为全国之冠。但随着人口的增加和开发地区的扩大，地区间人口密度的差距有所缩小。到 20 世纪初，以云南腾冲—黑龙江瑗珲（今黑河）一线为界，中国形成了东南人口稠密区和西北人口稀疏区，这一格局至今仍无明显改变。

历史上的人口迁移相当频繁，规模也很大。14 世纪中叶以前，移民的主流是由北向南，即从黄河流域迁至长江流域及更南地区，其中以西晋末年永嘉之乱后、唐朝安史之乱后、北宋末年靖康之乱后的三次南迁影响最大、移民人数最多。在明朝初年，数百万人口从长江以南迁至江淮之间、淮河流域，从长江中游迁至四川盆地，从山西迁至华北平原。此后直到 20 世纪前期，移民的主流都是从平原进入山区，从内地迁往边疆。随着沿海城市和工矿城市的兴起，又有大量人口从农村和小城镇迁入这些城市。此外，历代统治者以行政或军事手段将人口集中在首都附近，边疆或其他地区的强制性移民，敌对政权间的掠夺性移民，北方游牧民族、边疆少数民族的内迁，也曾多次发生，并具有相当大的规模。来自中亚、阿拉伯甚至欧洲的移民在中国定居，也交融于中华民族。如今天的回族就是以 13 世纪自中亚、阿拉伯和波斯迁入的移民为主，吸收其他民族而逐渐形成的。中国人也不断移居海外，尤其是东南沿海地区的人民，从 15 世纪以来就以东南亚为主要迁移区。19 世纪中叶以后，向海外移民的规模日益扩大，移民及其后裔的数量已达数千万。中国移民对所在国和中国本身的经济、文化、社会和政治诸方面都产生了巨大影响，做出了杰出的贡献。

> **地形　地貌**

中国是一个多山的国家，山地、高原和丘陵约占全国土地总面积的 65％。海拔 500 米以下的土地仅占全国土地面积的 25.2％，而 3000 米以上的却占 25.9％。全球超过 8000 米的 12 座山峰，中国即有 7 座。

中国的地势西高东低，高山、高原以及大型内陆盆地主要分布在西部，丘陵、平原以及较低的山地多见于东部，宽阔缓斜的大陆架则在我国大陆东南侧延伸于海下。地势自西而东层层下降，形成地形上的三级台阶，被称为"三大阶梯"。青藏高原是最高的第一级地形阶梯，被称为"世界屋脊"，平均海拔 4000—5000 米，许多山峰超过 7000 米。在高原的东侧是举世闻名的横断山高山峡谷地带，高原内部的巨大山脉间地势宽缓，湖盆星布，长江、黄河、澜沧江等亚洲大河都发源于此。青藏高原以东、以北，至大兴安岭、太行山、伏牛山、雪峰山一线为第二阶梯，其内部地形相当复杂。由此往东是最低的第一阶梯。

与漫长的地质年代相比，数千年的历史只是极短的瞬间。但在局部地区，由于自然和人类活动的相互作用，地形、地貌已经发生了不小的变化，甚至出现了"沧海桑田"的巨变。这些变化，主要发生在第一、第二阶梯内，比较明显的有：1. 湖泊的发育和消亡。一些著名的湖泊改变了形状和面积，或者完全消失了；一些新的湖泊产生并继续演变。2. 水道和水系的变迁，流经东部平原地区的江河下游一般都发生过变化，其中黄河和海河水系的变迁尤其剧烈，决溢改道极其频繁。3. 海陆变迁。从辽东湾到杭州湾之间不少沿岸地区都是最近两三千年间陆续成陆的，但也有一些陆地重新沦入大海。4. 黄土高原的变迁。水土流失造成沟壑发育，使原来的"原"（或作塬）日益分割缩小，地形破碎，生态条件越来越差。5. 沙漠的变迁。沙漠面积扩大，吞没了一些绿洲和城市；也有一些沙漠后退了，重新得到开发。这些变化对中国的历史和文化往往产生重大的影响。

气候

中国的大部分领土处于北温带，正是黑格尔所说的"历史的真正舞台"①。中国的气候有三个特点：一是季风气候明显，主要表现为冬夏盛行风向有显著的变化，随季风的进退，降水量有明显的季节性变化。二是大陆性气候强，表现为冬、夏两季平均温度与同纬度其他地区或国家相比有较大的差异，冬季低于同纬度地区，夏季高于同纬度地区，年温差较大。三是气候类型多种多样。这些特点，有史以来并没有太大的变化。但是受全球性气候变化以及人类活动对自然环境的影响，气候还是有一定的波动和差异。这里以与人类活动关系密切的温度和湿润度两方面为例。

温度的变化。五六千年来，中国气候的总趋势是由温暖转向凉爽，但不同时期不同地区的幅度不同，而且有过多次反复。在新石器时代，正月的平均温度比现在高3℃～5℃，年平均温度大概要高2℃。公元前10世纪时气温变得寒冷，但只持续了一两个世纪，到春秋时期又趋于暖和。公元前1世纪气候已经转冷，到公元4世纪前半叶达到顶点，渤海湾的年平均温度估计比现在低2℃。6世纪时黄河流域的物候普遍比现代迟10天到2周。8、9世纪时气候稍趋温和，但10世纪下半叶气候又转寒。13世纪初开始回暖，从南到北的气候与今天大致相同。但14世纪又转为严寒，17世纪的气温达到最低点，以后逐渐转暖。

湿润状况的变迁。中国处于东亚季风区域内，雨量的变动常趋于极端，非涝即旱，而且在相邻地区也会有很大的差别，但总的说来湿润状况还是有变化的。五六千年前的温暖期也是一个气候湿润期，随后气候逐渐变得干燥，这一过程持续了很长时间。到2500年以前气候稍稍湿润，然后就再次变干。近500年来旱灾多于水灾，其中15世纪后半叶至16世纪前半叶、17世纪、18世纪前半叶至19世纪前半叶是三个旱灾持续出现的时期。

这两方面的变化所产生的复杂后果，对经济的开发、民族的迁移、人口的增长、文化的传播，以至社会的治乱和王朝的兴衰都起着或大或小的作用。

第二节　地理环境对中国文化的作用与影响

地理环境对人类和
人类社会的影响

地理环境对人类和人类社会的影响不能简单地归结为决定或不决定，而应该做全面的认识。

我们所说的地理环境，是指"生物、特别是人类赖以生存和发展的地球表层"，"地理环境可分为自然环境（或自然地理环

---

① ［德］黑格尔：《历史哲学》，王造时译，75页，上海，上海书店出版社，2006。

境)、经济环境(或经济地理环境)和社会文化环境……上述 3 种环境各以某种特定的实体为中心，由具有一定地域关系的各种事物的条件和状态所构成。这 3 种地理环境之间在地域上和结构上又是互相重叠、相互联系的，从而构成统一的整体地理环境"①。在人类产生之前，地理环境就已经存在，不过那时只有自然环境。在人类产生之后，完全单纯的自然环境就不再存在，因为人类的活动总会或多或少地改变自然环境。但在人类漫长的早期，人们对自然的影响毕竟是极其有限的，所以我们还是可以把地理环境主要当作自然环境。随着人类生产的发展，经济环境和社会文化环境逐渐形成，并且越来越起作用。到了近代，就更难以将这三者严格区分开来了。

地理环境是人类赖以生存和发展的物质基础，当然也是人类意识或精神的基础。因此，地理环境对人类和人类社会所起的作用是具有一定的决定意义的。但是在具体的时间和空间范围内，地理环境在起决定作用的同时，也给人类的发展保留着相对广泛的自由，因为：第一，它并没有规定人类从产生到消亡的具体过程、方式和时间；第二，它并没有确定物质和能量的转化和传递的具体过程、方式和时间；第三，人类只要不违背它的内在规律，完全可以根据自己的需要利用这一环境，实现对自身有利的物质转化和能量传递。

人类对地理环境的利用从来没有达到极限，今天离极限也还相当遥远。而且，不同地区、不同时间的人们对地理环境的利用程度存在着悬殊的差异，利用的方式也迥然不同。这就是人类的历史和文化在发展过程中千差万别的原因，也是在大致相同的地理环境中，在不同地区和不同时期，人类的活动会出现如此不同的结果的缘由所在。

同样的地理环境，在不同的生产方式或生产力条件下，所起的作用是不相同的。所以在人类早期，即人类基本上还只能被动地适应现成的环境时，地理环境对人类各方面的活动都起着决定性的作用。但随着生产力的提高和生产方式的多样化，人们开始能动地利用地理环境，地理环境对人类具体活动的决定作用就逐渐减弱。生产力越发达，人类对地理环境的利用能力和程度就越大。但这一切都是以地理环境所提供的条件为前提的，是以不违背它的内在规律为限度的。

地理环境对中国文化形成和延续的影响

中国不但疆域辽阔，而且地理位置比较优越。中国的大部分地区处于中纬度，气候温和，又位于全球最大的陆地——欧亚大陆的东部和全球最大的海洋——太平洋的西岸，西南距印度洋也不远，季风气候发达。大部分地区雨热同季，温度和水分条件配合良好，为发展农业提供了适宜的条件。

在新石器时代，黄河中下游地区气候温和，雨量充沛，适宜作物的生长和人类的生

---

① "地理环境"(陈传康撰)，见《中国大百科全书·地理学卷》，64 页，北京，中国大百科全书出版社，1990。

活。黄土高原和由黄土冲积的平原土壤疏松，在生产工具简单、铁器还未运用的情况下，易于清除天然植被和开垦耕种。黄土冲积平原的肥力虽不如其他冲积平原，但在黄土高原的原始植被保存较好的条件下，冲积土中的养分比水土流失严重时的含量要高得多。黄河中游和黄土高原虽然不像南方那样有大片的原始森林，但小片森林不在少数，基本为草原等植被所覆盖，水土流失相对并不严重。而黄河下游平原由于黄河及其他河流还没有人工堤防的约束，免不了常常泛滥改道。当时华北平原北部还有众多单独入海的河流，所以有不少地方会受到泛滥改道的影响。近海地带由于地下水位高、海水倒灌和宣泄不畅等，土地盐碱化程度严重。因此，黄河中下游一带便成为先民生存和繁衍的最适宜的地区。根据文献记载和考古发掘的结果，夏、商、周的中心地区是今天河南省的中部和北部、山西省南部、陕西省的关中盆地、河北省的西南部和山东省的西部，这正是当时自然环境条件最优越的地区。

农业在中国的发展有极其悠久的历史和相当辽阔的地域，但主要是地理环境的原因，黄河中下游最早形成了大片的农业区。春秋战国时当地还有不少残余的牧业民族或半农半牧民族，但到秦汉以后，除了少数民族大规模内迁或战争动乱时期之外，牧业在中原王朝的经济中已毫无地位。从秦朝开始直到清朝初年，历代最稳定的、设置行政区域的疆域范围，基本都是阴山山脉和辽河中游以南，青藏高原、横断山脉以东的地区。这一范围四周并不都有什么难以逾越的地理障碍，尽管王朝的军队一次次外出远征并获得胜利，但却很少将自己的正式政区扩展出去，根本的原因就是要考虑这些地区是否适宜农业生产，能不能养活当地的居民。

在中国占主导地位的传统文化，无论是物质的，还是精神的，都是建立在农业生产的基础上的。它们形成于农业区，也随着农业区的扩大而传播。大量汉族人口不断从黄河流域迁往南方、西北、东北各地，文化上的优势和数量上的多数使这些移民最终成为迁入地区的主体人口，他们所传带的文化自然也成为迁入地的主体文化。在这一过程中，尽管传统文化也吸收了牧业民族和其他民族文化的精华，但由于农业生产的基础始终没有改变，这种吸收便都以能否适应农业文明的需要为前提。前面已经提到，尽管中国的自然条件在以往数千年间有一定的变化，但总的说来幅度有限。由于中国疆域辽阔、跨纬度大，所以气候的波动一般只影响农业区的南北界，而不会减少它的面积，这就为中国文化的延续提供了稳定的物质基础。

从中国在亚洲和世界的地位看，有利于中国文化延续的地理因素就更明显了。

中国的这片农业区的面积和产量在东亚大陆一直遥遥领先，供养着数量众多的人口，因而很自然成为东亚地区的中心所在，也是文明程度最高、文化最发达的地区。在西方文明传入之前，周围的朝鲜半岛、日本列岛、中南半岛和东南亚各地的农业文明在总体上落后于中国，当然不可能对它形成冲击和挑战。北方的游牧民族虽然具有相当强的军事实力，并多次以武力入主中原，但在文化上却是弱者，最根本的原因是其文化不适应于农业地区。

中国和西方文明的中心不仅距离遥远，而且隔着高山、沙漠、草原、海洋等一系列地理障碍。在生产力不发达的情况下，要越过这些地理障碍即使不是不可能，也是要付出巨大的代价的，因此除了负有政治、军事使命或有高额利润的吸引，一般性的人员来往和交流很难进行。至迟从西汉开始，来自中亚、阿拉伯、波斯、欧洲的使臣、商人、僧人、教士、学者、军人、避难者、降人、俘虏等源源不断地来到中原地区，有时达到很大的数量，有时还具有统治民族的地位（如元朝的色目人即是这类外来移民，享有仅次于蒙古人而高于汉人、南人的地位）。但他们毕竟既无人数上的优势，在地理环境改变的条件下也无质量上的优势可言。所以尽管在某些方面他们也影响了中国文化，在一些局部地区还形成过与中国文化有本质区别的亚文化，但在总体上却无法动摇中国文化的统治地位。在西方殖民者进入亚洲以前，西方没有一次军事行动能够到达中国。751 年的怛罗斯之战是唐王朝与阿拉伯帝国的唯一直接冲突，但不久崛起的吐蕃王朝隔绝了唐王朝与阿拉伯帝国的疆域，实际上起了抵挡阿拉伯帝国兵锋的作用。

地理环境对中国文化多样性的影响

在生产力很低的情况下，地理障碍对人类活动，特别是交通运输的影响要比现在大得多，有时往往起了完全隔绝的作用，例如海洋、大江、高山、沙漠、沼泽、丛林等都曾是先民难以逾越的地理障碍。

中国领土辽阔，从最东的黑龙江与乌苏里江汇合处到最西的帕米尔高原约有 5200 千米，从最北的漠河以北的黑龙江江心到南海诸岛南端约有 5500 千米。所以，在中国内部形成了各种不同的自然地理区域，表现出不同的地理特征，蕴藏的自然资源也丰富多彩，各不相同。国境内的一些主要山脉，如东西向的天山、阴山、燕山、昆仑山、秦岭、大别山、南岭，南北向的贺兰山、六盘山、横断山，北东向的太行山、大兴安岭，北西向的阿尔泰山、祁连山以及弧形的喜马拉雅山等，主要的河流如长江、黄河、淮河、汉江、辽河等，往往成为地理区域的分界线。各区域间的差异不仅表现在主要农业区与周围地区之间，也出现在主要农业区内部。

马克思指出："资本的祖国不是草木繁茂的热带，而是温带。不是土壤的绝对肥力，而是它的差异性和它的自然产品的多样性，形成社会分工的自然基础，并且通过人所处的自然环境的变化，促使他们自己的需要、能力、劳动资料和劳动方式趋于多样化。"[①]这对于我们认识中国地理环境的多样性对中国文化多样性的作用是非常有益的。

在人类社会的早期，人类利用和改造自然条件的能力非常有限，一般只能被动地适应自然环境，所以历史上最早出现的是狩猎、养殖、捕捞、采集等谋生活动，此后随着人类自身的发展，又产生了农业、手工业、冶矿、林业、牧业等多种行业，才形成各地

①　马克思：《资本论》第一卷，587 页，北京，人民出版社，2018。

不同的物质基础。与不同的生产方式相适应，各地的社会、政治、行政制度也不相同。中原地区较早从奴隶制过渡到封建制，建立了中央集权政权，实行统一的行政区划；而在游牧民族地区则长期盛行军事奴隶制或部落联盟，人民随季节迁移。山区人民居住极其分散，长期游离于王朝的统治之外，有些地方很晚才脱离原始社会。西北沙漠中的绿洲范围有限，相互间以及与外界的联系困难，所以形成数十个"国"林立的局面。边远地区环境闭塞，不仅生产技术落后，社会进步也相当缓慢，有些地方直到 20 世纪前半期还保留着奴隶社会的残余。

不同的地理环境与物质条件，使人们形成了不同的生活方式与思想观念。在衣食住行方面，中国各地历来就存在很大的差别，久而久之就形成不同的风俗习惯。农业民族对农业的重视和对土地的依赖，发展成重农和安土重迁的观念。但生活在海滨的人民却把海洋视为生活的必需和财富的来源，不但把渔业、盐业作为主要产业，还致力于海上交通和与海外的联系。西域(今新疆和中亚地区)绿洲小国本身土地有限，又没有开发的余地，但却位于东西交通的必经之地，所以在丝绸之路开通之后，就以商业发达著称于世。北方游牧民族的生存条件比农业民族更为严酷，只能以迁徙和战斗来对付自然环境和异族的压力。总之，强烈的地域特点使中国文化的多样性非常明显。

地理障碍对文化的传播有很大影响，也使中国的不同地区所受到的外来文化影响的程度各不相同。如在穿越秦岭的道路没有开辟之前，四川盆地、云贵高原与中原地区的联系非常困难，却很早开通了与西南境外的联系。近年在四川广汉三星堆出土的精美文物，就具有与中原同时期的器物不同的特点，很可能受到了外来文化的影响。东南沿海地区由于与中原之间隔着崇山峻岭，早期或者根本没有陆路联系，或者交通极其艰险，所以海上交通发达，很早就开辟了通向沿海其他地区、近海岛屿及东南亚的航线。直到东汉初，岭南与中原的交通主要还是依靠绕道福建、浙江的海路，所以中原文化的传播相当困难，越族文化依然占主要地位。

> 地理环境对
> 开放与封闭的影响

中国的地理环境究竟是有利于开放，还是有利于封闭？对这个问题要具体分析，不能简单地肯定或否定。

首先，地理环境的开放与封闭是相对的，不存在绝对的开放或封闭，中国的西北、西南固然是高原、高山、戈壁、荒漠，但东南却有 10000 多千米的海岸线，可以通向世界各地，就是在西北和西南，也存在着多处通道，在公元前就已开辟了著名的丝绸之路，就是有力的证明。

其次，在不同的生产力条件下，地理障碍的影响也是不同的。人类早期所无法逾越的障碍，以后大多成了坦途。但即使生产力提高了，地理障碍的影响依然存在，就是在今天，青藏高原和云贵高原的交通毕竟要比华北平原和长江下游困难得多。

最后，自然地理环境并不是决定开放与否的唯一条件，海洋也不是开放的唯一途径。滨海或环海的地理环境不一定等于优越的条件，更不会自然地产生先进的文明，海上航行只是一种交通联系和传播文明的手段。如在中国历史上的大多数时期内，世界其他文明中心大多在西方，而在唐朝以前中国与西方的联系主要依靠陆路，所以地处内陆的长安和洛阳反而比大多数沿海地区更加开放。

中国历史上确实长期缺乏开放的动力，但从某种意义上说，根本的原因并不是地理障碍，而是中国的地理条件过于优越。为什么中亚、阿拉伯的商人可以不畏艰险、不远万里来到中国，而来往于丝绸之路的中原人却少得可怜呢？为什么当西方人千方百计在寻找通往中国的航路时，中国的统治者却要禁止海上交通，连早已开辟的航路也不加利用呢？这些固然有儒家思想的消极影响，但根本的原因还是中国所处的地位优越。因为在西方近代文明兴起之前，中国的确是东亚乃至当时全世界最强大、最富足的国家，完全可以做到自给自足，无求于人。尽管当时中国人的优越感和自我陶醉也是一种保守的表现，但与近代中国已经处于落后地位时一些人的夜郎自大还是有本质区别的。所以我们应当看到，与地中海文明相比，中国历史地理环境给文化交流带来的障碍也是不容忽视的。

□**参考文献**□

1. 谭其骧主编：《简明中国历史地图集》，北京，中国地图出版社，1991。

2. 邹逸麟编著：《中国历史地理概述》（第三版），上海，上海教育出版社，2013。

□**思考题**□

1. 历史上哪些地理因素对中国文化的形成和发展产生过较大的影响？请举例说明。

2. 为什么同样的地理因素在不同的历史时期会起到不同的作用？

第二章　中国文化植根的经济基础

第一节　农耕自然经济是中国古代社会经济的主体

农耕文明的发祥地
及其重心南移东亚大陆得天独厚的自然条件和地理生态环境，孕育了中华民族以农耕经济为主体的经济生产形态。

早在四五千年前，兴起于黄河中游地域的新石器文化——仰韶文化和龙山文化，已经展现了中华民族的祖先从渔猎向农耕生产过渡的历史风貌，中华农耕文明在这气候适宜、土壤肥沃的黄河中游流域开始形成。与此同时，长江中下游的屈家岭文化及钱塘江流域的河姆渡文化，也都显示了祖先们在这里辛勤耕耘、繁衍生息的时代痕迹。中国古代历史典籍追述先古"有道帝君"的作风，便是孜孜以农业为怀的君子，《论语·宪问》称"禹、稷躬稼而有天下"，《史记·周本纪》称赞周人的先祖公刘"务耕种，行地宜……民赖其庆，百姓怀之，多徙而保归焉。周道之兴，自此始"。农耕与部族的兴衰紧密相连。

三代时期，农耕业已经成为中原人民社会生活资料的主要来源，古代诗歌的记载，反映了这一时期先民从事农业生产的繁忙景象，所谓"同我妇子，馌彼南亩，田畯至喜"（《诗经·豳风·七月》），"日出而作，日入而息，凿井而饮，耕田而食"（《帝王世纪》），即是其生动写照。

春秋战国时期，诸侯纷争，列国竞雄，政治家们为了在激烈的对抗中求生存，进行了一系列的政治经济制度改革，而这些改革，几乎无不与促进农耕经济联系在一起。管仲的"相地而衰征"（《国语·齐语》），为齐的强盛奠定了雄厚的基础；魏国李悝的"尽地力之教"（《史记·荀卿列传》），竞为列国所仿效；著名的商鞅改革，其"耕战"政策使秦国的大军在关东所向披靡。

秦汉以后，大一统的帝国更把"重农固本"作为治国的不易之道。

中国的农耕文明虽然同时发祥于黄河、长江流域，但由于黄河流域细腻而疏松的黄土层较适宜于远古木石铜器农具的运用和粟、稷等旱作物的生产，所以农业生产首先在黄河中下游达到较高水平，黄河中下游地区自然也成了中国上古时代的政治、经济和人文中心。随着农业生产力的发展，特别是铁制农具和牛耕的普及，中国的农耕区域，逐渐向土肥水美的长江流域扩展，而秦汉大一统局面的形成，更为中国农耕区域的向南扩展，创造了有利的社会条件。汉晋以降的数百年间，北方战乱频仍，中原优秀的农耕男女大批向南迁徙，足迹遍布长江中下游区域及东南沿海各地。于是，中国农耕区的中心，逐渐从黄河流域向长江中下游地区转移，而中国南方优良的自然气候条件和生态环境，很快就显示出发展农耕经济的巨大潜力。隋唐以后，长江中下游区域迅速成为京城及边防粮食、布帛的主要供应地，"苏杭熟，天下足"和"湖广熟，天下足"的谚语即反映了唐宋以来经济重心南移的历史事实，"东南财税"与"西北甲兵"共同构成了唐以后历代社会政治稳定的基本格局。

农耕民族与游牧民族的长期对垒与交融

当黄河流域以南农耕文明日益发展的时候，中国的西北部地区，正繁衍生存着剽悍善战的游牧民族，他们世代"逐水草迁徙，毋城郭常处耕田之业"（《史记·匈奴列传》），依靠畜牧、狩猎为生。流徙不定的游牧生活，促使他们经常南下劫掠，"利则进，不利则退"（《史记·匈奴列传》），给中原的农耕民族造成很大的威胁。而当某一游牧部落出现了具有政治远见和号召力的领袖，游牧人短暂的经济劫掠便可能发展成为大规模的征战，甚至入主中原，建立起混一游牧区和农耕区的王朝。

中原农耕民族的生活方式是建立在土地这个固定的基础上的，稳定安居是农耕社会经济发展的前提。面对秦汉以来北方游牧民族的不断侵扰，中原历代王朝无不竭尽全力加以抵御。然而安居乐业的农耕民族终究无法与"往来转徙，时至时去"（《汉书·晁错传》）的游牧人在军事上做长期的追逐争锋，虽然在历史上也曾出现汉武帝、唐太宗、明成祖等远征漠北的行动，但农耕与游牧这两种经济类型和生产方式，决定了古代中国的军事格局是经济文化先进的中原农耕人处在被动防御状态，而经济文化落后的游牧人常取攻势。

处于守势的中原农耕人世代相沿用以抵御游牧人的最基本策略，是"修障塞，饬烽燧，屯戍以备之"（桓宽：《盐铁论·本议》）。历尽艰辛前赴后继而修筑起来的万里长城，正体现了中原民族试图把农耕区围护起来的防御心态。

农耕民族与游牧民族的长期对垒只是中华文明发展史的一个侧面，而更重要的一个方面，是这两者以迁徙、聚合、战争、和亲、互市等形式为中介，实行经济文化的互补和民族的交融。北方的游牧民族勇猛善战、粗犷强悍，富于流动性，善于吸取从远方带来的异域文化，成为中原稳健儒雅的农耕文化的补强剂。战国时期赵武灵王的"胡服骑射"和汉唐时期开辟通西域的丝绸之路，是中原农耕文明博取游牧文明的精妙结晶。游牧民族不断南下中原农耕区，固然带来了战争，但因而也促进了各民族的交融。汉族的

"百家姓"里，有相当一部分是由游牧民族姓氏直接转化而来的，中华农耕民族与游牧民族的交融是整体趋势。

另一方面，社会经济发展水平较为落后的游牧人，从农耕人那里学习先进的生产方式、政治制度和文化技术，促进其自身社会形态的变化。特别是当以征服者身份进入农耕区的游牧人，在先进优裕的农耕文化氛围中，往往"他们为被征服者所同化"（恩格斯：《反杜林论》），而出现农耕化的趋向。这一趋向的结果，不但进一步充实了农耕文明的内在涵量，同时也促进了中原农耕经济的周边扩展和多元交汇。农耕与游牧作为东亚大陆两种基本的经济类型，是中华文明的两个彼此不断交流的源泉，他们历经数千年的相互交融、互为补充，汇成了气象恢宏的中华文化。

农耕自然经济体制下的多元化经济成分　以农耕文明为主导的中华文明，有着不可割断的历史延续性，这与古印度、古埃及以及古代欧洲文明史截然不同。中国农耕文明的源远流长，一方面造成中华文化的博大精深，另一方面也影响着社会形态的变化藕断丝连、含混不清。因此，从纵的方面讲，中国农耕经济的发展，始终保留着各个历史发展阶段的经济成分。远古时代的村社经济残余，到宋元明清时期演变为乡族经济，由此而产生的乡族组织和宗法观念，对中国封建社会的政治、经济、文化各个方面都产生了重大的影响。再如三代以来的奴隶制经济残余，亦长期并存于农耕经济之中，直至明代，江南"富家大族役使小民，动至千百，至今佃户苍头有至千百者"（于慎行：《谷山笔麈》卷十二）。贵族分封制度，虽然从秦汉以后在形式上有所变化，但历代不绝，如明代的藩王勋戚经济就成为明代社会经济的一个重要组成部分。

从横的方面来考察，"蚤（早）出莫（暮）入，耕稼树艺"（《墨子·尚贤》）的农耕经济，是与自给自足的自然经济联系在一起的。然而，我们现在常说的中国农耕经济是自然经济体系，这是借用了西欧中世纪庄园制自然经济体系的用语，实际上，中国的农耕经济与西欧中世纪的庄园制自然经济差异甚多，二者不可画等号。西欧中世纪自然经济的一些主要特征如封闭式的自给自足、依附农奴等，在中国的农耕经济中并不很突出。中国的农耕经济并不仅仅是以农业生产为界限，而是包含着手工业、商业等多方面的经济成分。士、农、工、商的社会分工由来已久，并且不时相互变换。中国的个体家庭经济，很早就与市场有着一定的联系，早在战国时，孟子就指出农家"以粟易械器……纷纷然与百工交易……百工之事固不可耕且为也"是"天下之通义"（《孟子·滕文公上》）。司马迁在《史记·货殖列传》中的下述描写，真实地反映了中国古代农耕经济的多元化结构。

　　待农而食之，虞而出之，工而成之，商而通之，此宁有政教发征期会哉！人各任其能，竭其力，以得所欲……《周书》曰："农不出则乏其食，工不出则乏其事，商不出则三宝绝，虞不出则财匮少。"财匮少而山泽不辟矣。此四者，民所衣食之原（源）也。

到了封建社会晚期，商品性农业和为市场而生产的手工产品更在农家经济中占据重要地位。明清之际的长江下游三角洲地区，社会经济比较发达，棉花、桑蚕的生产，是农家经济收入的重要组成部分，所谓"地产木棉……衣被天下，而民间赋税，公私之费，亦赖并济"（叶梦珠：《阅世编·食货四》）。以食租为特征的中国地主，在广置田产的同时，也对工商业生产有浓厚的兴趣，"乡落大姓，居货而贾者，数不可纪"（《嘉靖江阴县志·市镇》）。中国农耕经济就是这样包容着工商业等多种经济成分，扩充了内部的活动空间，使自己始终保持着一定的简单再生能力，适应时代的变化，从而维系着中华农耕文明的长流不息。

**内敛型的
海洋贸易**

在中国广阔农耕区的东南面，有浩瀚的大海。海洋事业的开拓，是促进欧洲文明特别是近代文明高度发展的有力杠杆。然而，以农耕经济为主体的中华文明是一种主张和平自守的内向型文化，缺乏开拓海洋事业的进取精神，因此，虽然中华民族早就有了出色的航海能力，但由此而产生的海洋贸易，不是向外扩展的外向型经济，而是一种内敛型的经济，它是作为农耕经济的一种补充形式而存在的。

稳定的农业社会和较少变化的经济结构，使中国古代的帝王们陶醉于万物皆备、"惠此中国，以绥四方"（《诗经·大雅·民劳》）的理念之中，他们把"皇天眷命，奄有四海""无怠无荒，四夷来王"（《尚书·大禹谟》）作为治道的高妙境界。因此，在他们看来，中国与海外的经济交往，应当建立在"宾服贡献"的基础上。唐宋时期，中国与海外的经济联系渐次加强，东南沿海开辟了"海上丝绸之路"，"外国之货日至，珠香象犀玳瑁奇物溢于中国，不可胜用"（韩愈：《昌黎先生全集·送郑尚书序》）。广州、泉州等沿海城市成了闻名世界的贸易港口，出现了"市井十洲人"（包何：《送泉州李使君之任》）的繁荣景象。但这时的海外贸易，一方面是服从于政治的需要，夸示海外，"远抚蕃夷"，而且在不少场合是"赐品"多于"贡品"，不计经济得失；另一方面是为了满足上层统治者对于海外奇珍异宝的需求，与广大民众的生活需求较少发生联系。这种朝贡式的贸易直至明代前期犹然。明成祖以"振纲常以布中外，敷文德以及四方"（费信：《星槎胜览·序》）为己任，当有人主张对入贡互市的外商征税时，明成祖的答复是"今夷人慕义远来，乃侵其利，所得几何？而亏辱大体多矣"（《明史·食货志》）。互市在政治上的意义仍然超过其经济的意义。

明代中叶以后，随着社会经济的发展，东南沿海私人对外贸易有长足的进步，海洋商业收入已在福建、广东等沿海地区的经济结构中占有相当的比重，白银货币的输入对中国经济的发展产生了重大影响。特别是明末福建郑成功家族的海上势力，执中国、日本、东南亚之间海洋贸易的牛耳，收复台湾，顶住荷兰等西方殖民者的东进，中国的海洋事业一度出现勃勃生机。但是，政府对于私人海商集团的扼杀以及对海外贸易的严格控制，限制了清代海洋商业的顺利发展，而明清以来移居海外的商民，也被政府视为"自弃王化"的刁民，备受歧视。在这种情况下，当西方殖民者以咄咄逼人之势梯航东来之际，内敛型的中国海洋事业，不能不大大落后于世界前进的步伐。

第二节　中国传统自然经济的发展阶段和形态

> 殷商西周：土地国有的自然经济阶段

随着文明的不断进步和农耕经济体制的不断自我调节，中国数千年传统的自然经济呈现出几个不同的发展阶段和形态。

土地是农耕社会最基本和最重要的生产资料，土地所有制是农耕社会经济发展阶段的最显著标志。远古时代，土地属氏族村社共有，劳动者在家长的率领下，在共有土地上共同耕耘收获。夏、商、西周时期，这种原始的土地共有意识演变成"溥天之下，莫非王土；率土之滨，莫非王臣"（《诗经·小雅·北山》）的观念，土地属于国家所有。广大庶众"上无通名，下无田宅"（《商君书·徕民》），耕种国家的土地。国家为实施对土地的分配管理和贡赋的收取，在地官司徒之下设有载师、闾师、县师、遗人、均人等职官，形成国家干预农耕生产的政治雏形。

这种国有土地不得自由买卖和私相授受，即所谓"田里不粥（鬻）"（《礼记·王制》）。西周时期，土地经常由天子分封给各级诸侯、贵族，但从原则上讲，诸侯贵族只有土地的使用权，而无所有权。周天子可随时把土地收回，或转赐别人，拥有土地的最终所有权。"三代以上，虽至贵巨富，求数百亩之田贻子及孙，不可得也。"（张英：《恒产琐言》）

在土地国有制下，农业生产以集体劳动为主，殷墟甲骨文有"王大令众人曰协田"（《甲骨文合集》00001）的卜辞，"协"字在甲骨文中像三耒共耕，"众人""协田"是殷商时期盛行集体耕作制的反映。《诗经》中的一些篇章，有西周前期集体劳动场面的生动描写，所谓"载芟载柞，其耕泽泽，千耦其耘"（《诗经·周颂·载芟》），"率时农夫，播厥百谷……亦服尔耕，十千维耦"（《诗经·周颂·噫嘻》）。到西周后期，集体耕作的土地有了公田、私田之分，《诗经·小雅·大田》云"雨我公田，遂及我私"，劳动者要先耕种公田，然后再耕作私田。孟子曾把这种集体耕作的田制称为"井田制"，并加以理想化的追述："方里而井，井九百亩，其中为公田，八家皆私百亩，同养公田。公事毕，然后敢治私事。"（《孟子·滕文公上》）农夫们终年忙碌，结果还是"无衣无褐，何以卒岁""采荼薪樗，食我农夫"（《诗经·豳风·七月》），处境十分悲惨。

　　殷周时期土地国有和集体耕作制，是与那一时代生产工具铜石并用的社会生产力水平低下相适应的，也是在氏族公社解体，进入初期阶级社会，血缘贵族保留土地公有制外壳，并继续实行集体生产的一种经济制度。到了西周后期，土地国有制出现某些瓦解的迹象，诸侯贵族从周天子那里取得土地，他们也逐渐和周天子一样，可以随意处理自己的封地，或用战争的手段，掠夺别人的封地。公田和私田分野之后，不可否认那些耕作私田的劳动者，也逐渐拥有对私田的部分所有权。奴隶制度逐渐出现了瓦解的征兆。

东周以降土地私有化和个体生产形态的演进　　东周以后，随着牛耕和铁制农具的使用，农业生产力进一步提高，土地国有形态走向瓦解，井田制破坏，变公田为私田的现象普遍出现。诸侯贵族争夺土地农人的战争日益频繁，"争地以战，杀人盈野；争城以战，杀人盈城"（《孟子·离娄上》）。善战的士人、农夫可以依靠军功而取得土地。春秋末年，晋国赵简子伐郑，在誓师时说："克敌者，上大夫受县，下大夫受郡，士田十万。"（《左传·哀公二年》）战国时商鞅变法规定："有军功者，各以率受上爵……各以差次名田宅。"（《史记·商君列传》）

　　尤其是土地买卖的出现，打破了世袭贵族土地所有制时期"田里不鬻（鬻）"的老例。春秋时晋国已有"爰田"即易田换田的现象，是土地买卖的先声。商鞅在秦国推行"坏井田，开阡陌，民得买卖"的土地政策，土地自由买卖日益合法化、普遍化。

　　东周以后的土地私有化进程，也打破了以往那种集体生产的农耕传统，而向以家庭为单位的个体生产形态过渡。一个家庭内，"男子力耕"，"女子纺绩"，"一夫不耕，或受之饥；一女不织，或受之寒"（《汉书·食货志上》）。这种男耕女织、以织助耕，或以工助耕、以商助耕的自给自足型的家庭小农业，逐渐在中国的农耕经济中占据主导地位。与此相适应的政治体制，则是国家直接向个体生产者征收赋税徭役。春秋战国时出现的"相地而衰征"（《国语·齐语》）和"初税亩"（《春秋·宣公十五年》），就是政府对个体土地所有者建立统制经济关系的开始。而这千千万万个对国家政府承担赋役义务的个体生产家庭，成为秦汉以后中国大一统国家政体的坚实基础。

　　随着土地的日益私有化和个体家庭经济的成长，土地成了社会各阶层争相获取的目标，而拥有政治地位、金钱财富的人，在猎取土地上占有明显的优势，于是自秦汉以来，"富者田连仟佰，贫者亡立锥之地"（《汉书·食货志上》）的现象屡屡出现，个体家庭经济分化为地主和农民两个不同的形态，形成了对立的两个阶级。在大一统中央集权体制下，地主经济与农民经济的互为盈缩，构成农耕私有经济运作的基本特色。

　　当然，东周以降土地私有化经历着一个循次演进的过程。春秋战国之后，旧的贵族分封制破坏，私人地主增长。但至唐代，国有土地仍占有相当比重，专制国家对土地私有权仍保留种种干预。唐代中叶均田制破坏之后，土地私有进一步深入，专制国家对土地私有权的干预有逐渐减弱的趋势。契约制的租佃关系在唐宋以后普遍出现，农民对于土地的依附关系有所松弛，社会生产日益多样化，个体生产者亦从封建社会前期以粮食为主的经营方式逐渐向多种经营的方向艰难迈进。这种渐次加强的多元经济结构，为中国封建经济的延续注入了活力，从而呈现出唐、宋、明、清不同时期各具特色的繁荣盛世。特别是到了封建社会后期，传统的自给性农业和商品性手工业的结合尤为普遍，个体生产者具有较高的独立性。多种经营的加强，使农家取得较大收益，增强了对封建剥削的负荷力和对人口增长的适应力，从而促进了社会经济的继续发展，并在原有的生产结构里，有所更新。

商品经济的波浪式前进　　东周以后土地日益私有化和家庭个体生产经营，并不意味着中国的农耕经济进入了纯粹的自给自足状态，恰恰相反，当古代中国土地私有化刚刚起步的时候，与自然经济相对立的商品交换也悄然出现。虽然这种商品交换是作为农耕经济的一种补充形式而存在的，但是与西欧封建社会相比，中国古代的商品经济具有发展较早的特点。

西方封建社会最具代表性的自然经济单位是领主庄园，领主庄园内不仅有从事农业生产的农奴，而且有从事各种手工业生产的农奴手工业者，因此"每一座封建庄园都自给自足……没有商业来往和交换，用不着货币"（恩格斯：《论封建制度的瓦解和民族国家的产生》）。而在中国则不同，地主占有的剩余价值主要是谷物地租，手工业品和农产品的加工制品极其有限，这样就使地主经济不可避免地要与市场发生较多的联系，以解决消费品的不足。广大的个体农民局限在小块的土地上，生产手段更为有限，他们只能通过出卖剩余农产品以换取其他生产生活必需品。孟子所谓的"农有余粟，女有余布"，需要进行"通功易事"（《孟子·滕文公下》），就是这种情况的真实写照。再者，中国从秦汉以来就是一个大一统的中央集权国家，政府对于土地所有者的赋役经济关系以及对于城市经济活动的统治政策，也都在客观上打破了区域间货物流通的障碍，促进了商品货币关系的较早发展。

正因为如此，我们在先秦的典籍中，就可以看到许多关于商品交换与市场流通的记载。《尚书·酒诰》鼓励民众"纯其艺黍稷，奔走事厥考厥长，肇牵车牛，远服贾，用孝养厥父母"。《诗经》中也屡有关于商品交换的记载，如"氓之蚩蚩，抱布贸丝"（《诗经·卫风·氓》），"如贾三倍，君子是识"（《诗经·大雅·瞻卬》）等。秦汉时期，史载"自京师东西南北，历山川，经郡国，诸殷富大都，无非街衢五通，商贾之所凑，万物之所殖者"（《盐铁论·力耕》）。这种商业交换活动以及由此而出现的商品生产、商人资本、城市货币经济等，伴随着中国的农耕经济而贯穿于整个封建社会。

中国古代商品经济是为了补充农耕经济的不足和满足大一统中央集权国家的需要而产生和发展的，因此，这种商品经济缺乏独立发展的性格；特别是中国历朝奉行不渝的重农抑商政策，更加强了商品经济的依附性，从而使它的发展随着封建社会的变迁而呈现出波浪式前进的姿态。当农耕经济较为繁荣，政治较为清明之时，商品经济也随之繁荣；而当农耕经济走入低谷，政治腐败混乱之际，商品经济的发展也受到严重的破坏。商品经济对农耕经济的依附性格，又促使工商业者的普遍归宿，是最终回到经营土地的老路上去，促使地主、商人和官僚的结合。这种特点，大大削弱了商品经济对农耕自然经济的腐蚀瓦解作用。但就总的趋势而言，随着社会生产力的发展和土地私有化的深入，中国古代商品经济呈现出整体上升的趋向。而这种不断进步的商品经济，推动了多元化封建经济的繁荣和更新，对旧的生产体制也产生了一定的冲击力量。正因为如此，到了明清两代，中国传统自然经济进入了一个承前启后的变动时期。

中国传统社会所达到的经济发展水平

中华大地哺育着一代又一代勤劳勇敢的劳动人民，祖先们世代不息的顽强拼搏，辛苦耕耘，推动着中国的农耕经济克服种种艰难险阻，不断进步。至 16 世纪前后，中国传统的社会经济得到了充分的发育，繁荣富庶；中国的农耕文化，仍然居于世界领先地位，值得自豪。

中国的农业，经历了 5000 多年的风风雨雨，聪明务实的劳动人民，在长期的生产过程中积累了极为丰富的农业生产技术，形成了富有东方特色的农业科学，其中尤以农具精巧、良种培育、多种经营、集约耕作和充分利用自然力而著称于世。铁犁的使用，轮作复种技术的推广，中国远远早于欧洲各国。蚕桑和茶叶的发展，曾令世界倾羡不已。中国人民为世界农业的发展做出了积极的贡献。

中国的手工业生产，也曾长期居于世界领先地位。灵巧的工艺品，精美的纺织品，长期风靡于世界市场。造船业的发达，使中国人最早开辟了亚非两大洲之间的海上交通。冶炼业的久盛不衰，为中国农具的改进与货币的流通奠定了坚实的基础。炼丹术等化学知识的积累和不断丰富，使古代中国在瓷器、漆器、酿酒、染色、兵刃、食品等方面的制造技术也相应取得了突出成就。而指南针、造纸术、火药和活字印刷，被称为对人类历史进程发生革命性作用的四大发明，是中华民族奉献给世界文明的伟大科技成果。

商品货币经济的繁荣也是西欧中世纪所无法望其项背的。战国时的城市，就已有"车毂击，人肩摩，连衽成帷，举袂成幕，挥汗成雨"（《战国策·齐策一》）的盛况；唐宋时期的长安、开封、杭州、泉州、广州等城市，都是闻名世界的大城市；而明清两代的城乡工商业集镇，更是遍布全国，"百货俱集"（《吴江县志·市镇》）。长距离的商品贩运，很早就打破了地域的限制，各地商品货物，可谓无远弗届，形成了全国性的商业联系。货币的大量使用，与西欧中世纪货币"几乎没有地位"的局面形成了鲜明的对比，而纸钞的使用，更是中国对世界货币发展史的一大贡献。

第三节　中国资本主义生产方式难以产生的原因

　　十六七世纪以来，西方文明以突飞猛进之势，跨入了近代社会，而中国建立在农耕经济之上的资本主义生产方式的萌芽却备受挫折，步履蹒跚，出现了迟滞状态。

　　从根本上讲，中国农耕社会的多元化结构造成了中国社会经济的既早熟又不成熟的特征，制约了资本主义生产方式的顺利产生。与西欧社会相比，许多到西欧中世纪末期才出现的社会经济现象，在中国却早就出现了。且不说中国的商品货币经济繁荣于各个封建王朝时期，其他如土地买卖出现在战国秦汉之际，促使中国的土地财产权很不稳定，有所谓的"千年田，八百主"（顾炎武：《天下郡国利病书·江南》）之说。迄于宋元明清，土地买卖更加频繁，出现了"一田二主""一田三主"的现象，有的连佃农也分享有部分的土地所有权，并在法律条文上有所规定。再如中国的农民较早就有相对的离土自由，中国历史上多次的流民之波，从北到南的大迁徙，促进了南方和周边地区的迅速开发。即使是缺乏生产资料的佃农阶层，也并非完全被地主束缚在土地上，他们有退佃、迁移的自由。作为经济剥削方式的地租形态，也是劳役、实物与货币地租长期并存。凡此种种现象，在西欧国家都是发生在封建社会开始崩溃之时，但在中国却"古已有之"。

　　但是，中国经济的早熟却未能促成它的成熟发展，相反却加重了传统农耕经济的保守性和坚固性。从西欧历史的发展来看，商品生产、城市经济、土地买卖、农民的离土自由、货币地租的出现以及大一统中央集权国家的形成，不仅要等到封建社会后期才出现，更重要的是这些现象本身就是与封建庄园制度格格不入的，它们的出现，形成巨大的冲击力量，迅速地瓦解着西欧中世纪封闭式的庄园封建社会。反观中国的情况，这些早熟的因素，不是作为封建社会的对立面而是作为它的补充形态而出现的，这就使中国的农耕经济大大扩展了它的内涵结构，可以比较灵活从容地改变自己的表层结构以适应社会经济的各种变化。当然，在中国农耕经济内部滋长的商品经济，同样具有较活跃的"革命"性质，对自然经济有着潜在的腐蚀瓦解作用，但是这种腐蚀瓦解作用成长到一定程度，往往因农耕经济的多元化结构而被化解或吸收，中国封建社会里官僚、地主与富商大贾的相互转化，就是一个明显的例子。这就使中国社会经济的早熟现象，始终未能走上成熟的阶段。再加上中国早熟的经济因素往往与社会、政治诸条件不相配合，造成经济发展的失调。早熟的发展又使人们迷恋于现有的成就，拒绝新的思想和社会变革。这沉重的历史包袱，也带来了落后的停滞因素。在这种内部机制的自我制约下，中国的资本主义生产方式萌芽，不能不长期处于缓慢发展的状态。

稳定与战乱、人口增长
与生产发展的周期性失调

建立在个体家庭经济上的中国大一统中央集权体制，是一种没有民主而缺乏自我更新能力的政体。每当一个新的王朝建立之后，其继任者的整体趋向是一代不如一代，行政效率衰退和政治腐败随着时间的推移而日益严重。政治的腐败最终导致游牧民族的入侵或民众的大暴动，于是，中国封建王朝的盛衰交替、稳定与战乱互易成了周而复始的规律。

这种王朝更替的变化周期又是与同时期的社会经济兴衰周期大体同步的。一个新的王朝建立之初，政治大都比较清明，安定的社会环境促进了农耕经济的恢复和发展，人口和生活资料的生产都有较显著的增长。但是这种美景缺乏后劲，升平社会逐渐走向政治腐败；随着政治腐败的加深，社会矛盾日益激化，终于又爆发了新的动乱，社会经济再次受到严重的破坏。

从整体上讲，中国的农耕经济经过5000多年的磨炼，得到了充分的发育，农业生产技术足以夸示世界。但是从生产力纵向的发展来考察，中国农业的黄金时代是战国至汉唐之间，铁器农具和牛耕的普遍使用，精耕细作的田间管理，奠定了中国农耕技术的基本格局。唐末宋代以后，中国的农耕技术并无明显的突破，明清时期的农业劳动生产率较之宋代，大体处于同一水平线上。农业生产总产量的增长，不是通过科学技术的提高，而是主要依靠扩大山区及周边地区的耕地面积和粗粮品种如玉米、番薯的引进推广，以及扩大劳动量的投入来维持的。在这种情况下，劳动力的增殖显得至关重要。而新王朝前期清平稳定的社会环境，有利于人口的增长，每当承平数十年、百余年之时，人口以几倍甚至十几倍的速度增长，人口增长率逐渐高于物质资料的增长率，就会造成人口增长与生产增长的比例失调。随着政治腐败的加剧，生产日益受到破坏。人口增长与生产增长的比例失调更加严重，一系列的社会矛盾如土地、赋役、流民、边防等方面的问题更加尖锐，终于使社会再次进入长达十余年、数十年的战乱时期，造成人口锐减、土地荒芜，从而自发地调节了人口与物质生产的比例。然而这种以战乱、灾荒等方式进行的自发调节的社会循环，使中国的社会经济文化受到一次又一次的惨重损失，周期性的破坏成为中国文化健康发展的严重阻碍。

稳定与战乱、人口增长与生产发展的双重失调，对于明清时代社会经济发展的阻碍尤为明显，明代中后期中国社会经济的发展水平，与西方社会相比，尚无太明显的差距，但是明末清初长达半个世纪的战乱，使明代后期繁荣的社会经济大幅度衰退，明中叶以后开始出现的资本主义生产方式萌芽也遇到了严重的挫折。而随着清王朝统治的巩固，小农经济得以恢复，社会经济渐次繁荣，但人口的增长却以空前的速度前进，至乾隆、嘉庆年间，中国人口已逾四亿。当时人已称土地的增长"不过增一倍而止矣，或增三倍、五倍而止矣，而户口则增至十倍、二十倍，是田与屋之数常处其不足，而户与口之数常处其有余也"（洪亮吉：《卷施阁文甲集》卷一）。这种恶性的周期性破坏，不能不严重地遏制社会经济的顺利发展，使中国封建社会晚期的资本主义生产方式处于难产的状态中。

**上层建筑对社会经济
发展的钳制和束缚**

中国古代社会的上层建筑是建立在农耕经济特别是小农经济的基础上的，这种上层建筑对于促进农耕经济的发展，保障农耕经济的长期持续性，起到了重要的积极作用。然而中国早熟的中央集权制，形成了庞大的官僚体系。官僚体系既是中央集权政体的运转工具，同时由于官僚体系是由千千万万个拥有某种特权的个体私有者(官或吏)组成的，出于自身经济利益的考虑，他们又具有剥削下层民众和腐蚀国家政治的双重性格。这种自我矛盾的政治结构，对于中国社会经济的发展起了严重的阻碍作用，特别是在封建社会晚期商品经济日益进步的情况下，这种阻碍作用就更为明显了。

经济剥削是上层建筑阻碍社会经济发展的一个重要方面。中央集权政体需要豢养大量的专职官吏和军队，政治特权阶层需要奢华的消费，这就必然加重劳动人民的赋税、徭役和兵役的负担，而依附于国家政权的成千上万个官吏，利用权力以谋私，法外苛征，更使下层民众不堪负担。在重农抑商观念的指导下，工商业经济所受到的剥削尤为严重。明代时，"百里之内，辖者三官，一货之来，榷者数税"（张萱：《西园闻见录·关税》）；清代更有"处处皆关，则处处有税"（《皇清奏议》卷二十一）的剥削。经济上的沉重剥削，使社会经济特别是工商业经济的进步十分艰难。

自秦汉以来，中国的意识形态是围绕着农耕经济这一核心的，它带有明显的保守、怀古特征，言必三代周孔，成了大部分知识分子的思维模式。特别是当社会进步、经济变迁加剧之时，守旧派人士总是怀念三代的井田制度和力耕自足的生活境界，所谓"匹夫之力，尽于南亩，匹妇之力，尽于麻枲。田野辟，麻枲治，则上下俱衍，何困乏之有矣"（《盐铁论·园池》）。这种保守的意识形态，导致社会民众普遍安于现状，缺乏开拓精神。因此，中国古代虽然有过光辉灿烂的科技文化，但科技的运用却不受重视，四大发明深刻影响了世界文明的进程，但却未能在中国本土得以发扬光大，就与这种意识形态的保守性密切相关。

此外，中国古代社会的政治布局也十分不利于商品经济及新因素的成长。西欧中世纪末期的城市经济，是摧毁庄园封建制的有力武器，而中国城市的形成和发展，大多是为了政治的需要，城市既是政治中心，又往往是军事中心和消费中心。政府出于财政的需求，对盐、铁、军需等商品，采取专卖的政策，致使许多商业成为国家财政的附庸。例如明清两代最负盛名的徽州商人，是以经营官盐著称的，而山陕商人则以九边军需为主要经营项目。商业对政府的依赖性导致了商人阶层的封建依附性。

古代中国是一个地区广大的封建大帝国，各地的社会经济发展水平很不平衡，城乡关系很不协调。但作为大一统的政治体制，其治理天下的原则是一视同仁，"恩泽咸被"，因此在政策的实施上带有明显的"哀富益贫"（包世臣：《上百节相书》）的性质。明清两代最富庶的长江三角洲地区，自然成了政府经济剥削的重心，赋役负担十分沉重。这种地区发展的不平衡与国家政策上的平均主义，使落后地区拖住了先进地区的后腿，钳制了先进地区商品经济及新因素的发展。在以上种种因素的制约下，中国的资本主义萌芽只能在原有的格局内打圈子，不可能出现飞跃式的前进。于是，自17世纪以后，中国社会与西方社会拉开了差距，逐步陷入落后挨打的困难境地。

第四节　中国传统自然经济的基本特点及其对文化发展的影响

农耕经济的持续性与中国文化的延续力

中国是一个有数千年历史的文明古国，农耕经济的持续性是中国传统自然经济的显著特点之一。自三代以来，中国的农耕社会，经历了无数次大大小小的天灾人祸的考验，始终未曾走入难以克服的困境，而循环式的复苏和进步则周而复始，使农业自然经济得以长期延续。

农耕经济的持续性造就了中国文化的持续性。传统农业的持续发展保证了中华文明的绵延不断，使其具有极大的承受力、愈合力和凝聚力。

三代以来，中国历史经历了战乱与稳定的周期性运动，王朝的兴衰更替不可避免，短期的国家分裂时有发生，特别是游牧民族的南下与入主中原，都曾在中国历史的不同时期出现。然而，中国的农耕经济依然向前发展，而建立在这一基础上的中华文明亦未曾中断。相反，短期的战乱与分裂，更增进了中国文化的坚韧性和向心力。魏晋南北朝的动荡时代，恰恰也是中国农耕文化得到进一步扩展传播的重要时期。鲜卑族在中原建立北魏王朝，推行汉化政策，所谓"今方厘革时弊，稽古复礼，庶令乐正雅颂，各得其宜"（《魏书·乐志》），体现了中华民族无法抗拒的认同感和文化的向心化合力。辽夏金元是中国历史上又一个较为动荡的时期，但文化的传承一如既往，雄才大略的忽必烈曾深切地意识到"国家当行汉法无疑也"（《鲁斋遗书》卷七），为游牧民族与农耕民族的文化交融，做出了积极的贡献。清朝也是如此，满洲贵族入主中原不久，便已"习汉书入汉俗"（《清世祖实录》卷八四）。在各民族的共同努力下，中国文化得到了进一步的继承和发展。

中国文化正是这样伴随着农耕经济的长期延续而源远流长，并且历经动乱与分裂的洗礼而不断得到充实升华，这种文化传统是任何外来势力所无法割断的。然而，中国文化的早期定型，也往往使人们产生一种"瞻后"式的思维方式，所谓"圣人设教，为万世不易之法"，尽善尽美的制度和礼教存在于远古的三皇五帝之中，后世的治平之道便是"克绳其法"，偶有一些枝节的改革，也大多是"托古更化"。这种文化思维模式，一方面为中国文化的长期延续和增进向心力起到了积极的作用，另一方面也在不知不觉中积累着文化的守旧性格。这样，到了封建社会后期，中国传统文化便显得暮气沉沉，缺乏积极进取的冲动了。

> **农耕经济的多元结构**
> **与中国文化的包容性**

与西欧封建社会相比较，中国封建社会自然经济的另一个显著特点，是农耕经济的多元成分结构，这一特点造就了中国文化兼收并蓄的包容性格。

春秋战国是中国农耕经济的重要转型时期，也是中国思想文化界诸子竞秀、百家争鸣的兴盛时期，儒家的仁义淳厚，道家的清静超逸，墨家的谨严兼爱，法家的因势严峻，各家尽管主张不一，相互辩难，但是思想文化通过社会变革的洗礼，诸子百家在争鸣中取长补短，锻炼了自己的学说。到了秦汉时期，儒道融合，综汇百家，促进了中国文化走向新的高潮。"天下同归而殊涂（途），一致而百虑"（《周易·系辞下》），正反映了先秦百家学说精华相互包容荟萃的历史事实。

中国是个幅员辽阔的国家，各地的自然条件千差万别，社会政治文化诸方面的发展水平也多有差异，因此，古代中国又形成了不同区域文化的格局，如齐鲁文化、楚文化、吴越文化、三晋文化、秦文化等。这种不同区域文化的格局也导致了中国文化的多元结构。然而随着中国农耕经济的扩展，中国文化的包容性格，又促使这些区域文化相辅相成，渐趋合一。

中国文化不仅善于包容百家学说和不同地区的文化精华而日臻博大，而且还长期吸取周边少数民族的优秀文明，使之交相辉映，增添异彩。汉代北方民族的器用杂物、乐器歌舞，"京都贵戚皆竞为之"（司马彪：《续汉书·五行志》）。魏晋南北朝是中华各民族大交融的时期，充满生机的北方民族精神，为中原农耕文化注入了新鲜空气，"漠北淳朴之人，南入中地，变风易俗，化洽四海"（《魏书·崔浩传》）。盛唐是古代中国最为开放的时代，中国文化的包容性格发挥得尤为淋漓尽致，"胡音胡骑与胡妆，五十年来竞纷泊"（元稹：《法曲》）。京城长安更是"胡化极盛一时"，胡汉文化相互交融，促进中国文化更加丰富多彩，生机勃勃。

即使是对外域的文化，中华民族最终亦能敞开其博大的胸怀，扬弃吸收。佛教自汉代传进中国以来，至魏晋南北朝隋唐时期形成一个高潮，中国固有的儒、道、玄等文化，通过与外来佛教文化的会通交融，获得新的营养而走上了一个更高的层次。明末清初，西方的耶稣会士东来，带来了西方的文明。虽然这时的中国已渐趋保守，文化的包容性格有所减弱，但许多有识之士，仍提出了"遐方文献，何嫌并蓄兼收"（李之藻：《刻同文算指序》)的主张。尤其是耶稣会士们传进的科学技术，曾对当时社会生产力的发展起了一定的积极作用。近代以来，面对西方列强的欺凌压迫，大批热血的知识分子，仍然不忘学习借鉴西方文化，"师夷长技以制夷"。这种文化开放心态，正是中国文化有容乃大的包容性格的体现。

农耕经济的早熟与中国文化的凝重性

农耕经济的多元成分结构，促进中国封建社会经济得到充分的发育，造就了灿烂辉煌的中国古代文化。但是，中国农耕经济的既早熟而又不成熟，又造成了中国文化的早熟性和凝重性格。

早在先秦，我国已有敬德保民、民为邦本的思想。以孔孟为代表的儒家学说，以仁为核心，强调人与人在道德上的平等，所谓"人皆可以为尧舜"(《孟子·告子下》)，"民为贵，社稷次之，君为轻，是故得乎丘民而为天子"(《孟子·尽心下》)。这种民本意识，在中国的封建时代并未得到充分的发展。由此而派生的平均主义思想，一方面固然成为农民反抗压迫的思想武器，另一方面又加剧了中国历史稳定与动乱的恶性循环。

中国的科学技术也是如此。秦汉以后，知识分子大多陷入经解的泥潭和科举的旋涡，对于科学技术的发明创造缺乏应有的重视。因此，尽管中国有四大发明以及一系列的科技贡献，但这些创造贡献始终未能成为社会前进的主流。许多科技发明无法得到社会的推广应用，往往出现中断、失传的现象。祖冲之的数学著作，在唐宋时就已失传。明代宋应星的《天工开物》，清康熙以后已无人过问，直到近代才从日本翻印回来。

中国农耕经济和中国文化的早熟性，与中国社会的多元结构相互配合，加强了传统社会的坚韧性。随着中国封建社会从前期过渡到后期，中国文化日益显露出凝重的保守性格。宋元以后，中国文化的开放性和包容性格，较之汉唐已有明显的衰退。明清之际，固然有一大批士大夫知识分子关注西方耶稣会士带来的科技文化，但同时亦不乏严拒者。拒绝者的理由，就是认为儒家文化已尽善尽美，"惟天地开辟以来，而中国之教，自伏羲以迄周孔，传心有要，阐道有宗，天人之理，发泄尽矣，无容以异说参矣"(《圣朝破邪集》卷一)。清代乾隆皇帝面对着西方的通商使者，谕说"天朝物产丰盈，无所不有，原不藉外夷货物以通有无"(《粤海关志》卷二十三)。这些言论，是何等自负与盲目。近现代以来，中国人前赴后继，卧薪尝胆，焕发自强自新之道，才使中国文化重新获得了生命活力。

□参考文献□

1. 林甘泉主编：《中国经济通史》，北京，经济日报出版社，1999。

2. 吴承明：《中国资本主义与国内市场》，北京，中国社会科学出版社，1985。

3. 傅衣凌：《明清社会经济变迁论》，北京，人民出版社，1989。

□思考题□

1. 中国传统社会的农耕经济有哪些特点？

2. 宋明以来中国社会经济为何长期迟滞不前？

第三章　中国文化依赖的社会政治结构

一个民族文化的发展史，除受特定的地理环境、经济状况和外来因素的制约外，社会政治结构的影响也是至关重要的。

就世界几个主要文明古国发展史比较来看，中国古代的社会政治结构至少有以下特点。第一，以血缘关系为纽带的宗法制度完备而系统，包括嫡子之制、庙数之制、分封制度等，从理论到实践，其完善程度都是世界各国所无法比拟的。第二，专制主义严密。中国自国家产生之日起，尽管先后出现过奴隶主阶级、地主阶级等不同的统治，但其专制却是一脉相承的。尤其是地主阶级的专制，不但延续时间长，而且存在着日益强化的趋势。在漫漫历史长河中，中国一脉相承的专制制度和带有某种血缘温情的宗法制度相结合，形成一种家国同构的社会政治结构，这种社会政治结构深刻地影响着中国文化，包括占主导地位的意识形态、史学、文学、艺术、民风民俗，甚至科学技术等。因此，了解中国传统社会政治结构，就成为理解中国文化特点的一个重要方面。

第一节　宗法制度的产生与确立

宗法制度的产生　阶级产生以前，人类走着大体相同的道路，先是原始群居，此后形成氏族，继而发展为部落。这些组织都是以血缘关系为纽带联系起来的。但在阶级和国家产生后，由于自然环境和各地居民生活方式的不同，血缘关系在居民社会生活中的地位和表现形态出现重大差异。地中海沿岸国家，特别是古希腊，人们生活在多岛的海洋型地理环境中，很早就从事海上的工商业贸易活动。这种流动性很强的生活方式，强有力地冲破了蒙昧时代的血缘纽带，形成了以地域和财产关系为基础的城邦社会。与地中海沿岸国家不同，中华民族是在一块广袤的大陆上独立发展起来的，其自然环境、生产方式有别于古希腊。中华民族栖息的这块东亚大陆，有无数河流、湖泊，有高山峻岭，有一望无际的平原，面积巨大，在先民的眼里，中国就是天下。但是他们的活动范围却相当狭小，很早就过着"日出而作，日入而息"的定居农业生活。与世隔绝、聚族而居的生活方式，即使从野蛮转换到文明阶段以后，亦无法冲破原有的血缘关系，血缘家族的社会组织形式被长期保留下来。

宗法制度是氏族社会的血缘关系在新的历史条件下演化而成的。当然，氏族社会的血缘关系与文明时代的血缘关系有着本质的区别，前者是原始民主制的基础，而后者则是阶级专制的基础。从现存文献和地下发掘材料看，中国古代的宗法制度产生于商代后期。根据《左传·定公四年》记载，周武王克商后，周王室分鲁公以"殷民六族：条氏、徐氏、萧氏、索氏、长勺氏、尾勺氏，使帅其宗氏，辑其分族，将其类丑，以法则周公"；分康叔以"殷民七族：陶氏、施氏、繁氏、锜氏、樊氏、饥氏、终葵氏"；分唐叔以"怀姓九宗"。这里所说的氏、族、宗就是宗族存在的证明。西周建立以后，统治者在商代宗族制度的基础上，建立了一套体系完整、等级严格的宗法制度。

**宗法制度
的确立**

周人最早生活在渭水以北的黄土高原，有着悠久的农业生活传统，宗族关系在社会生活中占突出地位，这一点恰恰成为周代确立宗法制度的基础。西周宗法制度的创立者是周公。《尚书大传》说："周公摄政，一年救乱，二年克殷，三年践奄，四年建侯卫，五年营成周，六年制礼作乐，七年致政成王。"周公制礼作乐一项最重要的内容就是确立宗法制度，包括嫡长子继承制、封邦建国制和宗庙祭祀制度等。

一、嫡长子继承制

夏朝的王位继承方式，由于文献的缺乏，无法做出令人满意的说明。商朝主要实行兄终弟及制，反映了母系氏族社会影响的存在。到商代康丁以后的五个王，才稳定下来父子相继的传递方式。周王室从成王之后推行固定的嫡长子继承制。嫡长子继承制较之兄弟残杀争位，其优点在于定分，即权力早已有所归属。古代统治者实行一夫多妻制，多妻中有一个正妻，即"嫡"，其子为嫡子；其他妻子为"庶"，其子为庶子。按照周制，最高统治者称天子，统治天下的土地和臣民，继承王位的，必须是嫡妻长子。至于这位嫡长子贤与不肖，不在考虑之内。如果嫡妻无子，就只能立庶妻中级别最高的贵妾之子，至于被立者是否为庶子最年长者，也不在考虑之内。此即《春秋公羊传·隐公元年》所说："立适（嫡）以长不以贤，立子以贵不以长。"古人把商代的兄终弟及和周代的父子相继称作"殷道亲亲，周道尊尊"。亲亲即立弟，尊尊即立嫡。显而易见，嫡长子只有一个，只有他能占据最高王位，这就杜绝了兄弟之间为争王位而造成的祸乱，使西周出现过一段政治上比较平静的时期。这种制度是从父权制社会演化而来的，是用父子血缘亲情来维系王权的威严和稳定。周天子及其继承者，从君统看，是天下的共主，是政治上的最高统治者；从宗统看，他又是天下的大宗。西周统治者划分为四个等级：天子、诸侯、卿大夫、士。天子的嫡长子继承天子之位为大宗，其余庶子被分封为诸侯，为小宗；诸侯的嫡长子继承诸侯之位，为大宗，其余庶子被封为大夫，为小宗；卿大夫之嫡长子继承卿大夫之位，为大宗，其余庶子成为士，为小宗。由此可见，嫡长子继承制与宗法关系是密不可分的。

二、封邦建国制

封邦建国制简称封建，即今人所说的分封制。分封制是由宗法制度直接衍发出来的一种巩固政权的制度，由周人创立。因为分封制的出发点和目的是"封建亲戚，以藩屏周"（《左传·僖公二十四年》），就是说，周王室分封的主要旨意是给同姓子弟亲属封以地方邦国，以血缘纽带联系起来，作为保护周王室的屏障。

分封制度的具体内容，古代文献称之为"天子建国，诸侯立家，卿置侧室，大夫有贰宗"（《左传·桓公二年》）。《礼记·礼运》把这种逐级层层分封称为"天子有田以处其子孙，诸侯有国以处其子孙，大夫有采以处其子孙"。诸侯受封要举行一定的仪式，由司空授土，司徒授民，即《大盂鼎》所说"受（授）民受（授）疆（疆）土"。诸侯受封后就成一个地方邦国，但并不是完全独立的，周天子与他有一系列的权利与义务的对应关系。天子对诸侯有巡狩权、命官权、迁爵权等；诸侯对周天子则有必尽的义务，如朝聘、进贡、出兵役劳役等。诸侯依照天子的办法分封卿大夫，卿大夫的领地称为"采"或"邑"，史家一般称为采邑制。不过采邑与封国的性质有诸多不同，其主要差异是采邑没有封国所有的许多独立自主的权力。卿大夫也依此例分封士。士是西周统治阶级中最低的一个阶层，一般要靠自己的技艺和本领为卿大夫服务。

三、宗庙祭祀制度

宗法制度以血缘亲疏来辨别同宗子孙的尊卑等级关系，以维护宗族的团结，所以十分强调尊祖敬宗。宗庙祭祀制度就是为达到维护宗族团结的目的而发展起来的一种重要手段。据《礼记·王制》记载，周天子为七庙，诸侯为五庙，大夫为三庙，士为一庙。宗庙祭祀制度的发展，形成了中国传统的礼乐文化，这种文化不仅塑造了世世代代的中国人，而且也影响到中国周围的国家。

周代严格的宗庙祭祀制度，对于维护以家族为核心的宗法制度和巩固政权，发挥过重要的作用。进入封建社会之后，这一传统被历代统治者所继承，并有发展之势。皇宫之前，左宗右社的制度一直延续到明清。今北京故宫前左侧的劳动人民文化宫便是明清的太庙，右侧的中山公园是明清的社稷坛，也就是"左宗右社"的格局。"左宗"是宗法的标志，"右社"是国土的象征，它们共同表示着这个王朝的天下和对全部土地臣民的占有。

第二节　宗法制度影响下中国传统社会结构的特征

春秋以后，随着姬姓血缘关系的松弛，具有完整意义的西周宗法制度开始瓦解，作为天下大宗的周天子式微，以下凌上、僭越礼制的现象普遍发生，天子不复巡狩，诸侯不朝觐纳贡。礼崩乐坏，说明了一个旧时代的结束，预示着一个新时代的到来。到战国时期，一些不同于西周礼制的新制度不但产生，而且已经相当成熟。如郡县制、官僚制、俸禄制、符玺制、上计制等，均以新的姿态出现于历史舞台上。选拔官吏的办法亦与前不同，当官要靠举荐、军功、直接上书游说等手段。秦始皇统一中国后，建立了统一的封建中央集权的多民族国家，废分封，行郡县，实行编户齐民，"车同轨，书同文"（《礼记·中庸》），统一文字，统一货币，统一度量衡，以吏为师，形成了空前的大一统社会政治结构。这种社会政治结构，对血缘宗法制度和观念曾产生过比较大的冲击。但秦朝二世而亡，只存在了十多年时间，秦始皇的一些反对血缘关系的做法被汉初的统治者所否定，其影响力就大大被限制了。纵观整个中国历史，宗法制度一直深深地影响着中华民族的生活。这种现象存在的主要原因是小农自然经济生活方式一直延续下来，虽有所变异，但其模式基本上循而未改。

家天下的延续　　宗法制度的本质就是家族制度的政治化。西周时期统治天下的主角是姬姓家族。周之后，姬姓家族的统治灭亡，但其他家族的统治相继而起。秦始皇统一中国，废分封，行郡县，建立公卿之制，但权力的核心仍牢牢掌握在自己手中。他自称始皇帝，以后二世、三世、四世……要千万世地传下去。这远比"封建亲戚，以藩屏周"（《左传·僖公二十四年》）的宗旨要贪婪得多。刘邦本为编户齐民，但当了皇帝后，权力就成了刘氏的权力。他与大臣们约定"非刘氏而王，天下共击之"（《史记·吕太后本纪》），也是想把权力牢牢地掌握在刘氏家族的手中。这种家天下思想不只统治者有，还深深地影响到广大的民众。西汉末年农民起义时为反对王莽的新朝，大家都去找西汉皇室的后裔作为自己的旗帜：绿林找来刘玄，赤眉找来刘盆子。此后有司马氏的晋朝，杨氏的隋朝，李氏的唐朝，赵氏的宋朝，朱氏的明朝，爱新觉罗氏的清朝等，一部中国史，就是一部家族统治史。家天下的主要特点就是一姓家族统治一个朝代，只要这个朝代不灭亡，这个家族就一直统治下去，这之间，糊涂甚至白痴皇帝也大有人在。嫡长子继承制这一西周宗法制的主要内容，历代皆沿袭下来。但是，除了皇位继承仍采取嫡长子继承的原则外，民间家庭财产的继承关系，一般已改为诸子均分，而对家族的重视则是一贯的。

封国制度不断

分封制曾是西周宗法制度的主要内容之一。秦汉以后，尽管郡县制成为国家的一项基本行政区划制度，但封国制度一直不同程度地或以不同方式被历朝历代所保留。秦始皇统一全国后，曾废分封，立郡县，子弟为匹夫。但秦朝二世而亡，汉朝的政治家在总结秦朝速亡的经验教训时，其中重要一条就归咎于秦始皇废分封。所以西汉初年刘邦就大封同姓王，就连在封侄子刘濞时看出他面带反相，也只说了一句"天下同姓为一家也，慎无反"（《史记·吴王濞传》），而依然封其为吴王。汉景帝时刘濞果然联合其他诸侯王发动旨在夺取中央权力的七国之乱，使西汉朝野大为震惊。平定叛乱后，朝廷生出了一系列对付封国的办法，如削藩、推恩令、左官律、附益法等，但谁也没有把封国干脆去掉，包括汉武帝那样雄才大略的皇帝。其原因就在于封国之王与皇帝为同姓，是一个血缘家族。刘秀建立东汉后，鉴于西汉封国反叛的教训，封皇子的事尽管大臣多次提议，他始终犹豫未决，但最终还是没有摆脱宗法关系的束缚，于建武十五年（公元 39 年）分封诸子。此后历朝历代，一般都没有跳出分封皇子的窠臼，只是在管理方式和封王所得利益多寡上有所不同罢了。应当指出的是，中国历史上不少皇帝为封国问题大伤脑筋，也还发生过比七国之乱更为严重的封王反叛，如西晋的八王之乱、明朝的靖难之役等，但历代皇帝照封不误，究其原因，仍然是宗法关系严重存在造成的。

家族制度长盛不衰

动荡不安常常困扰着中国历史，但构成中国传统社会基石的以血缘纽带联系起来的家族始终非常稳固。如果说有变化，也仅仅是一个旧家族的灭亡和随之而来的一个新家族的诞生，就像万物有生有死一样。

战国时期，由于战争频繁，家族的动荡变化是比较大的，但超姓氏的家族本身却依然在发展。到汉代，由于较长时间的安定环境，一些强宗豪右迅速发展起来。刘秀登基后，察觉到自汉武帝以来逐渐形成的官僚地主、商人地主、豪强地主对土地的大量兼并和劳动人民纷纷沦为奴婢，出现社会动荡不安的现实，他七次下令释放奴婢，多次下诏检核土地，甚至处死一些不负责的地方长官，但最终都因为这些豪强地主势力太大而宣告失败。这更助长了这些大家族的发展，使他们不但在政治上拥有巨大权力，而且广占良田，形成一个个宗族色彩十分浓烈、封建自然经济经营方式的地方庄园。汉末政论家仲长统曾描述过这些大家族的气派：富豪人家，房子数百栋连在一起，肥沃的土地布满四方，奴婢千群，徒附万计；奇物珍宝，巨室容不下；马牛羊猪，山谷放不开。豪华的居室，有妖艳美丽的童妾；广深的厅堂，有能歌善舞的歌伎舞女。肉多得臭而不能食，酒多得腐而不能饮。庄园中等级森严，最高的是庄园主，其次是宗族成员，往下依次有宾客、徒附、部曲、奴婢，各有各的义务，各尽各的职责，如同西周时的一个个宗法关系联结的封国。

魏晋南北朝时期，尽管战乱不断，但家族制度却有进一步的发展，江北有大姓，江南也有大姓，而且也出现了豪门与寒门的区分。豪门大族为了防止寒门的混入，十分重视家谱和族谱的编写，以至编写家谱成了一门学问。东晋的贾弼之撰写十八州族谱，南朝的刘湛、王俭、王僧孺都编撰了百家谱，为家族的发展尽了心力。家族制度延续到清代，甚至民国时期，也没有衰亡的迹象。

中国封建时代，统治和束缚人民的有四权：政权、神权、族权和夫权。族权是从父系氏族社会家长制演化而来的，它既是政权的补充，又能起到政权所无法起到的特殊社会作用，所以族权为历代统治者所重视，为理学家所垂青。宋朝的张载主张"立宗子法"，以"管摄天下人心，收宗族，厚风俗"（《张子全书》卷四《宗法》）。程颐进一步指出："若立宗子法，则人知尊祖重本；人既重本，则朝廷之势自尊。"（《程氏遗书》卷十八）大理学家朱熹还设计了更为具体的宗子法方案。显而易见，宋代以后族权的膨胀，与宋明理学家的推波助澜是分不开的。

家国同构 家国同构是指家庭、家族和国家在组织结构方面的共同性。由于古代中国的经济基础一直处于商品经济不发达的小农经济占主导地位的状况，所以与这种生产方式相联系的家族制度也深深地根植于数千年中国社会结构之中，使国家结构也打上了家族结构的印记，家与国的组织系统与权力配置都是严格的父家长制。在中国，尽管奴隶制国家和封建制国家是按地缘原则建立起来的，不同于原始的氏族部落，但却始终未能摆脱氏族血亲宗法关系的纠缠。在一定意义上说，中国的奴隶社会是宗法奴隶制，是家族的政治化。这是中国与古印度、欧洲的重大区别，这种区别大大影响了文化形态。

古印度虽然是在氏族社会解体很不充分的情况下进入阶级社会的，但由于有比较成熟的宗教和发达的商业贸易，形成了独特的种姓制度。四个种姓有严格的区别，之间不得通婚。每个种姓内部有长老会议，负责裁断本种姓成员。血亲关系存在于家庭甚至种姓内部，但在整个社会结构方面却基本上不起作用，因而也就不存在家国同构的现象。

古代欧洲贵族、贫民、奴隶之间，等级差异十分鲜明，中世纪的僧侣、贵族、平民的层次更为分明，血缘政治基本上被等级政治、地缘政治冲垮了，所以更谈不上家国同构。

宗法和宗法关系在中国长期存在，导致了家国同构的格局，所谓"忠孝相通""求忠臣于孝子之门"。家国同构、忠孝同义，都是宗法制度长期遗存的结果，故梁启超说："吾中国社会之组织，以家族为单位，不以个人为单位，所谓家齐而后国治是也。周代宗法之制，在今日其形式虽废，其精神犹存也。"（《新大陆游记》）这一论说是符合实际的。

第三节　专制制度与中国社会政治结构

中国与欧洲政体的差异

欧洲的政治与文化，源于地中海沿岸国家，主要有古代埃及、两河流域和古希腊。其具体演化过程是：产生于尼罗河流域的古代埃及文明和产生于两河流域的苏美尔人及古巴比伦王国的文明，汇集到古希腊，由古希腊传至古罗马帝国，古罗马帝国灭亡后再由日耳曼人传播到整个欧洲。

古代埃及是一个信仰多神的国家，但其中最重要的是太阳神。有趣的是，法老和祭司奉祀不同的太阳神，两种势力斗争非常激烈。第二十五王朝时，祭司的权力曾一度超过法老的权力。所以，一开始埃及国王的权力就存在一种强大的抗衡力量，即宗教势力。另外，早在新王国时期（约与中国的商朝同时）的埃及，工商业就比较发达，与地中海沿岸国家有着频繁的贸易往来，这无疑对王权专制又是一个有力的冲击。这就是说，古代埃及的法老在集中自己的权力时，受到了外界势力的严重挑战。在两河流域和古印度，情况也大体如此。

中国则不然，统治者凭借武力，比较顺利地夺取并强化自己的专制权力，神职人员成了他们顺从的奴仆。文明到来之前，中国与其他历史悠久的国家是一样的，但迈向文明的第一步，中国就走了一条与众不同的道路，政治权力很快被集中到一个人的手中，很早就形成一个权力核心；宗教曾经也是很发达的，但被武力所吓倒，神职人员拜倒在世俗统治者的足下。由于中国的政治权力一开始就不存在一种与之抗衡的势力，所以以后的专制就越来越严重，越来越完备。

马克思曾把君主专制大致区分为两种类型，即以英、法、德等为代表的欧洲型和以中国、土耳其为代表的东方或亚洲型。由于两者产生的社会历史条件不同，所以其社会政治结构也就迥然有异。例如英国的君主专制政体形成在封建社会的晚期，这时封建贵族势力已经由强变弱，新兴资产阶级势力勃然兴起，斗争的任何一方均尚未压倒另一方，"以致国家权力作为表面上的调停人而暂时得到了对于两个阶级的某种独立性。17 世纪和 18 世纪的专制君主制，就是这样，它使贵族和市民等级彼此保持平衡"（恩格斯：《家庭、私有制和国家的起源》）。"在那里，君主专制是一个洪炉，在这个洪炉里各种社会成分被掺杂在一起，受到开导，这就使得城市认为资产阶级的普遍统治和市民社会的公共政权比自己的中世纪地方自治更好。"（马克思：《革命的西班牙》）英国君主专制制度的阶级基础有僧侣、地主和新兴资产阶级，所以专制君主在维护旧的封建贵族利益的同时，也拉拢资产阶级，鼓励工商业的发展和海外贸易活动。这在客观上保护和推动了资本主义生产方式的成长。

与欧洲的情况不同，中国的君主专制应当说从中国历史踏入文明门槛的那一刻起就已形成，所以专制的传统十分悠久。这种专制的阶级基础是奴隶主和地主所依赖的经济基础即小农业和手工业相结合的自然经济，统治者普遍采取对工商业和贸易压制的态度，重农抑商成为历代统治者的基本国策。

> **中国君主专制**
> **制度的特点**

一、以武力为先导，控制宗教势力，专制时间漫长

司马迁说："轩辕之时，神农氏世衰，诸侯相侵伐，暴虐百姓，而神农氏弗能征。于是轩辕乃习用干戈，以征不享，诸侯咸来宾从。"（《史记·五帝本纪》）黄帝与炎帝战于阪泉之野，三战然后得其志；与蚩尤战于涿鹿之野，遂擒杀蚩尤。从此，"诸侯咸尊轩辕为天子，代神农氏，是为黄帝。天下有不顺者，黄帝从而征之，平者去之，披山通道，未尝宁居"（《史记·五帝本纪》）。这说明，我们的祖先之一黄帝的权力，是用武力取得并用武力加以扩大的。"未尝宁居"是说黄帝为权力而整日操劳，但就从对权力占有的方式来看，他要比古埃及的法老幸运得多，因为没有其他外来势力与黄帝分享这个权力。所以中华民族刚刚进步到文明的边沿，就形成了一个祖先，一个权力，一个核心，这无论较之古代埃及，抑或两河流域、古印度、古希腊，都是不同的。

从黄帝传至禹，禹巩固自己的政权多用武力，对此史书多有记载。禹死后传至启，启同样用武力来巩固自己的统治地位。先是"益干启位，启杀之"（《竹书纪年》），继而"有扈氏不服，启伐之，大战于甘"，"遂灭有扈氏，天下咸朝"（《史记·夏本纪》）。

商朝的建立同样处处以武力为先。孟子说："汤始征，自葛载，十一征而无敌于天下。"（《孟子·滕文公下》）商朝建立后，商王率兵四处征伐的记载非常多。殷墟出土的成千上万的甲骨文片清楚地说明，商时的统治者崇尚祭祀，凡事要通过贞人来请示"上帝"。尽管这些贞人也像古代埃及的祭司一样，担负着传达"上帝"意志的神圣职责，但他们没有独立的人格，他们对卜兆的解释往往要服从统治者的意志。贞人这种仆从式的

处境，自然难以成为商王的抗衡势力，当然也就更不必说由他们去直接参与权力之争了。

周武王以武力推翻商纣王的统治后，虽然分封了许多姬姓诸侯国，但天子与诸侯之间的关系既是宗法血缘关系，又是君臣关系，这种体制也是一种专制。例如，西周时规定诸侯要定期朝聘周天子，如果违反了这个规定，诸侯就要受到严厉惩罚。"一不朝，则贬其爵；再不朝，则削其地；三不朝，则六师移之。"（《孟子·告子下》）

周天子的这种专制，持续到公元前 8 世纪初。公元前 770 年周平王东迁后，周王室式微，诸侯坐大，卿大夫崛起，家臣活跃，社会开始发生激烈动荡。这种社会动荡的本质，是一种新的专制制度取代旧的专制制度。这种新制度就是以郡县制为其外在形式的君主官僚政体。就其本质特征说，这种君主官僚政治体制从春秋时代产生起，一直延续到辛亥革命推翻清朝皇帝止，基本上没有什么质的变化。战国时期，经过长期的兼并战争，形成区域性的君主专制体制。秦始皇统一中国后，中央集权达到了一个新的高度。最高统治者是皇帝，由三公九卿组成统治集团，皇帝通过公卿统治全国，形成中央集权的君主专制制度。魏晋南北朝时期，专制主义中央集权有所发展，三公九卿制度转变为三省六部制。宋辽金元时期，专制主义中央集权又有进一步发展，严厉限制和防范地方割据，军权、政权、财权、司法权都归朝廷。明清时期，专制主义中央集权发展到顶峰，其主要标志是皇帝个人专权，相权被废止。明代成立内阁，清朝设军机处，都是皇帝自己的办事机构。

二、经济基础稳固

君主专制制度的经济基础是土地的国有和自给自足的小农经济。商周时期，君主把全国看成是他的私有财产，所谓"溥天之下，莫非王土；率土之滨，莫非王臣"（《诗经·小雅·北山》），就证明了这一点。春秋以后，出现了土地多级所有的局面，即土地所有权分属于各个等级，并出现了多种形式的土地占有，此后土地私有逐渐成为主要的土地占有形式。但在整个封建时代，国家对土地的占有量是很大的，而且官僚、地主对农民土地的剥夺非常严重。人们不难发现，历代农民起义多起因于统治阶级对土地的大量兼并和残酷压迫剥削。所以即便土地私有，广大的自耕农和佃农抵御天灾人祸的能力都是极为有限的。这正如马克思所说："他们不能代表自己，一定要别人来代表他们。他们的代表一定要同时是他们的主宰，是高高站在他们上面的权威，是不限制的政府权力，这种权力保护他们不受其他阶级侵犯，并从上面赐给他们雨水和阳光。所以，归根到底，小农的政治影响表现为行政权支配社会。"（马克思：《路易·波拿巴的雾月十八日》）封建统治者和广大农民处在对立统一之中，没有广大农民的存在也就没有封建地主的统治，所以当农民失去土地，沦为奴隶或流民之时，政治家就会发出警告，朝廷也会采取一些措施，来维护统治者和被统治者这对矛盾的平衡。如历史上出现过的释放奴婢为庶民，限制对土地的占有，抑制兼并，进行土地制度和赋税制度的改革，如占田制、均田制、两税法、一条鞭法，甚至严厉打击不法豪强等，都是为了维护君主专制制度赖以存在的经济基础。

与专制统治者为维护地主和小农经济所构成的经济基础相一致，历代统治者无不采取打击工商业的政策。工商业的出现不但是社会经济进步的标志，而且它的发展又能冲破小农经济单一的简单再生产模式。毫无疑问，它是历史前进的一股强劲的驱动力，打击工商业就是打击这股历史发展的推动力。由于封建小农的自然经济被人为地保护起来，把能够瓦解自然经济基础的工商业视如洪水猛兽，因而这个基础就变得异常稳固，使资本主义生产方式始终未能在中国大地上形成一股强大势力。

三、君主专制中央集权走向极端

中国封建社会君主专制的集权程度，从总的趋势来看是日益强化。秦始皇当皇帝后，"天下之事无大小皆决于上"（《史记·秦始皇本纪》）。这种大权独揽的传统直到封建社会末期也未断绝。康熙皇帝就说："今天下大小事务，皆朕一身亲理，无可旁贷。若将要务分任于人，则断不可行。所以无论巨细，朕心躬自断制。"（《东华录·康熙一百三》）康熙的表白和秦始皇如出一辙。

皇帝实行专制统治，需要百官来辅佐。秦始皇设丞相、太尉、御史大夫和九卿，丞相为百官之首，辅丞天子，助理万机。太尉负责全国的军事，御史大夫负责监察，九卿分掌各方面的事务。汉承秦制，丞相的职权范围仍然比较广泛，但皇帝和丞相的矛盾是显而易见的。秦始皇时的丞相李斯，汉高祖时的丞相萧何，都受到过无端的猜忌。汉武帝游宴后庭，设内朝，与宫内官吏决策国家大事，以丞相为首的外朝受到真正的挑战。西汉末年，本为少府属吏的尚书，因贴近皇帝，地位日隆，开始分曹办事，外朝的权力进一步下降。刘秀建立东汉之后，鉴于王莽的教训，把大权完全集中到宫廷，"选举诛赏，一由尚书，尚书见任，重于三公"（《后汉书·陈忠传》）。尚书台正式成为总理国家政务的中枢，成为事实上的国家最高权力机构。

魏晋时期，尚书台从少府中独立出来，并总揽了秦汉九卿的几乎全部职权。三国曹魏有八座尚书，其首领为尚书令，是中央最高政务官。下为左右仆射，又置吏部、左民、客曹、五兵、度支等五曹尚书。八座尚书之外还有尚书郎。尚书、尚书郎分曹的情况多有变化，比较繁杂。到唐代定型为六部二十四司，这六部为吏部、户部、礼部、兵部、刑部、工部，各部皆由尚书统领。至此，原本地位低下的尚书终于因巩固皇权的需要而逐渐上升为掌握全国政务的最高官职，实际上从东汉中期以后尚书已取代丞相执掌朝政。

历史在大体相似的情况下发展着，中书省的出现就颇耐人寻味。中书官名，起于西汉，曹丕称帝时置中书府，魏晋之际改为中书省。中书本是宦者为之，汉成帝时改为士人担任。魏晋时期，中书省的权力急剧膨胀，其首领中书监、令，"掌机衡之任"（《通典》卷二二《职官典·尚书省》），取代尚书令和尚书仆射而成为真宰相。这就是说，当尚书省成为像三公九卿那样的外朝官僚机构时，皇帝又从身边提拔亲信，并委以重任，把原来由皇帝亲手制造的那部分官吏顶替下去。

门下省的出现也是皇权强化的例证。东汉时，少府下属有侍中寺，至晋，置门下省，首领仍为侍中。侍中秩比两千石，为三品，四员，入侍帷幄，出拥华盖，与皇帝非常亲近。给事黄门侍郎亦四员，与侍中同掌奏文案，赞相威仪。俗称侍中为"门下"，给事黄门为"小门下"。南北朝时期都置门下省。东晋以后，皇帝以侍中常侍左右，经常与他们"切问近对，拾遗补阙"（《晋书·职官志》），他们也成了真正的宰相。到南朝的梁、陈时期，"举国机要"（《通典》卷二二《职官典·尚书省》）都在中书；而"献纳之任"（《通典》卷二二《职官典·尚书省》）又归门下，这样，尚书省就成了单纯的行政执行机构。

从尚书、中书、门下三省出现的历史，我们可看出，原来由皇帝和以丞相为首的百官决策的格局，由于皇帝专制的本性决定，不断发生变化，这个变化的轨迹是：皇帝总是把大权交给身边的亲信侍从，以取代皇室以外庞大的官僚机构。当这些亲信侍从又发展成像丞相那样的官僚后，皇帝又从身边找另外一些亲信侍从，委以重任，来取代原来的那些不再是亲信的官僚。皇帝相信的是身边的仆从，而不是正常的决策行政系统。明代内阁、清代军机处的出现，其意义也在于此。正因为如此，秦汉盛行的宰相制度，此后处在风雨飘摇之中，到明清终于消亡。

当然，中国的君主专制制度也存在着若干制约的因素，如朝议制度、谏议制度等，但这些制度没有对皇帝的否决权，因而也就在很大程度上成为君主专制制度的一种补充。

中国君主专制制度也做出过世界性的贡献，其严密性曾令世人赞叹、模仿，回避制度也曾为外人所学习，特别是隋唐时期开始确立的科举制度，后来成为西方文官制度的先导，这些都是应该加以总结和充分认识的。

四、对人身控制严密

对中国政治史陌生的人，特别是与中国传统迥异的西方人，往往对中国皇帝在皇宫里就能有效地控制每个平民家庭，感到迷惑不解，因为他们不知道中国自古以来就存在着控制平民的严密网络。中国是最早实行人口统计和户籍管理的国家。《周礼·地官司徒》有属吏曰大司徒，其任务是："掌建邦之土地之图，与其人民之数。"湖北云梦出土的秦简中有"傅律"，即男子成年后必须登记的法律，以便官府安排徭役。如果隐匿不报，或申报废疾不确实，百姓不应免老或已应免老而不加申报、敢于弄虚作假的，不但里典、伍老要被处罚，而且同伍的人也都要受处罚，统统予以流放。中国很早就有一种什伍组织，把老百姓编入什伍之中。《管子·立政》说，管仲在齐国组织民众，以十家为一什，五家为一伍；什有什长，伍有伍长。要修筑围墙，堵塞缺口，只定一条进出的道路，只设一个进出的门户。要细心看管门户，注意关锁，钥匙由里尉掌管。任命闾有司，按时开闭里门。闾有司要负责观察出入的人，向里尉报告情况。凡是进出不遵守时间，穿戴不合时宜，家眷及其他人中有行迹异常者，闾有司发现，要随时上报，使"奔亡者无所匿，迁徙者无所容"（《管子·禁藏》）。

商鞅变法与此一脉相承，他制定连坐法，把百姓按五家一伍、十家一什的户籍办法编制起来，要相互告发和同罪连坐。告发"奸人"的可以得到如同斩得敌人首级一样的奖赏，不告发的则要腰斩。如果一家藏"奸"，与投敌者受同样处罚，其余九家若不检举告发，要一起办罪。旅客住宿要有官府凭证，旅舍的主人如果收留了无证之人，与"奸人"同罪。

这些制度和法令，使居民失去了流动的可能，国家便可轻易地按郡县、乡里、什伍系统征收赋税、徭役和兵役，帝王的诏令也就很容易达到每个家庭了。

中国专制统治者还十分重视用控制生计的办法，把农民牢牢固着在土地上。历代统治者都非常注意对土地的管理，管好了土地，也就管住了人民，因为民以食为天。"理民之道，地著为本。故必建步立亩，正其经界。"（《汉书·食货志》）从商周的井田制到秦始皇"令黔首自实田"，还有以后的占田制度、均田制度、两税法、一条鞭法、摊丁入亩等，无不包含着固着农民在土地上的目的。如此时间既久，中华民族安土重迁的风俗也就形成了。

传统社会政治结构对中国文化的影响　　以宗法色彩浓厚和君主专制制度高度发达为主要特征的中国传统社会政治结构，对中国文化的影响是巨大的。社会结构的宗法型特征，导致中国文化形成伦理型范式。这种范式所带来的正价值是使中华民族凝聚力强劲，注重道德修养，比较重视人与人之间的温情，成为举世闻名的礼仪之邦；它的负价值是使三纲五常的伦理说教等，成为中国文化健康发展的障碍。

中国社会结构的专制性特征，导致中国文化形成政治型范式。这种范式带来的正价值是，中华民族的整体观念，国家利益至上的观念，造就了民族心理上的文化认同，文人学士的经世致用思想等；它的负价值是使国人存有一定的服从心态，个人自信心的缺乏，文人的影射传统等。这种负面影响还表现在对中国传统文化精华的抑制方面。例如，早在战国时代的孟子就讲过强调民权的观点，他说："民为贵，社稷次之，君为轻。"（《孟子·尽心下》）但在尔后的社会生活中这并未得到统治者的提倡，自然也就得不到贯彻实施。

宗法与专制的结合，在政治上表现为儒法合流，在文化上的反映则是伦理政治化和政治伦理化，用政治伦理秩序代替了法律秩序，政治大于法律，伦理也大于法律，因而法律意识、法律观念在中国古代很难找到立足之地。这种价值取向突出地表现为"内圣外王"的心态，即修身、齐家、治国、平天下的人生理想和追求。这一特点，在先秦时期已经形成，以后经过汉代经学、魏晋玄学、隋唐佛学、宋明理学，形式上虽多有变化，但这一传统一直被延续下来。中国文化伦理政治化和政治伦理化的范式，从"内圣外王"的矛盾统一体中获得了坚韧的理论架构，并以小农自然经济和宗法专制社会政治结构作为坚实基础，组合成一个严密的体系。这个严密体系，到近代大工业兴起之后，才逐渐瓦解，新时代的新文化才有可能形成。

□参考文献□

1. 冯天瑜等编著：《中国文化史》，北京，高等教育出版社，2007。

2. 白钢主编：《中国政治制度史》，天津，天津人民出版社，2016。

3. 赵光贤：《周代社会辨析》，北京，人民出版社，1980。

□思考题□

1. 在宗法制度影响下中国传统社会结构的特征是什么？

2. 中国君主专制制度有些什么特点？

3. 中国传统社会政治结构对中国文化有何影响？

第四章　中国传统文化的发展历程

悠远浩博的中国文化，从孕育发生到恢宏壮大，有一个漫长而曲折的发展历程。这一历程是物质文化、精神文化日臻丰富的历程，也是"人不断解放自身"（卡西尔：《人论》），走向文明演进高峰的历程。

第一节　上古：中国文化的发生

中国先哲与当代学者往往以"上古"来概括发明并使用文字以前的历史阶段，而这一遥远的文化期正是中国文化发端的初始阶段。

中国人起源

文化的实质性含义是"人化"或"人类化"。有了人，就开始有了历史，也开始有了文化。因此，中国文化的起源与中国人的起源实质上是联系在一起的。

1965 年 5 月，考古学者在云南元谋上那蚌村发现了距今约 170 万年前的猿人化石，定名为元谋直立人，这是中国境内最早的人类活动的历史确证。20 世纪 70 年代以来，人类的直系远祖腊玛古猿的许多材料，以及人类从直立人（猿人）、早期智人（古人）到晚期智人（新人）各个发展阶段的丰富材料相继被发现，世界上迄今只有中华大地在人类起源的各个环节中没有缺环。

根据人种学分类，中国人属蒙古人种。从元谋人、蓝田人到马坝人、大荔人，再到山顶洞人、颧骨高突、铲形门齿、印加骨、额中缝等一系列现代蒙古人种所具有的典型体征在明显的进化趋势中一脉相承。

从古猿转变到人类，这是生命物质所实现的质的飞跃，而文化就产生于从猿到人的转变中。

在文化产生的过程中，最早出现的是工具。猿人最初使用的工具是天然和简单加工的石块，考古学上将这一时期称为旧石器时代。从元谋人直到距今约 7000 年前的四川资阳人均处于这一时代。

火的使用是旧石器时代先民的一项具有划时代意义的文化创造。在中国神话传说中，取火技术的发明有时记在燧人氏名下，有时记在伏羲名下，有时又归功于黄帝。这种歧说并陈的现象，正反映了原始初民经过了广泛的、多渠道的实践才发明取火技术的文化史的本来面目。揆诸考古学实证，元谋人是否已学会用火，学术界尚有争议，而北京猿人文化遗址内已发现灰烬，出土了大量因烧灼而变色破裂的石块、骨骼，甚至还有木炭。这一切确凿证明，距今约 50 万年前的北京猿人，已能熟练地使用火，并能有效地保存从自然界取来的火。关于火在人类历史中的作用和地位，恩格斯有精辟论述。他说："就世界性的解放作用而言，摩擦生火还是超过了蒸汽机，因为摩擦生火第一次使人支配了一种自然力，从而最终把人同动物界分开。"（《反杜林论》）他又肯定地指出："甚至可以把这看做人类历史的发端。"[1]如果说制造石器使人与动物开始分手，那么，火的使用标志着人与动物的最后诀别。

火尽管不同于一般的工具，如石器、木器、骨器等，是一种化学反应现象，但是，作为猿人进行物质生活的重要手段，火的使用从本质上讲也属于工具的范畴。就性质而言，工具无疑是一种物质产品，然而，制造工具的活动中已包含有意识性内容，因此，在从猿到人的转化过程中产生出来的工具，不仅是人类物质文化的开端，而且直接标志着文化的起源。

从距今 7000 年前开始，中华先民进入了新石器时代，磨制的较为精致的石器取代了打制的粗糙的石器。农业、畜牧业取代采集狩猎，成为首要的生产部门。以"泥条盘筑"为主要制作方法的陶器也广泛出现。迄今为止，已发现新石器时代的文化遗址七八千处。其中最著名的类型，有仰韶文化（公元前 5000 年至公元前 3000 年，1921 年发现于河南）、大汶口文化（公元前 4500 年至公元前 2500 年，1959 年发现于山东）、红山文化（大致与仰韶文化同期，1935 年发现于辽宁）、良渚文化（公元前 3300 年至公元前 2250 年，1936 年发现于浙江）、马家窑文化（公元前 3000 年至公元前 2600 年，1923 年发现于甘肃）、龙山文化（公元前 2800 年至公元前 2300 年，1928 年发现于山东）、屈家岭文化（公元前 2750 年至公元前 2650 年，20 世纪 50 年代发现于湖北）。

物质文化长足进展的同时，中国先民的观念文化亦日益丰富、深化。原始宗教与原始艺术便是其主要存在形态。

中华先民原始宗教崇拜的对象非常广泛，大致可分为自然崇拜、生殖—祖先崇拜和图腾崇拜三大类。

---

[1] 恩格斯：《自然辩证法》，214 页，北京，人民出版社，2018。

对大自然（太阳、大地）的崇拜是先民最原始的崇拜形式之一，在仰韶、屈家岭、马厂等文化遗址出土的陶器上，人们会发现表现太阳图形的纹饰。江苏连云港将军崖、四川珙县、云南沧源、广西宁明的新石器时代岩画上，也清晰无误地出现了太阳神的形象。民间长久流传的"地母"之说以及古文献中"郊祀社稷，所从来尚矣"（《汉书·郊祀志》）的记载，则透露了先民土地崇拜的踪迹。此外，太阳、土地以外的自然物，也为中华先民所崇信："山林川谷丘陵，能出云，为风雨，见怪物，皆曰神。"（《礼记·祭法》）

中华先民对自身的繁衍非常关注，由此产生了炽热的生殖崇拜。从辽宁牛河梁和东山咀红山文化遗址发掘出来的高腹丰臀、乳房硕大的陶塑女神像，在相当广阔的新石器文化遗址中发现的男性生殖崇拜物——石祖、陶祖，发现于新疆呼图壁县境内的大型生殖崇拜岩画，都展示了人们的生命崇祀的庄严情感。

原始人一方面重视子孙的繁衍，另一方面也崇敬创造生命的祖先。在母系氏族社会，人们主要是供奉女性祖先，随着父系社会的到来，男性祖先日渐成为供奉对象。祖先崇拜往往有严格的仪式，在这些仪式中，中华先民虔诚地寄托对祖先创造生命的崇拜。

与自然崇拜和生殖—祖先崇拜相比，图腾崇拜是较为高级的原始宗教形式。"图腾"是美洲印第安人奥基华斯部落的语言。由于在原始思维中，类比和联想是主要方法，原始人一般都相信自己的氏族与某种动物、植物或无生物之间有着特殊的亲密联系，并以之作为氏族崇拜的对象，这就是"图腾"。在考古发掘和神话传说中，有丰富的图腾崇拜资料。相传黄帝率熊、罴、貔、貅、豹、虎六兽同炎帝殊死搏斗，这六兽其实是指以其为各自图腾的六个氏族。鱼、鸟、蛙、龟、蛇、猪、马等实有自然物以及人们运用抽象的、概括的思维能力创造出来的对象，如龙、凤等，都曾是中华先民崇拜并奉为本族徽帜的图腾物。

对于后世文明意识来说，原始宗教无疑充满了种种神秘色彩，然而，在物质力量与精神力量处于低下水平的原始时代，它具有在人与自然之间起协调作用、在本能与文化之间起制约作用、在物质文化与精神文化之间起补充作用、在人的精神需要中起主观自足作用等文化功能上的必要性和必然性，正因为如此，原始宗教才能成为原始时代观念文化的主流。

在原始观念文化中，原始艺术亦有生动发展。在距今4000年前的河南密县池北岗、新郑裴李岗新石器时代文化遗址中，发现了陶塑猪头，这是最早的陶塑艺术品。半坡遗址出土的陶塑人头像，隆鼻、凹眼、大耳，耳垂部位有穿孔，可见当时人们已有在耳朵上悬垂饰物的习俗。陶绘是原始艺术的又一样式，考古发掘表明，那一时期的陶绘图样千姿百态，几何纹样、动植物图形都是先民创制陶绘艺术的基本素材。原始雕刻艺术亦有众多发现，河姆渡遗址出土的双鸟纹骨，刻有勾嘴、修尾的水禽，线条流畅，姿态生动。大汶口遗址出土的象牙筒花瓣交错，结构别致。江苏连云港锦屏山的将军崖岩画与新疆呼图壁县的生殖崇拜岩画皆气魄宏大，画面生动，展现了先民粗犷的情感以及一派活泼天真、生机盎然的人类童年气息。

原始社会组织

人在世界中所处的关系有两种，一是人与自然的关系，二是社会内人与人的关系。

人与人之间的相互关系，在上古时代主要有男女通婚关系，以及由此制约的氏族关系。其组织形式则包括原始群、家族、氏族、部落、部落联盟等。

和世界其他民族一样，中华先民在婚姻关系上经过了血亲杂交、血缘群婚、族外婚等阶段，在社会组织形式上经过了母系氏族、父系氏族阶段。大致说来，母系氏族社会从旧石器时代晚期开始形成，贯穿整个新石器时代，中国上古神话传说中的女娲氏、庖牺氏、神农氏、有巢氏、燧人氏，是这一时期中华先民创造的神。

父系氏族社会则进入了铜石并用时代，社会生产力进一步发展，私有制开始萌生。传说中的五帝，便生活在这一时期。五帝的组成，有多种说法，比较通行的说法是指黄帝、颛顼、帝喾、唐尧、虞舜这五位上古帝王。

氏族制后期，部落联盟产生，其首领推举方式即著名的禅让。传说，尧在位 70 余载，衰老之际，知其子丹朱不肖，看中了贤孝而有才的舜，经过多方考验，"令舜摄行天子之政"。舜到暮年，亦仿当年故事，禅让给治水有功的禹。上古社会关于权力嬗递的传说，并非虚幻的美妙编造，而确实是当时制度文化的折光。

禹的时代开始了今天已初显轮廓的夏文化的进程。依据考古发掘和零碎的文献资料，夏文化大致具有如下特征：工具形态由石器、陶器过渡到青铜器；农业生产已有相当发展；私有制确立；中华文化史上的第一个国家政权建立起来。文明社会的曙光在中华大地上初现熹微。

上古文化分布

中华文化的发生，一开始即呈多元状态。黄河流域、长江流域、珠江流域，甚至东北等地区，都有旧石器及新石器时代文化遗址的广泛发现。基于考古实迹，学者们提出了中国文化多元发生的新解释。1977 年，夏鼐发表《碳-14 测定年代和中国史前考古学》，划分中国古代文明为七大区域。[①] 苏秉琦则划分起源期的中国文化为六大区系(陕、豫、晋邻境地区；山东及邻省一部分地区；湖北和邻省地区；长江下游地区；以鄱阳湖—珠江三角洲为中轴的南方地区；以长城地带为重心的北方地区)。

中华文化的多元发生，不只有考古学方面的充足证据。神话传说及民族学、民俗学研究表明，中华民族的远祖可分为华夏、东夷、苗蛮三大文化集团。[②]

---

① 参见《考古》，1977(4)。
② 参见徐旭生：《中国古史的传说时代》，桂林，广西师范大学出版社，2003。

中华先民的一部分，很早就自称"诸夏"或"华夏"，或单称"华""夏"。华夏集团发祥于黄土高原，后沿黄河东进，散布于中国的中部及北部的部分地区，即仰韶文化、龙山文化分布区。华夏集团内又分两支，一支称黄帝，一支称炎帝。神话传说中那位桀骜不驯的共工氏，也属于这个集团。

东夷集团的活动区域，大致在今山东、河南东南和安徽中部一带，即大汶口文化、龙山文化及青莲岗文化江北类型分布区。与黄帝恶战的蚩尤、射日的后羿，都属于这个集团。

苗蛮集团主要活动于湖北、湖南、江西一带，即大溪文化、屈家岭文化分布区。如若向东延伸，河姆渡文化、良渚文化等也可归于此集团。大名鼎鼎的伏羲、女娲都属于这个集团。

在中国跨入文明时代门槛的前夕，黄河流域出现了一系列部落联盟之间的兼并战争。首先是炎帝、黄帝诸部联军在涿鹿大败蚩尤，从而完成了炎黄诸部与蚩尤部落的融合。继之而来，炎黄二帝发生冲突，阪泉一战，黄帝打败了炎帝，炎帝溃败，向东南方转移，黄帝由此成为华夏集团的代表。

经过对东夷集团、苗蛮集团的征战，华夏集团取得连续胜利，对后世文化发展的格局产生了深远影响。

第二节 殷商西周：从神本走向人本

从人猿叩别、文化发端，到传说中的禹"即天子位，南面朝天下"（《史记·夏本纪》），中国文化在自身的生命运动中，迈出了巨大的一步。然而，其社会组织结构方式、婚姻演进方式、经济生活方式，以及包括图腾崇拜、灵魂崇拜、生殖崇拜、祖先崇拜和巫术在内的精神生活，和其他民族的原始文化大体一致。这是因为，"这个时代的人们，不管在我们看来多么值得赞叹，他们彼此并没有什么差别，用马克思的话说，他们还没有脱掉自然发生的共同体的脐带"（恩格斯：《家庭、私有制和国家的起源》）。至殷商西周，中国文化的特殊面貌才开始形成。

殷商神本文化

商人发祥于山东半岛渤海湾。在初始阶段，商人主要从事游耕农业。与此相适应，商人的都城一再迁徙，史称"不常厥邑"（《尚书·盘庚》）。

大约在公元前14世纪，长期流动不定的商族在第十代君王盘庚的率领下，从奄（今山东曲阜）迁徙并定都于殷（今河南安阳小屯村），在此传位八代十二王，历时273年。

在长期定都的条件下，商人的文明水平有了显著提高。兼具象形、会意、形声等制字规则的甲骨文的出现，标志着中国文字进入了成熟阶段。文字的发明和使用，使迁殷以后的商人率先"有册有典"（《尚书·多士》）。这些由掌理卜筮和记事的贞人书写与保管的典册，便是中国最早的一批文献。这些文献虽然佶屈聱牙，散漫无序，但其间已包含有丰富的文化思想。文字、典籍、青铜器，以及殷这座目前所确认的中国最早的古都，标志着古代中国已跨入文明社会的门槛。

以殷为中心展开活动的商人，脱离原始社会未久，在以神秘性与笼统性为特征的原始思维的支配下，尊神重巫，体现出强烈的神本文化的特色。

关于殷商时期的神本文化，古代典籍屡有记述。《礼记·表记》便称："殷人尊神，率民以事神。"

殷人观念中的神，地位最高的是"帝"或"上帝"。它统率各种自然力，也主宰人间事务。为了听命于"上帝"，按鬼神意旨办事，殷人以卜筮来决定自己的行止。商王既是政治上的最高统治者，又是最高祭司："我其祀宾，作帝降若。我勿祀宾，作帝降不若。"（《甲骨文合集》6498）故殷商甲骨文中，"占曰"之上大都冠以"王"字。商人还频频举行规模盛大的祭祀活动以表示对"上帝"或鬼神的敬意，祭祀使用牲畜有四五百头者。殷人也有祖先崇拜，但祖宗神的地位居于第二，而其之所以被祭祀，也在于他们生前担任最高祭司的职务，死后"宾于帝所"，侍于帝左右，成为"上帝"与人世的交通桥梁。

以尊神重鬼为特色的殷商文化，是人类思维水平尚处于蒙昧阶段的产物。随着人们实践经验日益丰富，智力、体力水平不断增进，对神的力量的崇拜渐次淡薄，对于自身能力的信心与日俱增，于是，以神为本的文化逐渐开始向以人为本的文化过渡，其契机便是商周之际的社会大变动。

周人的文化维新

对于中国文化的发展来说，周人入主中原，具有决定文化模式转换的重要意义。

周是一个历史几乎与商同样悠久的部族，作为偏处西方的小邦，它曾长期附属于商。经过数百年的惨淡经营，周族逐渐强大，并利用商纣的腐败和商人主力部队转战东南淮夷之机，起兵伐纣。公元前11世纪，"小邦周"终于战胜并取代"大邑商"，建立起周朝。

周朝建立后，一方面因袭商代的种族血缘统治办法，一方面实行文化主旨上的转换，正如《诗经·大雅·文王》所云："周虽旧邦，其命维新。"

周人的维新，首先表现在宗法制度的建立上。有关内容第三章已详述，这里不再重复。

周人确立的兼备政治权力统治和血亲道德制约双重功能的宗法制，其影响深入中国社会机体。虽然汉以后的宗法制度不再直接表现为国家政治制度，但其强调伦常秩序、注重血缘身份的基本原则与基本精神依然维系下来，并深切渗透于民族意识、民族性格、民族习惯之中。如果说中国传统文化具有宗法文化特征的话，那么，这种文化特征正是肇始于西周。

除了建立完备的宗法制和分封制，将上层建筑诸领域制度化外，周人的另一文化创新，乃是确立了把上下尊卑等级关系固定下来的礼制和与之相配合的情感艺术系统（乐），这便是所谓的"制礼作乐"。

周代的礼制是周代制度文化、行为文化和观念文化的集中体现，它既是典章制度的总汇，又是政治生活、经济生活、社会生活、家庭生活各种行为规范的准则，"道德仁义，非礼不成；教训正俗，非礼不备；分争辩讼，非礼不决；君臣上下，父子兄弟，非礼不定；宦学事师，非礼不亲；班朝治军，莅官行法，非礼威严不行；祷祠祭祀，供给鬼神，非礼不诚不庄"（《礼记·曲礼上》）。周人之"礼"，包括形式和内容两个侧面。其形式为"仪"，即各种礼节和仪式。周制规定，各级贵族祭祀、用兵、朝聘、婚丧，都要遵循严格的合乎其等级身份的礼节仪式，以体现君臣、父子、兄弟、夫妻的上下尊卑之别。战国时编纂的《仪礼》（又称《礼经》）一书，便是对西周仪礼的追记和理想化描述。"礼"的内容，一是"亲亲"，贯彻血缘宗族原则；二是"尊尊"，执行政治关系的等级原则。周代礼制的内容与形式统一在其主旨上，就是"别贵贱，序尊卑"，以保证"天无二日，土无二主，国无二君，家无二尊，以一治之也"（《礼记·丧服四制》）。范文澜曾指出，周文化是一种"尊礼文化"[1]。王国维也说，"礼"是"周人为政之精髓"，是"文武周公所以治天下之精义大法"[2]。这些论断深刻地指明了"礼"在周代社会政治生活中的重要地位。

周人所确立的"礼"，为后世儒家所继承、发展，以强劲的力量规范着中国人的生活行为、心理情操与是非善恶观念。中国传统的"礼文化"或"礼制文化"，即创制于西周。

周人推行的种种制度典礼，如分封制、宗法制、礼制，无不渗透着强烈的伦理道德精神，其要旨在于"纳上下于道德，而合天子、诸侯、卿大夫、士、庶民以成一道德之团体"[3]。周初统治者在总结夏亡殷灭的历史教训的基础上，提出了"天命靡常，惟德是辅""以德配天""敬德保民"等重要思想。中国传统文化中的德治主义、民本主义、忧患意识乃至"天人合一"的致思趋向，皆肇始于此。

---

① 范文澜：《中国通史》第1册，148页，北京，人民出版社，2008。

② 王国维：《殷周制度论》，见《观堂集林》卷十，475、477页，北京，中华书局，1959。

③ 同上书，454页。

第三节　春秋战国：中国文化的"轴心时代"

公元前722年，在犬戎咄咄逼人的攻势下，周平王从关中盆地的丰镐东迁到伊洛盆地的洛邑，从而揭开了春秋战国的帷幕。

春秋战国是一个"礼崩乐坏"的时代，周天子权威失坠，诸侯们云合雾集，竞相争霸。据文献记载，春秋时期的300年间，"弑君三十六，亡国五十二，诸侯奔走不得保其社稷者不可胜数"（《史记·太史公自序》）。战国时期的250余年间，发生大小战争220余次，"争地以战，杀人盈野；争城以战，杀人盈城"（《孟子·离娄上》）。然而，在这充满战乱的动荡时代，中国文化却奏起了辉煌的乐章。

春秋战国的文化背景　春秋战国时期的文化辉煌，最根本的原因是社会大变革时代为各个阶级、集团的思想家们发表自己的主张、进行"百家争鸣"提供了历史舞台。同时，它也有赖于多种因素的契合。

"礼崩乐坏"的社会大裂变，将原本属于贵族最底层的士阶层从沉重的宗法制羁绊中解放出来，在社会身份上取得了独立的地位，而汲汲于争霸事业的诸侯对人才的渴求，更大为助长了士阶层的声势。士的崛起，意味着一个以"劳心"为务、从事精神性创造的专业文化阶层形成，中华民族的物质生活与精神生活注定要受到他们的深刻影响。

激烈的兼并战争打破了孤立、静态的生活格局，文化传播的规模日盛，多因素的冲突、交织与渗透，提供了文化重组的机会。

竞相争霸的诸侯列国，尚未建立一统的观念形态。学术环境宽松活泼，使文化人有可能进行独立的、富于创造性的精神劳动，从而为道术"天下裂"提供了前提条件。

随着周天子"共主"地位的丧失，世守专职的宫廷文化官员纷纷走向下层或转移到列国，直接推动私家学者集团兴起。

正是如上种种条件的聚合，为中华民族的精神发展创造了一种千载难逢的契机。气象恢宏盛大的诸子"百家争鸣"，正是在这样的文化背景下应运而生的。

百家兴起及其学派特征　所谓"百家"，当然只是诸子蜂起、学派林立的文化现象的一种概说。对于其间主要流派，古代史家屡有论述。

西汉司马谈将诸子概括为阴阳、儒、墨、名、法、道德六家，并区别"所从言之异路"（《史记·太史公自序》），予以评论。西汉刘歆又将诸子归为儒、墨、道、名、法、阴阳、农、纵横、杂、小说十家，从学术源流、基本思想等方面详为论述。由于诸子百家多肇衍于战国间，故又有"战国诸子"之称。

诸子的兴起，具有鲜明的文化目的性，这就是"救时之弊"。梁启超在谈到《淮南子》"尚论诸家学说发生之所由来"时说："自庄、荀以下评骘诸子，皆比较其同异得失，独淮南则尚论诸家学说发生之所由来，大指谓皆起于时势之需求而救其偏敝，其言盖含有相当之真理。"（《淮南子要略书后》）胡适在分析战国诸子成因时，也发表意见说："吾意以为诸子自老聃、孔丘至于韩非，皆忧世之乱而思有以拯济之，故其学皆应时而生。"①这些说法都甚有见地。

由于社会地位、思考方式和学统承继上的差异，先秦诸子在学派风格上各具有鲜明的个性特征。

由孔子开创的儒家学派，以"仁"为学说核心，以中庸辩证为思想方法，重血亲人伦，重现世事功，重实践理性，重道德修养。具体说来，在天道观上，儒家承继西周史官文化以"天命"与"人德"相配合的思路，宣扬"畏天命，畏圣人之言"（《论语·季氏》），同时又对神灵崇拜做淡化处理，甚至声明"未能事人，焉能事鬼""未知生，焉知死"，实际上是把超自然的信仰放到了现实人事的从属地位。在历史观方面，儒家标榜"信而好古"，每每试图恢复"周公之礼"，将捍卫三代典章文物当作自己的神圣使命，同时亦不排斥对不符合时代潮流的礼俗政令加以适当的变通修改。在社会伦理观方面，儒家以"仁"释礼，把社会外在规范化为内在道德伦理意识的自觉要求。在修身治国方面，儒家设计出一整套由小及大、由近及远的发展人格和安定邦家的方案，为巩固政教体制提供了切实可循的途径。守旧而又维新，复古而又开明，这样一种二重性的立场，使得儒家学说能够在维护礼教伦常的前提下，一手伸向过去，一手指向未来，在正在消逝的贵族分封制宗法社会和方兴的封建大一统宗法社会之间架起了桥梁。这就是儒学在当时能成为显学，以及虽然于变革动荡的形势下显得迂阔难行，但到新社会秩序巩固后又被捧上独尊地位的原因。汉代以后，儒学几经变化，礼教德治的精神始终一贯，从而成为中国传统文化的正宗。

以老、庄为代表的道家，是先秦诸子中与儒家并驾齐驱的一大流派。道家"历记成败存亡、祸福古今之道，然后知秉要执本，清虚自守，卑弱自持"（《汉书·艺文志》）。因而，道家在许多方面都是儒家的对立面：儒家注重人事，道家尊崇"天道"；儒家讲求文饰，道家向往"自然"；儒家主张"有为"，道家倡导"无为"；儒家强调个人对家族、国家的责任，道家醉心于个人对社会的超脱。当然，道家和儒家在精神上也不是全然对立的，而是存在着相互接近、相互沟通的质素。例如，在天人关系上，儒家虽然有"天人合一"之说，但其主调仍然是宗法伦理，所以天人谐调还是要归结为人际谐调。道家则有所不同，它以超脱社会伦常为目的，于是把复归"自然"当作寄托身心的不二法门，这就使天人谐调从人际谐调的从属地位独立出来而成为"第一义"。而且，道家所谓的"自

---

① 《诸子不出于王官论》，见《胡适文存》卷二，31页，上海，上海三联书店，2014。

然"，绝不等同于儒家的"天命"或"天理"，它是一种超功利的境界，带有玄思的品格和自适的情趣。从这个角度上来把握与发挥天人关系的作用，恰好可以补救儒家在这方面的缺略，给拘限于人伦日用世界的儒家学说打开了新的天地。人性是复杂的，人生是多变的，"穷则独善其身，达则兼善天下"（《孟子·尽心上》）。后世不少士大夫文人正是从儒家指示的这条"独善"之路找到了通往道家的思想之门。儒和道，就这样由对立走向了互补，相反而又相成。

法家的先驱人物是齐国的管仲与郑国的子产，他们力主强化法令刑律，使民"畏威如疾"，以达到富国理乱的效果。他们的理论是：火烈，民望而畏之，故死于火的人少；水弱，民狎而玩之，故死于水的人多；因此法令刑律宜严不宜宽。嗣后，李悝著《法经》，商鞅实行"法治"，申不害、慎到相继提出重"术"、重"势"的思想，至韩非集法（政令）、术（策略）、势（权势）之大成，建构起完备的法家理论。法家学说的思想方法是一种"矛盾不可和而解"的专讲对立的极端辩证法，故在治国方略上主张严刑峻法，在文化政策上主张"以法为教""以吏为师"（《韩非子·五蠹》），实行文化专制主义。法家是战国时的显学，后来成为秦王朝统治天下的政治理论。汉以后，儒学独尊，但法家学说仍然或隐或彰地发挥效应，历代统治者多采取"霸王道杂之"（《汉书·元帝纪》）即儒法并用的统治方术，有的则是"阳儒阴法"。

墨家的创立者是鲁国人墨翟，其信徒多系直接从事劳作的群众，尤以手工业者为多。故墨家学说强调物质生产劳动在社会生活中的地位（"尚力"），反对生存基本需要外的消费（"节用"），企图以普遍的爱停止战乱取得太平（"兼爱"），同时又尊崇天神（"天志"），鼓吹专制统治（"尚同"），从而典型地反映出小生产者、小私有者的性格。墨家在战国时亦属显学之一，"从属弥众，弟子弥丰，充满天下"（《吕氏春秋·当染》）。但在秦汉以后，墨家丧失学派生长的适宜氛围，逐渐消失无闻。只有在历代农民暴动时有关公平、互爱及至鬼神、符命的宣传中，或可听到它的嗣音，直到近代方出现复苏之势。

以邹衍为重要代表人物的阴阳家，其特长是"深观阴阳消息"。所谓阴阳消息，即阴盛则阳衰，阳盛则阴衰，矛盾双方互为消长，一生一灭，构成自然、社会万事万物运动发展的终极原因和基本方式。运用阴阳消长模式来论证社会人事是阴阳家的一大创造，而从时间、空间的流转变化中去把握世界则是阴阳家独具特色的思维方式。

创立诸子学派的孔、墨、老、庄等，都是中国文化史上的第一批百科全书式的渊博学者，他们以巨大的热情、雄伟的气魄和无畏的勇气，开创学派，编纂、修订《易》《书》《礼》《春秋》等中国文化的元典性著作，并对宇宙、社会、人生等无比广阔的领域发表了纵横八极的议论。正是经由各具特色的诸子的追索和创造，中国文化精神的各个侧面得到充分的展开和升华，中华民族的文化走向大致确定。有鉴于此，文化史家借用德国学者雅斯贝尔斯的概念，将春秋战国称为中国文化的"轴心时代"。

第四节　秦汉：一统帝国与文化一统

公元前 221 年，经过多年兼并战争，秦王嬴政终于完成"吞二周而亡诸侯，履至尊而制六合"的统一大业，中国历史上第一个专制主义君主集权的一统帝国——秦王朝建立。秦王朝统治未久，便因统治政策的失误而被农民起义推翻，起而代之的是刘邦建立的汉朝。

宏阔的文化精神

秦汉王朝具有宏大的规模和气象。秦帝国是与东地中海的古罗马、南亚次大陆的孔雀王朝并立的世界性大国；汉帝国的版图与事功更在秦之上，与其同时并立的世界性大国唯有古罗马。

秦汉帝国的盛大根植于新兴地主阶级的生气勃勃、雄姿英发，由统治阶级精神状况所决定的社会文化基调也处于一种不可抑制的开拓、创新的亢奋之中。宏阔的追求成为秦汉文化精神的主旋律。万里绵延、千秋巍然的秦长城，"覆压三百余里，隔离天日"（杜牧：《阿房宫赋》）的阿房宫，气势磅礴、规模浩大的秦始皇陵兵马俑，水域总面积超过北京颐和园五倍的长安昆明池，"苞（包）括宇宙，总览人物"（《西京杂记》卷二《相如答作赋》）的汉赋，以百科全书式的恢宏眼光观照历史的《史记》，无不是在秦汉宏阔文化精神的统摄下产生的。

开拓进取、宏阔包容的时代精神作用于中华文化共同体内部，激发了工艺、学术的创作高潮；作用于共同体外部的广阔世界，则大大促进了中外文化的相互交融。秦汉时代，中国文化从东、南、西三个方向与外部世界展开了多方面、多层次的广泛交流，其中最著名的文化活动是汉武帝时期打开丝绸之路的张骞通西域。通过丝绸之路，中国产品远抵西亚和欧洲，西域乃至印度的文明成果，也源源不断地涌进中国，中国文化因此增添了灿烂的色调和光彩。

文化统一与思想统一

秦汉统治者在建立一统帝国的同时，还致力于思想文化的统一。

战国时代，诸侯割据，"田畴异亩，车涂异轨，律令异法，衣冠异制，言语异声，文字异形"（许慎：《说文解字·叙》）。秦始皇统一天下，雷厉风行地扫荡这种种之"异"，建立统一文化，其重要措施有如下几个方面。

第一，下令李斯等人进行文字的整理与统一工作。李斯以周朝大篆为基础，汲取齐、鲁等地通行的蝌蚪文笔画简省的优点，创制出一种人称"秦篆"的形体匀圆齐整、笔画简略的新文字，作为官方文字，颁行全国，是为"书同文"。

第二，定车宽以六尺为制，统一车辆形制，一车可通行全国，是为"车同轨"。与此同时，秦始皇调派民夫，以首都咸阳为中心，修筑驰道，东抵燕、齐，南达吴、楚，两年以后，又修筑咸阳通九原(今包头西北)的"直道"，劈山填谷，长达 1800 余里。这些措施大大加强了中央与各地的联系，畅通了商业贸易和文化交流。

第三，颁布统一度量衡的诏书，结束了战国时各国货币、度量衡标准制度混乱的局面，是为"度同制"。

第四，"以法为教"，并在各地设置专掌教化的乡官，名曰"三老"，统一人们的文化心理，是为"行同伦"。

第五，废除周代以来的封土建国制度，粉碎地区壁垒，将东至大海、西达陇右、北抵阴山、南越五岭的辽阔版图统一于中央朝政的政令、军令之下，又通过大规模的移民，开发边境地区，传播中原文化，是为"地同域"。

秦始皇统一文化的措施固然以强化专制君主集权政治为目的，但同时也有力地增进了秦帝国版图内各区域人们在经济生活、文化生活乃至文化心理上的共同性，从而为中华文化共同体的最终形成奠定了坚实的基础。

秦汉时期的文化一统，还包括思想学术上的统一，而这种统一，对中国文化其后的历程影响至深至巨。

战国后期，诸子已开始尝试以自己的学说统一思想。《荀子·非十二子》《韩非子·显学》《庄子·天下》都是这类尝试性的作品。成书于秦王政八年(公元前 239 年)的《吕氏春秋》更系统地展示了这种努力。《吕氏春秋·不二》篇宣称："听群众人议以治国，国危无日矣。""故一则治，异则乱。一则安，异则危。"思想大一统被提到了十分醒目的位置。

秦统一天下后，更执着于"别黑白而定一尊"(《史记·秦始皇本纪》)。秦始皇三十四年(公元前 213 年)，李斯上奏，建议始皇采取强硬措施，"非秦记皆烧之；非博士官所职，天下敢有藏《诗》、《书》、百家语者，悉诣守尉杂烧之；有敢偶语《诗》《书》者弃市；以古非今者族；吏见知不举者与同罪；令下三十日不烧，黥为城旦。所不去者，医药卜筮种树之书。若欲有学法令，以吏为师"(《史记·秦始皇本纪》)。秦始皇采纳了李斯的建议，"下焚书之令，行偶语之刑"(《隋书·牛弘传》)，从而造成中国文化史上的一次空前浩劫。战国时代蓬蓬勃勃的自由学术空气被窒息，广袤的思想原野上，万马齐喑。

思想的专制必然引起思想的反抗，就连为秦始皇求仙药的方士都不满其为人刚戾自用，逃亡而去。秦始皇闻讯大怒，严令追缉，将"犯禁者四百六十余人，皆坑之咸阳，使天下知之，以惩后"(《史记·秦始皇本纪》)。焚书坑儒，开历史上君主思想专制的恶例。

秦始皇"焚书坑儒"的文化专制政策以其酷烈性而激起后世儒生士大夫的反复抨击，然而，实行思想一统乃是君主专制政治下无可回避的历史任务，正因为如此，当西汉王朝取得政治上的稳定和经济上的繁盛时，统一思想的课题便再次被提出，其倡导者就是有"汉代孔子"之称的董仲舒。董氏向汉武帝建议说："今师异道，人异论，百家殊方，指意不同，是以上亡以持一统……臣愚以为诸不在六艺之科、孔子之术者，皆绝其道，勿使并进。邪辟之说灭息，然后统纪可一而法度可明，民知所从矣。"（《汉书·董仲舒传》）

董仲舒的这番话就对"六艺"的态度论，与李斯向秦始皇上焚书议截然相反，但就禁绝异端、发扬帝王一统意志而言，董仲舒与李斯可谓异曲同工，前后映照，他们两位都是在统一的专制帝国建立后设计大一统思想体系和文化形态的主要智囊人物。不过，与鼓吹"以吏为师"的李斯比较，董仲舒要高明得多，他以"六经"为指针，高举"崇儒更化"的旗帜，寻找到了与地主制经济、宗法—专制君主政体比较吻合的文化形态，其独尊儒学的主张因而不仅被汉武帝采纳，推行于当世，而且在由汉至清的 2000 年间行之久远。

| 儒学独尊与经学兴起 |

"罢黜百家，独尊儒术"文化政策的推行，使儒学取得了"定于一尊"的显赫地位，成为汉代文化思潮的主流，原来并不专属儒家的"古之道术"——《诗》《书》《礼》《易》《春秋》，亦一变而为儒家独奉的经典并被正式尊为"五经"。到了东汉，又增加《孝经》《论语》，合称"七经"。

西汉统治者既尊《诗》《书》《礼》《易》《春秋》为"五经"，复"立五经博士"（《汉书·儒林传》），并推行"以经取士"的选官制度，天下学士多靡然风从，传经之学和注经之学成为专门学问。这就是自汉代至清代的官方哲学——经学。

汉武帝以后，政治、思想、文化领域，都成为儒家经典的一统天下，但是，经学内部却因学术派别不一，爆发出今古文之争。

所谓"今文经"即朝廷为了便于经学流播，下令搜集流散民间、口头流传的儒家著作，写为定本，作为传述的依据。由于这些经书系用当时流行的文字记录整理，遂有"今文经"之称。所谓"古文经"即鲁共王刘余、北平侯张苍、河间献王刘德等人通过种种途径所发现的儒家经书，这些经书系用古籀文写成，故称"古文经"。"古文经"不仅在文字上与"今文经"大不相同，而且在篇数上也不一致。

自西汉末古文经出现，学者内部就分为今文经学、古文经学两大派，他们不仅围绕"今文经"与"古文经"的版本、文字以及真伪展开激烈争论，而且在学术观点以及学术研究的原则、方法上也有重大分歧。概要说来，今文经学的特点是政治的，讲阴阳灾异，讲微言大义；古文经学的特点是历史的，讲文字训诂，明典章制度，研究经文本身的含义。前者主合时，后者主复古。前者学风活泼，而往往流于空疏荒诞；后者学风朴实平易，但失之烦琐。

从汉武帝时代直到西汉末，今文经学居官学正统地位。在今文诸经中，《春秋公羊传》尤为重要，以治《春秋公羊传》起家的董仲舒，在著名的今文经学著作《春秋繁露》中，淋漓尽致地阐述了"天人感应"、阴阳五行、"三统"（黑统、白统、赤统）循环等学说，从而建构起天人一统图式，对中国传统思想文化产生了至为重要的影响。

古文经学在王莽摄政时扶摇直上，东汉继续发展，大学者辈出，贾逵、服虔、马融、许慎为其中佼佼者。东汉末年，马融的学生郑玄遍注古、今文群经，不拘泥于师承门户和学派壁垒，成为有汉一代隆盛经学的总结性人物。

第五节 魏晋南北朝：乱世中的文化多元走向

汉末董卓之乱，犹如一股强劲的旋风，使久已摇摇欲坠的汉帝国终于崩溃瓦解。与军阀割据、王室贵族自相戮杀相推引，北方游牧人如洪水一般从高原横冲直下，同农耕人争夺生存空间。一场长达近400年的战乱由此展开，政治舞台上角色更迭如走马灯般令人眼花缭乱。这一时期，先有魏、蜀、吴三国鼎立，继之而起的西晋命祚短促。随晋亡而来，在北方，先有十六国割据，后有北魏、东魏、西魏、北齐、北周等政权的嬗递。在南方，则有东晋、宋、齐、梁、陈诸王朝的起伏更替。

战乱与割据打破了帝国的一元化政治与集权式地主经济体制，定型于西汉中期的以经学为主干、以儒学独尊为内核的文化模式崩解，取而代之的是文化生动活泼的多元发展局面。

玄学崛兴

"有晋中兴，玄风独振。"（《宋书·谢灵运传》）玄学是魏晋时期崛起的一股新的文化思潮。

玄学的产生是从两汉到魏晋思想上的一个重要变化。自从西汉后期儒学被定为一尊后，由儒家政治伦理学说与阴阳五行学说杂糅搭配而成的、包罗万象的宇宙论，成为大一统的汉帝国巩固其统治的理论基础。与此相辅而行的是对儒家经典进行种种烦琐解释的经学。随着东汉王朝的崩溃，这个包罗万象的宇宙系统论的神圣光圈黯然失色，经学也成了令人难以忍受的烦琐学问。统治阶级的腐败以及社会大动乱更有力地宣布了儒学的"不周世用"（《三国志·杜恕传》）和思想的虚伪。在这样一种时代大背景下，玄学应运而生。

玄学由老庄哲学发展而来，其宗旨是"贵无"，其最高主题是对个体人生意义价值的思考。玄学在主体面貌上与两汉儒学大不相同。两汉儒学着眼于构建实实在在的王道秩序与名教秩序，玄学却以探求理想人格为中心课题；两汉儒学热衷于"天人感应"的神学目的论，魏晋玄学却从宇宙论转向思辨深邃的本体论。玄学的兴起，对魏晋文化思潮产生了深刻影响。

首先，玄学的思维特点是超脱多样化的现世实物而直接诉诸本体。对本体的思考，对无限的思考，当然不能依靠纯经验性的观察，还必须运用抽象的哲理，一股力度超过以往任何时代的思辨新风注入了中国传统哲学的躯体，使之产生了新的生气勃勃的活力。魏晋学术亦因此而富于谈玄析理的色彩。

其次，玄学虽然以超越有限达到无限为根本，但玄学家所说的达到无限，不是像西方黑格尔哲学那样以达到对"绝对理念"的纯思辨的抽象把握为最终目的，而是在现实的人生之中，特别是在情感之中达到对无限的体验，这就使玄学与美学内在地联系在一起，成为魏晋美学的精魂。魏晋时期兴起的"重神理而遗形骸""重自然而轻雕饰"的美学观念，以及新兴的山水诗与山水画等，便深深浸染着玄学风采。

最后，玄学作为一种本体论哲学，其现实意蕴乃是对魏晋人所亟亟追求的理想人格做理论上的建构。在"贵无"思想的深刻影响下，魏晋士人或徜徉山水，"琴诗自乐"（嵇康：《兄秀才公穆入军赠诗十九首》），追求一种"萧条高寄"（《世说新语·品藻》）的生活；或"动违礼法"（《晋书·江惇传》），"以任放为达"（《世说新语·德行》）。陶渊明与"竹林七贤"便分别是以上两种行为方式的代表。在魏晋士人的推动下，老庄之学轻人事、任自然的价值观以前所未有的规模占据中国知识分子的心灵世界，进而铸造了中国士人玄、远、清、虚的生活情趣。

道教创制与佛教传入

玄学的兴盛，体现出动乱时代人们对个体存在意义和价值的关注，而这样一种社会心理也成为道教与佛教兴盛的土壤。

道教是中国本土的宗教。它酝酿于东汉，发展于魏晋，至南北朝时期，北魏嵩山道士寇谦之、刘宋庐山道士陆修静借政权之力清整民间道派，并首次使用"道教"一词统一各道派。与此同时，道教逐步形成一套完整的宗教仪式和斋醮程式、道德戒律。萧梁陶弘景更以"天子师"之尊构造道教神仙谱系，叙述道教传授历史。道教作为一个完整意义上的宗派至此基本定型。

作为宗教的一大流派，道教具有宗教的一般性特征，但作为中华民族创立的宗教，它又具有鲜明的民族性格。这就是在思想渊源上从道、儒、墨等哲学流派以及传统星相家、医方家、谶纬家那里充分汲取思想资料；在神仙世界的构造上以古代中国尤其是流传于楚文化圈的种种神话人物为本源；在教旨上，以长生成仙为目标，讲求归本返璞、归根复命的养气健身术，钻研追求不死的炼金服丹之术。民间劾治恶鬼、躲避死亡的种种迷信手段，如臂悬五彩、悬苇画鸡、桃符桃印、治邪驱鬼等也网罗无遗，发展成为禁咒、印镜等法术。与全力关注"人死后如何"的佛教、基督教、伊斯兰教不同，道教最关心的是"人如何不死"。这一致思趋向正是中华民族重现世、重现实的民族性格在宗教观上的体现。

道教勃兴的同时，另一种宗教也气势日增地开进了魏晋南北朝文化系统，这就是来自南亚次大陆的佛教。由此形成二学（儒学、玄学）、二教（道教、佛教）相互颉颃、相互融合的多元激荡的格局。

儒、玄、道、佛相与激荡

儒、玄二学在魏晋时期冲突甚为剧烈。玄学推出之初，便大有"与尼父争涂"（《文心雕龙·论说》）的势头。玄学之士"以老、庄为宗而黜六经"（干宝：《晋纪总论》）。儒学之士则谴责玄学家好谈老庄，排弃世务，崇尚放达，轻蔑礼法。但是儒、玄二学虽然相互排斥，却也有相互吸收的一面。一些儒者注意到老庄之学具有救名教伪弊之功，玄学中也出现了推动玄学向儒学靠拢的修正派。"儒玄双修"之士的大量涌现体现出那一时期儒玄合流的趋势。

道教从诞生之日起便与老庄之学结下不解之缘，道家哲学是道教的重要思想渊源与宗教理论的主干。道家的创立者老子被奉为道教教主，庄子也被列为道教尊神。《老子》《庄子》二书被奉为道教经典，称《道德真经》与《南华真经》。与此同时，道教积极调和儒学，将儒学中的伦理精义纳入教义、教规之中。范文澜曾描述儒、道二教关系，"儒家对道教不排斥也不调和，道教对儒家有调和无排斥"[1]，确是中肯之论。

佛教和玄、儒、道的关系颇为复杂。大体而言，玄、佛一拍即合，到了东晋，玄学几乎完全融入佛教之中。"儒家对佛教，排斥多于调和，佛教对儒家，调和多于排斥；佛教和道教互相排斥，不相调和（道教徒也有主张调和的）。"[2]

魏晋南北朝时期儒、玄、佛、道二学、二教的相互冲突、相互整合，造成意识形态结构的激烈动荡。这一时期因匈奴、鲜卑、羯、氐等北方少数民族入主中原而引发的胡汉文化的大规模碰撞，更使魏晋南北朝的文化呈现出多样性、丰富性。在文化的多重碰撞与融合中，中国文化得到多向度的发展和深化，强健而清新的文化精神大放异彩。

第六节　隋唐：隆盛时代

7世纪，当阿拉伯人相继攻陷麦加、耶路撒冷与亚历山大城，建立起横跨亚、非、欧三洲的阿拉伯帝国之时，在东亚大陆，隋和唐相继开疆拓土，军威四震，建立起东临太平洋、西至中亚的大帝国，在空前壮阔的历史舞台上，中国文化进入了气度恢宏、史诗般壮丽的隆盛时代。

文化背景　　隋唐文化的气象恢宏，与地主阶级结构的深刻变化息息相关。魏晋南北朝时，活跃于中国政治舞台上的是门阀士族地主阶级，他们凭借门第、族望而世代盘踞高位，享有各种政治、经济特权，"高门大姓"以外的庶族或寒门则进身不易。然而，门阀士族势力在隋唐时期趋于急剧没落。给予门阀地主致命打击的首先是摧枯拉朽的隋末农民大起义，继之而来的则是隋唐政权所推行的包括均田制、"崇重今朝冠冕"及科举制在内的一系列全面压抑门阀士族的改革措施。在门阀士族衰落的同时，大批中下层士子，由科举入仕途，参与和掌握各级

---

① 范文澜：《中国通史简编（修订本）》第2编，439页，北京，人民出版社，1949。

② 同上。

政权，从而在现实秩序中突破了门阀世胄的垄断。

在隋唐之际巨大社会结构变动中登上中国文化舞台的庶族寒士是正在上升的世俗地主阶级的精英分子，有为的时代，使他们对自己的前途与未来充满自信和一泻千里的热情，唐代文化因而具有一种明朗、高亢、奔放、热烈的时代气质。

"有容乃大"的文化气派　　以强盛的国力为依托，以朝气蓬勃的世俗地主阶级知识分子为主体，唐文化首先体现出来的是一种无所畏惧、无所顾虑的兼容并包的宏大气派。在文化政策上，唐太宗李世民与以魏徵为首的儒生官僚集团，不仅在政治上实行"开明专制"，而且在文艺创作上积极鼓励创作道路的多样性，在意识形态上奉行三教并行政策，决不推行文化偏至主义。这样一种文化政策基本上为李世民的子孙们所继承。对待文化人，唐王朝也采取较为宽容的姿态，儒学可被嘲讽，诗人作诗也少有忌讳。宋人洪迈在《容斋随笔》中曾感叹说："唐人歌诗，其于先世及当时事，直辞咏寄，略无避隐。"即使那些"非外间所应知"的宫闱秘闻，诗人"反复极言"，"上之人亦不以为罪"，"今之诗人"则绝不敢如此。由此可见唐代文化开放的氛围。

唐文化的宏大气魄还体现在以博大的胸襟广为吸收外域文化上。南亚的佛学、历法、医学、语言学、音乐、美术，中亚的音乐、舞蹈，西亚和欧洲的祆教、景教、摩尼教、伊斯兰教、医术、建筑艺术及至马球运动等，如同"八面来风"，从唐帝国开启的国门一拥而入。唐朝首都长安则是那一时代中外文化汇聚的中心，一个具有盛大气象的世界性都市。隋唐文化对外域文化的大规模吸收，不仅在中国文化史上，而且在世界文化史上均可称为卓越范例。英国学者威尔斯在《世界简史》中比较欧洲中世纪与中国盛唐的差异说："当西方人的精神被神学的黑暗蒙蔽时，中国人的精神却充满着开放、包容和探索欲望。"

所谓"有容乃大"，正是唐文化超轶前朝的特有气派，是唐文化金光熠熠的深厚根基。

风采辉煌的艺术成就　　规模空前的统一和强盛、宽容和摄取，造就了一个丰富浓烈的艺术世界。

中国文学的首唱是诗，而中国诗的辉煌巅峰则在唐代。闻一多说："一般人爱说唐诗，我却要讲'诗唐'，诗唐者，诗的唐朝也。"[1]

诗歌女神确乎特别垂青于唐代，这是一个全民族诗情郁勃的时代。一方面，文人创作的诗篇可以传诵于"士庶、僧徒、孀妇、处女"（白居易：《与元九书》）、"牛童、马走之口"（元稹：《白氏长庆集序》），"卖于市井"，题写于"观寺邮侯墙壁之上"（元稹：《白氏长庆集序》），吟诵于"乡校、佛寺、逆旅、行舟之中"（白居易：《与元九书》），乃至谱

---

① 《闻一多论古典文学》，82页，重庆，重庆出版社，1984。

写成流行歌曲，诚所谓"宫掖所传，梨园弟子所歌，旗亭所唱，边将所进，率当时名士所为绝句"（王士禛：《唐人万首绝句选序》）。另一方面，社会各阶层对诗歌创作，充满了高涨的热情，"行人南北尽歌谣"（《敦煌曲校录·望远行》），"人来人去唱歌行"（刘禹锡：《竹枝词》）。白居易说"今时俗所重，正在此耳"（《与元九书》），指明了"有唐吟业之盛"（胡震亨：《唐音癸签》卷二十七）的社会心理基础。

这是一个诗歌创作空前活跃的时代。仅清代所编的《全唐诗》中，就有作品 48900 余首，诗人 2300 余家，而兔起鹘落的历史岁月必然湮没了更多作品与诗人。在难以数计的伟大诗人中，既有李白、杜甫、王维、白居易、李贺、李商隐、杜牧等以千古绝作雄盖一世的诗歌巨匠，又有杨师道、王勃、杨炯、骆宾王、七岁女等文思敏捷的神童诗人，还有上官昭容、李季兰、薛涛、鱼玄机等才思超群的女诗人。正是经他们的杰出创造，中国古典诗歌无体不备、无体不善，无论内容、风格、形式、技巧，均达到炉火纯青的地步，成为后世效仿的典范。

与中国诗的历程几乎一致，中国书法在魏晋六朝开始走向美的自觉，在唐代也达到了一个高峰。

这一时期篆书圆劲，李阳冰篆法为后世所多循；草书飞动，"颠张狂素"将狂草发挥得淋漓尽致；行书纵逸，李邕、颜真卿的"麓山寺碑""争座位帖"最为艺林所重；楷书端整，欧（阳询）、虞（世南）、颜（真卿）、柳（公权）四大家将唐楷推至登峰造极之地步。与唐代诗坛推出李白、杜甫作为中国诗典范性人物同步，唐代书坛也推出中国书法的宗师——颜真卿与柳公权，诚如苏轼所言："至唐颜、柳，始集古今笔法而尽发之，极书之变，天下翕然以为宗师。"（《书黄子思诗集后》）

唐代是诗歌与书法的黄金时代，也是绘画的极盛时期。"画圣"吴道子改造传统线描技巧，"出新意于法度之中，寄妙理于豪放之外"（苏轼：《书吴道子画后》），以"莼菜条"型线条的创造，大大提高了线条在画面上组织物象基本结构的功能，丰富了线条的美感，深刻地活化了线的生命力。在画科上，唐代绘画也是全面发展。人物画辉煌富丽，豪迈博大；山水画金碧青绿之美与清秀雅淡的水墨韵味交相辉映；"穷羽毛之变态，夺花卉之芳妍"（朱景玄：《唐朝名画录》）的花鸟画也登上画坛，规模初具。整个画坛新鲜活泼，充满生命活力，唐人张彦远用"焕烂而求备"（《历代名画记·论画方法》）一语概括唐代绘画的气派，其言确然。

唐代的散文也有丰硕成果，其领袖人物是韩愈、柳宗元。他们所发起的古文运动，对以后几个世纪的文学产生了深刻影响。

孟子说："充实之谓美，充实而有光辉之谓大。"（《孟子·尽心下》）唐代便是古代哲人观念中"充实而有光辉"的文化繁盛时代。苏轼在《书吴道子画后》中说："君子之于学，百工之于技，自三代历汉至唐而备矣！故诗至于杜子美，文至于韩退之，书至于颜鲁公，画至于吴道子，古今之变，天下之能事毕矣。"

中国文化发展至唐，显示出一种阶段性的集大成的灿烂风采，其辉煌令后世追慕不已。

第七节　两宋：内省、精致趋向与市井文化勃兴

爆发于755年的安史之乱，引发了潜藏已久的种种危机，以杨炎两税法的财政改革为法律标志，中国封建社会经济结构发生了巨大变迁。均田制崩解，庶族地主经济与小自耕农经济迅速发展，直至占据社会经济的主体地位。

与社会政治、经济格局变迁的大势相呼应，中国文化亦从唐型文化转向宋型文化。

所谓唐型文化，是一种相对开放、外倾、色调热烈的文化类型，李白的诗、张旭的狂草、吴道子的画，无不喷涌奔腾着昂扬的生命活力。昭陵雕刻中雄壮健伟、神采飞扬的骏马，透露出大气盘旋的民族自信。而宋型文化则是一种相对封闭、内倾、色调淡雅的文化类型。这一时期的各种文化样式无论是哲学、文学、艺术还是社会风气，都在不同程度上浸润着宋型文化的特有风貌。

宋代文化最重要的标志乃是理学的建构。

理学建构

两宋理学，不仅将纲常伦理确立为万事万物之所当然和所以然，亦即"天理"，而且高度强调人们对"天理"的自觉意识。为指明自觉认识"天理"的途径，朱熹精心改造了汉儒编纂的《大学》，突出了"正心、诚意"的"修身"公式："古之欲明明德于天下者，先治其国；欲治其国者，先齐其家；欲齐其家者，先修其身；欲修其身者，先正其心；欲正其心者，先诚其意；欲诚其意者，先致其知；致知在格物。"从格物到致知，实质上是将外在规范转化为内在的主动欲求，亦即伦理学上的自律，有了这一自律，方有诚意、正心、修身乃至齐家、治国、明德于天下的功业。

理学是中国后期封建社会最为精致、最为完备的理论体系，其影响至深至巨。由于理学家将"天理"和"人欲"对立起来，进而以天理遏制人欲，因此带有自我色彩、个人色彩的情感欲求受到强大的约束。理学专求"内圣"的经世路线以及"尚礼义不尚权谋"的致思趋向，则将传统儒学的先义后利发展成为片面的重义轻利观念。但与此同时，理学强调通过道德自觉达到理想人格的建树，也强化了中华民族注重气节和德操，注重社会责任与历史使命的文化性格。张载庄严宣告"为天地立心，为生民立命，为往圣继绝学，为万世开太平"；顾炎武在明清易代之际发出"天下兴亡，匹夫有责"的慷慨呼号；文天祥、东林党人在外来强权或腐朽政治势力面前，正气浩然，风骨铮铮，无不浸润了理学的精神价值与道德理想。

精致细腻的士大夫文化

与理学着意于知性反省、造微于心性之际的趋向相一致，两宋的士大夫文化也表现出精致、内趋的性格。

词起源于市井歌谣，因文人介入而趋于雅化。与含义阔大、形象众生的诗不同，词小而狭，巧而新。它侧重音律和语言的契合，造境摇曳空灵，取径幽约怨悱，寄托要眇惆怅，极为细腻，极为精致。尽管宋代词坛还有别一番风貌的歌唱，即由苏轼开创的、以辛弃疾为代表人物的豪放词风，但词坛的主流始终是婉约、阴柔，集中反映出两宋文人士大夫与唐人大不相同的心境和意绪。

宋词雅，宋画也雅。苏轼在《跋宋汉杰画山》一文中提出"士人画"这一观念，强调融诗歌、书法于绘画之中，以绘画来表现文人意趣。以此文化心理为背景，两宋绘画富于潇洒高迈之气与优雅细密、温柔恬静之美。

两宋士大夫文化的其他领域，也无不表现出与宋词、宋画相通的性格。两宋古文舒徐和缓，阴柔澄定；宋诗"如纱如葛""思虑深沉"；士人饮茶"品第之胜，烹点之妙，莫不咸造其极"（宋徽宗：《大观茶论序》）。文人玩赏的瓷器脱略繁丽丰腴，尚朴澹，重意态。其服饰也"惟务洁净"，以简朴清秀为雅。

市民文化之勃兴

宋词、宋画、宋文以及宋代理学构筑了一个精致辽阔的上层文化世界，而在这一世界之外，别有一种文化形态崛起，这就是在熙熙攘攘的商市生活以及人头攒动的瓦舍勾栏中成长起来的野俗而生动的市民文化。

两宋市民阶层的崛起，以中晚唐以来的都市经济发展为基础，著名的《清明上河图》便反映了当时繁盛都市生活的一个侧面。在熙熙攘攘、风波丛生的都市生活中，市民们无意于追求典雅的意境、迷离的诗情，而是醉心于能直接并情调热烈地满足感官享受的艺术样式，因此，市民文化从其诞生起，便显示出一种野俗的活力与广阔的普及性。

傀儡戏、参军戏是中唐以后市井间流行的歌舞小戏。一些记载描述说，当这些歌舞小戏演出时，台下观众云集，大声应和，其情景颇为热烈。明确标明以"市人"为读者对象的"市人小说"也开始在这一时期出现。在一些繁华的大都市，产生了市民文化表现自我的固定游艺场所——瓦舍。每个瓦舍里划有多个专供演出的圈子，称为勾栏。众多勾栏上演着令人眼花缭乱的文艺节目，如杂剧、杂技、讲史、说书、说浑话、皮影、傀儡、散乐、诸宫调、角抵、舞旋、花鼓、舞剑、舞刀等。瓦舍中士庶咸集，老少毕至，热闹非凡。一种不同于贵族口味与士人情调的市民文化，跻身于文化系统中，成为不可忽视的社会存在。

教育和科技成就

两宋文化还有一个重要内容，就是教育的发达。宋代官学系统有两大特色：一是在学校教育制度上等级差别不断缩小，如官学向宗学转化后无问亲疏，国子学向太学转化后无问门第，这样一种变化无疑有利于低级官僚子弟乃至寒素子弟脱颖而出；

二是重视发展地方学校，至北宋末期，地方州县学发展到高峰，人称"学校之设遍天下"（《宋史·选举志一》）。教育的发展与深刻的变革使宋代整个社会的文化素养超过汉唐，明人徐有贞指出："宋有天下三百载，视汉唐疆域之广不及，而人才之盛过之。"（《范文正公集补编》卷四《重建文正书院记》）宋文化繁盛的基础正在于此。

在中国文化趋向成熟、精密化的背景下，古代科技在宋代亦发展至极盛。

指南针、印刷术、火药武器三项重大发明创造是宋代科技最为突出的成果。北宋贾宪、南宋秦九韶在数学领域做出了具有世界领先水平的贡献。百科全书式的人物沈括"于天文、方志、律历、音乐、医药、卜算无所不通，皆有所论著"（《宋史·沈括传》），且创见迭出。天文学、地理学、地质学、医药学、冶金术、造船术、纺织术、制瓷术等方面也都有令人目眩的成就。在此前后的任何一个朝代，无论是科学理论研究，还是技术的推广应用，比起两宋来都大为逊色。陈寅恪为《宋史职官志考正》一书作序说"华夏民族之文化，历数千载之演进，造极于赵宋之世"，指出了宋文化在中国文化史上的重要地位。

第八节　辽夏金元：游牧文化与农耕文化的冲突与融会

宋文化细腻丰满，但在气魄上远不及汉唐文化气势雄壮。唐太宗李世民以"天可汗"的尊称威慑周边民族，而宋代自立国之始，就为外患所困扰，长期与辽、西夏、金等游牧民族政权相对峙。

> **游牧文化与农耕文化冲突的双重效应**

契丹、党项、羌、女真以及后来的蒙古势力对宋人世界的长期包围与轮番撞击，产生了双重文化效应。一方面，北宋人因被动挨打而生的忧患，南宋人因国破家亡而生的忧患，渗透于宋文化的各个层面。李清照、陆游、辛弃疾、岳飞等优秀词人的忧患之作与悲愤之唱，范仲淹与王安石所推行的变法，莫不是这种文化大背景孕育的产物。另一方面，契丹、党项、羌、女真等游牧民族从汉文化中吸收了丰富营养。在辽，孔子受到朝野上下的尊崇；《贞观政要》《史记》《汉书》等汉文化名著被译成契丹文字，广为流行；贾岛之诗成为儿童学习的启蒙读物，苏轼的诗更为辽人熟悉和喜爱。在汉文学的影响下，辽国君主"雅好词翰，咸通音律……文学之臣……皆淹通风雅"（沈德潜：《辽诗话·序》）。在西夏，《孝经》《论语》《孟子》皆有本族文字译本，至宋仁宗时，西夏如富弼所述，已是任用中国贤才，读中国书籍，用中国车马，行中国法令了（《续资治通鉴长编》卷一百五十）。在金国，儒学被奉为正宗道统，国学除学习经书外，还要学习《老子》《荀子》等诸子典籍，读《史记》《汉书》等史书。宋朝流行的典章制度也在金推行，其进士科目"兼采唐宋之法而增损之"（《金史·选举志》），其考课之法亦仿汉唐之制行之。建立于幽燕故地的金中都，完全以汴京为模式，其设计和施工的主持者均是熟稔儒学建都规制的汉族士大夫。金人对汉族文化的汲取和整合，使汉族文化在新的条件下渗透、延展于女真族之中，从而在中国北部创立了一个"人物文章之盛，独能颉颃宋、元之间"（王士祯：《归潜志序》）的文化天地。

13 世纪，从蒙古高原席卷而来的铁骑旋风震荡着欧亚大陆，中华大地上相互对峙的金、南宋和西夏王朝，在成吉思汗及其子孙的扫荡下逐一崩溃。1260 年，成吉思汗的孙子忽必烈在蒙古上层贵族的争斗中获得胜利，登上大汗宝座，并取儒学经典《易经》中的"大哉乾元"之义，定国号为"大元"。

蒙古族以剽悍的草原游牧民族气质入主中原，然而，冲突和对抗，促进着深刻的文化交融。元世祖忽必烈在汉族儒生士大夫的影响下，采取一系列措施，改革漠北旧俗，"行中国事"（《元史·徐世隆传》）。崛起于两宋，但一直处于在野地位的程朱理学，在元统治者的大力倡导下一跃成为"式于有司"（欧阳玄：《赵忠简公祠堂记》）的官学，对后来的明清文化格局产生了重要影响。

元杂剧及其文化意义

元朝统治时期，科举制度中止七八十年，以致元代文人仕进堵塞，一部分穷困潦倒者于是与盛行勾栏间的杂剧产生了亲缘联系。他们投身于杂剧创作，"以其有用之才"，"抒其怫郁感慨之怀"（胡侍：《真珠船》卷四），表达了深沉的悲愤、苦闷与抗争。关汉卿的名作《窦娥冤》，以及以包拯为主角的一系列清官戏，如《蝴蝶梦》《鲁斋郎》《陈州粜米》等，便表现了普通民众的郁闷与愤懑之情。

元杂剧不仅愤激地谴责黑暗，凝重地传递、倾吐内心的不平，而且以一种充满希望的热情，去讴歌非正统的美好追求。"天下夺魁"的《西厢记》就是这类作品的代表。它不仅充满激情地以完满的艺术结构展现出崔莺莺与张生爱情的忠贞不渝和理想终成现实，而且高呼出向正统文化观念挑战的宣言："愿天下有情的都成了眷属。"（《西厢记》卷五）

规模盛大的中外文化交流

忽必烈所建立的元朝，是一个版图空前广大的帝国。其疆域"北逾阴山，西极流沙，东尽辽左，南越海表"，"东南所至，不下汉、唐，而西北则过之"（《元史·地理志》）。在这广袤的文化场中，中国文化与外域文化的交流融合，以宏大的气势展开。

元帝国对欧亚大陆的征服，使中国西部和北部的边界实际上处于开放状态，阿拉伯、波斯和中亚的穆斯林大规模迁居中国，一个信仰伊斯兰教而又浸润阿拉伯和波斯文化传统的回民族渐趋形成。

元代中西交通的开辟，为基督教入华创造了有利的气候和土壤。元人将基督教称为也里可温。也里可温有两大派别，其一为曾流行于唐代的景教，即基督教聂斯托里派；

其二为初次入华的罗马天主教。景教在大江南北遍设教堂，其教徒遍及山西、陕西、甘肃、河南、山东、直隶以及广东、云南、浙江等地。天主教则首先立足于元大都，然后将传教触角从帝都向外地扩展，教徒发展至 30000 余人。

亚欧大陆的沟通，亦为东方和西方旅行家远游提供了极大的方便。1275—1291 年，中国大地上留下了南欧旅行家马可·波罗的足迹。这位威尼斯人回国后口述了《马可·波罗游记》。书中，他用梦幻般的语言，向西方人娓娓动听地描述了中国的美丽、富饶和繁荣。从此，东方的中国成了西方人心目中遥远的梦，达·伽马、哥伦布、麦哲伦远渡重洋，开辟新航道，都是在全力追寻这样一个遥远的梦。

元代中国对外部世界的大规模开放，使大批波斯人、阿拉伯人迁居而来。他们之中，有不少科技人才。异邦的先进科技，尤其是当时处于世界领先水平的阿拉伯天文学、数学，以他们为媒介，流入中国科技界。元代天文学家郭守敬在发展中国传统天文学的基础上充分吸取阿拉伯天文学成果，制定了中国历史上使用时间最长的《授时历》。《授时历》以 365.2425 天为一年，跟地球绕太阳公转一周的实际时间只差 26 秒，跟目前国际通行的公历完全相同。

外域文化输入中国的同时，由于蒙古人的西征，中国文化向西传播的速度也大大加快，中国四大发明之一的火药，以蒙古军和阿拉伯人的战争为中介，传入阿拉伯，再传入欧洲。中国印刷术也经由蒙古统治下的波斯以及突厥统治下的埃及传入欧洲。中国历法、中国数学、中国瓷器、中国茶、中国丝绸、中国绘画、中国算盘亦通过不同途径，在阿拉伯与欧洲世界广为传播，世界文化的总体面貌因此而更为辉煌灿烂。

第九节　明清：沉暮与开新

中国古典文化，其生命有一个由生长到全盛到衰落的历程。明、清（1840 年前）两代便处于这一历程的后段，同时它们又为传统文化向近现代文化的转型准备着条件。

明代与 1840 年前的清代，是中国漫长的封建社会的晚期。在这几百年间，中国社会的内部结构发生了缓慢而又重大的变化，随着自耕农的普遍发展，庶族地主力量的增长，以及屯田向私有和民田的转化，传统的地权占有形式发生变更；随着租佃关系上自由租佃的出现，永佃制、押租制的发展，雇佣关系上封建性雇工向自由雇工的过渡，封建依附关系发生松解；与此相关联，某些新的生产关系的萌芽开始在封建制度母体内出现。凡此种种，皆标志着中国封建社会已进入晚期阶段。

**空前严厉的
文化专制**

明清是中国君主专制制度登峰造极的时代，文化专制亦空前严酷地钳制着思想文化界。

明清文化专制的突出表现是文字狱盛行。朱元璋以文字之"过"，"纵无穷之诛"（《明史·练子宁传》），大批儒生士大夫因文字而遭横祸。如浙江府学教授林元亮所作《贺万寿表》中有"作则垂宪"之语，常州府学训导蒋镇所作《贺正旦表》中有"睿性生知（智）"之语，朱元璋均以"则"为"贼"，以"生"为"僧"，认为是讥讽他参加过红巾军，当过和尚，从而大开杀戒。与此同时，明代君主在文网周纳中大量使用特务手段，特务机构厂（东厂、西厂、内行厂）、卫（锦衣卫）以士人为重点侦伺对象，"飞诬立构，摘竿牍片字，株连至十数人"（《明史·刑法志》）。清代文字狱更有过之，文人往往因"疑似影响之词，横受诛戮"。"庄廷龙《明史稿》案""戴名世《南山集》案""吕留良《文选》案"，均是康雍时期所发生的轰动全国的大案。

明清统治者一手推行文字狱，在文化领域制造恐怖；另一手则崇正宗、灭异端。朱元璋多次诏示，士人必须"一宗朱氏之学"，"非濂洛关闽之学不讲"（陈鼎：《东林列传》卷二），又规定科举考试一律以朱熹的注为标准答案。于是，明初学术界成为程朱之学的一统天下，士子一味"尊朱""述朱"，凡"言不合朱子，率鸣鼓百面攻之"（朱彝尊：《曝书亭集·道传录序》），程朱理学被推上至尊地位。清代统治者在推行文化专制上也不遗余力。乾隆年间，清高宗借编纂《四库全书》的机会，全力剪除危及封建统治思想基础的"异端"学说。《四库全书总目提要》的《凡例》便开宗明义地宣布："离经畔（叛）道、颠倒是非者，掊击必严；怀诈挟私、荧惑视听者，屏斥必力。"直接干预《四库全书》纂修的同时，乾隆帝还一手操纵了长达 19 年的禁书活动，共禁毁书籍 3100 多种，151000 多部，销毁书版 80000 块以上。在"书禁亦严，告讦频起"的强大威慑力下，"士民蕋慎，凡天文、地理、言兵、言数之书，有一于家，惟恐召祸，无问禁与不禁，往往拉杂摧烧之"（王芑孙：《洴澼百金方序》）。中国文化遭到了秦始皇焚书以来的又一次巨大浩劫。

早期启蒙思潮

明清两代的文化，一方面是文化专制主义空前强化，程朱理学占据统治地位；另一方面，与社会形势的变化相适应，又出现了多少具有市民反叛意识的早期启蒙思潮。如以"致良知"之说打破程朱理学一统天下的王阳明，虽然就其根本意旨而言是要修补朱学僵化所造成的缺漏，但他感应明中叶以来社会氛围和心理状态的变迁，从人的主动性、能动性上顺次展开宇宙论、认识论、价值主体论，从而否认用外在规范人为地管辖"心"、禁锢"欲"的必要性，高扬了人的主体性，造成对正宗统治思想的一种反叛，成为晚明人文思潮的哲学基础。他的门生王艮以及"泰州学派"的传人李贽则走得更远，已有较为鲜明的个性解放气息。明清之际三大思想家——黄宗羲、顾炎武、王夫之，以及方以智、唐甄、颜元、戴震、焦循等人，更从不同侧面与封建社会晚期的正宗文化——程朱理学展开论战，有的批判锋芒直指专制君主。

明代中后期市民文学的兴起（其理论代表是李贽的"童心说"和公安派"独抒性灵"口号的提出，其代表作品为长篇小说《金瓶梅》、短篇小说集"三言""二拍"等），也是城市经济发展和某些新的生产方式萌芽的社会现实的反映。生动活泼、富于民间生活情趣的市民文学，较之明代前期内容空虚、徒具华丽形式的"台阁体"文学，以及前七子、后七子"文必秦汉，诗必盛唐"（《明史·李梦阳传》）的文学复古运动，都是一个巨大的跃进。至于清代出现的《儒林外史》《红楼梦》等作品，则在更大的广度和深度上揭露了封建制度的弊端，将古典现实主义文学推向高峰。

如果要在欧洲文化史上选择一个阶段同中国明清时期的进步文化做比拟，无论从产生的背景还是从所包蕴的内容而言，都以文艺复兴较为相当。文艺复兴产生的经济条件是14和15世纪在地中海沿岸的某些城市已经稀疏地出现了资本主义生产的最初萌芽，而16—17世纪的中国长江中下游也出现了类似的经济态势。文艺复兴的主旨是人文主义，其批判锋芒直指中世纪的神学蒙昧主义、禁欲主义，而中国明清时期的进步思想家、文学家也抨击宋明理学中的僧侣主义和禁欲主义，提出"饮食男女之欲，人之大共也"（王夫之：《诗广传》卷二），"私欲之中，天理所寓"（王夫之：《四书训义》卷二十四）等新的命题。至于顾、黄、王诸大师在哲学思想、史学思想、自然观中的理性主义，也都与蒙昧主义相对立。

然而，由于16—17世纪的中国，新的经济形态还十分微弱、脆嫩，明清时期的早期启蒙思想家们先天不足，具有一种时代性的缺陷。以明清之际最富于战斗精神的政治哲学著作《明夷待访录》和《潜书》为例，它们虽然在批判封建专制帝王的猛烈程度上不可谓不巨，但黄宗羲、唐甄们提不出新的社会方案，而只能用扩大相权、限制君权、提倡学校议政等办法来修补封建专制制度。

古典文化的大总结

明清两代进入了中国古典文化的总结时期。

在图书典籍方面，明清统治者调动巨大的人力物力，对几千年浩如烟海的典籍文物进行收集、钩沉、考证、考辨，编纂了大型类书《永乐大典》《古今图书集成》，大型字典《康熙字典》，大型丛书《四库全书》。《永乐大典》被公认为世界上最早、最大的一部百科全书；《康熙字典》是世界上最早的字数最多的字典；《四库全书》则是至今为止世界上页数最多的丛书。大型图书的编纂，是古典文化成熟的象征，也包含着文化大总结的意蕴。

在古典科技方面，明清之交出现了一批科学技术巨著。如李时珍的《本草纲目》，在药物学和植物分类方面达到了当时世界的先进水平；潘季驯的《河防一览》，作为一部治理黄河的专书，总结了我国历代治河经验；徐光启的《农政全书》，记载了我国自古以来的农学理论，总结了元、明两代劳动者的农业生产经验，还介绍了欧洲的农田水利技术，成为中国古代最完备的一部农学著作；宋应星的《天工开物》，记录了明末清初的生产新技术，是一部称誉海外的工艺学百科全书。日本将此书视为至宝，并由《天工开物》发展出一门"天工学"。此外，地理和地质学杰作《徐霞客游记》、方以智的自然哲学专著《物理小识》等，都是封建社会晚期科学成就的高峰。

在学术文化方面，清代乾嘉时期的学者对中国古代文献展开了空前规模的整理与考据。"其直接之效果：一、吾辈向觉难读难解之古书，自此可以读可以解；二、许多伪书及书中窜乱芜秽者，吾辈可以知所别择，不复虚靡精力；三、有久坠之绝学，或前人向不注意之学，自此皆卓成一专门学科，使吾辈学问之内容，日益丰富。"（梁启超：《清代学术概论》）对于中国传统学术文化的承传不坠以及向前推进来说，乾嘉学者做出了不可抹煞的贡献。

西学东渐及其中断　明末清初，利玛窦、汤若望等欧洲耶稣会士东来。他们在给中国人带来欧洲宗教神学的同时，也将近代的世界观念以及西方文艺复兴时期的自然科技成就广泛传播于中国学术界，打开了部分中国士人的眼界。徐光启、李之藻、方以智、黄宗羲、顾炎武、王夫之、梅文鼎、王锡阐以及康熙皇帝，都在不同程度上得益于外来的科技知识。近代科学思维的重要特点是实证方法和数学语言，徐光启、方以智等人，通过接触西洋近代科技知识，重视"质测之学"和数学语言的应用，初步显示出近代科学思维的风貌。遗憾的是，由于宗法专制社会政治结构的强固以及伦理型文化传统的深厚沉重，西学东渐的过程在明末清初进展缓慢。到了清朝雍正年间，随着耶稣会士被逐出国门，西学东渐几近中断，中国对外部世界的大门日渐关闭。

明清两代，是整个世界格局发生剧变的重大时期，当中华帝国驱逐传教士，封闭国门，陶醉于"十全武功"之时，欧亚大陆的远西端，工业革命正在勃兴，瓦特发明的双向运动蒸汽机，使欧洲人获得一盏"阿拉丁神灯"。产业革命催化国际分工，资本以其魔力无穷的巨掌将全世界卷入商品流通的大潮之中，宗法农业社会的中国也在劫难逃，工业先进的西方是绝不肯放过如此巨大的一个商品倾销地、投资场所和原料产地的。中西方的冲突已呈不可避免之势。1840 年爆发的鸦片战争，以血与火的形式把中国文化推入了一个蜕变与新生并存的新的历史阶段。

□**参考文献**□

1. 冯天瑜等编著：《中国文化史》，北京，高等教育出版社，2007。

2. 柳诒徵：《中国文化史》，北京，中国大百科全书出版社，1988。

3. 谭家健主编：《中国文化史概要（增订本）》，北京，高等教育出版社，1997。

□**思考题**□

    1. 春秋战国时期的"百家争鸣"在中国文化史上居有什么样的地位？

    2. 儒学是怎样崛起而成为中国传统文化的主流意识形态的？它对中国文化的影响如何？

    3. 试比较唐代文化与宋代文化有何不同，并思考唐宋间文化转型的社会经济原因。

    4. 明清文化与以往比较出现了哪些新的因素？

第五章　多民族文化交融与中外文化交汇

人类历史的前进，离不开文化的交流和融合，对于任何一个民族的文化而言，拥有文化输出与文化接受的健全机制，方能获得文化补偿，赢得空间上的拓宽和时间上的延展。

中国文化自诞生之日起，便绝非自我禁锢的系统。以迁徙、聚合、贸易、战争为中介，中华各族文化以及中外文化相激相荡，中国文化因此生气勃勃、气象万千。

第一节　中华各民族文化的交融

中国文化自其发生期，即因环境的多样化而呈现丰富的多元状态。随着原始社会向阶级社会过渡，分布中国各个地区的先民，也由为数众多的氏族部落逐渐形成为不同的民族。秦汉以后，中华大地上的各民族大致可以分为三种文化类型，这就是北方草原游牧文化、南方山地游耕文化和中原定居农业文化。在长达 3000 年的历史进程中，上述三种文化类型以中原定居文化为中心，多方面交汇融合，而气象恢宏的中国文化正是在这样一个相冲突又相融合的过程中整合而成的。

中原农耕文化与
北方游牧文化的交融

中原定居农业文化与北方草原游牧文化大致以 400 毫米等降水线为边际线。400 毫米等降水线的东南，是受太平洋及印度洋季风影响的湿润地区，适宜农业发展。这一地区的广大区间，先后辟为农业经济区，进而成为声名文物昌盛发达的地域。400 毫米等降水线西北部，虽然有少量由内陆河与地下水灌溉的绿洲农业，但在这里占压倒优势的是游牧经济。"天苍苍，野茫茫，风吹草低见牛羊。"（《敕勒歌》）游牧人在这片广阔的草原—荒漠地带以放牧为生。

汉时的匈奴，唐时的突厥，宋时的契丹、女真、党项，以及后起的蒙古，都是典型意义上的游牧民族。东北的扶余、靺鞨、女真，以及由女真演化而成的满族，则是半农半猎的骑马民族。欧阳修的《明妃曲》曰："胡人以鞍马为家，射猎为俗，泉甘草美无常处，鸟惊兽骇争驰逐。"此话正可用以概括游牧人、半游牧人的生活方式。

一般而言，当牧区水草丰茂的时候，游牧人是满足于自己的草原生活的。当然，农耕区的富庶对他们也不无吸引力，他们以畜产品同农耕人交换粮食、茶叶和布帛、铁器，这种被称为"茶马互市"的物质交换活动自古在游牧—农耕界线的长城各关口进行。然而，在草枯水乏之际，饥饿使游牧人躁动起来，他们竞相南下，来如飙风，去若闪电。如果游牧人建立起比较严密的社会—军事组织，产生了具有号召力的领袖，便会把短暂的劫掠发展为大规模的征服战争，甚至"以弓马之利取天下"（《元史·兵志》），入主中原，建立起混一游牧区和农耕区的王朝。5 世纪鲜卑拓跋部统一黄河流域，即为一例；13 世纪蒙古人建立的元朝和 17 世纪满族人建立的清朝，更是游牧人入主中原的大文章。

在枪炮发明和广泛使用以前的冷兵器时代，由硬弓长矛装备起来的骁勇骑兵是最有战斗力的武装部队。而酷烈的气候，流动畜牧、四海为家的生活方式，使骑马民族自幼被养育为善战的骑士，他们只需掌握铁兵器的制作，便立即可以变成令农耕人战栗的武装力量。

为了抵御游牧人的来袭，农耕人做过各种努力。当他们相对衰弱时，便退守农耕区边界线；相对强大时，则西出邀击，或远征漠北。汉武帝"发十万骑"远征匈奴，明成祖"五征漠北"，便是农耕民族向游牧人主动出击的实例。然而，游牧人朝发夕至，来去无定，农耕区却固定难移，为着确立一种退可守、进可攻的态势，中原农耕人在长达 2000 多年的时间里，历尽艰辛，耗费巨大财力、物力、人力，修筑起万里长城，创造出世界文明史上的一大奇迹。一个值得玩味的现象是，明长城的线路走向，几乎与前述400 毫米等降水线相重合，这恰恰说明，长城是中华文化圈内农耕与游牧这两大部类文明形态的分界线。

农耕与游牧这两种经济类型的交互关系，冲突、战争只是一个侧面，另一个侧面是文化互补、民族交融。

农耕人与游牧人相往来，常常发生互摄性的交流，而这种交流也大体沿着长城展开，进而向更广阔的地域延伸。一方面，游牧人虽然整个社会发展水平不高，但他们也有两个明显优势：其一，孔武善战，骑射为其绝技；其二，因生活的流动性而富于变化，勇于创新，善于传播。在整个古代，中原农耕人可以学习游牧人的骑射技术，吸取游牧人从远方带来的异域文化，并以粗犷强劲的游牧文化充作农耕文化的复壮剂和补强剂；而游牧人则从农耕人那里广为学习先进的生活方式、政治制度乃至改变生活习俗，促使自身的社会形态发生历史性的飞跃。

中原农耕文化与
南方山地游耕文化
的交融

分布于中国南部热带、亚热带地区的游耕经济与游牧经济一样，形成于人类的童年时代。有的学者将此种经济形态称为"游种"①。人类学词典上则称为"Shifting Cultivation"，亦即"游移耕作"。游耕的核心要素是刀耕火种的农业技术和不定居的生活。《桂平县志》曾概括南方山地游耕民族的基本特点说："其人以耕山为业，迁徙靡恒，略如北方之游牧。"所言即是。

然而，"游耕不只是指'刀耕火种'的农业技术，也不只是指几年一迁徙的不定居的生活。它是一个从生产力到生产关系、意识形态的综合性的概念，一种社会经济模式"（费孝通：《盘村瑶族·序》）。

作为一种特定的文化类型，南方山地游耕文化具有不同于中原定居农耕文化的诸多特征。

第一，在耕作方式上刀耕火种。所谓刀耕火种，即"耕无犁锄，率以刀治土，种五谷"，"燔林木使灰入土，土暖而蛇蛊死，以为肥"（李调元：《南越笔记》卷七）。

第二，与汉族安土重迁的生活方式不同，游耕民族过着迁徙不定的游动生活。如海南黎族"迁徙不常，村落聚散无定"（《琼州府志·海黎志》），湖南过山瑶"岁时迁移无定处"（《蓝山县图志·礼俗》），广西瑶族"地力渐薄，辄他徙"（《皇清职贡图》卷四），广东等地畲族"其俗易迁徙"（吴震方：《岭南杂记》）。

第三，由游耕经济模式所决定，南方山地少数民族在社会生活的各个方面尚处于不成熟水平。这种不成熟性包括商品交换与手工业生产不发达；种植作物单一；渔业在经济生活中占有重要地位；住宅简陋；保留原始婚俗风习；等等。

南方游耕民族在流徙不定的山地游种生活中多呈散在状态，和汉族不存在争夺生存空间的尖锐矛盾。因此，双方关系不像草原游牧民族与中原农耕民族那样长期剑拔弩张地对立，争端不息。历代王朝对南方少数民族往往是一方面设官治理，另一方面则积极推行教化。中央政权对南方少数民族的统一管辖，地方官吏推行的教化措施，有力地推动了汉族先进的生产技术与文化在南方山地游耕民族中广泛传播，对这些民族的文明进步产生了积极影响。

移民在促进汉族与南方少数民族的交融中，也发挥了重要作用。如秦开五岭后，大批移民随之涌入。南北朝时统治者对南方少数民族采取移居政策，将其或移入京师，或徙以实边。移民一方面使汉族先进生产方式乃至生活习俗，随移民传播于少数民族地区；另一方面则使内迁的南方少数民族置身于中原文化氛围中，促使其社会形态长足进步。诚然，历代王朝移民的根本目的是消弭南方少数民族对中央政权的反抗，但其直接

----

① 如《蓝山县图志》卷十四《礼俗》在谈到过山瑶的经济生活方式时说："凡过山瑶，迁移靡定，以游种为业，颇近上古游牧之风。"

结果是加速了汉族与南方少数民族的交融，推动了南方少数民族文明形态的转化。

少数民族的
文化贡献

农耕、游牧与游耕是中国大地上的基本经济类型，是中国文化大系统中不断相互交流的源泉，在中国文化的灿烂与伟大中，包含着各少数民族的杰出贡献。

经济生活。 中国上古的主要粮食作物为五谷（黍、稷、菽、麦、稻），然而，用麦磨面的粮食加工方法却是秦汉以后由西域少数民族传入内地的。以面烤制饼的方法也来自胡人，东汉时人称烤饼为胡饼。多种瓜果蔬菜与粮食作物均经由少数民族地区传入中原，如黄瓜（胡瓜）、香菜（胡荽）、洋葱（胡蒜）、胡萝卜、菠菜（波斯菜）、石榴（安石榴）、核桃（胡桃）、葡萄、蚕豆（胡豆）、芝麻等。葡萄酒、烈性酒（烧酒）的酿制技术也来自西域。人们盛夏消暑的佳品西瓜，则以契丹为中介，来自居住于色楞格河和鄂尔浑河流域及天山一带的少数民族——回纥。

衣着服饰。 汉族的衣着最初以丝、麻和毛为原料，织成各种丝织品、麻布、毛褐。汉魏之际，新疆的高昌人地区以及云南哀牢山一带开始种植棉花，生产棉布。其后，棉花由少数民族地区沿南北两道传入中原。元朝以后，棉花已在中原地区广泛种植。在纺织技术上，黎族的纺织术较为先进。早在宋代，黎族的黎幕、黎单、鞍褡等织品已行销中原地区。元成宗元贞年间（1295—1297 年），在崖州生活了 40 年的松江乌泥泾人黄道婆返回故乡，推广黎族纺织技术，大大提高了中原地区的传统纺织技术。

古代汉族的服饰，上衣下裳，长领宽袖，行动颇不方便。春秋时赵武灵王为了提高军队战斗力，改博衣大带的华夏式为上衣下裤的胡服。魏晋南北朝时期，胡服成为社会上司空见惯的装束。人们改造传统服装样式，吸收胡服褊窄紧身和圆领、开衩等特点，最后形成了唐代的缺袴袍、四䙆衫等袍服。近代流行的旗袍、马褂则是从满族人那儿学来的服装样式。

日常起居。 汉以前的中原居民，虽然已有匡床（即筐床），但是还没有桌椅，常常"席地而坐"。汉以后，西域坐具传入中原。当时出现了一种新坐具——马札子，即两木相交，中间穿以绳子，可张可合。坐在马札子上面，两腿下垂，汉族人把这种坐法称为"胡坐"。从少数民族地区还传来一种类似后来交椅的坐具，时人称为胡床。在西域坐具的启示下，中原居民不断创新，桌椅板凳相继出现，凭桌坐椅自此替代了"席地而坐"的起居旧俗。

音乐舞蹈。 和注重温柔敦厚品性的汉民族比较起来，少数民族要热情奔放得多，少数民族的音乐舞蹈因而十分出色。唐时，胡舞、龟兹曲风靡长安，"洛阳家家学胡乐"（《凉州行》）。不少少数民族乐器也传入中原，沿用至今。如管子（筚篥）是古代龟兹人首先发明，手鼓是维吾尔族的乐器，笙最早是壮、苗等族的乐器，另外箜篌、琵琶、铜钹、唢呐、胡琴等，都是通过古代西域各民族传入中原地区的。

文学。 在文化的长期发展过程中，少数民族在文学领域中产生了众多杰出作品。藏族的《格萨尔》是世界上迄今发现的演唱篇幅最长的史诗，蒙古族的长篇史诗《江格尔》也甚为精彩，它们的产生，填补了汉族缺少英雄史诗的空白。位于葱岭以西的维吾尔族亦于 15 世纪产生了长篇韵文巨著《福乐智慧》，该书 85 章，13900 行。它那优美的诗句，严格的韵律，娴熟的艺术手法，成为中亚以及伊朗高原大多数卓有成就的诗人们的楷模。著名的维吾尔族民间文学《阿凡提的故事》则魅力无穷，永无结尾，其生命力至今不衰。

史学。用蒙文创作的《元朝秘史》《蒙古源流》《蒙古黄金史》，并称为蒙古三大历史名著。西藏史学家宣奴贝所著《青史》，以编年史体例记录吐蕃王室传承的历史以及喇嘛教派的创建、发展史，向被推崇为研究藏史的信史。新疆喀什噶尔人穆罕默德·海答儿以波斯文著《拉什德史》，为至今保存下来的关于察合台蒙古仅有的一部历史著作。清代满族人图里琛出使俄国，归来后撰成《异域录》，对沙皇俄国的历史、内政、外交、民族、宗教、疆域、四邻等多方面情况都有记载。此书一出，名扬国外，先后译成法、德、俄、英四国文字。

此外，如藏族的医学及其经典著作《四部医典》，藏式宫殿建筑与寺庙建筑，藏传佛教以及百科全书式的《藏文大藏经》；壮族的壮锦、铜鼓、山歌；维吾尔族马赫穆德·喀什噶尔编纂的《突厥语大辞典》，鲁明善撰著的《农桑衣食撮要》以及大型乐章《十二木卡姆》；回族的历法以及回族人李贽、萨都剌、郑和在哲学、文学以及航海业中的建树，都是中国文化宝库中的珍品。正是由于有了农耕人、游牧人和游耕人历数千年的彼此交往、相互交融，不断互摄互补，方汇成今日气象恢宏的中华文化。

第二节　中国文化与外域文化的交汇

中国文化不仅在内部各族文化的相互融会、相互渗透中得到发展，而且在与外部世界的接触中，先后受容了中亚游牧文化、波斯文化、印度佛教文化、阿拉伯文化、欧洲文化。中国文化系统或以外来文化做补充，或以外来文化做复壮剂，使整个机体保持旺盛的生命力。外域文化系统也在与中国文化的广泛接触中汲取营养，滋润自身的肌体。鲁迅在谈到文学创作的规律时曾说："因为摄取民间文学或外国文学而起一个新的转变，这例子是常见于文学史上的。"（《且介亭杂文·门外文谈》）其实，吸取外来成分以使自身获得新的生机，并不限于文学领域，而是整个文化发展史的通则。

中外文化
第一次大交汇

梁启超指出："中国智识线和外国智识线相接触，晋唐间的佛学为第一次，明末的历算学便是第二次。"（《中国近三百年学术史》）这两次中外文化大交汇，都对中国文化的发展起了重要推动作用。

梁氏说中外文化第一次大交汇在晋唐间，这是粗略言之。事实上，这次文化交汇，应当追溯到汉代。如果说，秦以前是中国本土文化的起源与发展期，那么，从汉代开始，便进入本土文化与外来文化的交汇期。所谓外来文化，先是西域（即中亚和西亚）文化，后是南亚次大陆文化。不过，后者对中国文化的影响要深刻得多。

南亚次大陆的佛教文化是汉唐时期输入中国的外来文化的主体。佛教哲学是一种宗教唯心主义，但其思辨之繁富与巧密超过中国传统儒学以及魏晋时期流行的玄学。因此，佛学的系统传入，对中国哲学以至整个中国文化都起了巨大的启迪作用。当然，中国人对于佛教哲学并非不加改造地照搬，而是在消化佛教哲学的同时，把中国传统哲学中诸如孟轲、庄周等人的思想融入佛教，使佛学本土化。相继崛起于隋唐时期的禅宗、天台宗、华严宗、净土宗，便是中国化的佛学宗派。宋、明时期，新儒学派又从佛学中汲取养料，使之与易、老、庄三玄相糅合。如程颢、程颐宣扬的"理"，即套自佛教的"真如佛性"，不过赋予了更多的封建伦理道德意蕴。朱熹的客观唯心主义体系也有若干内容采自佛教禅宗和华严宗的思辨。传统儒学与外来佛学相摩相荡，终于产生了中国封建社会后期的文化正宗——宋明理学，这是文化交流史上创造性转化的一个范例。这一范例形象地揭示了文化史上的一个普遍规律：文化交流，绝非单向的文化移植，而是一个文化综合创新的过程。在这一过程中，主体文化与客体文化均发生变迁，从中产生出具备双方文化要素的新的文化组合。在改造了的儒学与改造了的佛学相糅合的基础上所产生的宋明理学，正是这样一个新的文化组合。

中国文化系统不仅吸收、消化了南亚次大陆的佛教哲学，而且还在再创造的基础上，又输出给其他文化系统。8世纪至10世纪，印度佛教开始衰微，13世纪伊斯兰教进入，印度佛教文化更趋沉寂。然而，正是在七八世纪，佛教在中国长足发展。大量的佛教译著和论著输出到东北亚、东南亚。日本曾出版《大正藏》，意在网罗中外所有佛教著作。这部巨型书籍，拥有23900多卷，其中大部分为中国学者所译或所著。这一"输入—吸收—输出"的文化流动，显示出中国文化系统的强劲生命力。

唐代的艺术也因吸收佛教文化而更为瑰丽辉煌，诚如鲁迅所言："在唐，可取佛画的灿烂。"（《且介亭杂文·论"旧形式的采用"》）佛教绘画传入中国后，隋唐画匠迅速地从佛画的绚丽色彩与宗教题材中汲取营养，大大提高了民族绘画的技巧与表现力。著名画家吴道子专事宗教壁画，流泻其笔端的绘画却洋溢着深厚的民族风格，他的《天王送子图》中的净饭王和摩耶夫人，是中国民族绘画中常见的贵族阶层的人物形象。阎立本、李思训等画家吸收佛画中用金银加强色彩效果的手法，创金碧山水画，以"满壁风动"

"灿烂求备"的气派，来表现唐代的丰功伟业和时代精神。魏晋六朝及隋唐的雕塑壁画，也在吸收佛教文化的基础上，力加创新，取得了辉煌成就。中国著名的云冈、敦煌、麦积山等石窟艺术，都有印度艺术的影响。在艺术家的改造下，佛的森严，菩萨的温和与妩媚，迦叶的含蓄，阿难的潇洒，天王力士的雄健和威力，都充满着青春的活力，达到了前所未有的成熟与完善。其他文化领域也在吸收并创新的道路上有新的进展。唐代"药王"孙思邈的《千金方》载有印度药方；隋唐乐坛流行"天竺乐"；宝塔是中国古代建筑形式之一，而塔的名称和形制都来自印度；唐时寺院的"俗讲"极为盛行，但内容已不是佛教教义，也不是六朝名士的"空""有"等玄虚思辨，而是世俗生活、民间传说和历史故事，成为宋人平话和市民文艺的先声。总之，在中国艺术家的改造下，佛教艺术中的宗教色彩被洗涤，而其从形式到内容上的精华，则汇入雄健奔放、生机勃勃的隋唐文化大潮之中，成为中国文化的有机成分。

隋、唐、五代不仅有佛教的流行和中国化，而且伊斯兰教、景教、祆教、摩尼教也相继传入。如提倡互助、主张明暗相争的摩尼教，颇易为下层民众所接受，故虽屡受官方严禁，但仍播行于民间，每每成为农民用以组织起义的斗争工具。北宋方腊起义，便以摩尼教组织发动群众。元末红巾军起义，亦从祆教、摩尼教中汲取思想资料。此外，中亚、西亚的科技知识也丰富了中国科技宝库。如唐时波斯人李珣所著《海药本草》传入中国，大秦（东罗马）"医眼及痢，或未病先见"（《通典·边防九·大秦》引《外国图》）的医术也为当时医学界所吸收。隋时地理学家裴矩广泛搜集西域境内及中亚、西亚各国的资料，在中外地理学相结合的基础上丹青摹写，撰成《西域图纪》。

汉唐时期，是中国文化兴隆昌盛的黄金时期。而这一盛况的出现，重要原因之一，乃是由于大规模的文化输入使中国文化系统处于一种"坐集千古之智"（方以智：《考古通论》）、"人耕我获"（《译书难易辨》）的佳境，在此氛围中，中国文化系统根据本民族特色，对外来文化选择取舍，加工改制，收到了"以石攻玉"之效。鲁迅对此曾给予高度评价。他认为："那时我们的祖先对于自己的文化抱有极坚强的根据，决不轻易动摇他们的自信心，同时对于别系文化抱有极宽廓的胸襟与极精严的抉择，决不轻易地崇拜或轻易唾弃。"（孙伏园：《鲁迅先生二三事·杨贵妃》）唐人的这种宏大气魄和勇于探求的精神，在当时世界上是无与伦比的。尤为值得注意的是，汉唐时期，尽管中国文化系统吸收了大量外来文化，但是，中国文化却没有成为"四不像"，而仍然是堂堂正正的中华民族文化，这种稳定性，也是中国文化的特色之一。

**中外文化
第二次大交汇**

中国文化与外域文化的第二次大交汇，开端于明朝万历年间，即 16 世纪末叶。这次文化大交汇已延绵四个世纪，至今仍在继续进行中。中外文化 16 世纪至 20 世纪的这次大融会，既不同于两汉时期对落后于本土文化的西域草原文化的吸收，也不同于魏晋、唐、宋时期对与本土文化水平不相上下的南亚次大陆文化的借鉴，这一次中国人面对的是水平超过自己的欧洲（后来还有美国、日本）的文化。正如冯友兰所说："中国民族，从出世以来，轰轰烈烈，从未遇见敌手。现在他忽逢劲敌，对于他自己的前途，很无把握。所以急于把他自己既往的成绩，及他的敌人的既往的成绩，比较一下。"①东西方文化的强烈反差对中国社会和中国文化系统造成的震撼，其程度大大超过以往。

耶稣会士来华，始于明代万历年间，这些肩负罗马教廷向东方实行宗教殖民使命的教士，为了叩开封闭的"远东的伟大帝国"的大门，"不使中国人感觉外国人有侵略远东的异志"（裴化行：《利玛窦司铎与当代中国社会》），确立了"学术传教"的方针，即通过介绍西洋科学、哲学、艺术，引起士大夫的注意和敬重，以此扩大耶稣会的影响。"使中国学术界坦然接受，而认识基多（基督）圣化的价值"（裴化行：《利玛窦司铎与当代中国社会》）。耶稣会士来华，固然意在传教，但也带来了范围远比宗教广泛的欧洲文化，客观上促进了中西科学文化的交流，成为当时"两大文明之间文化联系的最高范例"②。

明清之际耶稣会士传入中国的西方文化，包括欧洲的古典哲学、逻辑学、美术、音乐以及自然科学等，而自然科学又是最主要的部分。这些西洋学术都是值得中国认真采纳的新鲜学问：欧氏几何及其演绎推论对中国思想界来说是一种崭新的思维方式；世界舆图使中国人扩大了视野，获得了新的世界概念；火器的使用、望远镜等仪器的介绍和应用都具有重要意义。对此，徐光启、李之藻、方以智等明代文化界的先进人士，有较为清晰的认识。徐光启在著述中多次谈到，传教士带来的西方科学技术，"多所未闻"，从学习和钻研中，感到一种"得所未有"的"心悦志满"（《徐光启集·跋二十五言》）。在驳斥反对派的诘难时，他更鲜明地指出，如果外来文化"苟利于国，远近何论焉"（《徐光启集·辩学章疏》）。又如李之藻说，利玛窦等传教士带来的物理、几何等科学，"有中国累世发明未晰者"（《李之藻集·刻畸人十篇》），"藻不敏，愿从君子砥焉"（《李之藻集·浑盖通宪图说自序》）。方以智在《考古通论》中指出，西洋学术能"补开辟所未有"。这种对外域学术的开明态度以及溢于言表的爱国精神，反映了中国早期启蒙学者宽阔的襟怀。

承认西洋学术有高妙之处，并非"心醉西风"，对外来文化盲目崇拜。徐光启等科学家努力将中国传统文化与西方先进文化加以会通，企望充分发展输入知识的效益。经过他们的努力，晚明的数学与天文学等面目为之一新。

1644 年，明亡清兴。初入关的满洲贵族统治集团，对于西方科学技术并无民族和国籍的偏见。多尔衮和顺治皇帝不以承认中国历法不如西法为耻，他们抛弃"但以远人，多忌成功"的褊狭心理，而主张吸收西方科学技术，"补数千年之缺略"（《东华录·顺治二十》）。康熙皇帝更是引进西学的杰出人物。他通过南怀仁致信西方耶稣会士："凡擅

① 冯友兰：《三松堂学术文集》，44 页，北京，北京大学出版社，1984。
② ［英］李约瑟：《中国科学技术史》第三卷，465 页，北京，科学出版社，2018。

长于天文学、光学、静力学、重力学等物质科学之耶稣会教士，中国无不欢迎。"（后藤末雄：《康熙大帝与路易十四》）1677 年康熙皇帝又专命白晋为钦差，赴法争取招聘更多的科学家和携带更多的科学书籍来华。他还特召传教士进宫廷，为他讲授几何、测量、代数、天文、物理、乐理以及解剖学知识，无日间断。在康熙皇帝的主持下，梅毂成、明安图等数学家主持编修了《数理精蕴》，该书将明末清初传入中国的各种数学知识，加以系统编排，又将当时有传本的中算典籍收集入内，对西方科学技术的推广起了重要促进作用。当然，康熙皇帝优容西学是有限度的，清初中西科学交流，也仅局限在宫廷内进行。

到了 18 世纪，由于封建生产方式趋于没落，统治集团中锐意进取、乐于吸收外来文化的精神亦随之衰减，代之而起的是抱残守缺、夜郎自大、故步自封。如乾隆皇帝在给英王的敕书中声称天朝"无所不有"，"从不贵奇巧"（《续东华录·乾隆一百十八》）。乾隆时代曾有学者荒谬地认为，西方科学技术不过是"鬼工"而已，把"翻夷书，刺夷情"说成是"坐以通番"。抗拒外来文化，"但肯受害，不肯受益"（魏源：《海国图志·筹海篇三》）的自我封闭心理，使西学东渐的进程在雍正以后戛然中止，清帝国只能在与外界隔绝的状态中维系生存。19 世纪中叶以后，西方列强的坚船利炮打破了清帝国紧闭的大门，中国社会及其文化系统迅即发生解体，此后欧洲近代文化与中国文化的交汇具有强制的性质，其规模与速度都大大超过明清之际。

陈独秀在《吾人最后之觉悟》这篇著名论文中曾将四个世纪以来中国吸收欧洲文化的历史分为七期，从这七期可以看到西学东渐的大致脉络，也可以看到中国文化系统从古代走向近现代的曲折历程。

第一期在有明之中叶。西教西器初入中国，知者乃极少数之人，亦复惊为"河汉"，信之者惟徐光启一人而已。

第二期在清之初世。火器历法，见纳于清帝，朝野旧儒，群起非之，是为中国新旧相争之始。

第三期在清之中世。鸦片战争以还，西洋武力，震惊中土，情见势绌，互市局成，曾、李当国，相继提倡西洋制械练兵之术，于是洋务、西学之名词发现于朝野。当时所争者，在朝则为铁路非铁路问题，在野则为地圆地动、地非圆不动问题……

第四期在清之末季。甲午之役，军破国削，举国上中社会，大梦初觉，稍有知识者，多承认富强之策，虽圣人所不废。康、梁诸人，乘时进以变法之说，耸动国人，守旧党尼（泥）之，遂有戊戌之变。沉梦复酣，暗云满布，守旧之见，趋于极端，遂积成庚子之役。虽国几不国，而旧势力顿失凭依，新思想渐拓领土，遂由行政制度问题，一折而入政治根本问题。

第五期在民国初元。甲午以还，新旧之所争论，康、梁之所提倡，皆不越行政制度良否问题之范围，而于政治根本问题，去之尚远。当世所诧为新奇者，其实至为肤浅；顽固党当国，并此肤浅者而亦抑之，遂激动一部分优秀国民，渐生政治根本问题之觉悟，进而为民主共和、君主立宪之讨论。辛亥之役，共和告成，昔日仇视新政之君臣，欲求高坐庙堂从容变法而不可得矣。

第六期则今兹之战役也。三年以来，吾人于共和国体之下，备受专制政治之痛苦。自经此次之实验，国中贤者，宝爱共和之心，因此勃发；厌弃专制之心，因以明确。

……然自今以往，共和国体果能巩固无虞乎？立宪政治果能施行无阻乎？以予观之，此等政治根本解决问题，犹待吾人最后之觉悟。此谓之第七期民国宪法实行时代。①

陈独秀这番话虽有不够确切之处，但也大体勾勒出中国人采纳西方文化的基本线索：首先接受的是"火器历法"，随之是"制械练兵之术"，进而是"西政"——从君主立宪到民主共和思想。陈独秀认识到，学习西方，只限于"声、光、化、电、营阵、军械"之类技艺固然不够，停留在行政制度的改良也无补于大计，还必须有"政治根本问题之觉悟"，尤其是"多数人之觉悟"，其中不仅包括政治的觉悟，还包括伦理的觉悟——这才是"吾人最后觉悟之最后觉悟"②。在这里，陈氏已接近于提出这样一个思想：要使封建主义的、处处被动挨打的中国走向现代化，自立于世界民族之林，必须全面改造中国社会及其文化，从生产方式、技术手段到政治制度，以至于思想文化体系的最深层次。

**走向世界的
中国文化**

中国文化一方面吸收外来文化的精华以滋补本民族的文化血脉；另一方面，在与外民族文化系统的交流中，也传递出其独有的"智慧之光"，对人类文明的发展做出了自己的贡献。

梁启超曾分中国史为"中国之中国""亚洲之中国""世界之中国"三阶段，而以秦统一至清乾隆末年为"亚洲之中国"时期（《中国史叙论》）。从秦至清约2000年间，中国是亚洲历史舞台的主角之一，中国文明强烈地影响着周边国家，日本、朝鲜和越南，均大规模地受容中国文化。

中国和日本是一衣带水的邻邦，两国之间的交往由来已久。4世纪中叶，大和政权统一日本。600年，日本派出第一批遣隋使，新兴、强大的隋帝国给日本使节留下了深刻印象。7世纪初，圣德太子仿效中国制度，以儒家思想为指导，推行了"推古朝改革"。革新初见成效，使日本统治者更坚定了移植中国文化的信心。唐帝国建立后，政制的完

---

① 陈独秀：《吾人最后之觉悟》，载《青年杂志》第1卷第6号，1916-02-15。

② 同上。

备、军事的强盛、文化的发达都呈现出罕有的壮观，日本统治者对唐文化敬慕万分。623 年，自唐回国的留学僧惠齐、惠光等人上奏日本朝廷云："大唐国者，法式备定，珍国也，常须达。"（《日本书纪》，推古天皇三十一年条）日本朝廷接受了这一建议。630 年，日本派出第一批遣唐使，在此后 200 多年中，日本共任命遣唐使 18 次。在返日的留唐学生的策动下，645 年，日本发生著名的大化改新。正如明治维新以"西洋化"为理想一样，大化改新是以"中华化"亦即唐化为理想的。新政所推行的班田制与租庸调制以及中央集权的政治制度，都以唐制为蓝本。718 年，元正天皇制定了《养老律令》，律令规定的官制、兵制、田制、税制、学制等几乎都是唐制的翻版。日本学者木宫泰彦在《中日交通史》中指出："日本中古之制度，人皆以为多系日本自制，然一检唐史，则知多模仿唐制也。"701 年，日本皇都迁移到奈良，奈良的建造，完全模仿唐长安城样式。在奈良朝约80 年间，遣唐使达于全盛。使团组织庞大，团员常多达五六百人。使团中除大使、副使外，还包括留学生、留学僧和各种技术人才，他们"虚至实归"，以空前的规模和速度将盛唐文化引入日本。日本的律令大体上采用唐律，只不过根据日本国情稍加斟酌损益。日本各级学校以儒家经典为教科书，祭祀孔子的释奠之礼也越来越隆重。日本佛教以中国为母国，唐有什么佛教宗派，日本佛教便有相应的宗派。东渡日本的鉴真和尚被称为"日本律宗太祖""日本文化的恩人"。日本历法沿用唐历，唐朝制定的新历，日本原封不动地加以采用。日本社会各阶层也深受唐文化浸染，他们吟哦唐诗，雅好唐乐，发展"唐绘"（即中国风格的绘画），行唐礼（"不论男女，一准唐礼"），服唐服（"其妇女则下至侍婢，裳非齐纨不服，衣非越绫不裁"），食唐式点心（"唐果子"），用唐式餐具（"具物用汉法"）。中国文化的大规模输入，有力地推动了日本文明的长足进步。

中国与朝鲜半岛的文化交往亦溯源久远。还在古朝鲜时期（公元前 5 世纪—公元前1 世纪中叶），儒学与汉字便输入朝鲜。公元前 1 世纪中叶至公元 7 世纪中叶，朝鲜半岛从不同渠道大规模吸纳中国文化：百济从海路接纳中国南方文化，吸收了六朝的多样性学术思想；新罗则是经过百济间接地吸收中国文化。迨至唐代，百济、新罗积极向唐遣送留学生，入国学习中国文化。新罗统一朝鲜后，更以唐制为立国轨范，中央仿尚书省设执事省，综理国政，下设位和府（掌人事）、仓郡（掌租税）、礼部（掌教育乐礼）、兵部（掌兵马）、左右理方府（掌律令）、例作府（掌工事），一如唐尚书省的六部。此外，又仿唐的内侍省置内省，仿的御史台置司正府。在学制上，新罗亦仿唐置国学，设儒学科和技术科。747 年（景德王六年），国学改为大学监。大学设博士助教若干人，讲授儒学和算学。儒学以《论语》《孝经》为必修，《周易》《尚书》《毛诗》《礼记》《春秋左传》《文选》为选修。算学以中国的《缀学》《三开》《九章》《六章》为教材。840 年（开成五年），新罗留学生和其他人员学成回国的一次就有 105 人。这些"登唐科，语唐音"的留学生回国后，广泛传播儒学文化，诚如唐人皇甫冉诗咏："还将大戴礼，方外授诸生。"（《送归中丞使新罗》）唐玄宗曾赐新罗王诗："衣冠知奉礼，忠信识尊儒。"（《赐新罗王》）可见儒家思想对新罗文化有较深入的浸润。新罗民俗也广为沾溉中华文化风采。真德女王时，采用中国章服之制，"自此已后，衣冠同于中国"（《三国史记》卷三十三《杂志第二》）。此外，新罗的姓氏制度与民间节日，都具有浓重的中国文化痕迹。新罗时期的佛教，更在中国佛教的直接影响下展开。

8世纪前后东亚国家对中国文化的大规模移植与受容，将东亚国家与中国在语言文字（汉字）、思想意识（儒学、佛教）、社会组织（律令制度）、物质文明（科学技术）上联系起来，形成一个在地理上以中国为中心，在文化上以中国文化为轴心的文化圈。19世纪西方资本主义势力进入东亚地区以后，这一文化圈被西方的强大影响和东亚世界政治、经济发展的不平衡所打破，但其文化轨迹却长期存在，至今不灭。

强盛、深厚的中国文化不仅深刻影响和改变了东亚地区的文化格局，而且以强大的辐射力影响着世界文明的进程。

指南针、造纸术、火药和活字印刷是中华民族奉献给世界并改变了整个人类历史进程的伟大技术成果。马克思精辟地论述道："火药、罗盘、印刷术——这是预兆资产阶级社会到来的三项伟大发明。火药把骑士阶层炸得粉碎，罗盘打开了世界市场并建立了殖民地，而印刷术却变成新教的工具，并且一般地说变成科学复兴手段，变成创造精神发展的必要前提的最强大的推动力。"[①]遗憾的是，在古代中国，由于封建经济发展的停滞，传统文化观念的束缚，举世闻名的四大发明未能在本土产生革命性的社会效应，而是如法国作家雨果所说："停滞在胚胎状态，无声无嗅。"[②]这不能不说是一个悲剧。

中国科技对世界文化的影响是多方面的。

中国炼丹术传入阿拉伯，直接推动了阿拉伯炼丹术的生长，阿拉伯炼丹术又影响了欧洲炼丹术，而现代化学便是在欧洲中世纪炼丹术的基础上发展起来的。西方学者高度评价中国炼丹术的世界意义："中国炼丹术的基本思想，经印度、波斯、阿拉伯和伊斯兰教西班牙向西推进的结果，传遍了整个欧洲。葛洪的理论和方法，甚至他所用的术语，在他以后的几个世纪中，普遍地被这些国家的炼丹家所采用……如果我们承认炼丹术是近代化学的先驱，那么中国炼丹术原有的理论，便可看作制药化学最早的规范。"

在与印度的文化交流中，最早在中国创立的十进位记数法直接推动印度数学产生了位值制数码（即现代通用的印度—阿拉伯数码的前身）。著名科学史家李约瑟明确肯定了这一点。[③]

精美的中国瓷器在世界上拥有极高声誉。15世纪后半期，中国制瓷技术传到意大利威尼斯，为欧洲造瓷历史开辟了一个新纪元，其影响延续至今。欧洲学者乔治·萨维奇在1977年版《英国大百科全书》中指出："陶瓷在全世界，再没有像在中国那样，具有如

---

① 马克思：《机器。自然力和科学的应用》，载《自然科学争鸣》，1977(4)。
② ［法］雨果：《笑面人》，28页，上海，上海译文出版社，2014。
③ 参见［英］李约瑟：《中国科学技术史》第三卷，332～333页，北京，科学出版社，1978。

此重大的意义，而中国瓷器对于欧洲后期的陶瓷的影响至今还是很深的。"美国学者德克·卜德也说："虽然从此以后在欧洲和其他地方生产了大量的瓷器，但是，在瓷器之乡以外的地方，还从来没有过什么工艺品可以跟中国陶瓷工最出色的制品相媲美。"①正因为如此，中国在英语中被称为"China"（"china"在英语中又是瓷器、陶瓷的意思）。

中国文化在走向世界的过程中，其独具魅力的东方意识对欧洲也产生了一定的影响。

中国文学在国外影响比较广泛。《三国演义》《西游记》《水浒传》《红楼梦》《聊斋志异》被译成多种文字，并获得外国学者的高度评价。德国文豪歌德在谈到中国文学时说："当中国人已拥有小说的时候，我们的祖先还正在树林里生活呢！"黑格尔则认为，中国诗词可以"比较欧罗巴文学里最好的杰作"（《历史哲学》）。

中国神秘而又多彩的艺术，曾使一些西方哲人和艺术家为之倾倒。18 世纪欧洲启蒙思想大师伏尔泰把东方称为"一切艺术的摇篮"，并认为"西方的一切都应该归功于它"（《风俗论》）。19 世纪法国作家巴尔扎克认为："中国艺术有一种无边无涯的富饶性。"17 世纪末到 18 世纪末的 100 年间，欧洲风靡洛可可风格，而洛可可风格的核心便是崇尚、追求包括丝绸、瓷器、漆器、园艺、建筑在内的中国艺术情调。

中国的哲学亦在 17—18 世纪的欧洲产生了比较深刻的影响。

德国古典哲学的先驱莱布尼茨是第一个认识到中国文化对于西方发展具有重要意义的哲学家。他在为《中国近事》所写的导论中说："我们从前谁也不信世界上还有比我们的伦理更美满，立身处世之道更进步的民族存在，现在从东方的中国，给我们以一大觉醒！"他的这一论断开启了此后启蒙思想家借重中国文明鞭笞欧洲旧传统之先河。莱布尼茨又比较中西文化说："欧洲文化之特长乃数学的、思辨的科学……但在实践哲学方面，欧洲人实不如中国人。"因此，他极力主张进一步扩大中西文化的相互交流。对于那些非议中国哲学的言论，他大声反驳道："我们这些后来者，刚刚脱离野蛮状态就想谴责一种古老的学说，理由只是因为这种学说似乎首先和我们普通的经院哲学概念不相符合，这真是狂妄之极！"②

莱布尼茨对二进制算术的研究，曾从中国古代的《易经》中得到重大启示。1701 年，法国传教士白晋在给他的信中附寄了两张易图，即《伏羲六十四卦次序图》和《伏羲六十四卦方位图》。莱布尼茨接获图表，详加研究，认为八卦的排列，在人类史上第一次提出了数学上的二进位思想，是个了不起的贡献。"这新方法能给一切数学以一道新的光明。"1703 年，莱布尼茨在《皇家科学院科学论文集》中发表了题为《二进制计算的阐述》的论文，并将二进制扩展到加、减、乘、除四个方面。没有二进位法的引入，就不可能

---

① 《中国物品西传考》，转引自《中国文化》第 2 辑，357 页，上海，复旦大学出版社，1985。
② ［德］莱布尼茨：《致德雷蒙先生的信：论中国哲学》，载《中国哲学史研究》，1981(3)。

出现现代数理逻辑和计算机科学，而"1666年，莱布尼茨发表了《论组合的艺术》一书，这使他成为符号逻辑或数理逻辑之父，对这一观念的刺激公认是来自汉字的会意特征"①。

随着资本主义生产关系在欧洲占据统治地位，发生于英国，继起于德国，并在法国得到最典型表现的启蒙运动更为广泛地展开。启蒙运动本身的发展，需要以它的先驱者所留传的思想资料作为出发点。然而，欧洲中世纪的思想传统由于和宗教神学有千丝万缕的联系，无法充分满足启蒙思想发展的需要。在这种情况下，来自东方的中国古代文明，就成为启蒙思想家汲取精神力量的一个重要来源，成为伏尔泰等人笔下借以鞭挞旧欧洲的"巨杖"。

热烈追求理性与智慧的启蒙思想家注意到中国哲学宗教色彩淡薄，而把"认识道的各种形式看作是最高的学术"②。他们对此大加推崇。法国伏尔泰的政治理想，是希望在清除了基于迷信的"神示宗教"之后，建立一个崇尚理性、自然和道德的新的"理性宗教"。而在他的心目中，中国儒学乃是这种"理性宗教"的楷模。他在这个时期创作的哲理小说《查第格》中说，中国的"理"或所谓的"天"，既是"万物的本源"，又是中国"立国古老"和文明"完美"的原因。他称中国人"是在所有的人中最有理性的人"③。他推崇孔子，称赞他"全然不以先知自诩，绝不认为自己受神的启示，他根本不传播新的宗教，不求助于魔力"。狄德罗的《百科全书》中关于中国的介绍，也认为中国哲学的基本概念是"理性"。他特别称赞中国的儒学，说它"只需以'理性'或'真理'就可以治国平天下"。

在德国，以"哲学的宗教"来代替神学宗教的思潮，也受到中国哲学的影响。黑格尔虽然对中国哲学十分轻视，但他也认为"中国人承认的基本原则是理性"④。

在英国，有的启蒙学者也常常引用"中国人的议论"来批驳《圣经》。例如18世纪早期的自然神论者马修·廷德尔在《自创世以来就有的基督教》中，把孔子与耶稣、圣保罗相提并论，并比较他们的言行，从中得出"中国孔子的话，比较合理"的结论。英国著名哲学家休谟曾说："孔子的门徒，是天地间最纯正的自然神论的学徒。"因此，中国哲学可以作为英国自然神论者的思想资料。

中国文化的伦理型倾向也引起欧洲某些思想家的注意，他们认为，"伦理与政治是相互关联的，二者不可分离"。而在世界上，"把政治和伦理道德紧紧相连的国家只有中国"。

中国哲学对欧洲思想家的影响是经过他们自己的咀嚼和消化才发生作用的，他们所理想表述的中国文化，带有明显的理想化色彩。但是，中国哲学对于18世纪欧洲启蒙运动思想体系的完善确乎发生了不可忽视的作用。法国学者戴密微在《中国和欧洲最早

---

① ［英］李约瑟：《中国科学技术史》第二卷，529页，北京，科学出版社，1990。
② ［德］黑格尔：《历史哲学》，王造时译，126页，上海，上海书店出版社，2006。
③ ［法］《伏尔泰小说选》，31～33页，北京，人民文学出版社，1980。
④ ［德］黑格尔：《历史哲学》，王造时译，126页，上海，上海书店出版社，2006。

在哲学方面的交流》一文中高度评价这一东方哲学流向西方的现象。他认为："从十六世纪开始，欧洲就出现了文艺批评运动，而发现中国一举又大大推动了这一运动的蓬勃发展。"

中国哲学对于欧洲的影响并不局限于 18 世纪，此后虽有各种不同的变化，但从19 世纪中叶开始，欧洲的一些学者又加速了同中国的文学、艺术、哲学交融的进程。第一次世界大战后出现的欧洲文化危机，使不少知识分子再次把目光转向东方，希望在东方文化，尤其是中国哲学、文学中找到克服欧洲文化危机的办法。德国著名的社会哲学戏剧家布莱希特，便专注于对中国古代哲学的研究。墨子的"非攻""兼爱"等思想，老庄修身治国的哲学理论以及"柔弱胜刚强"的学说，均为布莱希特所特别关注。中国哲学不仅给布莱希特与德国表现主义戏剧家的哲学论争提供了有力的论据，而且大大开阔了他的哲学眼界，推进了其哲学思想的深度和广度，使他从一个欧洲学者变成了一个世界性的文化巨人。

中国传统哲学在 19 世纪的俄国也颇有影响。俄国文豪托尔斯泰对中国哲学便极感兴趣，他研究过孔子、墨子、孟子等中国古代哲学家的学说，而对老子著作的学习和研究一直持续到暮年。他曾说："我被中国圣贤极大地吸引住了……这些书给了我合乎道德的教益。"他认为，孔子和孟子对他的影响是"大的"，而老子的影响则是"巨大的"。托尔斯泰主义的核心——"勿以暴力抗恶"——在很大程度上受到老子"无为"思想的启迪。

在今天工业发达的西方世界，中国传统文化对人们的吸引力非但没有减弱，而且日益增强。当东方的人们为西方科学技术的大量涌入而目不暇接之时，西方的一些思想家，则痛感西方工业社会弊病丛生，好像终日被一种无限的荒漠感所包围，不知何处是边际，何处是归宿，看不透，冲不破，走不出。他们又一次把目光投向东方，企望到中国传统文化中寻找人生的意义和真谛，寻觅来自内心、来自精神世界的幸福，从而形成当今值得注意的一种文化动向。

□**参考文献**□

1. 费孝通主编：《中华民族多元一体格局》，北京，中央民族学院出版社，2018。

2. 田继周：《少数民族与中华文化》，上海，上海人民出版社，1996。

3. 沈福伟：《中西文化交流史》，上海，上海人民出版社，2018。

4. [法]艾田蒲：《中国之欧洲》，许钧等译，桂林，广西师范大学出版社，2008。

5. 武斌：《中华文化在海外的传播》，沈阳，辽宁教育出版社，1993。

□**思考题**□

1. 文化交流与文化交融在中华文化的形成和壮大中起了什么作用？

2. 试析"西学东渐"和"东学西渐"的文化功能。

中　编

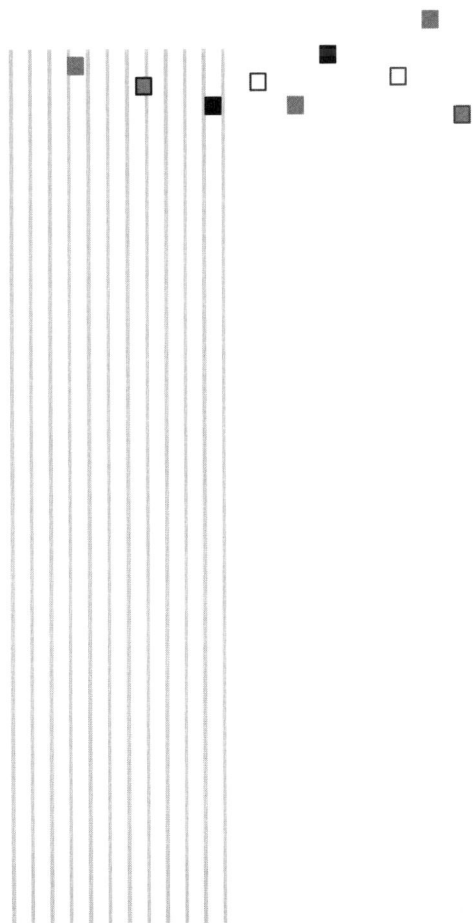

第六章　中国语言文字

　　只有人类有真正的语言，语言、文字是人类文化的重要特征。语言、文字既是人类文化的载体，同时又是人类文化的重要组成部分。汉语、汉字与中国文化有着极为密切的关系，它们对中国文化的传承、发展和传播做出了重要贡献，要想对中国文化有较全面的认识，就不能不了解汉语、汉字的历史、特点及其文化功能。

第一节　汉语的历史与特点

汉语的历史

　　自古以来，中国就是一个多民族、多语种的国家。汉语是跨民族、跨地区的国家通用语。

　　汉语有悠久的历史。语言是随着时代的发展而演变的，语言的各种要素——词汇、语音、语法——在不同的历史时期都有不同程度的变化。在语言的三要素中，语法的变化最慢，其次是语音，变化最快的是词汇。经过一个相当时期的渐变，语言总体即会产生较大的、阶段性的演进。下边我们从词汇、语音、语法三个方面分别来看汉语发展历史的概况。

　　汉语词汇发展与其他语言一样，是积累式的。新词不断产生，少部分旧词消失，随着社会不断发展，新事物不断产生，各个历史时期都在产生新词，因此，总的词汇量逐渐积累增多。据郭宝均的《中国青铜器时代》统计，甲骨文中表达衣、食、住的字只有15个，金文中累积到71个，汉代《说文解字》中增加到297个，几乎是甲骨文的20倍。字的增多在一定程度上说明了词的增多。越是社会变革时期，词汇积累的速度越高，比如，中国的先秦"百家争鸣"时期，近代城市文化发展时期，现代民主革命和社会主义革命时期，以及当代改革开放、社会转型时期等，都是词汇积累的高峰期。语言接触也是汉语词汇丰富的一个重要途径。汉语不断吸收外来词丰富自己的词汇。汉语远在汉代就吸收了不少外来词，例如"骆驼""琵琶"来自匈奴，"葡萄""苜蓿"来自西域，"和尚""袈裟""菩萨"来自梵语，20世纪以来吸收的外来词较以往任何时期都更多，如"吉他""幽默""法兰绒""歇斯底里"等。旧词的消亡，有一些反映了旧事物的消亡，如"耒""衮""司马"等。有一些词不再使用了，并不是因为这些词表示的事物或概念不存在了，而是由于人们思维的发展及社会生活的变化，淘汰了那些概括性太差的词，而代之以短语。如"駣"，今天称"三龄马"；"騽"，今天称"浅黑色的马"。在牧业发达时，需要并产生了"駣""騽"等单音词，进入农业社会以后，这些词就不再需要了，当人们需要表达这些事物或概念时，可以用短语。虽然词汇系统在不断变化，但历史上的基本词汇却保存至今，如"走""肉""鱼""三""多""新"等都是有千百年历史的基本词汇，它们的稳固性使新词的出现有了坚实的基础。

汉语词汇在语音形式上的发展规律是由以单音派生为主，逐渐变为以双音合成为主。古汉语里，单音词居多，现代汉语的单音词基本是历史上单音词的传承；复音词则由历史上存留的单音语素凝结而成。有些是原来的一部分单音词向双音词靠拢，如"月—月亮""石—石头""田—田亩""天—天空"等；有些是把两个意义相关的单音词合起来，如"禽兽""皮肤""道路"；有些是把多音节词组或词省减为双音词，如"落花生—花生""彩色电视机—彩电"。现代汉语复音词（两个音节或两个音节以上的词）居多，其中占绝大多数的是双音词。双音合成词在先秦时期已经出现，例如"夭折""丘陵""君子""诸侯"等，汉唐以至现在，双音合成词一直在持续增长。汉语中还有一种连绵词，例如"徘徊""犹豫""淋漓""窈窕"等，这些双音词或双声，或叠韵，带有音乐美，一般用来描写各种情状，诗词和韵文中更为常见，带有浓厚的汉语特色。

汉语语音的变化在不同的方言区表现是不同的，这里只介绍古今标准语（主流方言）的语音演变。汉语语音由声母、韵母和声调三方面组成。声母方面，最主要的变化是浊音清化。发音时声带颤动的是浊音，声带不颤动的是清音，唐宋以前的浊音声母到元代变成了清音。韵母方面，最主要的变化是入声韵尾的消失。古代入声有[-p]、[-t]、[-k]三种韵尾，今天的闽语、粤语方言还保留着这三种入声韵尾。在北京话里，韵尾逐渐脱落，大约到元代时，入声韵尾已经彻底消失了。声调方面，学者们对先秦时代的声调有不同的看法，有人认为有四声，只是与后来的四声不同；有人认为只有平、上、入三声，而无去声；也有人认为只有平、入两声。齐梁间有了平、上、去、入四声的运用。普通话的调类，即阴、阳、上、去四声，在元代已经形成。

汉语声母、韵母系统发展的主要趋势是经过一段繁化丰富时期后，逐步简化。据音韵学家的研究，声母在先秦两汉时期有33个，隋唐时期33个，宋代21个，元代25个，明代21个，现代汉语普通话有声母21个。韵母系统的发展，据兼综南北古今之音的韵书以及古人用韵情况，韵母在先秦时期有151个，隋唐时期113个，宋代107个，元代48个，明清时期40个，现代汉语普通话中，韵母只有39个。

汉语语音的变化是系统性的。一方面，声韵调的变化互相影响、互相制约，例如声母的变化常常是由于韵母的不同，韵母的变化常常是因为声母发音部位的不同；另一方面，语音的变化往往是整个系统中符合某一个条件的一律发生变化，例如原来的[-m]韵尾在北京话中全部变成了[-n]韵尾，像"甘"由 gam 变成了 gan，"三"由 sam 变成了 san，"念"由 niem 变成了 nian，等等。

语法具有很强的稳定性，在整个汉语史上，汉语句子的基本词序是变化不大的。从古至今词序基本保持了这样的格局：主语在谓语之前，修饰语在被修饰语之前。只有动词与宾语的语序情况略微复杂一些，但从先秦开始，动词在宾语之前的格局也已经基本形成，汉语语法是逐步发展的，其总的发展趋势是朝着不断严密的方向发展。

虚词是汉语非常重要的语法手段，也是语法发展过程中变动较大的部分，虚词不断丰富，每个虚词的分工逐渐明确，增强了汉语语法的严密性。汉语虚词中表示关系的连词、介词和一部分助词，大多是实词虚化造成的。例如，"以"最早是动词，"小大之狱，虽不能察，必以情"（《左传·庄公十年》），这句话中"以"的意思是"根据"；后来虚化为介词，"君子不以言举人，不以人废言"（《论语·卫灵公》），这句话中"以"表"因为"义；再进一步虚化为连词，如"发愤忘食，乐以忘忧"（《论语·述而》）。有些虚词在发展过程中复音化，如"假""设""使"组合为"假设""假使""设使"等。

句式日渐丰富，句子结构日益严密化，是汉语语法发展的又一趋势。这种趋势的形成一方面是因为虚词增多，句法手段多样化，表达同一意思可以采取不同的手段以达到不同的传意效果；另一方面也与受外来语的影响有关。如"把"字句的产生就丰富了汉语的表达手段。"把"字句是在谓语动词前用介词"把"引出受事，表示对受事进行处置。如"一定要把大气污染治理好""他的诚意把在座的人都感动了"，这种句式强调宾语被"处置"的作用，是普通的句式所不能达到的。动态助词"着""了""过"的产生、补语的发展、量词的发展、句子成分的复杂化、关联词语的使用等，都是汉语语法严密化的表现。

汉语发展史上有一种非常特殊的文化现象，就是在相当长的时期内言、文是脱节的。从自然语言的发展看，汉语口语经过上古、中古、近古、现代四个阶段，有一个渐变的过程。但是，在五四运动以前，汉语正统的书面语一直用的是文言，也就是一种以先秦口语为基础形成的泛时性书面语，这种书面语模仿先秦经史文献，相当固化。一般人把文言称作古代汉语。古代汉语（文言）和现代汉语（白话）是时代距离很远的汉语不同阶段的语言，两者的差异是显著的，但它们不但有纵向的传承关系，还有每个时代书面语与口语的横向相互影响，所以，它们之间的关联十分明显，是彼此沟通的。古今汉语语法有一部分完全一样或大同小异；另一部分虽有差异，但也可以看出演变的痕迹，找到历史的渊源关系。至于词汇和语义，虽然会随着时代的发展而变化，但基本词汇是相当稳定的，古今阶段没有鸿沟。例如，《论语·子罕》："子曰：'知者不惑，仁者不忧，勇者不惧。'"翻译成现代汉语是："孔子说：聪明的人不迷惑，仁德的人不忧愁，勇敢的人不畏惧。"这句话的词语意义和语法结构与现代汉语大体一致，不同的地方只有两点：第一，"知（智）、仁、勇"三个字加"者"后，组成名词短语，指具有这三种不同品质的人；第二，单音词到现代汉语中都能以双音词来对应："惑"对应为"迷惑"，"忧"对应为"忧愁"，"惧"对应为"畏惧"。不过，我们可以看到，即使是这两点相异之处，也是可以沟通的。"者"在古代汉语里是一个代词，可以和任意一个动词或形容词组成名词性词组。在现代汉语里，它虽已不是代词，随意组合的能量已经减弱了，但是，用它组成的名词仍有不少，诸如"读者""记者""学者""弱者""老者"等，这是在构词法中保留着的古代汉语遗存。很多单音词尽管已双音化了，但原来的古汉语单音词却成了现代汉语的构词语素，甚至还保留着原来的意思。这些都说明，古代汉语和现代汉语是有着历史渊源关系而属于不同历史阶段的同一民族的语言。可以说，汉语是世界上具有悠久历史又极富于稳固性的语言之一，古代汉语是现代汉语的源头，对于学习、理解和研究现代汉语来说，古代汉语知识是不可缺少的。

汉语的特点及其在世界语言中的地位

世界上的语言大约有 5000 种，但使用人口超过 100 万的语言只有 140 多种，其中汉语的使用人口最多，约占世界人口的 1/5。汉语是联合国指定的六种工作语言之一，另外五种语言分别是英语、俄语、法语、西班牙语和阿拉伯语。

我们可以从两方面为汉语定位。按照语法结构，世界上的语言可以分成四种类型：孤立语、黏着语、屈折语、复综语，汉语是孤立语的一个代表。按照语言的亲属关系，世界上的语言可以大致分为汉藏语系、印欧语系、乌拉尔语系、阿尔泰语系、闪-含语系、高加索语系、达罗毗荼语系、马来-玻利尼西亚语系、南亚语系以及其他一些语群和语言，汉语属于汉藏语系。汉语是汉藏语系中最古老的一种语言，历史悠久，优美深邃，具有极其丰富的文化内涵。

与世界上的其他语言相比，汉语具有自己的特点。

按词的构造特点来看，汉语的词用在句子里时，没有表示语法关系的词形变化。按句法结构的表达方式来看，汉语不通过词的形态变化表示语法关系，而是借助于虚词和词序来表示，词的次序很严格，不能随便更动。如《清稗类钞·诙谐类·母配孟德》："有以母寿设宴受贺者，或赠以幛。其幛文曰'德配孟母'，盖置于匣中之四金字也。悬时，颠倒其文，则为'母配孟德'矣。""德配孟母"是由"德""配""孟母"三个词构成的一个句子，语序调整后的"母配孟德"则成了"母""配""孟德（曹操的字）"三个词的组合，其中有两个词与调整前完全不同，"配"虽词形没变，但原来的意义是"与……相称"，调整后变为"婚配"，词义完全不同，经过这一番语序重组，原来的颂赞之词就转成了令人尴尬的滑稽之语。汉语的这一特点与英语等通过词的形态变化来表示词与词之间的语法关系是不同的。

汉语是有声调的语言，古代汉语有平、上、去、入四声，现代汉语普通话有阴平、阳平、上声、去声四个声调。声调是汉语构词的一种手段，如"数"读第三声表示"查点数目"，读第四声表示"数目"的意思；"好"读第三声是"美好"的意思，读第四声表示"爱好"；"买烟"和"卖盐"、"美化"和"梅花"、"简短"和"间断"等都是声调不同构成的不同词语。

从音义对应的角度来看，汉语的特点是一个音节对应于多个词（语素）。因为多词同音，所以单凭语音会发生理解的歧义，在某些特殊的情况下，单凭听到的语音无法领会语义。如赵元任在《语言问题》中曾举过一则"漪姨的故事"："漪姨倚椅，悒悒，疑异疫，宜诣医，医以宜以蚁胰医姨。医以亿弋弋亿蚁。亿蚁殪，蚁胰溢。医以亿蚁溢胰医姨，姨疫以医。姨怡怡，以夷衣贻医。医衣夷衣，亦怡怡。噫！医以蚁胰医姨疫，亦异矣；姨以夷衣贻医，亦益异已矣！"这则故事全篇只用了一个音节"yi"，如果不写成书面形式，只靠口语表达是无法让人理解的。

第二节　汉字的历史与特点

汉字的历史

中国不仅是一个多语种的国家，还是一个多文种的国家，汉字是中华民族的通用文字。

中国的文明是独立发展的，汉字——中华文明的重要标志之一，也是独立产生的，它和古埃及圣书字、古代苏美尔文字、原始埃兰文字和克里特文字等，同是世界上最古老的文字。

一般认为汉字源于图画，只是到目前为止，我们在已出土的文物中没有看到作为汉字前身的传递信息的图画和图画文字，因此汉字起源的上限还难以确定下来。欧洲和美洲的一些古老文字的这个过程，大约始于新石器时代而止于有史时期的开始。从所获得的资料看，汉字的产生就其上下限而言，也正是在此时期内。现在能够提出的根据，最早的是河南舞阳贾湖出土的刻在龟甲和个别石器上的 20 多个刻符，时间是公元前 6000 年左右，属新石器时代的早期，可以暂时把这一时期作为汉字起源的上限。从理论上说，汉字起源的上限也许比这还要早些，但要等发现新的考古证明时再向上推移了。至于汉字起源的下限，我们可以从小屯殷墟甲骨文往上推测。当图画文字和龟甲、石器刻符演变为记词字符，汉字由零散的、个别的字符逐渐积累，达到一定的数量后，再通过人为规范，就成为一种文字体系。小屯殷墟甲骨文已是能够完整记录汉语的文字体系，这个体系形成的开端应当在夏商之际。《尚书·多士》记载西周初年周公的话说："惟殷先人有册有典：殷革夏命。"这就是说，商人在灭夏时，已经有了记事典册。从古史文献也可以看出，夏代是中国第一个有完整世系流传下来的朝代。那么，汉字字符开始积累的年代，似可估计为夏初，也就是公元前 2100 年左右。这样，汉字起源的过程就是从公元前 6000 年左右至公元前 2100 年左右。

今天所能见到的最早的汉字是殷商甲骨文，此后经历了西周金文、春秋金文、战国文字、秦代小篆、汉代隶书和魏晋以来的楷书。汉字的历史变化主要表现在书写和构造两个方面。

殷商甲骨文是刻在龟甲兽骨上的文字，内容多为占卜记录。甲骨文一般是用刀刻的，因此线条瘦硬，多有方折。从结构来看，甲骨文已是相当成熟的文字体系，传统六书中的象形、指事、会意、形声等结构方式在甲骨文中已经具备，这说明当时人们已经懂得用已有的字做构件构成新的字，这为汉字系统的进一步完善奠定了基础。但是甲骨文毕竟还处在汉字发展的早期阶段，有些方面还比较原始，比如，有些字在书写时的置向还不固定，如"卜"字中的短线条或在左、或在右，或朝上、或朝下。有些字的构件还不固定，如"牢"字的字形，画的是一个牢圈形，牢圈中可以是一头牛，也可以是一只羊，还可以是一匹马。甲骨文的书写行款还不很固定，有直书，有横书，有右行，有左行，其中以直书左行为主。

金文是铸在钟鼎等青铜器上的文字。金文一般是先用毛笔书写，再翻铸在青铜器上的，因此线条肥厚粗壮、圆浑丰润，字形庄重美观，大小趋于一致，排列越来越整齐。金文中形声字大量增加，异体字相对减少，结构趋于定型，这说明金文比甲骨文更成熟了。

战国时期，诸侯纷争，文字异形，离周王朝故地越远的地方，字形变异越大。这一时期，不但国家之间字形歧异，一国之内，异体现象也很严重，书写随意性较强，简化倾向十分明显。但不管怎么变异，七国文字都是上承西周春秋金文而来，万变不离其宗，在内部构造上它们属于统一的文字体系，构件数量、结构方式等都没有明显的差异，它们的歧异是外部书写形态的不同。

小篆是秦始皇统一中国后推行"书同文"政策所采用的字体。小篆的书写完全线条化，象形性减弱。从构造来看，已经形成了相当严密的文字体系：一方面，异体字大量减少，构件的写法趋于一致，同一个构件在不同的字中、在一个字中的不同位置写法基本一致；另一方面形声字大量增加。这些都增强了字和字之间的联系，使汉字在总体上形成一个相互联系的网络。

隶书是在汉代成熟且通行的字体。隶书打散了小篆的线条，实现了书写的笔画化，从此汉字完全失去了象形性。为了书写的快捷，隶书在结构上对小篆进行了全面调整，同一个构件为了布局的需要而形成不同写法，不同的构件因为形体变异而变得混同，许多字的构件被省减或合并。隶书对汉字形体的简化是符合汉字发展规律的，但它对形义关系的破坏，使通过字形讲解字义变得困难。

楷书流行于魏晋，成熟于隋唐，一直使用到今天。楷书具有便于书写的优势，并形成了相互配合的笔形系统。楷书的横笔改为收锋，撇改为尖斜向下。点是笔程最短的笔画，楷书的点比以往任何字体都更丰富。提和钩是在书写便利这一要求的促动下，笔画相互呼应而逐渐形成的。楷书结构严谨，便于识读，同时又笔形配合，便于书写，因此历千年而不变。

汉字从历史的演变出发，可以分成两大阶段：自甲骨文到秦代小篆，通称古汉字；自秦汉隶书以后，通称今汉字。古今汉字的重要区别是书写单位笔画的形成。在古文字阶段汉字的书写单位是各种各样的线条，这些线条是随着事物形体的变化而或曲或伸形成的，由这些线条构成的汉字，带有较明显的图形性。而隶、楷阶段的今文字的书写单位，则是各种类型的笔画。这些笔画经过自然发展和人为规范，逐渐变得样式固定、数量有限、书写规范，由这些笔画书写出的汉字，原始的图形性已经淡化了。当代正在使用的汉字，称作现代汉字，现代汉字在形制上也属于今汉字。

从舞阳贾湖刻符至今，汉字已经有 8000 年的发展历史。在漫长的岁月和汉字所经历的实际变化中，我们可以看到汉字发展的几个规律和趋势。

(一)汉字一直顽强地坚持表意特点，不断采用新的方式，增强个体符形和整个符号系统的表意功能。例如，当汉字记录的词所指的事物发生变化后，汉字总是及时调整它的义符，以适应事物的特点。“砲”本是用石头做进攻武器，所以义符从“石”。火药发明后，形体改为从“火”的“炮”。“州”本像水中陆地的样子，后来在书写过程中变得不象形，就再加义符“水”来增加意义信息。这说明，汉字最终要最大限度地在符形上增加意义信息，来坚持自己的表意特点。

(二)汉字在易写与易识的矛盾中，不断对个体符形进行调整，以实现简繁适度的优化造型。汉字职能的发挥由两个不可缺少的环节组成，这就是书写和识读。就书写而言，人们总是希望符号简单易写；而就识读而言，人们又希望符号丰满易识。然而越简化，就越易丢掉信息，给识别带来困难；追求信息量大、区别度大，又难免增加符形的繁度，给记录增加负担。二者的要求是矛盾的。汉字就在二者的矛盾中相互调节，以追求简繁适度的造型。从甲骨文演变到小篆，随时都可以看到这种矛盾与调节。例如，(“围”的古字)画四脚围绕一个域邑，形象丰满，表意度高，但书写不便，于是改为两脚作“韋”，意义又不很明确。最后加“囗”作“圍”，不失本义而简繁适度。

(三)汉字在发展中不断完善和简化自己的构形体系。表意文字所遇到的最难解决的问题，是随着词汇不断丰富、意义不断增多，字形会无限增加，致使符形量超过人们有限的记忆能力。为了解决这个问题，汉字必须在对构件进行规整的前提下，形成一个严密的构形系统。许慎的《说文解字》在人为调节的基础上，第一次把这个构形系统整理和描写出来。从小篆起，汉字就有了一批兼有意义和声音的成字构件作为构形的基础，这样的成字基础构件共有 400 多个。其他汉字都是由这 400 多个构件充当义符或声符按一定规律拼合而成的，这样就产生了一大批义符和声符相互制约的形声字。凡同义的字，用声符别词，如“檀”“榆”“枫”“柏”都是木名，义符从“木”，而用声符来区别；“桐”“铜”“筒”“洞”都从“同”声，而用义符来区别。这种形声字，大约占汉字总数的 87%，成为汉字的主体，汉字便形成了以形声系统为中心的构形体系。由于采用了基础构件拼合生成的方法来增加新的字形，因此，不论字数如何增加，基础构件的数目都能保持稳定，只在 400 多个上下浮动。汉字的构形系统形成后，仍然不断进行规整和简化。汉字构形系统的严密与简化是同时实现的，这是汉字发展的历史趋势中最重要的一点。

（四）汉字必须在自行发展的基础上进行人为的规范。汉字的使用与发展都带有社会性，每个汉字字符的创造与改变，一般都经过三个阶段：个人使用、社会通行和权威规范。从个人使用到社会通行，这是汉字自行发展的阶段；从社会通行到权威规范，这是人为规范的阶段。没有前一个阶段，汉字的社会性能便要丧失，它记录汉语的使用价值便会减弱；而没有后一个阶段，汉字构形系统的严密化就难以实现。所以，汉字需要人为规范，又必须在尊重汉字社会通行状况的基础上进行规范，在掌握汉字发展趋势并因势利导的前提下加以规范，这种规范才是具有社会性和科学性的。新中国成立以来所做的异体字规范和简化汉字的工作，从总的方向看，是符合汉字历史发展趋势的，因此，它才能被广大汉字的使用者所接受，收到最大限度的社会流通效果。

> **汉字的特点及其在世界文字中的地位**

世界上的文字分为两个大类型：表意文字和表音文字。这种分类是从文字形体直接显示的信息是语义还是语音来确定的。例如，英语中的 black 直接拼出了意义为"黑"的这个词的声音而成为这个词的载体，汉字"黑"则用火焰从烟囱冒出来意会烟熏致黑的意义而成为这个词的载体。

文字是记录语言的书写符号系统，意义和声音是语言的两个属性。世界文字大都起源于图画文字，表音和表意是图画文字发展的两大趋势。汉字和其他古老的文字一样，都经过了由图画文字到表意文字的阶段。而它与其他古老文字不同的是，那些古文字在演变中有的停止使用而丧失了生命力，有的变成了拼音文字，有的甚至不可识读，被外来文字取代；唯有汉字，从未间断地被使用至今，并在数千年的历史发展中，顽强地维护着自己的表意文字特点，成为世界上最古老、最有严密系统的表意文字，代表着世界文字的这一重要发展方向。

汉字的特点表现在以下几个方面。

作为表意文字的代表，汉字的形体和意义之间关系十分密切。在古汉字阶段，汉字的构字方法主要有四种：象形、指事、会意、形声。象形就是对事物的外部特征进行描绘，如甲骨文的"象"突出其长鼻，"鹿"突出其双角。指事是用抽象符号或者在象形字的基础上加上抽象符号表示难以直接描绘的事物或位置，如"二"是用抽象符号传达意义信息，"本"是在"木"的下部加上一横指示树根的位置。会意是把两个或两个以上的字合在一起表示一个新的意思，如"休"用"人"倚"木"表示"休息"义，"尘"用"小"和"土"会合出"尘土"义。形声是用表示意义类别的构件和表示声音的构件合起来表示一个词义，如"湖"用"氵（水）"表示意义类别，用"胡"表示读音；"袍"用"衤（衣）"表示义类，用"包"表示读音。在这四种构字方法中，前三种都没有表音成分参与，字的形体直接跟词的意义相联系；第四种虽然有表音成分参与，但起主要作用的仍然是表意构件。在漫长的发展过程中，汉字这种据意构形的特点一直没有改变。

就汉字记录汉语的单位而言，汉字属于音节—语素文字。这就是说，在一般情况下，一个汉字记录一个音节，而一个音节又往往代表一个语素。例如"一"这个字记录了"yi"这个音节，而这个音节代表"一"这个语素。比较而言，英语的情况则迥然不同，英文字母代表的是音位。例如 book 这个词，b、oo、k 分别代表[b]、[u]、[k]三个音位，book 是三个音位拼合的词。

就形体的特点而言，汉字是在一个二维平面上构形的。这个二维的空间为汉字构件的结合提供了许多区别的因素，除了不同的构件可以组合成不同的汉字以外，相同的构件也可以构成不同的汉字，如"木""林""森"是构件多少的差别造成的，"叶"与"古"、"杲"与"杳"是构件位置不同造成的，小篆"比""从""北""化"的差别是构件置向不同造成的。这些在二维空间内造成的区别与拼音文字由字母线性排列而结合是不一样的。

第三节　汉语、汉字的文化功能

汉语、汉字和中国文化的关系

汉语、汉字与中国文化有着极为密切的关系，它们既是中国文化的重要文化事象之一，又是中国文化中其他文化项的载体。

第一，汉语、汉字是中国文化的重要文化事象，是中国文化的有机组成部分。

汉语是中国文化的重要内容。首先，汉语的诞生意味着中国文化的诞生。语言是人类区别于动物的主要特征之一，有了语言，人类才可以相互交流，才可以进入有组织的社会生活，成为"文化"的人。从这个角度讲，汉语这一文化事象在中国文化中的地位是相当重要的，汉语悠久的历史说明中国文化是源远流长的。其次，汉语是汉民族智慧的结晶，是汉民族创造的宝贵文化财富。不同民族有不同的语言，不同的语言代表的是不同的语言习俗，汉语以自身特殊的文化形式，构成了中国文化的重要特征。例如，汉语同音词多，因此而形成的谐音吉利、谐音避讳等语言习俗就成为中国文化的重要内容。

汉字也是重要的中国文化事象。首先，汉字的出现是中国文化从史前时期走向有史时期的界碑。在汉字产生以前，汉民族曾经历了一个相当长的仅用口语进行交流的时期，后来，随着思想交流的日益复杂，人们迫切需要有一种能够将语言记录下来的东西，经过契刻记事、结绳记事等方法的探索后，人们终于找到了汉字这种最适合记录汉语的工具。有了汉字，汉民族才有了书面的历史记录，从此进入了有史时期。其次，汉字本身就是中国文化的一部分。每个民族的文字都具有自己的特点，不同的文字构造反映着不同的文化内涵，并且各民族都会依据本民族的文字特点形成许多的文化事象。汉民族根据汉字可拆可合的形体特点，造成特有的字谜游戏和姓氏避讳中的缺笔避讳；根据汉字二维构形的特点，形成了特有的汉字书法艺术和玺印艺术。这些由汉字直接衍生的文化事象，使汉字成为整个中国文化系统中不可缺少的重要成分。

第二，汉语、汉字是中国文化中其他文化项的主要载体，它记录了中国文化，是中国文化的代码，是中国文化传播的媒介，对中国文化的发展起到了很大的促进作用。

汉语、汉字可以传达人们头脑中的观念，只有通过汉语、汉字的传播，文化才能超越时间和空间，得到交流、发展和长存。我们说中国文化灿烂辉煌，流传下来的浩如烟海的古代文化典籍就足以证明，而这种功劳，是应归属于汉语、汉字的。中国文化是世代发展的，这种发展相当大的一部分是靠汉语、汉字的世代传承来完成的，《淮南子·本经训》所说的"昔者苍颉作书而天雨粟，鬼夜哭"，就是对汉字产生后对农业生产、历史记录所产生的巨大影响的一种神化。如果没有汉语、汉字，中国文化的积淀和发展是不可想象的。中国历代古书的失传非常严重，历史上曾有"六经"：《诗》《书》《礼》《乐》《易》《春秋》，其中《乐》在战国时代失传了，于是"六经"变成了"五经"，我们今天已无法系统了解《乐》的内容，这证明了文字记载对文化传播的重要性。中国文化行为的发生大都建立在汉语、汉字的基础上，汉语、汉字的发展对人的思维和各种社会生活、文学艺术产生了重要影响。比如，汉语方言众多，这对以方言为基础的地方曲艺的形成、发展和极大丰富提供了条件。汉语缺乏语法形态变化这一特点，为制作回文提供了便利条件，所以中国的回文诗特别丰富。

第三，中国文化对汉语、汉字的发展演变也产生了很大的影响。

中国文化对汉语的影响是多方面的。例如中国文化史上有一个重要的文化现象——言文脱节，即在中古和近代历史上，人们口头说的是古白话，而书面上写的是仿先秦的文言文。言文脱节对文化的传播和发展是一种阻碍，近代兴起的新文化运动直接提出了"废除文言文，实行新白话""我手写我口"等口号，从此中国的书面语改成了白话文，实现了言文一致，这是中国文化影响中国语言（主要是书面语）发展的一个典型例证。再如，把北京语音作为普通话的标准语音，是与北京作为中华人民共和国的首都、作为中国的政治文化中心的地位分不开的，这是文化对语音的影响；随着近代中国文化对西方文化的吸收，汉语语法出现了某些欧化的倾向，这是文化对语法的影响。在语言的各要素中，文化对词汇的影响最明显，词汇常常会因社会生活和社会思想的变化而变化，如随着封建社会的消亡，许多表示封建社会称谓的词语，像"圣上""宰相"等，也随之消亡而不再出现于人们的日常生活中；随着高新科技的发展，许多新词语在社会上流传开来，像"网吧""电子邮件""数码相机"等。

中国文化对汉字的影响也十分显著。中国文化的发展不断对汉字提出新的要求，促进汉字不断向前发展。汉字是为记录汉语服务的，周秦时期汉语词汇大量派生，原有的汉字不敷使用，于是引起了汉字的大量孳乳。随着近代科技的发展，大量的化学元素被发现，为了记录这些化学元素名称，人们制造了很多新的汉字。汉字的每次重大变革都是在一定的文化背景下产生的。秦朝统一天下以后，为了实现文化上的统一，实行"书同文"政策，废除了六国文字中与秦国小篆不合的形体，对汉字形体进行了一次严格的规范。中华人民共和国成立后，为了解决繁体汉字难学、难记、难认、难读的问题，推行了《汉字简化方案》，对汉字进行了一次全面的改革和调整，这种改革对汉字发展和使用的影响是巨大的。

汉语、汉字所承载的文化信息　　汉语、汉字除了作为中国文化的记录工具以外，其本身也承载着丰富的文化信息。汉语、汉字所承载的文化信息主要是指汉语语音、词汇、语法和汉字形体所承载的文化信息，与汉语、汉字所记录的文化内容不是一回事。如，甲骨文的"王"字除了记录"王"这个词以外，还以其像斧头之形的构形告诉人们，古代统治者是靠武力统治天下的，这些信息，由于远古文献的贫乏，我们无法从"王"的词义本身获得。

在语言的各要素中，词汇与文化的关系最为密切，词语的发源、词汇的发展、词义的系统以及汉语的地域差异等都体现着丰厚的文化内涵。

汉语的词源意义包含了中国古人的传统观念。例如："囱"、"蔥（葱）"、"窗"、"聰（聪）"是一组同源词，"囱"是走烟的通道，"蔥"的特点是叶子中空，"窗"是墙上通空气的洞，"聰"指接受外界事务通达。由此我们可以知道古人对聪明的认识，他们认为聪明是内心对外界的感受通达。这种解释还可以得到一些旁证。"聰"与"灵"为同义词，"灵"与"棂"同源，"棂"是窗户格，也是通空气的孔。"灵"的词源意义也是通达，与"聰"不同的是，"灵"着重与鬼神相通，智慧来源于天上；"聪"着重在与自然、社会相通，智慧来源于地下。"聰""灵"的词源，可以证实古人衡量智愚的标准。

从某些词的词源里，还可以看出某一历史时期意识形态的变化。且看以下一组同源词："龢"，音乐和谐的最美境界；"盉"，五味和，调味的最美境界；"和"，人和，事和，社会人际关系的美好状态。"禾"是它们的源词，《说文解字》："禾，嘉谷也，二月始生，八月而孰（熟），得时之中，故谓之禾。"古人认为，禾苗是天地万物和谐的产物，冷暖中，刚柔适，阴阳调，内外平，上下通，始有禾的成熟，所以禾苗是自然协调的象征。这是中国社会进入农耕时代所产生的观念。这种崇尚自然、赞美天籁、尊重人与物的本性的审美心理，几千年来，在中国的音乐、绘画、文学中时有体现，这是文化的精华。然而，这种观念的另一面，则是对变革、创造、更新的抗拒和反感。奴隶制社会晚期保守的政治思想，要求对旧秩序加以维护的思想，又可以从另一组派生词中反映出来。表示"变化""创新""超越"等意义的词，常常发展出贬义的派生词来："为"（作为）派生出"伪"（欺伪）；"化"（变化）派生出"讹"（讹误）；"作"（初创）派生出"诈"（诡诈）。这是古代文化思想的另一面了。

文化的发展变化直接记载于各个时代的词汇中。某一时代某一领域词汇的密度反映了该领域与文化核心的密切程度，也反映出人类对这一领域的认识深度，设词密度高就说明对这一领域的分析度高。各类词的密度又是不断发生变化的，每类词的密度的变化反映了文化的变化。在畜牧业时代，表示"马""牛""羊"的词语很多，如《说文解字·牛部》有一系列为不同毛色的牛而造的词："犚，白黑杂毛牛。""犅，牛白脊也。""㹇（tú），黄牛虎文。""将（liè），牛白脊也。""㸅（luò），驳牛也。""㸷（pēng），牛驳如星。""㸼（piāo），牛黄白色。""犉（chún），黄牛黑唇也。""䍧（yuè），白牛也。"古代为不同毛色的牛专门造词，既是由于放牧和役使的需要，又是因为不同色的牛毛可以选作旌旗，以为部落的标志。因而"物"字从"牛"从"勿"（"勿"是旗），而祭祀时太牢（牛、羊、豕三牲具备的祭仪叫太牢）用牛则必须纯色。《说文解字·牛部》："牲，牛完全。""牷，牛纯色。"这些文化现象使牛的毛色格外重要以致需用不同的命名来分辨。今天那些不同毛色的牛依然存在，但随着畜牧时代的逝去，畜牧业逐渐远离了文化核心，人们对动物的关注程度降低，动物之间的细微差别失去了区分的必要，这些专名不再需要，多数成了"死词"。即使偶尔需要对这些事物进行区分，只要用一个偏正词组就可以表达了，不需要专门设词。

汉语的地域差异，往往是地域文化差异的反映。如，同是表示"粉末"这一类物质，北方多用本义为"麦面"的"面"这个词来派生其他词，如"胡椒面儿""药面儿"等；而南方则用本义为"米粉"的"粉"这个词来派生其他词，如"胡椒粉""药粉"等。我国南方以种植水稻为主，北方以种植小麦为主，"粉"和"面"在构词上的差别是两地农业文化差别的反映。①

汉字的原始构形理据及形体发展演变的脉络反映出浓厚的文化信息。

汉字是因为它所记录的词的意义而构形的，构形时，选择什么对象，采用哪些物件来组合，都要受到造字者和用字者文化环境、文化心理的影响。因而，汉字的原始构形理据中必然带有一定的文化信息。例如，许多表示颜色的词，在造字时字都用"糸（细丝）"作义符，这就反映了汉民族特有的文化习俗。自古以来，中国因生产丝绸而著称于世，许多事物与丝织业发生关系，其中人们对颜色的认识是与丝织染色的发展密切相关的，因此很多记录颜色的字就用"糸"作义符，如"红""绿""紫""绛""绯""缙（帛赤色）""缇（帛丹黄色）""绀（帛深青扬赤色）""缲（帛如绀色）""缁（帛黑色）""缥（帛青白色）""绌（绛也）"，汉字形体所反映出的颜色与丝织的关系是其他民族不可能有的文化现象。

从字形构造还可以看到一些古代社会历史状况。如，"宰"在今天的常用义是宰相、

---

① 参见刘丹青：《科学精神：中国文化语言学的紧迫课题》，见《文化语言学中国潮》，北京，语文出版社，1995。

主宰这一类的意思，而它的字形从"宀"从"辛"，《说文解字·宀部》："宰，罪人在屋下执事者。从宀从辛。辛，罪也。"这个说解反映了古代社会的实际情况。"宰"的字形应产生于奴隶社会，当时的奴隶，有从事手工业生产的，有从事农业生产的，还有从事于奴隶主家内劳动的。因为宰贴近奴隶主，又可能得到奴隶主的宠信，于是渐渐具有并扩大了职权，成为官僚，执掌国政。

汉字是记录汉语的符号，又以词义和意义所指对象作为自己的构形理据，因此，它的形体便会随着记录词的音义变化和所指对象的变化而发展变化，这种演变中，时时可以窥见某些文化因素。例如：在小篆里，炊具中从"鬲"的很多。"䰞（guō）""䰓（fǔ）"都从"鬲"，因为它们既有陶制的，也有青铜制品，后来"䰞（guō）"写成"锅"，"䰓（fǔ）"写成"釜"，字都从金，说明陶器已很少使用，以金属制品为主了。再如，在甲骨文中，"艹"和"木"这两个构件的分工还不是很严密，许多字从"艹"和从"木"没有区别，如"蒿""春""刍""莫""枚""栅"等都既有从"艹"的字形，也有从"木"的字形。到小篆中"艹"和"木"已做了明确分工，说明到了周秦时期，人们对草本植物和木本植物的区分已很清楚。在小篆中，"言"和"口"这两个构件有了明确的分工，说明同样是唇齿动作，语言行为与非语言行为已经完全区分清楚。

除了这些反映人类认识进化的明显信息外，从有些构件的构造意图中还能看出一些较深层次的文化信息。例如：甲骨文只有"又"（又，表示手）字，没有"寸"字。金文始有"寸"字，用手腕寸脉处表示一寸的长度。到小篆中，有许多字用"寸"构成，"爵""封""尊""導""射""奪"等字都由甲骨文、金文从"又"或"廾"改为从"寸"，小篆新造的"尋""耐""尉""辱""寺"等字也都从"寸"。可以看出，甲骨文、金文中从"又"或"廾"的那些字，一般表示手的动作或可以握在手中的小型酒器。小篆改为"寸"则有了更深一层的意思，即表示法度："封""尊""爵"等与分封爵位有关，"射""導""尋"与丈量有关，"耐""尉""辱""寺"与刑法、治狱有关。"寸"作为一个新的构件被大量使用，而且有了明确的造字意图，这是周秦时代法制严密、继承权与分封制确立、度量衡有了统一标准等社会状况的反映。

汉语、汉字与文化交流和传播

中国的文化体系是长期延续发展而从未中断过的，汉语、汉字对中国文化的传承、传播和发展起了重要作用。

汉族的先民开始时人口很少，汉语的使用人数不多。后来随着社会的发展，居民逐渐向四周扩展，再加上汉人在历史上多次向远方迁徙，并不断与其他民族接触，汉语的使用区域逐渐扩大。在汉语传播的过程中，出现了方言分化，给交流造成了困难。存在方言的同时，也一直存在着共同语，汉语共同语形成的历史很悠久，并且一直是以北方方言为基础的。语言分口语和书面语，共同语的口语在春秋时代被称为雅言，这个雅言就是在方言歧义的情况下用于官场、外交、礼仪等场合的交际语言。汉代把共同语称为通语，元代称为天下通语，明清称为官话，辛亥革命以后称为国语，现在称为普通话。共同语的书面语在近代以前一直以先秦作品为典范，所以自秦代以来就一直是统一的。在这一漫长的历史时期内，读书人读的是用先秦语言写成的经典，接受的主要是儒家思想，语言的继承为文化的继承奠定了基础。汉语使用区域的逐渐扩大和共同语的存在，在中华民族共同思想、文化的形成中扮演了重要角色。

汉语也为各民族语言和文化的发展做出了贡献。春秋战国时期，是中原华夏民族与西北和北部少数民族广泛语言接触的时期，据《左传》记载，当时的戎人首领姜戎子驹支会说汉语，能赋《诗经》。战国以后，北方及西域各民族统称胡人，胡人与汉人交往，并且学说汉话，但因胡人的汉话生硬别扭，故有"胡言汉语"之说。魏晋南北朝民族间争战不断，"胡言汉语"变为"胡言乱语"，从这里我们可以看到汉语对少数民族语言的影响。东汉以来，北方少数民族不断入主中原，他们的阿尔泰语和阿尔泰文化跟汉语、汉文化的接触交流是不可避免的，北魏就非常重视对汉语、汉字和儒家经典的学习。汉语对其他民族语言的同化在中国历史上也是常见的，北朝的鲜卑语、唐代的西夏语、辽代的契丹语、近代的满族语等，都曾先后被汉语所同化。今天，汉语基本上已成为中华各民族间相互交流的语言。汉语在少数民族地区的传播过程，汉语作为民族交际语言的运用过程，也是思想文化传播的过程。这一切对于统一的中华民族的形成是非常重要的，可以说，在中华民族大一统的进程中，汉语一直发挥着重要作用。

汉族居住地域广阔，方言众多，汉字表意文字的特点使它在共同的地域传播中能够超越方言的局限，使各方言区的人能够顺利交流，这对促进民族文化的发展、促进统一的文化的形成起了重要作用。古今语音有很大变化，汉字表意文字的特点也使它在历时传承中超越了语言的历史音变，商周的古文和由秦汉传下来的古书现在仍然能读得懂，这对民族文化的传承和积累意义重大。

汉字在少数民族地区的传播，对少数民族文化的传播和发展也做出了贡献。在我国悠久的文化史上，不少的兄弟民族在创制本民族的文字之前，往往借用汉字作为交际工具同汉族和其他兄弟民族进行交流，如古代的匈奴、鲜卑等民族都长期借用汉字作为交际工具。用汉字记录的少数民族文献，如《越人歌》《白狼歌》《蒙古秘史》，以及用汉字记录的许多少数民族古地名、人名等，对古代某些民族语言、民族史实的研究都有重要的参考价值。不同的民族有不同的语言，汉字的借用受到汉字原来音义的干扰，很不方便。在不完全废弃借用汉字的情况下，仿造产生了。在历史上，许多少数民族在汉字影响下创制了本民族文字。我们现在所见到的仿造汉字，绝大多数是仿照进入楷书以后的汉字。仿造汉字的少数民族文字可分两类。一类字形结构虽受汉字影响，但有自己的特点，借用汉字不太多。属于这一类的有契丹大字、西夏文、女真文等。另一类大量使用音读汉字和训读汉字的方法表达自己的语言，也用形声或其他方法创制表达本民族语词的新字。方块壮字、方块白字和方块瑶字，都属于这一类。少数民族借用汉字作为自己语言的书写形式或仿照汉字创造本民族文字，对中华文化的统一和中华民族凝聚力的形成都起到了至关重要的作用。

汉语、汉字在境外的传播是中国文化向境外传播的重要纽带，同时汉语、汉字也以自己的方式不断吸收其他语言的营养来丰富自己。

汉民族创造了在亚洲遥遥领先的古代文化，汉字记载了先进的文明成果，周边国家通过学习汉语、汉字而使自己文化进步是顺理成章的事情。在公元前或公元 1 世纪，汉字逐渐向境外传播，北至朝鲜半岛，南至越南，东至日本。在汉字传入这几个国家之前，他们都没有创造自己的官方文字，汉字传入以后，在很长的历史时期内，他们就用汉字作为记录语言的工具。例如，汉字在汉代传入越南后，被确定为越南的官方文字，历时 1000 余年。文字的借用同时也带来语言的吸收，日本语、越南语、朝鲜语这三种语言，曾受汉语的极大影响，他们的语言中都有大量的汉语借词。例如，日本直到明治维新前夕，很多与西方有关的表示新概念的词语，还是从中国传过去的，如魏源的《海国图志》中的一些词语"铁路""新闻""公司""国会"等都在日本产生了广泛的影响。越南语从汉语中借去的词，至少占整个越南语词汇的一半。朝鲜人直接学习用汉字写成的"四书""五经"，朝鲜语中的汉语借词，约占朝鲜语词汇的 60%。尽管三个国家的语言不同，但长期的汉字、汉语借用，必然对其文化精神、思想方式、道德观念、文学艺术趣味、风俗习尚等产生重要影响，从而形成东方文化的许多共同特点。

但因各国语言有不同特点，借用汉字来记录总有诸多不便，后来日本、朝鲜、越南分别仿照汉字创造了属于自己的文字。日本起初借用整个汉字来记录日语，或借用汉字的字形、字义，读音仍用日语；或形、音、义一起借入。9 世纪日本人在汉字的基础上自创字母，叫作假名，有片假名和平假名两种。片假名是采用汉字、取其片段的方式形成的；平假名是在盛行草书的平安时代，简化草书形成的。这样，日本文字就变成了汉字和假名混合的文字。朝鲜创制了谚文，谚文是音位文字，字母近似汉字的笔画，每个音节拼成一个方块。19 世纪后期，汉字谚文混合体成为正式文字，汉字写词根，谚文写词尾。现在朝鲜半岛虽已不用汉字，但朝鲜语中存在大量汉语借词的事实并未改变。13 世纪，越南创造了自己的文字——字喃。字喃是用汉字偏旁和会意、形声等汉字构造方式新造的字。近代，随着西方文化在全球的传播，汉语、汉字在海外的影响受到很大冲击。20 世纪 80 年代以来，随着中国在世界上的经济、政治地位的提高，国际上又掀起了一股学习和研究汉语、汉字的热潮，汉语、汉字必将再现昔日的辉煌。

□参考文献□

1. 王力：《汉语史稿》，见《王力文集》（第九卷），济南，山东教育出版社，1988。

2. 罗常培：《语言与文化》，北京，语文出版社，1989。

3. 王宁主编：《汉字汉语基础》，北京，科学出版社，1996。

4. 王宁主编：《汉字学概要》，北京，北京师范大学出版社，2001。

5. 王宁：《汉语词源的探求与阐释》，载《中国社会科学》，1995(2)。

□思考题□

1. 简述汉语、汉字的特点及其在世界语言文字中的地位。

2. 举例说明汉语、汉字所承载的文化信息。

3. 简述汉语、汉字对中国文化发展和传播的贡献。

第七章　中国古代科学技术

科学通常是指人们关于自然现象和规律的知识体系，包括数学、物理、化学、天文学、地学、生物学、农学、医学等学科。技术一般被理解为关于工具、物质产品以及它们被用来达到实用目的的方式的知识，包括纺织、建筑、机械、冶金、车船、兵器、陶瓷、造纸、印刷等部门。中国古代在科学技术的各个领域和部门中，都创造了辉煌的历史和卓越的成就，对整个人类文明做出了不可估量的贡献。

第一节　中国古代科学的伟大成就

一、天象记录

天文学

中国在天象记录方面的连续性、完备性和准确性，世界上没有任何其他国家可以相比。

目前世界公认最早的太阳黑子记录，是西汉成帝河平元年（公元前 28 年）"日出黄，有黑气大如钱，居日中央"（《汉书·五行志》）。实际上，中国关于太阳黑子的记载远比这早得多，甲骨文"日"作"⊙"，上古时代日中有乌的传说，都是对太阳黑子的形象描述。《汉书·五行志》记载汉元帝永光元年（公元前 43 年）"日黑居仄，大如弹丸"，也比河平元年早 15 年。欧洲记录黑子最早的一次是 807 年，比世界公认的中国记录晚 800 多年。关于太阳黑子的记录也以中国最为丰富。据云南天文台 1975 年统计，从公元前 43 年到公元 1638 年，中国共有关于太阳黑子的文字记录 106 条。如此丰富的记录对当代天文学研究具有重大的科学价值，德国科学家弗立茨利根据它探索了太阳黑子与地磁感应的周期性，英国科学家肖夫根据它探索了太阳黑子与极光的关系，日本科学家神田茂还根据它编制了太阳黑子表。

对彗星的最早记录在周昭王十九年："有星孛于紫微。"（《竹书纪年·昭王》）世界公认的最早一次哈雷彗星记录，是公元前 613 年的"有星孛入于北斗"（《春秋·文公十四年》）。欧洲最早记录彗星在公元前 11 年，最早记录哈雷彗星在公元 66 年，分别比中国晚 1000 多年和 670 多年。自春秋至清末，中国记录彗星不下 500 次，记录哈雷彗星31 次。7 世纪学者李淳风所作《晋书·天文志》总结的彗尾总是背向太阳这一规律，比欧洲 1532 年皮特尔·阿华安的发现早约 900 年。20 世纪 50 年代，法国巴尔代在研究了1428 颗彗星的《彗星轨道总表》以后断言："彗星记载最好的（除极少数例外），当推中国的记载。"

对现代天文学贡献最大的，要数新星与超新星的记录。公元前 134 年夏历六月，"客星见于房"（《汉书·天文志》），是中国文献最早记录的新星。西方也于同年记载了这颗星，称为"依巴谷新星"，但所记没有月份和方位，远不如中国的记载简明、准确。因而19 世纪法国的比奥编《新星汇编》时，就把中国的发现列为世界上的第一颗。其实，中国早在公元前 14 世纪殷代的甲骨文中就有了对新星的记载。从那时到 1700 年的 3000 多年中，中国共记录新星 90 颗，其中超新星 10 颗。而古希腊、古罗马和古巴比伦却没有任何新星和超新星的记录，这类记录在中世纪欧洲编年史中也极为罕见。中国这方面的丰富记录，是古代恒星观测上的一项伟大成就，对现代天文学探索新星、超新星与银河系射电源的对应关系具有重要意义。

此外，中国对日月食的记载，也是世界上最早、最丰富的。《尚书·胤征》记载公元前 2137 年掌管天文的羲和因荒酒失职没有预测出当年发生的日食而受到夏王的征伐，这是世界上最早的日食记录。已发现的殷商甲骨文中有 5 次日食记录；《春秋》一书中有37 次日食记录，其中最早的一次是公元前 720 年的日全食，比希腊塞利斯记录的日食早135 年。伏尔泰曾高度评价中国人说："在所有民族中，只有他们始终以日食、月食、行星会合来标志年代；我们的天文学家核对了他们的计算，惊奇地发现这些计算差不多都准确无误。"（《风俗论》）

二、天体测量

天体测量是天文学中最古老、最基本的一个分支，任务是确定天体的位置和天体到达某个位置的时间。很多文献记载表明，中国远在五六千年以前的葛天氏、黄帝、尧、舜时代，就在长期观察日月星辰方位与四季变化的基础上，创制了世界上最早的测天仪器——浑仪。原始的浑仪经过汉唐时代的不断改进，发展成为具有六合仪、三辰仪、四游仪三重结构、多种功能的复杂仪器。宋代天文学家苏颂设计建造的水运仪象台尤其受到国际高度评价，认为它"很可能是后来欧洲中世纪天文钟的直接祖先"。宋代沈括简化结构，改综合型为分工型，开辟了浑仪发展的新途径。元代郭守敬于 1276 年在此基础上制成简化的浑仪——简仪，领先世界 300 多年，直到 1598 年丹麦天文学家第谷所发明的仪器才能和它相比。

与先进的测天仪器伴生的，是辉煌的测天成就。早在五六千年以前，中国先民就开始把天体黄道、赤道附近的恒星分为 28 个星区，每个星区各取一星为主，称为二十八宿。中国、印度、阿拉伯、埃及、巴比伦的古天文学中都有二十八宿，而形成最早的是中国。大约在春秋以后，中国二十八宿经中亚传入印度，再传入波斯、阿拉伯等地。

二十八宿之外，中国对其他恒星的观测也对世界天文学有很多重大贡献。战国天文学家石申著《天文》8 卷（后世尊称为《石氏星经》），除二十八宿距星之外，还记录了121 颗恒星的赤道坐标位置。这是世界上最古老的星表，比希腊天文学家依巴谷于公元前 2 世纪测编的西方最早的星表早约 200 年。石申用的赤道坐标系，欧洲直到 1598 年，才在第谷所制浑仪中首次采用，并"被公认为文艺复兴时期天文学上最伟大的技术进步之一"①。秦汉以前，中国就有了星图。三国陈卓画的星图已有恒星 283 组、1464 颗。今存著名的苏州石刻天文图，为 1190 年据宋元丰年间（1078—1085 年）的观测结果所绘，上有恒星 1434 颗。欧洲在文艺复兴之前观测的恒星数仅为 1022 颗。

唐代最有成就的天文学家一行和尚创制了黄道游仪以观测日、月、五星的位置和运动情况，最早发现了恒星位置移动的现象，比英国天文学家哈雷 1718 年提出恒星自行的观点早近 1000 年。他发起在全国 24 个地方测量北极高度和冬夏二至、春秋二分的日影长度，并设计了一种名为"复矩图"的仪器，这是世界上用科学方法进行的第一次子午线实测。1276 年，郭守敬更在"东至高丽，西极滇池，南踰朱崖，北尽铁勒"（《元史·郭守敬传》）的广袤地域内设立了 26 个观测所，进行了一次空前规模的天文观测，其中测定黄赤交角和二十八宿距度的数据精确度，都代表了当时世界最先进的水平。

三、历法

据载，中国远在 10000 年前氏族公社初期的"人皇氏"时期，就发明了用十天干和十二地支迭相搭配以计日的方法，这是人类历法的开端。殷代开始使用四分历，岁实为365.25 日，这是当时世界上最精密的数值。古希腊的卡利巴斯历和中国的四分历相当，但比中国晚 1000 多年。殷历所确立的十九年七置闰的原则，西方直到公元前 433 年才由古希腊天文学家默冬在奥林比亚竞技会上宣布（西方称为"默冬章"）；殷历以 76 年为周期安排大小月的方法，西方直到公元前 334 年才由古希腊卡利巴斯提出同一规律（西方称为"卡利巴斯法"）。它们都比中国晚 1000 多年。现在越来越多的人认为，古希腊的默冬章可能是由东方传过去的。

殷周以后，历法不断改进，各项数值不断精确化。据统计，自春秋末年至太平天

---

① ［英］李约瑟：《中国科学技术史》第四卷，406 页，北京，科学出版社，1975。

国，前后一共出现了 102 种历法。1199 年，南宋杨忠辅在《统天历》中将岁实精确到
365.2425 日，尤为世界历法史上一项惊人成就。元代郭守敬集历法之大成，于 1280 年
编定《授时历》，就采用了这一数值。这个数值和地球绕太阳公转一周的实际时间只差
26 秒，3320 年才相差 1 日，与现代世界通用的公历——格里历完全相同。格里历制定于
1582 年，晚于《统天历》近 400 年，晚于《授时历》约 300 年。明朝末年，邢云路把圭表加
高到 20 米，进一步测得岁实为 365.24190 日，仅比现代理论推算的当时应有数值小
0.00027 日，其精确度之高远远超过了当时欧洲的水平。

> **数学**　　数学是一切科学技术发展的基础，素有"科学之王"的美誉。中华民族以非凡的勤劳和智慧，在古代数学王国里耕耘拼搏，创造了世界第一流的研究成果。

一、十进位值制

中国古代数学对世界文化的贡献，首推十进位值制。史载"黄帝为法，数有十
等"（徐岳：《数术记遗》）。《尚书》中每见"亿兆""兆民"（十万为亿，十亿为兆）之文，商
代甲骨文中用一、二、三、四、五、六、七、八、九、十、百、千、万这 13 个数字记
数，足见中国远在四五千年以前就已使用了十进位值制。这种记数法与现行的阿拉伯数
字，除符号不同外，没有任何差异。欧洲使用的罗马累计法，既不利于思维过程的表
达，加减运算也非常困难。这种笨拙的方法在欧洲一直盛行到 12 世纪，不难想见其数
学的落后。古巴比伦人和中美洲的玛雅人虽然采用位值制，但古巴比伦是六十进位，玛
雅是二十进位。印度到 6 世纪末才开始使用十进位值制，而且很可能是受到中国的影
响。所以李约瑟指出："西方后来所习见的'印度数字'的背后，位值制早已在中国存在
了两千年。"他高度评价说："如果没有这种十进位制，就几乎不可能出现我们现在这个
统一化的世界。"①

二、《九章算术》与魏晋南北朝算学

如同欧几里得的《几何原本》影响了整个欧洲数学一样，公元 1 世纪成书的《九章算
术》也对中国古代数学产生了非常深刻的影响。该书九章 246 个数学问题，记载了当时
世界上最先进的分数四则运算和比例算法，面积和体积的各种算法以及应用勾股定理进
行测量，也是古代世界长期未能圆满解决的问题。书中运用的开平方、开立方和在此基

① ［英］李约瑟：《中国科学技术史》第三卷，32、333 页，北京，科学出版社，1978。

础上求解一元二次方程、联立一次方程的方法，引入的负数概念和正负数的加减运算法则，要比欧洲早 1500 多年。《九章算术》不仅在中国数学史上有重要地位，对世界数学的发展也有很大影响，朝鲜和日本都曾用它做教科书。欧洲中世纪的某些算法，例如，分数和比例就可能是经印度、阿拉伯传入的。在阿拉伯和欧洲的早期数学著作中，"盈不足"（类似于现代的行列式解法）被称为"中国算法"。

魏晋南北朝时期，数学界升起了两颗巨星——刘徽、祖冲之。刘徽在《九章算术》注中第一次提出了极限思想，并创用割圆术，由圆内接正 192 边形计算出圆周率为3.1416，指出圆内接正多边形的边数无限增加，其周长就愈逼近圆周长。祖冲之继续前进，确定 π 真值在 3.1415926 与 3.1415927 之间，精确到小数点后七位。1000 多年以后，阿拉伯数学家阿尔·卡西于 1427 年、法国数学家维也特于 1540—1603 年，才打破祖氏记录，求出更准确的数据。祖冲之还求得圆周率的密率为 355/113，这是分子、分母在 1000 以内的最佳值。欧洲直到 16 世纪才由德国人奥托和荷兰人安托尼兹求得这一数据，也在祖氏 1000 多年之后。

三、宋元算学

宋元时期是中国古代数学高度发展的时期，涌现了一大批卓有成就的数学家，做出了许多世界第一流的贡献。11 世纪上半叶，贾宪在《黄帝九章算法细草》中提出指数为正整数的二项式定理系数表（贾宪三角），可以求出任意高次方程的数值解，比欧洲阿皮纳斯的系数表早约 400 年。1247 年秦九韶在《数书九章》中提出的大衍求一术（一次同余式解法）和正负开方术（高次方程的求正根法），都遥遥领先于世界。他的大衍求一术被后人誉为"中国剩余定理"。欧洲数学家欧拉和高斯的同类研究比秦九韶晚了 500 多年。金元时期李冶的《测圆海镜》也是一部惊世之作，它系统论述的天元术（一元高次方程）比欧洲的研究提前了 3 个世纪。元代朱世杰进一步推广天元术，在《四元玉鉴》中创四元术（四元高次方程组），提出了与现代基本一致的消元解法。欧洲直到 1775 年才由法国数学家别朱系统叙述了高次方程组的消元法问题。朱世杰把计算近似值的招差术运用于高等级数计算的高次招差法，则比英国牛顿等人早近 400 年。秦九韶、李冶、杨辉、朱世杰连续出现在 13 世纪中叶至 14 世纪初年的 50 年中，被称为"宋元四大数学家"。

一、中医学

医学

中医学是至今依然屹立于现代世界科学之林的传统学科之一。它以完整系统、博大精深的理论体系，高超的医疗技术和丰富的典籍著称于世。早在春秋战国时期成书的《黄帝内经》，就已全面奠定了中医理论的基础。中医学的五大核心理论——阴阳五行学说、脏象学说、经络学说、形神学说和天人学说，均肇始于此书。

阴阳五行学说贯穿于中医理论体系的各个方面。阴阳学说确定了人体脏腑组织部位的上下、前后、内外、表里，说明了人体功能活动与物质基础之间对立制约、互根互用、消长平衡和相互转化的关系。五行学说揭示了人体内部各重要脏器、组织之间以及人体内环境与外环境各重要因素之间递相滋生、递相克制的功能结构。脏象学说阐述人体脏腑活动规律。经络学说研究经脉和络脉的循行部位、生理功能、病理变化及其与脏腑之间的联系。形神学说研究心理与生理、病理的关系。天人学说探究天地四时对人体机能的影响，总结气候的阴晴变化，四季的寒暑循环，日夜的晦明更替，地理区域的燥湿寒温，生活环境的幽旷雅噪，以及月亮圆缺、太阳黑子活动、星系和星象变化，作用于人体腠理开合、气血趋向、阴阳消长、脉象沉浮的规律。这一学说实际上已具备了现代新兴的环境医学和时间医学的雏形。

西方近代医学在人体生理、病理的研究方面取得了一系列划时代的巨大成就，但在整体系统思维方面却远不及中国。16—17世纪新兴的西方近代科学把人看作是一台机器，复杂的生命活动被简单归结为机械运动或物理、化学的变化。伴随着19世纪的三大发现，开始出现了生物医学模式，即从生理、病理的角度看待人的健康与疾病，然而依旧把人体的各个系统、器官看作是各自独立、各司其职的机器部件。直到1948年世界卫生组织通过宪章，确认健康乃是一种在身体上、精神上和社会上的完满状态，这才建立了当前世界所公认的生物—心理—社会医学模式。而这种整体和系统的医学理论，中国早在2000多年前的《黄帝内经》中就已有系统、深入的阐述，并且在此后几乎所有的医学和养生著作中，都不断得到发挥和发展。而且，中国医学不仅认为健康需要身、心、社会三者的统一，还特别强调天人之际即机体与整个宇宙大系统之间的和谐，这表现出中国先人认识能力的卓绝与系统理论的博大精微。

在系统理论的指导下，中医学在诊断学和内、外、妇、儿、针灸等各临床学科都取得了辉煌的成就。东汉张仲景撰著的《伤寒杂病论》，提出"四诊""六经辨证""八纲辨证"等原则和方法，阐述了汗、吐、下、和、温、清、补、消的治疗"八法"，奠定了中医临床医学的基础。此书经后人整理成《伤寒论》和《金匮要略》二书，与《黄帝内经》《神农本草经》并称为"中医学四大经典"。东汉名医华佗发明全身麻醉剂"麻沸散"，能成功地实施外科大手术。独特的针灸疗法使用广泛，可用于内、外、妇、儿、五官等科多种疾病的治疗和预防，疗效迅速、显著，操作简便，费用经济，没有或极少副作用，并可协同其他疗法进行综合治疗，几千年间为中国人民的医疗保健事业做出了巨大贡献。秦汉以后，针灸方法开始传到朝鲜、日本、东南亚和中亚各国。562年，吴人知聪携带大批中国医书和针灸图前往日本。此后日本不断有人来华学医，钻研针灸学。701年，日本《大宝律令》明确规定用《黄帝明堂经》《针灸甲乙经》等作为学习医学和针灸学的教材，并定出措施，使针灸疗法在日本得到很大的发展，出现了不少著名的针灸家、著作和专门学校。1136 年，高丽政府也正式规定以中国的《针经》《黄帝明堂经》《针灸甲乙经》等作为学习医学、针灸的必修材料。宋元以后，随着海路航运事业的发展，针灸疗法逐渐被介绍到欧洲，英、法、德、荷、奥等国的一些医学家都开始把针灸应用于临床和研究，同时也翻译了一些中医针灸著作。至今，针灸治疗仍为许多国家所采用。

二、中药学

与中医学密切相关的中药学同样有举世瞩目的成就。汉代的《神农本草经》是中国第一部药物学专著，书中收录各类药物 365 种，对每种药物的主治疾病、性味、产地和采集都有详细记述。659 年，由唐政府组织苏敬等人修成并颁行的《新修本草》，载药九类844 种，是中国古代第一部，也是世界上最早的药典，比外国最早的药典——1494 年成书的意大利佛罗伦萨药典早 835 年。书成不久，来中国学习的日本人就将其传到日本，日本政府把它列为医学生必修课本之一。中国古代药物学的最高成就，是明代李时珍于1578 年完成的不朽巨著《本草纲目》。全书 52 卷，190 万字，共收药物 1892 种、医方11096 个、插图 1162 幅，全面系统地总结了 16 世纪以前中国的药物学成就，涉及动物、植物、矿物、化学、地质、农学、天文、地理等许多科学领域，不仅对中国医药学和自然科学做出了重大贡献，在海外也产生了巨大影响。1647 年，《本草纲目》第一次被译成拉丁文，此后又被译成英、日、德、俄等多种文字，其中英文译本就有 10 余种，被誉为"东方医学巨典"，达尔文高度评价它是"中国古代的百科全书"。

第二节　四大发明——中国古代技术的伟大成就

中国素以四大发明饮誉世界。火药、指南针、造纸术和印刷术，这四大发明是中华民族奉献给人类文明并改变了整个世界历史进程的伟大的技术成就，反映了中国人民的伟大创造力。

火药

早在商周时期，中国就已经在冶金中广泛使用木炭，春秋战国时期又认识了硝石和硫磺的性能。经过炼丹术的长期实践，至迟在唐代中国人便发现了火药。唐初著名医学家孙思邈和唐中期炼丹家清虚子，曾分别采用"伏硫磺法"和"伏火矾法"，有意识地对硝、硫、炭混合物的剧烈燃烧实施控制。唐中期的丹书《真元妙道要略》中载，以硫磺、硝石、木炭混合燃烧，会爆发烈焰，烧坏人的面部，乃至使房舍化为灰烬。

火药发明以后，首先被用在军事上。11世纪初，唐福、石普先后制成火箭、火球、火蒺藜献给朝廷。火药武器的出现直接推动了火药的研究和大规模生产。1044年，由曾公亮、丁度编成的《武经总要》中，第一次载录了毒药烟球、蒺藜火球和火炮这三种火器的火药配方。宋代宏大的军器监下共设11作，而以火药作居首，每天生产弩火药箭7000支，弓火药箭10000支，蒺藜炮3000支，皮火炮20000支，足见生产规模之大。

火药在武器上的应用，是武器史上的一大革命。火药武器在战争中显示了前所未有的威力。北宋末年，在抗金战争中宋军进一步将燃烧性火器发展成爆炸性火器，创造了"霹雳炮"。1232年，金人在抗击蒙古人进攻中使用的"震天雷"，"炮起火发，其声如雷，闻百里外，所蒸围半亩之上，火点著甲铁皆透"（《金史·赤盏合喜传》），具有很大的爆炸杀伤力。南宋时期还出现了近代枪炮雏形的管形火器——火枪。元代开始出现铜或铁铸成的筒式火炮——火铳，因其威力巨大，当时称为"铜将军"。现保存在中国国家博物馆的最早的"铜将军"为元至顺三年（1332年）所造，是目前发现的世界上最古老的铜炮。

宋元之际，还出现一种利用火箭燃烧喷射气体产生反作用力而把箭头射向敌方的火药箭，和现代火箭的发射原理一致。明代这类火药箭得到迅速的发展，著名军事著作《武备志》中就有不少这样的火箭图，如同时发射10支箭的"火弩流星箭"，发射32支箭的"一窝蜂"，发射49支箭的"飞镰箭"，发射100支箭的"百矢弧""百虎齐奔"等。明代还创造了自动爆炸的地雷、水雷和定时炸弹。其中一种名叫"火龙出水"的火箭尤其值得注意。它利用四个大火箭筒燃烧喷射的反作用力把龙形筒射出，当四个火箭筒里的火药烧完以后，又引燃龙腹内的神机火箭，把它们射向敌方。这实际上是一种两级火箭的雏形。这些在当时都是世界上最先进的火药武器。

指南针　　指南针是把人类无力感知的地磁信息转换为视觉可见的空间形式的一项伟大的发明。

春秋战国时期的《管子·地数》中说："上有慈（磁）石者，下有铜金。"《吕氏春秋·精通》说："慈（磁）石召铁，或引之也。"这是世界上关于磁石性能的最早论述。大约就在这个时期，中国发明了指南针。《韩非子·有度》中说："先王立司南以端朝夕。"据东汉学者王充介绍，司南是用天然磁石磨制而成的，其形如勺，底圆，放在平滑的地盘上，勺柄就会自动转向南方（《论衡·是应》）。这就是世界上最早的指南针。

战国秦汉时期的司南到宋代开始发展为指南鱼、指南龟和指南针。这一变化不仅包含着指南针的形状、制作技术和装置方法的重大改进，同时也实现了由直接采用天然磁石到利用人工磁化技术制作更高一级磁性指向仪器的突破。

指南针的改进给航海业带来了划时代的影响。北宋朱彧的《萍洲可谈》记述1098—1106年广州航海业的兴盛和海船在海上航行的情形时说："舟师识地理，夜则观星，昼则观日，阴晦观指南针。"南宋创制罗盘以后，指南针在航海中的地位更加重要。吴自牧的《梦粱录》说："风雨晦冥时，惟凭针盘（罗盘）而行……毫厘不敢差误，盖一舟人命所系也。"这是世界航海史上最早使用指南针的记录。到元代，航海已完全依靠罗盘指向引航并且有了专为海上航行而编制的由针位标示的航线——罗盘针路。

宋代中国的航海业高度发达，中国商船在南洋、印度洋、波斯湾一带极为活跃，阿拉伯人不久就从中国人这里学会了使用指南针来指导航向。1180 年左右，指南针又"从阿拉伯人传到欧洲人手中"[①]。

磁针罗盘的使用，为远洋航行创造了有利条件。十五六世纪时，葡萄牙人达·伽马环绕非洲到达印度的航行，哥伦布发现美洲新大陆的航行，麦哲伦的环行全球，若是没有磁针罗盘，都是不可思议的。新航线的开辟，殖民地的建立，导致了世界市场的出现，刺激了欧洲的工业生产。这一切又都促进了新兴资产阶级的成长壮大和封建贵族的没落衰亡。

造纸术

纸的发明是人类文字载体的一次革命。在植物纤维纸出现之前，人们书面交流思想，传播知识信息，只能采用各种原始粗重的书写材料。例如，苏美尔人使用泥板，迦勒底人使用砖刻，巴比伦人使用石刻，古罗马人使用铜板，古埃及人使用纸草，古印度人使用贝多叶，柏加曼人使用羊皮，中国殷商时期使用龟甲、兽骨、金石，战国秦汉时期使用竹、木、缣帛，等等。这些材料或失之不坚，或失之笨重，或失之昂贵，都不是理想的书写材料。

1957 年西安灞桥出土的西汉初期的麻纸，是现存世界上最早的植物纤维纸。在此前后，新疆罗布淖尔、甘肃居延、陕西扶风、敦煌马圈湾、天水放马滩等地也都有西汉麻纸的发现。这些发现确凿表明，中国早在公元前 2 世纪就已发明了造纸术。105 年，东汉宦官蔡伦完成了造纸技术的重大革新，他采用树皮、麻头、破布、渔网做原料，不仅大大扩充了造纸的原料来源，降低了成本，而且大大提高了纸的质量。这种纸，有纸草之便而不似其易于破损，有竹木简牍之廉而不似其庸赘，有甲骨金石之坚而不似其笨重，有缣帛羊皮之柔而不似其昂贵。由此纸张得到迅速推广，人们都称它为"蔡侯纸"。后世因此公认蔡伦为纸的发明者。唐、宋两代造纸业又有重大发展，宣纸、蜀纸、歙纸、苏纸、池纸、蠲纸，竞相媲美，成为誉满天下的名纸。清代宣纸又有很大的发展和提高，不仅纸色洁白光艳，久不变色，而且韧性极强，久折不断，有"纸寿千年"的盛誉。

中国造纸技术大约在 3 世纪首先传入越南，4 世纪传入朝鲜，5 世纪传入日本，7 世纪传入印度，8 世纪从中亚传入阿拉伯，而后到达叙利亚、埃及和摩洛哥，12 世纪传到欧洲。1150 年，西班牙建立了欧洲第一家造纸厂，这时距蔡伦造纸已有 1000 多年。此

---

① 恩格斯：《自然辩证法》，37 页，北京，人民出版社，2018。

后，法、意、德、荷、英、俄、美等国也先后建厂造纸，中国的造纸术终于传遍全世界。

造纸术的发明是古代技术的一项重大成就，为人类的文化传播、思想交流和科学发展，提供了至今也不可缺少的信息存贮和传递手段。诚如美国学者德克·卜德所说："纸对后来西方文明整个进程的影响无论怎样估计都不会过分。"（《中国物品西传考》）中世纪欧洲印制一部《圣经》，至少需要300多张羊皮。这种状况如果继续下去，那么除了少数富有的人以外，没有人买得起书，文化信息的传播就会受到极大限制。中国的造纸技术从根本上改变了这一状况。在这个意义上可以说，"世界受蔡侯的恩惠要比受许多更知名的人的恩惠更大"（德克·卜德：《中国物品西传考》）。

印刷术

有了纸，就有了现代意义上的书籍。但开始书籍在很长一段时间里都靠手抄，一部书如要制成100部，就要抄上100次。如遇卷帙浩繁的著作，就得抄写几年甚至更长的时间，并且相互传抄，常会抄错抄漏。这就大大限制了书籍传播信息的效率。

印刷术的发明，开创了书籍的历史新纪元。晋人借鉴古代印玺和石刻的经验，发明了墨拓技术。隋代在墨拓的基础上发明了真正的印刷术——雕版印刷。唐懿宗咸通九年（868年）印刷的《金刚经》，雕刻精美，图文浑朴凝重，墨色浓厚匀称，清晰显明，表明当时的刊印技术已经达到高度纯熟的程度。这件珍品一直保存至今，是目前世界上最早的、有明确日期记载的印刷物。欧洲现存最早的、有确切日期的雕版印刷品，是德国南部1423年的《圣克利斯托菲尔》画像，晚于我国近600年。宋代雕版印刷更加发达，技术更趋完善。宋太祖开宝四年（971年），张徒信在成都雕印全部《大藏经》，计1076部，5048卷，费时12年，雕版达13万块之多。宋代以后，还出现了铜版印刷和更为复杂、高度精密的彩色套印技术。这种套印技术与版画技术相结合，便产生了光辉灿烂的套色版画。明清时期许多优秀版画已经成为世界艺术的珍品。

随着印刷术的兴盛，雕版数量剧增，雕版印刷的缺点也日趋显露出来。每印一部书就要雕一次版，不仅费力，而且耗时。于是，就在雕版印刷全盛的宋代，平民毕昇在1041—1048年发明了活字印刷术：用胶泥刻成单字烧硬，再拼版印刷。这一发明大大节省了雕版人力，缩短了出书周期，既方便，又经济。这是印刷史上又一次重要的技术革命。元代继泥活字以后，又出现了木活字、锡活字和铜活字，并发明了转轮排字架，采用以字就人的科学方法，既提高了排字效率，又减轻了排字工人的体力消耗。元代发明的锡活字和铜活字，是世界上最早的金属活字。后来明代又在世界上最早使用了铅活字。

中国的雕版印刷术在公元8世纪传到日本，8世纪后期日本完成了木版《陀罗尼经》；10世纪末传到朝鲜，11世纪初，朝鲜花六七十年时间雕成了共约6000卷的整部《大藏经》；13世纪中叶传到越南；13世纪末从土耳其传到伊朗；14世纪从伊朗传到埃及和欧洲。

中国的活字印刷术大约在 14 世纪传到朝鲜和日本，15 世纪传到欧洲。1456 年在德国古登堡出版的《圣经》，是欧洲人用活字印刷的第一部重要作品，比毕昇晚 400 多年。自此，雕版与活字印刷即流行于欧洲。1460 年意大利建立了欧洲第一家印刷厂，此后欧洲各国的印刷厂便如雨后春笋般建立起来。

印刷术在欧洲的出现，根本改变了欧洲的社会文化环境。恩格斯指出："印刷术的发明以及商业发展的迫切需要，不仅改变了只有僧侣才能读书写字的状况，而且也改变了只有僧侣才能受较高级的教育的状况。"(《德国农民战争》)从此，欧洲的学术中心由修道院转到各地的大学。这就为当时欧洲的宗教改革和文艺复兴运动提供了极有力的武器，从而对近代科学从中世纪欧洲的漫长黑夜中腾飞，对资产阶级的兴起和思想文化传播，起了巨大的推动作用。

中国的四大发明一向以其深远的意义而在世界科技史上享有殊荣。著名英国哲学家弗朗西斯·培根曾经指出："我们还该注意到发现的力量、效能和后果。这几点是再明显不过地表现在古人所不知、较近才发现，而起源却还暧昧不彰的三种发明上，那就是印刷、火药和磁石。这三种发明已经在世界范围内把事物的全部面貌和情况都改变了：第一种是在学术方面，第二种是在战事方面，第三种是在航行方面；并由此又引起难以数计的变化来；竟至任何帝国、任何教派、任何星辰对人类事务的力量和影响都仿佛无过于这些机械性的发现了。"(《新工具》)

第三节　中国古代科技的特点和近代落后的原因

**中国古代
科技的特点**

中国古代科技的众多领域虽然内容各异，但却存在着几乎完全相同的思维定式和精神特质。正是这种相同的思维定式和精神特质，使它们具备了统一的走向、特征和形态。

一、实用性

注重实际是中国人传统的行为取向，表现在古代科技领域中的第一个特点，就是鲜明的实用性，其中又"绝对地以国家的'实用'为主"①。

中国古代天文学的高度发达，首先是由于帝王们认为天象直接联系着皇家的命运。

---

① ［德］黑格尔：《历史哲学》，王造时译，125 页，上海，上海书店出版社，2006。

《易》曰"天垂象，见吉凶"（《周易·系辞上》），所以"自古有国家者，未有不致谨于斯者也"（《元史·天文志》）。历法的准确与否，被看作一姓王朝是否顺应天意的标志。所以司马迁说："王者易姓受命，必慎始初，改正朔，易服色，推本天元，顺承厥意。"（《史记·历书》）这是中国古代天文学尤重历法的缘由。其次，中国古代以农立国，农业是国家财富的根本。历代统治者重视天文历法，"敬授民时"，也是出于对全国农业生产实施宏观控制以维护封建国家利益的考虑。

要制定精确的历法，就要准确地测天，就得精于计算。于是，数学亦伴随天文学而发达起来。《周髀算经》的相当一部分内容就是解决天文学中的计算问题。《孙子算经》的剩余定理，唐代一行和尚的不等间距二次内插公式，南宋秦九韶的数论——"大衍求一术"，郭守敬的招差法等，都是在解决天文历法计算问题中产生的。

地理学也是这样。中国幅员辽阔，人口众多，高度集权的中央政府为了有效地管理国家，历来非常注意掌握地方的疆域沿革、山川形势、城邑关津、户口贡赋、民俗物产等情形。官修廿六史中有《地理志》的占18个，意义就在于供"王者司牧黎元，方制天下，列井田而底职贡，分县道以控华夷"（《旧唐书·地理志》）。唐代李吉甫以宰相之身，亲撰《元和郡县图志》，自称此书的"切要"目的就是"佐明王扼天下之吭，制群生之命，收地保势胜之利，示形束壤制之端"（《元和郡县志·序》）。明清之际力倡"经世致用"的顾炎武著成《天下郡国利病书》《肇域志》两部地理著作，梁启超评论说："其著述动机，全在致用；其方法则广搜资料，研求各地状况，实一种政治地理学也。"（《中国近三百年学术史》）

二、整体观

西方科学注重分析，在研究一个具体事物或事物的某一局部时，总要把它从错综复杂的联系中分离出来，独立地考察它的实体和属性。中国传统科技则截然不同，它重综合，重从整体上把握事物，重事物的结构、功能和联系。它在研究任何具体事物时，总是居高临下，俯视鸟瞰，把它放到一个包容着它的更大的环境系统之中。

中国古代认为天的运动法则规范着世间的一切变化，人类的一切活动只有效法于天，才能达到理想的目的。因此天文学家们在密切观察种种天象变化的同时，又密切注视着年成的丰歉、灾疫的起落、社会的治乱以及人事的沉浮。连续、丰富的天象记录，只是探寻天人之间联系奥秘的资料。数学的尖端成就始终与天文学高度发达的测天技术和大规模的测天活动为伍，最终服务于历法的改进，以致形成一门综合性的"历算之学"。

农学从很早时候起，就把一切农事置于天、地、人的宇宙大系统内，将天时、地宜、人力作为三项主要因素相参互辅，摸索发展农业生产的途径。正是从这种整体观出发，中国先人很早就发展了非常完备的保护生态环境、资源的观念。从商汤"网开三面"（《史记·殷本纪》），到先秦诸子大量关于保护山林川泽的论述，《周礼》《礼记》中对于渔猎、砍伐的种种限制，充分表现了中国早在两三千年前对保护环境、保护资源与人类生存之间的关系的认识和高度重视，并且在政府中设置了专门机构和官员实施管理，形成了严格的制度。这是中国农学在整体思维下的一项极富特色的贡献。

最能集中体现中国科技整体观的，还是中医学。中医学认为，人体是一个有机的整体。具有各自不同生理功能的脏器、器官和组织，通过经络系统的联结作用，并通过气、血、津液等循环不息的周身运行，使人体的内脏和躯壳、五官九窍与四肢百骸、形与神构成一个统一的系统。它们在结构上不可分割，在生理功能活动中相互协调、相互为用，在病理变化中相互影响。中医学研究病理变化的病因病机，首先着眼于整体，着眼于局部病变所引起的整体情况，将局部病变与整体情况统一起来，既重视局部病变的生理功能状态，又不忽视它对其他脏腑、经络以及全身所产生的影响。例如肾与耳在解剖学上至今未发现有什么直接联系，但中医认为"肾气通于耳"（《难经》卷下）。临床证明，肾功能减退或异常，确实可能引起耳功能的变化，反之亦然。建立在整体观念基础上的中医诊断学认为，局部的病变，必然影响到全身的气血运行状态和阴阳平衡关系，因此，机体每一部位的外部表现都带着全身生理、病理的信息。中医学的耳诊、目诊、鼻诊、舌诊、面诊、手诊、足诊、脉诊等方法与现代全息理论完全吻合，已经受到国际医学界的高度重视和大力推广应用。

中医学不仅把人体看作是一个整体，而且把人和宇宙也看作是一个整体。《黄帝内经》说："人以天地之气生，四时之法成。"（《素问·宝命全形》）自然界不仅用自己的物质材料产生出人，而且把自身的基本属性也传输给了人；人的生命功能来源于天，同时也受制于天。中医学全面深入地探讨了人体五脏、六腑、五官等与自然界五行、五季、五方、五气、五色、五味等之间的对应关系，建立了一套完整的理论体系。其中关于人体生命活动时间节律（年节律、月节律、日节律、甲子节律）的研究，如金元时期所形成的系统时辰针灸学说——"子午流注法"、"灵龟八法"和"飞腾八法"，尤令世界叹为观止。20世纪六七十年代时间生物学和时间医学迅速兴起之时，中国古代的时间医学理论引起了西方学者的极大兴趣，他们称"子午流注法"为"中国式生物钟"，纷纷来到中国学习时间针灸学。

素朴的整体观念，集中反映了中国人宏观把握世界的高度智慧，构成了中国传统科学技术独特的理论模式，反射出中国文化的卓异光辉。当现代中国积极引入西方科技成果的同时，中国的整体思维也正在受到西方文化的珍视和借鉴。耗散结构理论的创始人普里高津曾引用李约瑟的观点高度评价中国传统文化的现代意义说："西方科学向来是强调实体（如原子、分子、基本粒子、生物分子等），而中国的自然观则以'关系'为基础，因而是以关于物理世界的更为'有组织的'观点为基础。"他指出："中国传统的学术思想是着重于研究整体性和自发性，研究协调和协和，现代新科学的发展，近十年物理和数学的研究，如托姆的突变理论、重正化群、分支点理论等，都更符合中国的哲学思想。"①由此，他得出结论说："中国的思想对于那些想扩大西方科学的范围和意义的哲学家和科学家来说，始终是个启迪的源泉。"②"我相信我们已经走向一个新的综合，一个新的归纳，它将把强调实验及定量表述的西方传统和以'自发的自组织世界'这一观点为中心的中国传统结合起来。"③

> **中国近代科技发展迟滞的原因**

中国古代科学技术曾经在世界文明史上写下了光辉灿烂的篇章，但当西方经过文艺复兴的洗礼，近代科技开始生机勃勃迅速发展之际，它却反而进展迟缓，越来越落到了西方的后头。认真总结中国科技近几百年发展迟滞的原因，对于发展中国现代科技文明可以有许多启示。

一、传统科技思维的局限

重实际应用曾经是一种巨大的推动力，促进了中国古代科技的发展。但是，过于讲究实用而轻视理论的探讨，则使科技在经历一定的发展之后很难跃入新的水平。中国古代除了医学建立了博大的理论体系因而至今仍然有着强大的生命力之外，其他各个领域均缺乏系统的科学基础理论建树。天文学丰富的天象观察，精密的天体测量，频频改进的历法，终因陷入应用政治学的轨道而未能进入哲理推理与科学抽象的殿堂。传统数学以实用为前提，成了天文、农业、赋税、商业的附庸，重计算、轻逻辑，始终没有形成严密的演绎体系，未能进一步以抽象的符号形式来表示各种量的关系、量的变化，以及在量之间进行推导和运算，长期滞留在借助文字叙述各种运算的阶段上，妨碍了数学发展成为纯理论性的独立科学。传统农学局限于经验，农业基础理论科学始终没有得到健康的发展，无法形成自身体系的完整性。至于各个技术领域中的一系列发明、创造，更往往"言其所当然而不复求强其所以然"（阮元：《畴人传》卷四十六），"详于法而不著其理"（王锡阐：《晓庵遗书·杂著》），大大影响了技术的进步。

当然，科学技术的存在与发展不可能完全离开理性思维，中国古代的科学中也的确形成了一些杰出的理论，如天人学说、元气学说、阴阳学说、五行学说等，但这些理论是功能普遍型的理论，普遍适用于天地万物以至人事和人身。这种高度普遍性的理论，虽也可以用来笼统地、模糊地解释一些自然现象，可当它一旦成为一种以不变应万变的

① 转引自颜泽贤：《耗散结构与系统演化》，107~108页，福州，福建人民出版社，1987。

② ［比利时］伊·普里戈金，［法］伊·斯唐热：《从混沌到有序——人与自然的新对话》，《作者为中译本写的序》，1页，上海，上海译文出版社，1987。

③ 转引自颜泽贤：《耗散结构与系统演化》，108页，福州，福建人民出版社，1987。

律条时，也就成了人们对自然界进行具体的、有分析的探讨的束缚力量，最终成为人们深刻认识事物本质、形成科学性专门理论的障碍。

中国传统科学擅长综合，处处从总体、从联系、从动态功能去把握事物，充满了朴素的辩证法。但是它由此而忽略对个别物质实体、物质内部深层结构的独立研究，因而往往不能深入事物实体，满足于用朴素的对立统一观念泛论宇宙的一般法则，容忍思想的朦胧性和认识的不精确性。西方近代科学技术的产生和发展是分析研究的胜利。科学研究不仅需要一定的逻辑推导，还需要相应的实证和分析手段。实证和分析是科学研究的基本方法。中国古代科技未能在高度发达的基础上进一步踏上这一途径，仍旧习惯于整体的、定性的综合，没有实验分析，也没有定量研究，因而始终保持着学科分类粗疏的状况，不仅自然科学与社会科学浑然为一，错综杂糅，而且自然科学各学科之间也是你中有我，我中有你，始终没有形成独立的分门别类的各种自然科学。

重实际应用、轻理论探讨，重整体综合、轻个案分析的研究方法和思维方式，限制了中国科技实现从传统形态向近代形态的创造性转化。

二、重政轻技、重道轻器等传统观念的束缚

中国是一个文化政治化倾向非常强烈的国家。在国家全部事务中，政治体制的建立、健全和巩固，始终是最重要的事情。在政府机构中做官，被看成是最有发展前途、最受人尊敬的人生道路选择。各种与军国重务无直接关系的学问统统被封建国家，也被一般文化人视为"无用之辩，不急之察"，被"弃而不治"（《荀子·天论》）。在漫长的封建时代中，推崇政治，鄙薄技艺，成为整个国家的倾向。中国古代最早的数学专著《九章算术》在世界数学史上是极宝贵的古典文献，但北宋以后，其术已不传，至明已经无人知晓。祖冲之的数学名著《缀术》唐代还在传习，后因"名理之儒土苴天下之实事"（徐光启：《刻同文算指序》），"数学衰歇，是书遂亡"（阮元：《畴人传》卷八）。明末科学家宋应星的《天工开物》因与功名进取无关而长期失传，直到 20 世纪才被重新发现。李时珍的《本草纲目》献给朝廷后，明神宗只批了"书留览，礼部知道"数字，就把它束之高阁。由此可见，崇政轻技这种传统观念形态已经成了阻碍甚至破坏科技进步的社会力量。

中国古代学术思想又有重道轻器的传统。就整个理论学术而言，重视人文科学轻视自然科学；就自然科学而言，重视宏观规律的探求，重视事物总体特质、事物与环境关系的探求，而轻视一事一物具体形质的研究，轻视社会生产领域具体器物、具体技能的研究。对于具体事物的研究只有在从中发掘出总体精神时才具有意义。因此，中国古代贤哲大量对于自然界的敏锐观察和新颖见解，结果总是一致地导向对人心的启迪，落脚到告诉人们某种社会人生的哲理。否则，就被认为是"玩物丧志"。儒家这种崇尚政治人伦之道、崇尚天地万物通理而轻贱具体科学知识和生产技艺的趋向，将千千万万儒门学

者隔绝在了自然科学的门外。道家虽不同于儒家的重人道而重天道、重自然之道，但主张保持原始的劳作方式，反对任何技术革新，同样不利于科学技术的发展。

中国传统伦理思想对科技发展的限制和束缚也是显而易见的。"利用""厚生"的科技活动自然不能违背"正德"的宗旨，以儒家伦理教条来限制科技发展的事例亦屡见不鲜，在"身体发肤，受之父母，不敢伤毁"观念的束缚下，人体解剖学在中国很难发展就是一个显例。

三、封建制度的遏制

中国古代若干消极观念之成为传统并成为束缚、阻碍科技发展的巨大社会力量，可以说是封建统治者思想灌输和舆论导向的结果。除此之外，封建专制制度还有一些直接遏制科技进步的方面，亦不可忽视。

首先是科技人员社会地位低下。商鞅提出，管理国家必使利出一孔。中国历代统治者都不约而同地采取了这一治国策略，一方面垄断全国的土地、资源，控制各行各业的生产，独占天下之利并独占一切获利之途；另一方面通过选举制和科举制操纵天下人的荣辱沉浮。知识分子舍入仕即无进身的阶梯，科学技术非直接服务于朝廷即无应有的地位。因此，中国历史上一个独特的现象就是，与国家政务无关的学科断难生存，农、医、天、算、地这些比较发达的部门都在政府的直接控制之下。科学事业和科技人员依附于封建专制制度，缺乏独立的社会地位，这是中国未能形成探索大自然奥秘的独立的科学思想和科学精神的根本原因。

同时，科技人员在政府机构中不仅所占比例极小，而且待遇十分低微。以唐为例，医官最高不过正五品下阶，阴阳、卜筮、工巧、造食、天文等最高不过七品。陆羽著《茶经》被后世尊为"茶圣"，而在当时，御史大夫李季卿召见他却不以士人之礼相待。陆羽深感惭愧，另著《毁茶论》以诫后人。隋代庾质研习天文，竟以直言下狱死。其子庾俭深以为戒，"又耻以数术进"，不肯久任太史令职（《旧唐书·傅奕传》）。知识分子普遍以从事科学技术工作为耻，在这样的社会背景下，怎望科技有长足的进步？

其次，始终没有形成科技产品的市场机制。中国古代高品位的科技产品，高水平的技师工匠，几乎全部为统治阶级所支配、所占有。在统治阶级内部，封建等级制度严格地限制着各类科技产品的使用。一切豪华消费都按官阶的高下通过政府的计划进行调节。在16—17世纪欧洲所发生的工业革命和伴随这场革命而诞生的科学技术，是欧洲当时的时代需求呼唤出来的产物，是新型的生产关系、经济关系发展壮大的产物。而在中国，这样的生产关系、经济关系，这样的社会需求，在封建专制制度的束缚之下却无法生长起来。古代中国没有真正意义上的市场，没有产品更新换代的观念和大幅度提高生产效率的迫切要求。总之，没有任何重大的能够刺激工业和科学技术爆发革命的因素。

最后，封建统治者为了维护统治，还经常直接限制科技的发展。中国封建专制制度的基础是世世代代老死不出乡里的个体小农经济和千百年沿袭不变的伦理道德传统。而科学技术则意味着自由独立思想的充分发展和劳动工具、生产生活方式的不断更新。因此，封建统治者对一切非官方科学技术存有天生的恐惧心理是必然的。相传周初"齐胲氏作飞车，周公毁之"（《淮南子·氾论训》）。《礼记·王制》说："作淫声、异服、奇技、奇器以疑众，杀。"汉儒郑玄在诠释这段话时，把战国著名工匠公输般（鲁班）即列为"作奇技、奇器"而应杀的典型人物。特别是被认为密切关系着封建王朝气运兴衰的天文之学，更被历代统治者严格控制，厉禁民间私习。唐律规定天文图书"私家不得有，违者徒二年（私习天文者亦同）"（《唐律疏义》卷九），明律也有类似条文。这种保守、封闭、专制的学术氛围，对科学技术的发展无疑有着极大的遏制作用。

□参考文献□

1.［英］李约瑟：《中国科学技术史》第1—5卷，北京，科学出版社，1975—1978。

2. 杜石然等编著：《中国科学技术史稿》，北京，北京大学出版社，2012。

3. 中国科学院自然科学史研究所编：《中国古代科技成就》，北京，中国青年出版社，1978。

□思考题□

1. 中国古代科学技术有哪些伟大成就？
2. 试论中国古代科学技术的特点。
3. 中国古代科技发展迟滞的原因是什么？

第八章　中国古代教育

第一节　中国古代文化是靠教育传递下来的

中国古代教育是灿烂辉煌的中国古代文化的一部分，是中国古代文化赖以延续和发展的基础，是中国古代文化不断创新的动力，因为灿烂辉煌的中国古代文化是靠中国古代教育一代一代地传递下来的。中国古代的学校教育、社会教育、家庭教育、百工技艺教育是中国古代各种文化薪火相传、继往开来的保证，没有中国古代教育，中国古代的物质文明和精神文明是难以创造、延续和发展的。

古代中国，视教育为民族生存的命脉。由于我们的祖先很早便知道教育的重要性，所以远在四五千年以前就开始了有组织的教育活动。根据历史文献记载，中国古代教育的起源，可以追溯到夏以前。传说中的伏羲、神农、黄帝、尧、舜等，都十分重视教育。据《尚书·舜典》记载，虞时即设有学官，管理教育事务，如命契为司徒"敬敷五教"，即负责对人民进行父义、母慈、兄友、弟恭、子孝五种伦理道德的教育；命夔"典乐"，即负责对人民进行音乐和诗歌教育。由于中华民族具有重视教育的悠久优良传统，所以四五千年来，中国古代灿烂辉煌的文化才能一脉相承，历久弥新。

中国古代
十分重视教育

商周时代，中国文化已有相当的积累，知识大体具备规模，这就为中国古代学校教育的兴盛创造了条件。西周时不仅有国学，还有乡学；不仅有大学，还有小学；不仅有宫廷教育，还注意幼儿家庭教育，逐渐形成了一个以礼、乐、射、御、书、数为主体的"六艺"教育体制。到春秋战国时期，私学作为一种新兴的教育组织形式开始发展起来，出现了一批闪烁着智慧光芒的民间私学大师，如孔子、墨子、孟子、荀子等。他们在教育思想上都有所建树，这是私人自由讲学带来的成果。不仅《论语》《墨子》《孟子》《荀子》《管子》《吕氏春秋》等典籍中记载了大量的教育资料，而且还出现了像《礼记·学记》《礼记·大学》《荀子·劝学》《管子·弟子职》等教育专著。《学记》与《大学》就是这一时代丰富的教育经验与教育理论的总结，是世界上最早出现的自成体系的古典教育学专著，奠定了中国古代教育思想的基础。

到西汉，中国已有专门传授知识、研究学问的太学。汉武帝元朔五年（公元前124年）开创的太学，设在京师长安的西北城郊，规模相当可观。它作为中国当时的最高学府，与西方的雅典大学、亚历山大尼亚大学等同为世界上最古老的高等学校。太学选聘学优德劭者任教授，称为"博士"；招收学生，随教授学习，称为"博士弟子"。太学的课程以通经致用为主，学生分经受业，经考试及格，任用为政府官吏。政府给予"博士弟子"以极优厚的待遇。西汉平帝元始四年（公元4年）为太学学生始建校舍，能容纳万人，规模巨大。东汉太学学生增达30000多人，京师形成了太学区。东汉太学有内外讲堂，讲堂长十丈、宽三丈，同时听讲的人数有数百人，出现了"大都授"——集体讲授的教学形式。汉代的学校，是官学与私学并举。官学除中央政府所办太学之外，地方政府所办的学校，郡国曰"学"，县曰"校"，乡曰"庠"，聚曰"序"。私学则分两种，小学程度的称为"书馆"；而由著名经师设帐聚徒讲学的，一般具有大学程度。班固赞颂汉代"学校如林，庠序盈门"（《后汉书·班固传》），可以想见当时学校教育发达的盛况。

两汉教育以儒学经典为教材，虽然经师们因派别和师法不同，讲授内容大相径庭，但对于教育的主张，却在"明经修行"这一点达成共识。东汉灵帝时，为了正定五经文字，在熹平四年（175年），由蔡邕等以隶书书写《易》《书》《诗》《仪礼》《春秋》《公羊传》《论语》，刻于碑石上，作为官方教材，立于太学，史称"熹平石经"，又称"一字石经"或"一体石经"。后魏齐正于正始二年（241年），在修补坏缺的汉旧石经基础上，又兼用古文、篆、隶三种字体刊刻《尚书》、《春秋》、《左传》（未刻全），立于太学，称"正始石经"或"三体石经"。

汉代的教育设施、教育思想和汉代的选举（选士）制度是互相配合的。汉高祖以来即有选士的举措，目的在于招纳贤良，共安天下。汉文帝二年（公元前178年），文帝下诏举贤良方正、直言极谏之士，对各地选上来的士人，经过测试，然后加以任用。汉武帝时，除贤良方正的选考外，又有孝廉茂才的察举，甚至规定郡国人口20万人以上，每年察举孝廉1人，40万人以上察举2人，如此类推。考察贤良方正，注重上层的政务及文学水平；察举孝廉则偏重德行。孝廉每年察举一次，中选以后，不必考试，就可以被委任为官。在西汉，茂才与贤良方正，察举的次数较少。到东汉，孝廉专以察吏，茂才专以选民。汉代选士制度，比较重视道德，被察举之士，大都学行并茂，有不少杰出人才由布衣而任公卿。但到东汉末年，这种制度也产生了弊端，出现了假冒作伪等现象。

晋代中央学制分为两种，一为国子学，一为太学。前者限五品以上的贵族子弟入学，内设祭酒一人，博士一人，助教十余人。后者为平民子弟而设，立博士员19人。太学的规模很大，晋武帝时，太学生曾超过7000人。北方少数民族所建十六国中，不乏仰慕汉族文化而兴学者，如前赵刘曜、后赵石勒都建立了太学及小学。南北朝时期，学校教育以北朝为盛。北魏太学亦设五经博士，学生为州郡选派，多达3000人。南朝宋文帝时，在京师设立四学：儒学、史学、玄学、文学，称为四学制，打破了儒家一统教育的状况。到梁时，学校教育渐渐有了合儒、佛、道于一堂的做法。魏晋南北朝的选士制度，除了察举孝廉、秀士仍沿两汉旧制外，又新增一种旨在匡正两汉选举制度之流弊的九品中正制。这一制度意在设立铨叙、考选的专门官员，以代替乡里的毁誉。各州、郡、县等地方政府，都设置大大小小的中正，由当地诸府公卿及台省郎吏之德充才盛者担任。大小中正定为九等。中正的品评，以言行道义决定升进与黜退。这一制度实行了近400年。由于铨叙、考选操诸一人，以一人之好恶，评全邑人之高下，而中正的评论又决定着官员的选拔任用，所以不能不发生流弊。更由于门阀士族社会总格局的制约，便造成所谓"上品无寒门，下品无势族"（《晋书·刘毅传》）的负面效应。

唐代复兴汉代教育的传统，同时又继承魏晋南北朝以来教育的成果，全面地加以发展，使学校教育达到了新的发展高峰。隋唐时期针对九品中正制的流弊，建立健全了科举考试制度。这是我国古代教育史和官制史上一件十分重要的事情。学校教育、社会教育、官员的升擢任用，均服从或从属于科举考试。选拔人才与培育人才的标准和要求一致起来，不仅促进了唐代学校教育和社会教育的发展，而且也使寒门庶士有了学优从政的可能，在一定程度上促进了当时的政治革新。唐代取士之法，大略有生徒法、贡举法、制举法。从京师之六学二馆及州县之诸学校的学生中，选其成绩优良者，送入京师尚书礼部受试，叫作生徒法。非在校学生，先试于州县，及格后再送至京师复试的，叫作贡举法。唐代科举考试在不同的时期，其科目设置也不尽相同。其中常见的有秀才（试方略五道）、进士（试时务策五道，帖一大经）、明经（先帖文，然后口试经问大义十条，答时务策三道）、明法（试律令七条）等，又设有书法、算学、诸史、三传、童子等科，有时亦设道举科，考试道家经典。制举法系特种考试，以待非常之才，试于殿廷。不久又兴武举。

唐代建立了从中央到地方完备的学制体系。中央设国子监总辖各学。国子监具有双重性质，既是大学，又是教育行政管理机构。下设国子学、太学、四门学、书学、算学、律学等，此外还有弘文馆、崇文馆。地方官学——府州县学和专门学校也很发达。唐文宗大和七年（833年），始以楷书刊刻《周易》《尚书》《毛诗》《周礼》《仪礼》《礼记》《左传》《公羊传》《谷梁传》《孝经》《论语》《尔雅》十二经，成于开成二年（837年），史称"开成石经"，立于长安太学讲论堂两廊［后清康熙七年（1668年）贾汉复补刻《孟子》附其后，构成十三经］。唐代出现了律学、书学、算学、医药学、兽医学、天文学、音乐学等门类多、范围广的实科专门学校。医学又分医、针、按摩三个专业。医学专业包括五科：体疗（相当于内科，七年制）；疮肿（相当于外科，五年制）；少小（相当于儿科，五年制）；耳目口齿（相当于五官科，二年制）；角法（拔火罐等疗法，二年制）。针学专业教学生了解经脉和穴位，熟识各科证候，掌握九种针法的运用。按摩专业教学生消息导引的方法，学会治疗风、寒、暑、湿、饥、饱、劳、逸八项疾病，还兼习正骨术。药学与药园设在一处，教学生识别各种药物，掌握药材的种植和收采贮存制造等项技术，教学结合实际，注重实习以培养动手能力，并根据学习与实习成绩和治疗效果来决定工作分配。这是一种优良的教育传统，说明中国早在七八世纪就已建立了实科学校教育制度，而西方这类实科学校的出现，是在资本主义已经相当发达的十七八世纪之际。

唐代周边各国先后派来留学生，以日本等国派来留学生数量最多，到中国来学习经史、法律、礼制、文学和科技等中国文化。日本随正式遣唐使来过13批留学生，每批少则一二十人，多则几十人，他们都进入国学学习，有的留学数年，有的甚至留学二三十年。当时的国都长安成为东西方各国文化教育交流的中心。中国文化通过留学生的来往而传播到东西方各国，留学生在发展中国与各国的友好关系、开展文化教育交流方面起了积极的桥梁作用。

唐宋以后，又出现了一种新的教育机构——书院。书院原为藏书、校书之地，或私人治学、隐居之地。宋代书院将教育、教学和学术研究结合起来，成为著名学者授徒讲学、培养人才的地方。当时著名的有江西庐山的白鹿洞书院，湖南长沙的岳麓书院，衡阳的石鼓书院，河南商丘的应天府书院，登封的嵩阳书院，江苏江宁的茅山书院等。元朝政府也大力扶植书院。书院院址多选于山林名胜之地，主持人称洞主或山长。建制有民办、官办、民办官助等多种形式。科举制度盛行之后，士子多以猎取功名为读书目的。书院讲学，以义理修养为核心，颇能矫正科举之弊。书院教学注重讲明义理、躬行实践；允许不同学派互相讲学，学者亦可往来问学，并建立讲会制度，成为学术交流的重要形式；教学方法采取个人自学、集中讲解和质疑问难相结合，尤重读书指导。师生以道相交，切磋学问，砥砺品格，把做人与做学问统一起来。教师学识渊博，品德高尚，献身教席，热心育人；学生慕师而来，虚心求教，立志成人，尊重师长。书院不仅对形成各种思想流派起了重要作用，而且代表了社会良知，担当着社会道义，成为批判现实社会黑暗腐朽势力的一股力量，如明代无锡的东林书院就是其中的典型。书院的这一特点，集中地体现在顾宪成为东林书院题写的一副对联上："风声、雨声、读书声，声声入耳；家事、国事、天下事，事事关心。"明熹宗天启年间(1621—1627年)，阉党魏忠贤矫旨尽毁国中书院，此后书院由盛而衰。明代的东林士人上承汉代的清流、下启清末的公车上书，体现了我知识分子的优良传统，曾一再为鲁迅等中国先进的文化人所称道。

明代学校，中央有国子监及宗学(贵族学校)，地方有府学、州学、县学，边疆及特殊地方则有卫学(军事学校)。地方学校规模虽有大小，但彼此不相统属，学生皆有送至中央国子监资格。此外，地方性专科学校还有军事、医学、阴阳学等。清代学制，大抵沿袭明制。地方府、州、县学计有1700余所，学生27000余人。明清科举制沿袭宋元，分乡试、会试、殿试三种。考试内容，第一类为经义，出题限于五经四书，文体多为八股；第二类为诏诰律令；第三类为经史时务策。清代科举除常科外，又有特科，如出林隐逸、博学鸿词等，以网罗不愿应试的学者；还有翻译科，鼓励满人翻译汉文；还有武举之设。科举制自隋唐兴至清光绪三十一年(1905年)废止，在我国实行了1300多年。其优点是：较之汉代选举制和魏晋九品中正制，更为客观公正，严格认真，不易发生舞弊，参加科考者确实普及下民百姓。其缺点是：考试偏重经籍文辞，忽略德行才能；束缚知识分子思想的自由发展；把受教育与仕进、利禄直接挂钩，考试合格者不乏思想僵化、毫无能力的庸才和利禄之徒；学校教育和社会教育变成科举的附庸。科举考试亦有不少流弊，且越到后期越为腐朽。

清末以降，我国学校教育和社会教育发生了巨大变化，吸收西学成为要务，学校建制、教育思想大不同于古代，开始有了近代化的大、中、小学。从此，中国教育走向了全新的发展阶段。

中国古代
教育思想的特色

中国古代产生了无数著名的教育家，从孔子到朱熹再到黄宗羲、颜元，有如群星灿烂。他们各自体现了时代的精神面貌，代表着教育实践和教育思想发展中的各个阶段。他们为传播灿烂辉煌的中国文化，形成中华民族的共同文化心理做出了历史性的贡献。

中国古代教育是人文主义的教育。它以做人为教育的核心目的，注重授人以德行与智慧，而不只是单纯的知识。它尤其重视道德教育和德性培养，注重气节、操守和崇高的精神境界，提倡发奋立志，强调道德责任感与历史使命感，弘扬孜孜不倦、临事不惧、不计成败利钝、不问安危荣辱、以天下为己任的精神气概与宽广胸怀，把个人担当的社会责任与个人道德的自我完成统一起来。我国逐渐形成了一个长远而深厚的教育传统，上起孔、孟、老、庄，中经佛教禅宗，下迄宋明理学，都特别注重道德教育与自我修养，重视启发学生的自觉性、主动性，立志有恒、克己内省，改过迁善、身体力行，潜移默化、防微杜渐……逐渐形成了一系列具有独特风格的道德教育与道德修养的原则和方法。中国古代教育家重视德性培养，树立道德风范，其影响力是不可低估的。他们曾在漫长的中国历史上教育、感染、熏陶了一代又一代仁人志士，推动了中国社会的进步，促进了中华文明的繁荣，陶冶了我们民族的精神与智慧。中国古代教育家不仅重视道统与学统的建树，而且重视教育方法的改进。格物致知，读书进学，温故知新，学思并重，循序渐进，由博返约，启发诱导，因材施教，长善救失，教学相长，言传身教，尊师爱生……形成了一系列具有独特风格的知识教育和教学的手段，形成了比较系统、深刻的知识论、教学论、教师论、自学深造与人才成长的理论。此外在社会教育、家庭教育、科技教育、艺术教育等方面，也积累了丰富的经验。这些都是地地道道的中国模式、中国气派，其中许多优秀的教育遗产，至今仍具有不衰的魅力。

总的说来，中国古代教育思想，大致有以下几个鲜明特色。

一是综合观，即大教育观。中国古代教育家很早就认识到教育是整个社会大系统中的一个子系统，许多教育问题实质上是社会问题，必须把它置于整个社会系统中加以考察和解决。而教育问题的解决，又必然促进整个社会的发展和进步。孔子十分重视教育，把人口、财富、教育当成立国的三大要素，认为在发展生产使人民富裕之后，唯一的大事就是"教之"，即发展教育事业（《论语·子路》）。孟子从"国之本在家"（《孟子·离娄上》）的思想出发，重视家庭伦理和社会道德——"孝悌忠信"的教育。儒家看到了教育对于治理国家、安定社会秩序所产生的重要作用。这种把教育放在治国治民的首要地位，把个人的道德修养和提高社会道德水平看成是治国安邦的基础的思想，是十分深刻的。《礼记·学记》把教育的作用概括为16个字："建国君民，教学为先""化民成俗，其必由学"。教育的作用包含相互联系的两个方面：一是培养国家所需要的各种人才，二是形成良好的社会道德风尚。这是中国先哲关于教育功能的概括和总结，至今仍有借鉴意义。

二是辩证观，即对立统一观。中国古代教育家强调要把道德教育放在首位，同时也不忽视知识教育的作用。如《论语》说"君子务本，本立而道生""行有余力，则以学文"（《论语·学而》）；同时《论语》又说"好仁不好学，其蔽也愚"（《论语·阳货》），"未知，焉得仁"（《论语·公冶长》）。董仲舒也说过："仁而不知（智），则爱而不别也；知（智）而不仁，则知（智）而不为也。"（《春秋繁露·必仁且智》）这就是中国古代的德智统一观：首先是道德教育及其实践，其次才是知识教育；德育要通过智育来进行，智育主要的是为德育服务；德育与智育之间、"行己有耻"与"博学于文"之间存在着相互依存、相互渗透的关系。道德教育也是这样，道德观念的认识与道德信念的建立以及道德行为的实践之间也存在着对立统一的关系。如孔子说："知及之，仁不能守之，虽得之，必失之。"（《论语·卫灵公》）这即是说，道德观念如果只停留在认识阶段，而不能转化为道德信念和道德行为，那么道德就失去了规范的作用。知识与才能之间也存在既矛盾又统一的关系。唐人刘知几说，一个人如果有学问而无才能，就好比拥有巨大的财富却不会经营它；如果有才能而无学问，则像本领高超的工匠，没有刀斧和木材，也无法建造宫室（《旧唐书·刘子玄传》）。明人徐光启说："昔人云：'鸳鸯绣出从君看，不把金针度与人。'吾辈言几何之学，正与此异，因反其语曰：'金针度去从君用，未把鸳鸯绣与人。'"（《几何原本杂议》）徐光启强调培养才能的重要，认为教学不只是教一些现成的知识，还要培养学生的思辨能力，让学生掌握治学方法。教与学、师与生之间也存在着既矛盾又统一的关系，从《学记》到韩愈的《师说》，都揭示了这些深刻的教育辩证法。

三是内在观，即强调启发主体的内在道德功能和自觉性。中国古代教育启发每一个人的内心自觉，提出了一套做人的道理，做人的要求，做人的方法，让人从中得到做人的乐趣，表现出人的崇高的精神追求。中国古代教育不需要依靠宗教信仰和祈祷，不主张离开社会和家庭，而是强调在学校、家庭及日常生活中积累道德善行，加强自我修养，"极高明而道中庸"（《礼记·中庸》）。中国古代教育思想强调人心中具有一种价值自觉的能力，自省、自反、慎独，自我修养，自我完善，自我求取在人伦秩序与宇宙秩序中的和谐。其追求价值之源的努力是向内而不是向外的，重视启发内心的觉悟，相信主体内在的力量，这是一个非常重要的特色。

与外国教育相比，中国古代教育还有一些特点：它不是机械的、呆板的，而是灵活的、因人因时而异的；不是分科细密的，而是整体综合的；不是单纯传授知识技术的，而是德智合一的；不是师生脱离、教育与人生实践脱节的，而是教学相长、寓教育于生活实践之中的；不是以知识系统为枢纽，而是以人生为枢纽，以一代一代人的建树和培育为目的。

中国古代，从乡村到朝廷，都十分重视教育，教育具有非常显赫的地位。在一定意义上，说教育为中国的立国之本，亦不为过。与此相适应，中国古代教师的社会地位很高，无论是中央官学、地方官学的教师，还是私学、书院的教师，包括乡塾里的塾师，都受到社会的普遍尊重。中国历来有尊师重道、尊师重教的优良传统。

第二节　中国古代的教学思想

中国古代教育家们积累和总结了丰富的教学经验，对教学理论、教学原则和方法，以及对教师的要求，提出了许多有价值的思想见解。这些思想不但产生于千百年前的古代是难能可贵的，而且在今天仍然闪烁着智慧的光芒，富有启迪意义。它们是我国传统教育思想中的精华，也是对世界教育思想宝库的重大贡献。

**因材施教
启发诱导**

"因材施教"是公认的优秀传统教学思想之一。孔子注意观察了解学生，"视其所以，观其所由，察其所安"（《论语·为政》），即看学生的所作所为，了解学生的经历，以及学生的兴趣爱好。对于学生不仅要"听其言而观其行"（《论语·公冶长》），而且还"退而省其私"（《论语·为政》），即考查学生课后私下的言行举止，全面掌握学生的特点和实际情况。他对学生的性格特点了如指掌，有时从其优点方面分析，有时从其缺点方面分析，有时对不同学生做比较分析。他针对学生不同的性格特点，有的放矢，循循善诱，而不是千篇一律地说教。有时学生问同一个问题，他却做出不同的回答。据《论语·先进》载："子路问：'闻斯行诸?'子曰：'有父兄在，如之何其闻斯行之?'冉有问：'闻斯行诸?'子曰：'闻斯行之。'公西华曰：'由也问闻斯行诸，子曰有父兄在。求也问闻斯行诸，子曰闻斯行之。赤也惑，敢问。'子曰：'求也退，故进之；由也兼人，故退之。'"这就是因材施教。孔子还主张针对学生智能的高低进行不同的教学："中人以上，可以语上也；中人以下，不可以

语上也。"(《论语·雍也》)

孟子继承发挥了孔子因材施教的思想，强调教学方式的变化。他说"有如时雨化之者，有成德者，有达财（材）者，有答问者，有私淑艾者"(《孟子·尽心上》)；"教亦多术矣，予不屑之教诲也者，是亦教诲之而已矣"(《孟子·告子下》)。宋代张载主张教学应顾及学生的内心要求，使学生的智力才能得到充分发展，他说："教人至难，必尽人之材，乃不误人。"若教人"不尽材，不顾安，不由诚，皆是施之妄也"(《近思录》卷十一)。朱熹在《四书集注》中，对孔孟的因材施教思想赞不绝口："圣贤施教，各因其材。"王守仁认为教学要注意学生的年龄特点："大抵童子之情，乐嬉游而惮拘检，如草木之始萌芽，舒畅之则条达，摧挠之则衰痿。今教童子，必使其趋向鼓舞，中心喜悦，则其进自不能已。譬之时雨春风，沾被卉木，莫不萌动发越，自然日长月化。若冰霜剥落，则生意萧索，日就枯槁矣。"(《训蒙大意示教读刘伯颂等》)他认为人的资质是不同的，施教须"随人分限所及"(《传习录》)，因人而异，不可躐等。"中人以下的人，便与他说性说命，他也不省得，也须慢慢琢磨他起来"(《传习录》)。教学应注意各人长短优劣的特点，譬如治病，要因病发药，教学亦与治病一样，要因人施教。

总之，中国古代教育家认为学生的个性是存在差异的，每个学生的自然禀赋也不一样，所以教学方法也应因人而殊。他们反对用一个模式去束缚学生，而主张通过教育发展每个学生的个性。在教学方法上，中国古代教育家特别重视启发诱导，去开发每个学生的智力潜能。孔子有一句名言："不愤不启，不悱不发，举一隅不以三隅反，则不复也。"(《论语·述而》)朱熹《四书集注》注曰："愤者，心求通而未得之意。悱者，口欲言而未能之貌。启，谓开其意。发，谓达其辞。"孔子经常运用启发式来教学，有一次他的学生子夏读到一首诗："巧笑倩兮，美目盼兮，素以为绚兮。"问孔子这诗的含义，孔子回答说："绘事后素。"子夏领悟到老师的意思是说，作画须先有素洁的底子，以此比喻"礼乐"须建立在"仁义"的思想基础之上。但子夏对这一想法还不能十分肯定，于是进一步问："礼后乎?"孔子听后高兴地说："起予者商也! 始可与言诗已矣。"(《论语·八佾》)这首诗的原意如何，且不去究论。从教学法的角度看，孔子在这里避免用简单的道德说教，而是利用形象思维的作用，由生动具体的画面，引向抽象的道德观念，以便使学生留下深刻的印象，主动地去认识"仁义"的意义，从而自觉地接受"礼乐"的教育和约束。这可以说是一次启发式教学的范例。

孟子也有一句名言："君子引而不发，跃如也。"(《孟子·尽心上》)意思是说，教师如同射手，张满了弓却不发箭，做出跃跃欲试的姿势，以启发和诱导学生，激发学生有进无退的学习积极性。《学记》对孔孟的启发式教学做了进一步发挥："君子之教，喻也。道而弗牵，强而弗抑，开而弗达。道而弗牵则和，强而弗抑则易，开而弗达则思。和易以思，可谓善喻矣。"意思是说，教师要善于启发诱导学生，让学生自己思考求得理解。进行的途径应当是：引导学生而不是给以牵掣；激励学生而不是强制使之顺从；启发学生而不是一下把结论告诉他们。引导而不是牵掣，就能处理好教与学之间的矛盾，使之和谐融洽；激励而不是强制，学生就感到学习轻快安易；启发而不代替学生得出结论，就可培养学生独立思考的能力。做到这些，就可以说是善于启发诱导了。

所谓"道"（引导），就是在教学中给学生指引一条正确的思维理路，引导学生思维活动"上路"，促使他们进行分析综合，找寻探索知识结论的方向。所谓"强"（激励），就是在教学中激发学生的自主性，使之产生探求知识的强烈愿望，激励他们开动思维机器，自觉地把探索知识结论的思维活动坚持到底。所谓"开"（开启），就是在教学中点明问题的关键，启发学生运用各种思维活动去解决问题，促进他们思维能力的发展。2000多年前中国古代教育家关于启发式教学思想的论述是十分深刻的。

**温故知新
学思并重**　《论语》第一句话便是孔子说的："学而时习之，不亦说（悦）乎！"（《论语·学而》）他还说："温故而知新，可以为师矣。"（《论语·为政》）朱熹在《四书集注》中解释道："故者，旧所闻；新者，今所得。言学能时习旧闻，而每有新得。"他对孔子学而时习、温故知新的思想进一步发挥说："人而不学，则无以知其所当知之理，无以能其所当为之事。学而不习，则虽知其理，能其事，然亦生涩危殆，而不能以自安。习而不时，虽曰习之，而其功夫间断，一暴十寒，终不足以成其习之功矣。"（《与张敬夫论癸巳论语说》）还说："时时温习，觉滋味深长，自有新得。"（《朱子语类》卷二十四）"须是温故方能知新，若不温故便要求知新，则新不可得而知，亦不可得而求矣。"（《朱子语类》卷一）朱熹认为"故"是"新"的基础，"新"是"故"的发展；而"时习"集中体现了二者相互之间的联系，并含有转化的意思。"时习"能使其所学融会贯通，转化为技能并应用无穷。他认为那种只知机械地重复旧闻而不能触类旁通的人，是不够资格当教师的。所以说："温故又要知新。惟温故而不知新，故不足以为人师。"（《朱子语类》卷二十四）

温故知新反映了这样一条教学规律：学习本身是不断实践的过程，只有反复地学习实践，才能牢固地掌握所学的知识；只有对所学的知识熟练了，融会贯通了，才可举一反三，告诸往而知来者，由已知探求未知。这种既重视时习温故，又不忽视探索新知的思想，在今天仍有启发意义。

在处理学习和思考的关系问题上，中国古代教育家多主张学思结合、学思并重。孔子说："学而不思则罔，思而不学则殆。"（《论语·为政》）他主张学思并重，但应以学习为基础："吾尝终日不食，终夜不寝，以思无益，不如学也。"（《论语·卫灵公》）他也强调必须在学习的基础上思考："不曰'如之何、如之何'者，吾末如之何也已矣。"（《论语·卫灵公》）荀子继承了孔子的这一思想，他也说"吾尝终日而思矣，不如须臾之所学也"（《荀子·劝学》），并要求在学习的基础上"思索以通之"（《荀子·劝学》），即通过思维活动把所学的知识融会贯通。

《礼记·中庸》把孔子学思并重的思想发展为"博学之，审问之，慎思之，明辨之，笃行之"五个学习步骤，其中肯定了学思并重，又强调思维的重要地位，"审问之，慎思之，明辨之"都是思维活动的具体化。《中庸》还说："有弗学，学之弗能，弗措也；有弗问，问之弗知，弗措也；有弗思，思之弗得，弗措也；有弗辨，辨之弗明，弗措也；有弗行，行之弗笃，弗措也。人一能之，己百之；人十能之，己千之；果能此道矣，虽愚必明，虽柔必强。"这里明确地指出，一个人的聪明与坚强是在不断地学思结合的过程中培养出来的，决定的因素是个人顽强的努力而不是他的天资。

朱熹说："学便是读，读了又思，思了又读，自然有意。若读而不思，又不知其意味；思而不读，纵使晓得，终是飘飘不安。一似请得人来守屋相似，不是自家人，终不属自家使唤。若读得熟而又思得精，自然心与理一，永远不忘。"（《朱子语类》卷十）王夫之说得更透彻："学非有碍于思，而学愈博则思愈远；思正有功于学，而思之困则学必勤。"（《四书训义》卷六）这些都是他们在教育和治学实践中对学思关系辩证法的深切体验和精辟总结。

循序渐进 由博返约　　中国古代教育家普遍重视循序渐进的教学原则。孔子的学生赞扬孔子"循循然善诱人"（《论语·子罕》）。孟子认为教学是一个自然发展的过程，一方面应自强不息，不可松懈或间断；一方面也不应流于急躁或躐等。他说："君子之志于道也，不成章不达。"（《孟子·尽心上》）他把进学的次第比作流水，"不盈科不行"，"其进锐者，其退速"（《孟子·尽心上》）。孟子还以禾苗的自然生长来比喻人受教育的过程，一方面主张尽力耕耘，反对放任自流；另一方面又反对揠苗助长，急于求成。

《学记》提出的"进学之道"也反对躐等。它说："善问者如攻坚木，先其易者后其节目，及其久也，相说（脱）以解。不善问者反此。善待问者如撞钟，叩之以小者则小鸣，叩之以大者则大鸣，待其从容，然后尽其声。不善答问者反此。此皆进学之道也。"这就是教学中的循序渐进原则。

张载认为教学过程"虽不可缓，又不欲急迫，在人固须求之有渐"（《理窟·学大原下》）。因为教材的难易先后和学生身心的发展都是"有渐"的，这就要求教学也须坚持"有渐"的原则，不可躐等而教。朱熹更明确地提出"循序而渐进，熟读而精思"（《读书之要》）的教学思想。他说"君子教人有序，先传以小者近者，而后教以大者远者"（《程氏遗书》卷八），"譬如登山，人多要至高处，不知自低处不理会，终无至高处之理"（《朱子语类》卷八）。他强调教学要坚持由近及远，由易到难，由浅至深，由具体到抽象，由已知到未知。朱熹还说："圣贤教人，下学上达，循循有序，故从事其间者，博而有要，约而不孤，无妄意凌躐之弊。今之言学者类多反此，故其高者沦于空幻，卑者溺于见闻，伥伥然未知其将安所归宿也。"（《续近思录》卷二）他认为不先从事于下学而妄想上达，就是躐等，便沦于空幻；专从事于下学而不求上达，则沉溺于闻见。前者是不循序而躁进，后者是虽循序而不进，都会浪费精力而不能达到目的。他认为只有循序而渐进，量力而学习，才有踏实的进步。

总之，中国古代教育家已认识到，知识的积累，智力的增长，是一个循序渐进的过程，不可能毕其功于一役。他们强调教学要注意阶段性和节奏感，要顺其自然，这是符合客观规律的。

孔子说"博学于文，约之以礼"（《论语·雍也》），"予一以贯之"（《论语·卫灵公》）。毛奇龄在《论语稽求篇》解释道："此之博约是以礼约文，以约约博也。博在文，约文又在礼也。"孟子继承了孔子的这一思想，他说："博学而详说之，将以反说约也。"（《孟子·离娄下》）他指出学习深造的正确途径，不仅要博学，而且还要善于由博返约。荀子提出"兼陈万物而中县（悬）衡焉"（《荀子·解蔽》），教人去掉十蔽，中正地来权衡事物。他说："多知而无亲，博学而无方，好多而无定者，君子不与。"（《荀子·大略》）"诵数以贯之，思索以通之"，"若挈裘领，诎五指而顿之"（《荀子·劝学》）。这些都是讲由博返约、以约驭博的道理。韩愈在《进学解》中，一方面强调博学，提倡"贪多务得，细大不捐""俱收并蓄，待用无遗"；另一方面，他又强调精约，要求"提其要""钩其玄"，反对"学虽勤而不由其统，言虽多而不要其中"。认为只有这样进学，才可达到"沉浸酿郁，含英咀华"的教学效果。

中国古代教育家重视"博学"，同时又要求用"一贯之道"去驾驭广博的知识。博是约的基础，在博的基础上求约，即根据一定的原则去归纳或精要各种知识成果，得出简明扼要的结论。这是一种重要的思维方法与学习方法，也是一种教学方法。作为教师，要把一个道理讲明白，如果没有关于这个道理的广博知识并能融会贯通，就很难把这个道理的重点、难点与关键之处向学生讲清楚。由博返约，以简驭繁，这是古人留给我们的重要教学思想，值得我们细心体会。

长善救失
教学相长　长善救失的教学思想是《礼记·学记》提出来的。《学记》说："学者有四失，教者必知之。人之学也，或失则多，或失则寡，或失则易，或失则止。此四者，心之莫同也。知其心，然后能救其失也。教也者，长善而救其失者也。"这是说，在学习过程中，有的学生表现为贪多务得，过于庞杂而不求甚解；有的学生表现为知识面太窄，抱残守缺；有的学生表现为学不专一，浅尝辄止；有的学生表现为故步自封，畏难而退。这四种类型的毛病反映了学生对待学习不同的心理状态，教师只有了解这些心理状态，才能有针对性地帮助学生克服这些毛病。教师必须掌握具体情况，因势利导，既要善于发扬学生的优点，又要善于克服学生的缺点。

多与寡、易与难并非固定不变，得与失也可以相互转化。王夫之在《礼记章句》卷十八中说："多、寡、易、止虽各有失，而多者便于博，寡者易以专，易者勇于行，止者安其序，亦各有善焉；救其失，则善长矣。"多、寡、易、止虽各有毛病，但其中也包含有一定的积极因素。教师应全面观察学生，懂得教学的辩证法，针对不同类型的学生，依据他们"至学之难易"和"资质"之"美恶"，挖掘、培养、发扬积极因素，克服消极因素，这就是扬长补短，长善而救其失。这里既包含有重视正面教育、因势利导的含义，又包含有因材施教的思想。

中国古代教育思想中富有朴素的辩证观点，善于运用矛盾转化规律，特别强调要看到学生身上的优点和积极因素，即使是次要的、隐蔽着的也要看到，以便巩固、发扬积极因素以克服消极因素，依靠优点克服缺点。应该说，这是中国人文主义教育思想的精华。

《礼记·学记》还明确地提出了教学相长的思想。它说："虽有嘉肴，弗食不知其旨也。虽有至道，弗学不知其善也。是故学然后知不足，教然后知困。知不足，然后能自反也；知困，然后能自强也。故曰：教学相长也。《兑命》曰：学学半。其此之谓乎！"这里深刻地阐述了"教"与"学"之间的矛盾对立和相互依存、相互促进的关系。教因学而得益，学因教而日进。教能助长学，反过来，学也能助长教，这就叫作教学相长。教学相长不仅意味着教与学之间的对立统一关系，而且还意味着教师与学生之间平等的相互促进、相得益彰的关系。

从教师方面说，教的过程也是学的过程，教也要学，教即是学，教与学互相促进，才能提高教的水平。从学生方面说，学生从教师的教学中获得知识，但仍需要自己努力学习，才能有所提高，不限于师云亦云。一个循循善诱的教师，只有通过教学实践才能体会到教学的效果和困难，教学经验越丰富越能摸到教学的规律，并发现自己的弱点与困惑之处，"教然后知困"。"知困"可促使教者"自强"。一个积极好学的学生，只有通过学习的实践才能体会到学习的好处和困难，越学习越感到自己的学识浅薄与不足，"学然后知不足"。"不足"可促使学者"自反"，即进一步严格要求自己，努力学习以补充自己的不足。

韩愈继承和发展了《学记》的教学相长思想，进而提出"相互为师"的观点。他一方面肯定教师的主导作用；另一方面又提出了"弟子不必不如师，师不必贤于弟子"（《师说》）的新思想。他教人要向学有专长的人学习，谁在某一方面比自己强就拜他为师，树立"能者为师"的观念。他还肯定了闻"道"在先，以"先觉觉后觉"（《孟子·万章上》）；攻有专"业"，以"知"教"不知"这一教学过程的客观规律。这些深刻的教学辩证法思想，就是在现代世界教育学专著中亦属罕见，是中国古代教育家对世界教育思想宝库的卓越贡献。

中国古代教育家根据自己教育实践的经验，对教师提出了多方面的要求。以身作则，言传身教，就是其中重要的一项。

言传身教

尊师爱生

孔子说："其身正，不令而行；其身不正，虽令不从。""不能正其身，如正人何？"（《论语·子路》）这里强调了以身作则、正己正人的"身教"的重要意义。他又说："可与言，而不与之言，失人；不可与言，而与之言，失言。

知（智）者不失人亦不失言。"（《论语·卫灵公》）他主张同时采用"有言之教"与"无言之教"两种方式进行教学，可以用"有言之教"的就用"有言之教"，如不可以用"有言之教"的，即通过暗示或自己的日常行为去影响、教育学生。这是有一定的心理学依据的。孔子称"予欲无言"（《论语·阳货》），他相信"无言之教"的威力。

荀子提出："师术有四，而博习不与焉。尊严而惮，可以为师；耆艾而信，可以为师；诵说而不陵不犯，可以为师；知微而论，可以为师。"（《荀子·致士》）他认为教师必须具备四个条件（而且具有广博知识这一条还不包括在内）：第一，教师要有尊严，能使人敬服；第二，教师要有崇高的威信和丰富的教学经验；第三，教师需具备有条理、有系统地传授知识的能力而且不违反师说；第四，了解精微的理论而且能解说清楚。《学记》也对教师提出了严格的要求，把教师品德高尚和学业精进看作是教书育人的必要条件，而且要掌握正确的教学方法和原则。

晋人袁宏的《后汉纪·灵帝纪上》中有"经师易遇，人师难遭"，可见"人师"的标准不仅只是传授知识，更要求为人师表。这是中国古代优秀的传统教育思想。

中国古代教育家还提倡学生尊敬教师，教师热爱学生，建立良好的师生关系。孔子热爱学生，关心学生品德和学业的增进，也关心学生的生活与健康状况。他看到学生的进步，感到由衷的高兴；学生家贫，他常接济；学生有病，他去看望；学生去世，他十分伤感。他与学生建立了深厚的情谊。孔子说："爱之，能勿劳乎？忠焉，能勿诲乎？"（《论语·宪问》）还说："二三子以我为隐乎？吾无隐乎尔。吾无行而不与二三子者，是丘也。"（《论语·述而》）孔子对学生做到了"无私无隐"，并寄予无限期望："后生可畏，焉知来者之不如今也？"（《论语·子罕》）。他还认为当一种正义事业需要人去承担时，年青一代要敢于勇往直前，责无旁贷，即使在自己的老师面前也不必谦让，"当仁不让于师"（《论语·卫灵公》）。孔子的学生敬佩孔子道德高尚，学识渊博，教人得法。颜渊说："仰之弥高，钻之弥坚。瞻之在前，忽焉在后。夫子循循然善诱人，博我以文，约我以礼，欲罢不能。既竭吾才，如有所立卓尔。虽欲从之，末由也已。"（《论语·子罕》）孔子死后，学生们在孔子墓旁搭起草房，守丧三年，分别时痛哭难舍。子贡不忍离开，独自又住了三年。子贡说："夫子之不可及也，犹天之不可阶而升也。"（《论语·子罕》）此言表达了学生对孔子无限的怀念和敬仰。

墨子在教育实践中也强调尊师爱生，墨家师生之间能生死相依，患难与共。墨子和他的学生们"以裘褐为衣，以跂蹻为服，日夜不休，以自苦为极"（《庄子·天下》）。学生追随墨子"赴火蹈刃，死不还（旋）踵"（《淮南子·泰族训》），这种师生关系是在同生死、共患难中逐步建立起来的。

荀子把是否"贵师重傅"提到国家兴衰的高度来认识，并提倡学生超过老师。他说："国将兴，必贵师而重傅……国将衰，必贱师而轻傅。"（《荀子·大略》）他认为学生与老师不仅有知识学问的承袭关系，而且还担负着超越前人已有智慧、推进学术水平的责任。他以形象的语言说："学不可以已。青，取之于蓝而青于蓝；冰，水为之而寒于水。"(《荀子·劝学》)这说明学问是没有止境的，"青出于蓝而胜于蓝"是学术发展的规律。

西汉韩婴的《韩诗外传·卷五》上有一句话："智如泉源，行可以为表仪者，人师也。"扬雄的《法言·学行》上有一句话："师哉！师哉！桐(童)子之命也。务学不如务求师。师者，人之模范也。"

宋代一些教育家也是尊师爱生的典范。胡瑗一方面提倡"严师弟子之礼"(《宋史·胡瑗传》)，另一方面也倡导师生之间感情深厚、关系融洽。他平日视诸生如子弟，诸生也敬他如父兄。程颢和善可亲，学生们和他相处，常感到"在春风和气中"(《理学宗传》卷二十六)。程颐则威严刚毅，有的学生见他瞑目静坐而不敢惊动，立于门内等候至雪深尺余，留下了"程门立雪"的佳话。朱熹曾批评过官学师生关系淡漠的缺点，"师生相视漠然，如行路之人"(《学校贡举私议》)。他发扬孔子"诲人不倦"的精神，循循善诱，孜孜不倦，对学生有深厚的感情。他的学生黄榦在其编撰的《朱子行状》中说："(朱子)讲论经典，商略古今，率至夜半。虽疾病支离，至诸生问辨，则脱然沉疴之去体，一日不讲学，则惕然常以为忧。"这反映了一个伟大教师的情操。朱熹对学生的要求是严格的，但不是消极的防范，而是积极的引导，重在启发学生自觉遵守教育要求。热心教人，方法得当，才能加深师生情谊，密切师生关系。朱熹的这些经验，包含了普遍的规律，体现了中国古代教育史上尊师爱生的优良传统，常为后人所称道和借鉴。

□参考文献□

1. 毛礼锐、沈灌群主编：《中国教育通史》，济南，山东教育出版社，1985—1988。

2. 孙培青主编：《中国教育史》，上海，华东师大出版社，2019。

3. 王炳照等：《简明中国教育史(修订本)》，北京，北京师范大学出版社，1994。

4. 郭齐家：《中国古代学校》，北京，商务印书馆，1998。

□思考题□

1. 中国古代重视教育的传统对中国文化的传承和发展起了什么重要作用？

2. 中国古代教育思想有何特色？怎样继承其积极因素和发挥其现代价值？

3. 中国古代有哪些对今天仍极富启发性的教学思想？

第九章　中国古代文学

中国古代文学是世界上历史最悠久的文学之一，它经历了长达 3000 多年的没有中断的发展历程，以其辉煌成就而成为全人类文化遗产中的瑰宝。中国古代文学是中国传统文化中最重要、最具活力的一个部分，深刻而且生动地体现着中国文化的基本精神。

第一节　中国古代文学在中国文化中的地位

由于中华民族先民们的世界观和人生观都具有特别鲜明的审美观照的意味，所以当他们创造自己的灿烂文化时，文学就始终是一个极为重要的组成部分。早在商代的甲骨卜辞中，就已经出现了富有诗意的词句："今日雨。其自西来雨？其自东来雨？其自北来雨？其自南来雨？"(《卜辞通纂》第三七五片)在《易经》的卦爻辞中，那种描写古代生活的优美歌谣更是屡见不鲜。如："屯如，邅如，乘马班如。匪寇，婚媾。"(《屯》六二)在春秋时期，诸侯贵族在会盟、聘问等外交活动及祭祀、宴飨等国事活动中都把"赋诗"作为重要的政治手段。而以孔子为代表的儒家，更把"诗教"看成最重要的政治教化活动之一。这些史实都说明即使在文学尚未取得独立地位的上古时期，它在先民们的文化活动中也已经占有很大的比重。到了魏晋时代，在文学已经觉醒并被视为"经国之大业，不朽之盛事"(曹丕：《典论·论文》)以后，文学在古代文化中的地位就越来越重要了。魏晋以后的士大夫几乎无人不写文学作品。在某些文学特别发达的时代(例如唐代)，作家人数之多、身份之杂是世界文化史上所罕见的。在传统文化的主要载体——古代典籍中，文学作品所占的比重是首屈一指的。古代集部图书远远超过了经、史、子各类。

> 文学作品在古代典籍中比重最大

由此可见，中国古代文学的确是古代文化中极为重要的一个组成部分。

漫长的发展历程

中国文学在文字诞生之前就已经产生了，即使从有文字记载的历史来看，中国古代文学也走过了 3000 多年的历程。在如此漫长的不中断的发展历程中，高峰迭起，瑰丽璀璨，堪称人类文化史上少有之奇观。正如前人所说，中国古代文学"一代有一代之所胜"（焦循：《易余龠录》卷十五）。与此同时，中国古代文学又具有很强的稳定性和连续性，其中有些文体（例如散文）更是绵延 2000 年之久。下面本书从诗歌、散文和叙事文学三个方面简单介绍中国古代文学的发展历程。

至迟在公元前 6 世纪，中国最早的诗歌总集《诗经》就基本编定了。《诗经》中的诗歌主要是四言诗。到公元前 4 世纪，在中国南方兴起了另一类诗歌——楚辞。它的形式是杂言体，句末多以感叹词"兮"字结尾。到了汉代，五言诗和七言诗开始兴起，经过魏晋南北朝诗人的不断努力，在声律和丽辞两方面都取得了长足的进步。到了唐代，五、七言律诗的格律成熟了，这种格律主要着眼于以汉字四声来谐调诗歌的韵律，堪称中国诗歌在形式上的最大特征。唐以后又有词、曲等诗歌样式的发展，但五、七言古体诗和律诗一直最受诗人的重视。中国诗歌的主要功能是抒情，在艺术上则以情景交融的意境为追求目标。

中国古代散文的渊源可以追溯到商代的甲骨卜辞与稍后的铜器铭文。随着巫官文化向史官文化的转变，出现了专门记录商周时代王公的言辞、政令的《尚书》，标志着散文的形成。《尚书》之后，散文分别向偏重记述的历史散文和偏重论说的诸子散文两个方向发展，形成了蔚为壮观的先秦散文。秦汉以后的散文在形式上发展为古文和骈文两大类。前一类以散行的单句为主，后一类以骈偶的对句为主，但也有互相交融的情形。古文与骈文的发展是不平衡的。大体说来，魏晋六朝是骈文形成并逐渐占据文坛主导地位的时期，而自中唐古文运动以后，古文又渐渐地确立了它的统治地位，直至近代白话文兴起为止。秦汉以后的散文除了叙事、论说之外，又增加了抒情的功能。在一些优秀的作家（例如"唐宋八大家"）手中，散文的三大功能都得到了很好的体现并有机地结合在一起。

中国叙事文学的源头可推至上古神话和史传作品，但真正的文学创作则始于魏晋小说。魏晋南北朝的小说有志怪小说和轶事小说两大类。它们对后代的笔记小说有深远的影响，直到清代蒲松龄的《聊斋志异》，仍可视为它们的流风余韵。到了唐代，传奇小说奇峰突起，作家们开始有意识地虚构作品。唐代传奇小说在情节结构、人物描写等方面已达到很高的成就。与此同时，民间的说话艺术也开始发展，到宋代就产生了成熟的话本小说。经过上述发展阶段，在明清时代出现了许多优秀的长篇章回小说，标志着古典小说达到了高峰。叙事文学的另一门类是戏曲。它萌芽于汉代百戏，经过唐戏和宋金杂剧的阶段，到元杂剧而臻于成熟，涌现出关汉卿、王实甫等戏剧大师，此后又进一步演变为明清传奇与近代戏曲。唐代传奇小说比西方最早的短篇小说作家薄伽丘（1313—1375）和乔叟（1343—1400）的作品早五个世纪，而关汉卿、王实甫则比莎士比亚（1564—1616）早三个世纪，说明中国的小说、戏剧是世界上最早进入成熟阶段的。

中国古代文学
的现代意义

杰出的文学作品都具有永久的魅力。中国古代文学由于存在着"一代有一代之所胜"的特殊情况，当它的某种样式在某个时代达到巅峰状态后，其艺术成就很难被后人所超越，从而成为后代作家永久性的艺术典范，并成为后世读者永久性的审美对象。唐诗宋词中的名篇警句至今脍炙人口，元杂剧、明清小说中的故事、人物至今家喻户晓，就是有力的证明。由于中国古代文学以生动而具象的方式体现了中国文化的基本精神和中华民族的文化心理特征，又由于它广泛、深刻地反映着传统文化其他部分的内容（例如唐诗对唐代书画、舞蹈艺术的描绘和宋诗对禅宗思想的表现都极为成功），所以它的审美功能及认识功能历久弥新。中国古代文学是传统文化中最容易为现代人理解、接受的一种文化形态，是沟通现代人与传统文化的最直接的桥梁，也是世界其他文化背景中的人民了解中国传统文化的绝佳窗口。

第二节　中国古代文学的辉煌成就

《诗经》与
《楚辞》

《诗经》是中国最早的一部诗歌总集，它至迟在孔子出生以前就已基本编定了，编者可能是周王朝的乐官太师。《诗经》共收入自西周初年至春秋中叶（公元前11世纪—公元前6世纪）的诗歌共305篇，根据音乐的类别分成三个部分：一是《国风》，共160篇，是从15个地区采集的民间歌谣；二是《大雅》《小雅》，共105篇，大多是宫廷宴饮的乐歌；三是《周颂》《鲁颂》《商颂》，分别为西周王室和春秋前期鲁国、宋国用于宗庙祭祀的乐歌。《诗经》的内容非常丰富，300多首诗从各个角度反映了五六百年间广阔的社会生活。具体地说，《诗经》描写了下列五方面的内容。一是周部族的历史，这些诗以歌颂周室祖先的功德为主，但客观上较生动地记载了周族历史上的一些重要事件。例如，《大雅·公刘》叙述了周的远祖公刘率领部族从有邰迁徙到幽的经历；《大雅·绵》叙述了周文王的祖父古公亶父率周人自幽迁至岐的经历。二是描写古代田猎、畜牧和农业生产的情景，如《豳风·七月》叙述了农夫一年四季辛勤劳动的过程以及"无衣无褐，何以卒岁"的贫困处境，宛如当时农村的一幅风俗画。三是描写战争和徭役的情形，如《小雅·何草不黄》《豳风·东山》等诗刻画了征夫久役于外的辛苦及征夫、思妇之间的相思，控诉了战争对人民和平生活的破坏。也有少量诗歌反映了人民抵抗侵略的决心，如《秦风·无衣》。四是控诉统治者对人民的残酷剥削，如《魏风》中的《伐檀》《硕鼠》等，对那些不劳而获的贵族进行了辛辣的揭露和嘲讽。五是叙述爱情和婚姻，如《郑风》中的《溱洧》《将仲子》等描写了青年男女的恋爱经历，又如《卫风·氓》叙述了一个弃妇从恋爱、结婚到被遗弃的全过程，是一首完整、优美的叙事诗。总之，《诗经》在整体上体现了"饥者歌其食，劳者歌其事"（《春秋公羊传·宣公十五年》何休注）的写实倾向，表现了干预人生、反映社会的批判意识（即所谓"美刺"）。诗人的目光对准国家和人民的命运，对民生疾苦等社会现实尤为关切。

《诗经》的艺术特征也值得注意，古代学者把《诗经》的艺术手法归纳为赋、比、兴三类。简单地说，赋是指直接的叙述和抒写，比是比喻或比拟，兴则是从意义、声音等方面的类比关系来引发诗歌。赋、比、兴的手法都对后代诗歌产生了深远的影响。而就《诗经》自身来说，赋的手法运用得最多，这显然是与《诗经》的写实倾向密切相关的。

中国古代另一部著名的诗歌总集是《楚辞》。楚辞本是战国时期兴起于楚国的一种诗歌样式，汉代也有不少作家模仿这种样式进行写作，经过刘向、王逸等学者的收集整理，编成《楚辞》，"楚辞"就成了此类作品的通称。《楚辞》的主要作者是屈原（约公元前340—公元前278）。他是楚国的贵族，曾官居要职，参与内政外交等重要政治活动，后来被谗、放逐，因报国无门而自沉于汨罗江。屈原的作品有《离骚》《九歌》《九章》《天问》等，其中最主要的是长达2400多字的《离骚》。"楚辞"因此又名"骚"。《离骚》是屈原"发愤以抒情"的一首政治抒情诗，它首先叙述了诗人自己的世系、天赋、修养和抱负，回顾了自己辅佐楚怀王革除弊政的过程及受谗被逐的遭遇，表明了自己决不与邪恶势力同流合污的决心。然后借与女媭、重华的对话，总结了历史上国家盛衰的经验教训，阐明了"举贤授能"的政治主张，并以神游天地、上下求索的幻想境界表达了自己对理想的执着追求。最后他写自己因苦闷而求神问卜，寻求出路，倾诉了远游他方与眷恋故国的内心冲突，并决心以死殉志。《离骚》是屈原用他的整个生命熔铸成的伟大诗篇，强烈的爱国思想和执着的人生追求融会成激越的精神力量，奇特的想象和瑰丽的语言产生了巨大的艺术魅力。诗中大量运用的"美人芳草"的比兴手法也对后代诗歌产生了深远的影响。屈原的作品闪耀着伟大人格的光辉和南方楚文化的奇丽色彩，《楚辞》的其他作者宋玉等人的作品都继承了屈原的传统。楚辞成了一种源远流长的独特文体。

《诗经》与《楚辞》历来合称"风骚"，是中国古代诗歌的两大源头，2000多年来一直被历代诗人尊为学习的典范。

先秦散文与汉赋 中国古代很早就有史官的建制，传说"左史记言，右史记事"（《汉书·艺文志》）。史官的记录成为史书，也就是所谓的历史散文。先秦史书内容丰富，形式多样，主要有编年体的《左传》，国别体的《国语》《战国策》，专记个人言行的《晏子春秋》等。《左传》是"春秋三传"中文学价值最高的一种，相传为鲁国左丘明传孔子《春秋》而作。《左传》基本上以《春秋》所载大事为纲，记载了春秋时代250多年间各国的政治、外交和军事活动，包括聘问、会盟、征伐、篡弑、婚丧、出亡等内容，除了记录诸侯、卿大夫的活动之外，也涉及商贾、卜者、乐师、妾滕、百工、皂隶等社会阶层，叙写了广阔的社会生活画面，深刻地反映了当时诸侯角逐、社会急剧变革的历史进程。《左传》善于条理井然地叙述头绪纷繁、错综复杂的战争，其中晋楚城濮之战、秦晋殽之战、晋楚邲之战、齐晋鞌之战、晋楚鄢陵之战写得尤其出色。《左传》也善于刻画人物，尤其是在具体事件的叙述中展现人物形象与性格，书中如重耳、郑伯、楚灵王、蹇叔、子产等人物都写得栩栩如生。《左传》中的人物虽然都是真实的历史人物，但也以其生动的形象列入了传记文学的人物画廊。

从春秋末年开始，随着社会的急剧变动，士的阶层兴起、壮大，成为活跃的社会力量。他们针对当时的社会现实，提出了各种不同的政治主张，展开论辩，形成了思想史上"百家争鸣"的局面，于是产生了以论说为主的诸子散文。诸子散文的发展可分为三个时期。第一个时期是春秋末年到战国初期，此时的散文主要是语录体，代表作是《论语》。第二个时期是战国中叶，散文已由语录体向对话体、论辩体过渡，代表作是《孟子》《庄子》。第三个时期是战国后期，散文发展成专题论著，代表作是《荀子》《韩非子》。

《论语》主要记录了孔子及其弟子的言行，语言简练明白，说理深入浅出，有些篇章描写人物对话、举止，相当生动，体现出人物的个性。《孟子》和《庄子》的内容大多是论辩之辞，是争鸣风气盛行时典型的散文形式。《孟子》是孟轲及其门人所作，其中心内容是宣扬儒家的"仁政"说，抨击暴政，主张"民贵君轻"。其散文以雄辩著称。由于孟子以捍卫儒家学说、排斥其他学派为己任，所以他的文章感情激越，气势磅礴，笔带锋芒，富于鼓动性。他善于运用先纵后擒、引人入彀等论辩技巧来折服论敌，也善于用巧妙确切的比喻、寓言来说理，所以既理直气壮又循循善诱，具有很强的逻辑说服力和艺术感染力。《庄子》是道家的经典著作，是庄周及其后学所作。《庄子》的主要内容是主张顺应自然，反对礼乐制度，希望人类社会返璞归真，回到清静无为的原始状态去。《庄子》散文具有变幻诡奇、汪洋恣肆的风格特征，在论说时大量运用"谬悠之说，荒唐之言，无端崖之词"（《庄子·天下》），即寓言和幻想，具有浓郁的诗意和抒情色彩。尤其是内篇中《逍遥游》等篇，想象奇特，笔力酣畅，描写生动传神，语言恢宏瑰奇，具有很高的文学价值。《荀子》和《韩非子》都是比较严谨的学术论文集，它们中心明确，条理清晰，逻辑严密，论证充分，具有很强的说服力。《荀子》中比喻和辞藻丰富多彩，《韩非子》中的寓言生动精辟，具有较强的文学意味。

赋是中国特有的一种文学样式，它兼有散文和韵文的性质，其主要特点是铺陈描写，不歌而诵。赋的形成和发展经历了很长的时间，它产生于战国后期，接受了纵横家游说之辞及楚辞的巨大影响，到汉代达到鼎盛阶段。汉以后，赋仍然有所发展，出现了六朝的骈赋、唐代的律赋和宋以后的文赋，而且代有作者，不乏名篇，但总体成就最高的仍推汉赋。

汉赋按题材取向可分为两大类。一类是抒情述志的短赋，如汉初贾谊的《鵩鸟赋》《吊屈原赋》，东汉张衡的《归田赋》，汉末赵壹的《刺世疾邪赋》等。另一类则是以铺陈排比为主要手法的"体物"大赋。后者是汉赋的主流。汉代大赋滥觞于汉初枚乘的《七发》，此赋假设楚太子与吴客的问答，以七大段文字铺陈了音乐、饮食、漫游、田猎等盛况，辞彩富丽，气势宏阔。《七发》的影响很大，拟作者很多，以致形成了被称作"七"的一类文体。到了西汉中叶，经济发达，国势强盛，武帝等君主又好大喜功，雅好文艺，于是以"润色鸿业"即歌功颂德为主要目的的大赋就应运而生了。汉代大赋的代表作家首推司马相如，其代表作是《子虚赋》和《上林赋》。这两篇赋假托子虚先生、乌有先生、亡是公三人的对话，对天子、诸侯的田猎盛况与宫苑之豪华壮丽做了极其夸张的描写，并归结到歌颂汉帝国的强盛和汉天子的威严。作者在赋的末尾委婉地表达了惩奢劝俭的用意，但由于赋的主要篇幅与精彩部分是铺陈描写，这种"曲终奏雅"的讽谏方式只得到了"劝百讽一"的实际效果。所以司马相如的《大人赋》本欲讽谏汉武帝喜好神仙，但武帝读后反而飘飘然有凌云之气。大赋的另一位重要作家是西汉末年的扬雄，其代表作有《甘泉赋》《羽猎赋》《长杨赋》。这些作品在题材、思想倾向和结构写法上都与司马相如的大赋很相似，不同的是赋中的讽谏成分有所增加，铺陈描写也更加沉博绝丽。扬雄与司马相如并称"扬马"，是后人心目中大赋的典范作家。此外，东汉班固的《两都赋》、张衡的《二京赋》等"京都大赋"也是汉代大赋的代表作，这些作品在描写时更注意实际的地理形势及物产民俗等内容，与以虚拟想象为主要写法的早期大赋有所不同，但铺张扬厉、曲终奏雅的基本体制仍同于"扬马"。

汉赋（主要指大赋）产生于中国历史上一个空前强大的统一帝国——汉，汉赋的恢宏气度正是自强不息的民族性格和积极乐观的时代精神的艺术体现。汉赋对汉帝国的国土之广阔、水陆物产之丰盛、宫苑建筑之壮丽、京城都邑之繁华以及文治武功之隆盛进行了全面描述和歌颂，表现了中华民族对自身力量的高度自信，对自己所创造的物质文明和精神文明的高度肯定，也表现了对现实世界的热爱。汉赋铺彩摛文的表现形式虽然有呆滞堆砌的缺点，但那种重视客观世界的整体性、重视审美对象的对称性的特征，事实上体现了中华民族对世界进行整体把握的思维特征。

唐诗宋词　中国是一个诗的国度，唐诗是诗国中最为辉煌的高峰。自从汉代以来，五、七言诗经过了长期的发展阶段，在题材走向、格律形式、艺术手段、风格倾向等各个方面都取得了巨大的成就，积累了丰富的经验。随着强盛繁荣的唐代的到来，中国诗歌也进入了巅峰时期，产生了古代文学中灿烂光辉的唐诗。

唐诗篇什繁富，名家辈出，流传至今的作品有 55000 多首，家传户诵的名篇数以千计，堪称古代诗歌的宝库，也是人类文化史上的一大奇观。唐诗的发展过程大致可分四期，即初唐、盛唐、中唐、晚唐。其中尤以盛唐、中唐两个时期的诗坛最为光辉夺目。

盛唐是指唐玄宗开元、天宝时期的数十年，唐诗在此期间出现了全面繁荣的高潮。

由于国家繁荣，社会安定，诗人们可以由多种途径实现人生的追求。有些诗人以侠少的面目出现，成为热情的进取者，希望通过从军立功等道路施展抱负。另有一些诗人则以隐士的面目出现，成为恬静的退守者，希望幽居山林以获得生活与心境的宁静。当然，也有一些诗人身兼上述两种身份，或因时变化。这两种人生态度是盛唐诗题材取向的基础，从而形成了以高适、岑参为首的边塞诗派和以王维、孟浩然为首的山水田园诗派。高、岑等人的主要作品以唐帝国的边境战争为表现对象。诗人们描绘了塞外大漠的奇异风光，塑造了边关健儿的英雄形象，同时也表达了保卫祖国、建立功勋的人生理想。盛唐边塞诗的思想倾向与情感内蕴都比较复杂，诗人们既歌颂反对侵略的自卫战争，又谴责意在拓展疆土的开边战争，同时还控诉了战争对人民和平生活的干扰与破坏。边塞诗交织着英雄气概与儿女衷肠，交织着激昂慷慨的豪气与缠绵婉转的柔情。边塞诗鲜明地体现了盛唐积极进取的时代精神，同时也集中体现了中华民族热爱和平、反对侵略、不畏强暴的民族性格。王、孟等人的主要作品则以清新秀丽的语言描绘了幽美的山水景色和宁静的田园生活，诗人的心灵沉浸在美丽自然的怀抱之中，滤去了现实生活中的名利杂念，从而构成了静穆空灵的境界。王维诗中的辋川田园，孟浩然诗中的襄阳山水，实际上都已升华为一种审美意境，是中华民族热爱自然、重视人与自然的和谐关系的民族心理的艺术积淀。

富于浪漫气息和理想色彩的精神面貌在诗歌中的体现就是盛唐气象，盛唐气象最杰出的代表首推李白。李白以复杂的思想、丰富的情感和多元的人生追求涵盖了高、岑与王、孟两大诗派的内容取向，又以惊人的天才融会超越了他们的艺术造诣，从而成为盛唐诗坛上最耀眼的明星。李白热情地讴歌现实世界中一切美好的事物，而对其中不合理的现象毫无顾忌地投之以轻蔑。这种追求解放，追求自由，虽然受到现实的限制却一心要征服现实的态度，乃是中华民族反抗黑暗势力与庸俗风习的一股强大精神力量的典型体现。所以，以浪漫想象为主要外在特征的李白诗歌事实上蕴含着深刻的现实意义，想落天外的精神漫游仍以对人世的热爱为归宿。笑傲王侯、桀骜不驯的"诗仙"李白受到中国人民的热爱，原因就在于此。与李白齐名的伟大诗人杜甫，在青年时代也受到盛唐诗坛浪漫氛围的深刻影响，但他很快就从那个浪漫主义诗人群体中游离出来了。杜甫以清醒的洞察力和积极的入世精神，深刻而全面地反映了现实生活。杜诗提供了安史之乱前后唐帝国由盛转衰的那个时代生动的历史画卷，对"朱门酒肉臭，路有冻死骨"的黑暗现实进行了入木三分的揭露和批判，因而被后人誉为"诗史"。当然杜诗的意义绝不仅仅在于记录历史，同时还在于记录了动荡时代的疾风骤雨在诗人心中激起的跳动思绪和情感波澜。杜诗中充满着忧国忧民的忧患意识和热爱天地万物的仁爱精神，是儒家思想核心精神的艺术表现，也是中华民族文化性格的形象凸显。在艺术风格上，李白诗飘逸奔放，杜甫诗沉郁顿挫，既具有鲜明的个性特征，又具有丰富的内涵，从而对后代诗歌的审美趣向产生了深远的影响。

中唐诗坛有两个主要流派。一个以白居易为首，元稹、张籍、王建等人为羽翼，他们主要继承了杜甫正视现实、抨击黑暗的精神，强化了诗歌的讽谏美刺功能，在艺术上则以语言通俗流畅、风格平易近人为特征。另一个流派以韩愈为首，孟郊、贾岛、卢仝、李贺等人为羽翼，他们主要继承了杜甫在艺术上刻意求新、勇于创造的精神，特别致力于在杜诗中稍露端倪、尚未开拓的艺术境界。韩派诗人善于刻画平凡、琐屑乃至苦涩的生活和雄奇险怪乃至幽僻阴森的景象，艺术特征是语言戛戛独造，风格或雄奇，或幽艳，或怪诞。就诗歌风格的多样性和诗人艺术个性的独特性而言，中唐诗坛有如百花齐放，比之盛唐诗有过之而无不及。

唐诗是一座光华璀璨的艺术宝库，是中国传统文化瑰丽炫目的闪光点。中华民族为人类文化贡献了如此美丽的瑰宝，永远值得我们骄傲。

词这种特殊的诗体产生于初盛唐，到晚唐五代时已取得相当高的成就，出现了温庭筠、韦庄、李煜、冯延巳等著名词人，但尚未能与五、七言诗相抗衡。真正成为一代文学之胜，并在古代诗歌史上堪与唐诗交相辉映的是宋代的词。

宋词名家辈出，流派众多，后人往往把宋词划分为婉约词派与豪放词派两大流派，但事实上这两种词风在宋代并不是始终平分秋色的。从晚唐温庭筠以来，词在题材走向和风格倾向上都形成了自己的独特传统，被称为"艳科"。词的主要功用是在宴乐场合供伶工歌女歌唱，是一种音乐歌词，它的题材主要是描写妇女的容貌、心理、生活情景，尤以男女爱情为主。伴随着这种题材走向和轻柔靡曼的音乐，其风格倾向也自然而然地以婉约为主。宋代统治者推行优待士大夫官僚的政策，加上社会经济的发展与城市的高度繁荣，为士大夫寄情声色、歌舞宴乐提供了优裕的物质条件，具有上述传统的词便在这种社会氛围中得到长足的发展。北宋词坛几乎是婉约词的一统天下，当然词人们在题材走向、风格倾向等方面仍是争奇斗艳、各呈异彩的。例如晏殊、欧阳修等人的词反映了士大夫的雅致生活，而柳永的词却更多地迎合了市民阶层的情趣，以青楼歌伎为主要描写对象。又如晏几道、秦观的词以清丽的白描语气见长，而周邦彦的词风格则趋于典雅凝重。南北宋之交的女词人李清照与南宋词人姜夔、吴文英也分别以清新、清空和深密的艺术风格丰富了婉约词的词风。

相对而言，豪放词的兴起要晚得多。宋初词坛上偶尔有内容不属艳科、风格豪放的词作出现（如范仲淹的《渔家傲》），但数量极少，不足以影响词坛风气。到北宋中叶，苏轼首先对革新词风做了巨大贡献。他一方面拓展了词的题材领域，不但大量写作抒情述志、咏史怀古等题材，而且在描写女性的传统题材中一扫脂粉香泽，从而完成了使词从伶工歌女之歌词向士大夫抒情词的转变；另一方面他在以柔声曼调为主的传统词乐中增添了高昂雄壮的因素，并且使词的语言风格出现了豪放、高妙、飘逸的新因素。苏轼词中无疑已出现了豪放词，如《念奴娇·赤壁怀古》等，但为数不多，在北宋词坛上的影响也不大。靖康之变发生后，侵略者的金戈铁马使婉约词赖以生存的社会环境不复存在，国破家亡的惨痛经历也使文人们无心再沉湎于轻歌曼舞，时代的动荡引起了南北宋之际词坛风气的巨大变化。张元干在北宋时的词作纯属婉约风格，而南渡后的词风却变为慷慨悲凉。杰出的女词人李清照的词作也鲜明地体现着时代的影响，其前期词抒写少女、少妇的情怀，缠绵委婉，后期词则融入了家国之恨，风格变为凄恻哀怨。以辛弃疾为首的爱国词人更把爱国主义的主题变成当时词坛的主旋律，他们继承、发扬了苏轼词中始露端倪的豪放词风，并以慷慨激昂和沉郁悲凉两种倾向充实、丰富了豪放风格。辛派词人在艺术上从苏轼的以诗为词进而以文为词，从而全面实现了与婉约词的分道扬镳，形成了豪放词派。从那时起，豪放词与婉约词双峰并峙，平分秋色，这种局面不但持续到宋亡，而且也成为元、明、清历代词坛的基本格局。

综上所述，宋词的题材内容和艺术风格都出现了异彩纷呈的景象，但是相对于诗而言，宋词自有其独特的传统。首先，婉约词的传统是源远流长的，在全部宋词中，婉约词在数量上占绝对优势。宋代有许多与豪放词风毫无关系的婉约词人，却很少有完全不写婉约词的豪放词人。苏、辛历来被看作豪放词人，但他们也都善于写婉约词，有些婉约风格的代表作完全可与秦观、周邦彦之作相媲美。所以宋词在总体上具有以下特征：题材走向上注重个人的生活而不是社会现实，表现功能上长于抒情而短于叙事，风格倾向上偏嗜阴柔和婉而不是阳刚雄豪。虽然辛弃疾等豪放派词人的创作部分地改变了这些传统，但只要把辛词与同时期陆游的诗相比，就可看出辛词更侧重于心曲的吐露。宋词委婉含蓄的美学特征是中华民族传统审美思想的典型体现。宋词虽然不如西方爱情诗那样热情奔放，但自有深情绵邈、低回往复的特殊魅力，因为那是一代词人心曲深处的沉吟。

元杂剧与明清小说　　广义的元曲包括元代杂剧和元代散曲，但元杂剧也可单独称为元曲，它是元代文学中的精华，历来与唐诗、宋词并称。

元杂剧是融合了歌唱、舞蹈、说白、杂技等多种艺术形式的综合艺术，是中国独特的戏剧形式——戏曲的第一种成熟形态。元杂剧的剧本主要有唱词、对白、动作三个部分，一般分为四折，"一折"就是一场，每折的时空背景有所转换，但场面紧凑，表现一个完整的故事。杂剧在元代极为隆盛，在不足百年的时间内，有姓名可考的杂剧作家有约200人，见于记载的剧目有约700多种，涌现了被后人称为"元曲四大家"的关汉卿、马致远、白朴、郑光祖和以《西厢记》"天下夺魁"的王实甫等著名剧作家，流传至今的剧本尚有200余种（包括部分作于元明之际的作品）。

元杂剧反映了广阔的社会生活，内容极其丰富，主要题材有以下五类。第一，爱情剧。它们主要描写青年男女对爱情与婚姻自主的追求，鲜明地体现了反对封建制度及封建道德规范的倾向，代表作有王实甫的《西厢记》、白朴的《墙头马上》等。有些用人神的恋爱故事来影射现实的杂剧如尚仲贤的《柳毅传书》、李好古的《张生煮海》也属此类。第二，公案剧。它们一般通过刑事案件的审判，揭露贪官污吏贪赃枉法、草菅人命的罪恶，歌颂人民群众的不屈斗争，同时也表彰廉洁公正的清官（主要是包公），代表作有关汉卿的《窦娥冤》《鲁斋郎》及无名氏的《陈州粜米》等。第三，水浒剧。它们主要描写梁山英雄除暴安良、解民倒悬的侠义行动，其中尤以歌颂梁山好汉李逵的戏为多，代表作有康进之的《李逵负荆》等。第四，世情剧。它们主要揭露社会上形形色色的丑恶现象，批判矛头尤其集中于统治阶级对妇女朝三暮四的行径以及守财奴、败家子、伪君子之类人物，代表作有关汉卿的《救风尘》、郑廷玉的《看钱奴》、秦简夫的《东堂老》等。第五，历史剧。它们主要表现历史上重大的政治斗争，歌颂忠臣义士，谴责奸臣贼子，表彰爱国英雄，批判侵略者和卖国贼。一般说来，这些历史剧都有借古讽今的含义，曲折地表达了元代人民的政治、道德观念，代表作有纪君祥的《赵氏孤儿》、关汉卿的《单刀会》、马致远的《汉宫秋》等。元杂剧在艺术上取得了辉煌的成就，塑造了形象鲜明、面目各异的舞台形象。它善于组织矛盾冲突，场面紧凑，高潮迭起。元杂剧的语言大多质朴自然，洋溢着浓郁的生活气息。

　　元杂剧在中国文学史上有着划时代的意义。在此之前，占据文坛统治地位的是以抒情为主要功能的诗歌散文，而元杂剧则以叙事为主，这就使文学更贴近人民的生活，更直接地表现人民的喜怒哀乐，更广泛地反映社会现实。元杂剧的成功宣告了戏剧、小说等叙事文学开始成为中国文学的主流。元杂剧的作者多为社会地位低下的文人、演员等，观众更是遍及各个社会阶层，它的兴盛意味着文学在作者和读者两个方面都进一步走向民间。

　　作为一代文学之代表的元杂剧具有深刻的文化意义。第一，元杂剧高扬了反抗精神，抨击黑暗势力、落后观念与丑陋风习，歌颂了不畏强暴、反抗压迫、争取自由的叛逆形象。例如《窦娥冤》中的窦娥，身为一个无依无靠的弱女子，遭受到高利贷盘剥、恶霸地痞横行、贪官污吏枉法的重重迫害，最终含冤被杀。但她没有逆来顺受，而是不屈不挠地与无比强大的邪恶势力进行斗争，直到走上刑场后还指斥天地，诅咒日月鬼神，以生命对黑暗社会做了最后的控诉和批判。虽然窦娥的力量不足以战胜黑暗势力，作者关汉卿只能用幻想的方式为她申冤，但正因为这是弱者在力量悬殊的情形下进行的坚决反抗，才更具有震撼人心的力量。又如《西厢记》中的张珙和崔莺莺，他们是出身于封建官僚家庭的青年男女，在追求爱情自由的过程中不仅面对着封建势力的直接压迫，而且面对着门阀观念、礼教规范和功名意识等种种封建思想的无形桎梏，但是他们以顽强的斗争冲破了重重束缚，勇敢地实现了自由恋爱。红娘是崔家的婢女，身份卑微，但她坚决地同情、支持崔、张爱情，热心为他们出谋划策，面对崔母的拷打威胁也毫不气馁，据理力争。强烈的正义感和勇敢机智的性格使红娘的形象光彩夺人。《西厢记》把红娘写成主要人物（全剧三分之一的折次由她主唱），闪现出民主思想的光辉。第二，元杂剧褒贬分明，剧中人物的忠奸美恶判若泾渭，这种体现着多数人意志的价值判断是具有民主倾向和进步意义的。例如《赵氏孤儿》写春秋时晋国奸臣屠岸贾诬陷忠臣赵盾，将赵门

300余人斩杀，还千方百计要搜杀赵氏孤儿以斩草除根。而一批志士仁人则想方设法保护孤儿。当屠岸贾为诛杀赵氏孤儿下令将晋国所有的同龄婴儿全部杀戮时，程婴、公孙杵臼二人合谋定计，分别以舍子、献身的壮烈举动制止了这场浩劫，从而保全了孤儿，最后伸张正义，复仇除奸。《赵氏孤儿》体现了震撼人心的道德力量，程婴等人之所以能见义勇为乃至舍生取义，支持着他们的正是坚定的道德信念。由于这种信念完全符合中国人民助善惩恶、抗暴除奸的价值判断，所以此剧历来受到人民的喜爱。《赵氏孤儿》在18世纪传入欧洲，经翻译、改编后多次上演，产生了巨大的影响。西方观众为之倾倒的正是此剧所体现的中国文化精神中的道德光辉。第三，元杂剧体现了中国戏剧文学的一个特征：以浪漫的理想化方式处理现实主义的题材。应该指出，这种方式在艺术上是有弊病的，它往往使元杂剧具有"大团圆"的结局，并成为俗套，有时还严重地削弱了剧本的思想意义。例如杨显之的《潇湘雨》中的张翠鸾遭到丈夫的遗弃、谋害，但最后却仍与他妥协、复婚。然而这种方式体现了中国人民"善有善报，恶有恶报"的信念，体现了正义战胜邪恶、幸福普降人间的美好愿望。所以元杂剧中的正面人物往往被赋予大智大勇的品质，而且常常取得斗争的胜利，例如公案剧中的包公，不但明察秋毫，断案如神，而且总能严惩那些作恶多端的权豪势要，这显然并不是社会现实的真实反映，而是对人民愿望的艺术处理。

中国的小说经历了先唐笔记小说、唐代传奇小说和宋元话本小说三个发展阶段后，到明清时代臻于极盛，涌现出《三国演义》《水浒传》《西游记》《金瓶梅》《儒林外史》《红楼梦》六部著名的长篇小说。其中前四部被称为明代"四大奇书"，后两部则是清代长篇小说中的双璧。

《三国演义》是明初罗贯中所作历史演义小说。它取材于东汉末年和魏、蜀、吴三国鼎立的一段历史，为那个群雄逐鹿的动荡时代提供了全景式的历史图卷，创造了数以百计的栩栩如生的人物形象，其中雄才大略又奸诈残暴的曹操，足智多谋、忠贞鲠亮的诸葛亮，勇武刚强、忠义凛然的关羽，宽仁爱民、知人善任的刘备，勇猛粗犷、嫉恶如仇的张飞，以及气量狭小的周瑜，不堪造就的刘禅等都已成为家喻户晓的人物典型。《三国演义》描写错综复杂的政治、军事、外交斗争时特别崇尚智谋，是一部形象化的政治、军事教科书，包含着十分深厚的文化内蕴。

《水浒传》是完成于明初的英雄传奇小说，一般认为它的作者是施耐庵。北宋末年宋江等人起义反抗官府，这个故事在民间广为流传，在宋元话本和元杂剧中都有所反映。《水浒传》就是在这些传说的基础上创作的。《水浒传》深刻地揭示了"官逼民反"的道理，它描写的108位英雄出身各异，既有贫苦的渔民、猎户、农民、小市民，也有小官吏、军官和地主，他们都因不堪忍受统治者的剥削和压迫而奋起反抗，聚义梁山。《水浒传》严厉地批判了封建统治阶级的腐朽和凶恶，热情歌颂了起义的英雄，塑造了宋江、武松、林冲、鲁智深、李逵等性格各异的典型人物。《水浒传》所描写的造反是以忠义为行动准则的有限度的反抗。忠义作为一种伦理道德观念具有浓厚的封建色彩，但它也含有牺牲个体利益以维护正义的献身精神。所以在《水浒传》中，歌颂反抗与宣扬忠义是并行不悖的，这正是传统文化精神两面性的体现。

《西游记》是明代出现的神话小说。唐代高僧玄奘远赴天竺(古印度)取经的故事在民间流传的过程中逐渐增饰，《西游记》在此基础上进行了创造性的艺术加工。它的主要内容可分为两个部分：一是孙悟空出世、学艺及大闹天宫，二是孙悟空与猪八戒、沙僧保护唐僧往西天取经。贯穿全书的中心人物是石猴孙悟空，他机智勇敢，尚侠行义，正直无私。《西游记》的思想倾向很复杂，它一方面肯定孙悟空大闹天宫，体现了蔑视统治者的权威，反对不合理社会秩序的叛逆精神；另一方面又肯定孙悟空等人护法取经，体现了维护既定秩序的观念。这一点与《水浒传》一样，反映了传统文化精神的两面性。

《金瓶梅》是出现于明代后期的世情小说，作者署名"兰陵笑笑生"。前述三部小说都是根据历史上长期流传的故事加工而成的，都塑造了一些正面的人物形象，而《金瓶梅》却是由文人独立创作的。全书旨在暴露世态人情，其主要人物中没有一个是值得肯定的形象。《金瓶梅》取名于潘金莲、李瓶儿、庞春梅三个女性的名字。全书以男主人公西门庆的罪恶生活史为主干，以西门庆的妻妾潘、李、庞等人的生活为支架，描写了一个官僚、恶霸、富商三位一体的暴发户家庭的污秽生活，揭露了明代社会(书中背景假托为宋代)尔虞我诈、争权夺利、道德沦丧、人欲横流的黑暗现实。《金瓶梅》以现实社会及家庭日常生活为题材，在中国小说史上别开生面。但是《金瓶梅》虽然暴露了西门庆等人疯狂地追逐财富和情欲的罪恶，却缺乏严肃的批判精神，书中有许多露骨的淫秽描写，格调低下。《金瓶梅》深刻地反映了封建社会末期道德规范彻底崩溃时人们的迷茫，是文化转型前夕的失序社会的艺术再现。

清代乾隆年间(18世纪中叶)，吴敬梓的《儒林外史》和曹雪芹的《红楼梦》先后问世。《儒林外史》以批判科举考试制度，讽刺受科举制度毒害的儒林人物的丑态陋行为主要内容。在此以前，人们对科举制度的批评大多停留于它的不公正、不完善，《儒林外史》却把批判的矛头对准这种制度本身，深刻地揭露了它禁锢思想、毒害人心从而祸国殃民的罪恶本质。周进、范进、匡超人等本性良善的读书人在科举制度的引诱下一个个变成了不学无术的腐朽官僚或无耻小人，而大批本就心术不正的人更通过科举成为贪官污吏(如王惠)或鱼肉乡民的劣绅(如严贡生)。《儒林外史》还揭露了官场的腐败、社会的黑暗以及封建道德的虚伪和残酷。《儒林外史》以严肃、公正的态度，高度概括的手法，生动冷隽的语言，一针见血地揭露了隐藏在人物言行和社会现象后面的丑恶本质，它的讽刺艺术达到了中国文学史上前所未有的高度。

《红楼梦》是中国古代文学中最优秀的现实主义巨著，也是古典小说的光辉总结。《红楼梦》以贾府这个累世公侯的封建官僚家庭由盛转衰的过程为主干，深刻地揭示了封建社会必然走向没落的历史命运，堪称封建末世的百科全书。《红楼梦》对封建的国家政治制度、家庭宗法制度、科举制度、婚姻制度以及依附于这些制度的伦理道德、价值规范进行了大胆的否定和批判，成功地塑造了贾宝玉、林黛玉这一对封建官僚家庭的叛逆者的形象。贾府的统治者把重振家业的希望寄托在聪明灵慧的贾宝玉身上，可是贾宝玉却顽强地逃避既定的封建贵族人生道路。他对封建家庭的反抗既是为了追求恋爱自由，也是出于对整个封建制度及其思想体系的厌恶。所以他把程朱理学斥为"杜撰"，把封建政治学说（"仕途经济"）斥为"混账话"，把科举制度斥为"诓功名混饭吃"，把"文死谏，武死战"的封建道德斥为"胡闹"。他还彻底否定"男尊女卑"的封建观念，把全部热情倾注在不幸的女性身上。林黛玉作为一个寄人篱下的贵族小姐，不但以清高孤傲的举动维护着自己的尊严，而且不守闺训勇敢地追求爱情，在一切价值观念上都持与宝玉相似的观点。站在宝、黛对立面的则是以贾母、贾政为首的封建家长。他们有的道貌岸然而实质虚伪、冷酷，有的凶狠阴险、荒淫无耻，是日益走向灭亡的腐朽势力的代表。宝、黛最后以死殉情（宝玉的出家意味着尘世生命的结束），就是年轻的叛逆者对腐朽封建势力的殊死反抗。《红楼梦》一方面凝聚着传统文化的精华，发扬了崇尚理性，追求真、善、美的精神，并以审美观点使家庭日常生活升华进入诗的意境；另一方面又体现了对传统文化，尤其是对重群体轻个体的价值取向的深刻反思。宝、黛以死相争的正是个体的自由和尊严。

吴敬梓和曹雪芹都出身于封建官僚家庭，都深受传统文化的影响，他们以艺术家特有的敏锐目光洞察了封建制度的弊病，揭露了它必然灭亡的历史命运，但他们是怀着悲凉和惋惜的心情看待这个历史趋势的，《儒林外史》和《红楼梦》就是他们为封建制度及其文化传统唱出的挽歌。两部小说的成功主要在于对封建制度及文化传统的深刻反思，对于新的社会力量、新的文化类型则仅仅提出了朦胧的希望。然而，这种来自传统文化内部的反省意识正是中国文化走向现代的最初步履，是宣告中国文化即将转型的一线曙光。

第三节　中国古代文学的文化特征

**关注现实的
理性精神**

　　与西方文学相比，中国古代文学具有特别鲜明的人文色彩和理性精神。即使在上古神话中，中华民族的先民所崇拜的也不是古希腊、古罗马诸神那样的天上神灵，而是具有神奇力量并建立了丰功伟绩的人间英雄。例如在"女娲补天"、"后羿射日"和"大禹治水"三则著名的古代神话中，女娲、后羿和大禹等神话人物其实就是人间的英雄，氏族的首领，他们的神格其实就是崇高、伟大人格的升华。他们以巨大的力量克服了自然界的种种灾难，使人民得以安居乐业。他们与希腊神话中那些高居天庭、俯视人间，有时还任意惩罚人类的诸神是完全不同的。"夸父追日""精卫填海"等故事则反映了先民们征服时间、空间阻隔的愿望，体现了中华民族刚健有为、自强不息的精神。

古代的英雄崇拜其实是先民们对自身力量的崇拜，因为神话传说中的英雄都是箭垛式的人物，是先民们对自身集体力量的艺术加工。所以在古代神话中产生了有巢氏、燧人氏、神农氏等人物，他们分别发明了筑室居住、钻木取火及农业生产。而黄帝及其周围的传说人物更被看作中国古代各种生产技术及文化知识的发明者（如嫘祖发明蚕桑、仓颉造字等）。在经过后人加工的中国上古神话中，神话的因素与历史的因素以传说的方式奇妙地结合起来了。神话人物主要不是作为人类的异己力量出现，而是人类自身力量的凝聚和升华。神话人物的主要活动场所是人间，他们的主要事迹是除害安民、发明创造，实即人类早期生产活动的艺术夸张。因此，中国的上古神话或多或少具有信史化的倾向，许多神话人物一直被看作是真实的历史人物在神话传说中的投影。由此可见人文色彩和理性精神正是中国上古神话所体现的中国文化特征。

在整个中国古代文学中，无论是抒情文学还是叙事文学，作家总是把目光对准人间而不是天国，他们关注的是现实世界中的悲欢离合而不是属于彼岸的天堂地狱。宗教观念在中国古代文学中的反映是极其淡薄的，即使在佛、道二教兴盛之后，它们对文学的影响也主要体现为作家世界观和思维方式的多元化，而没有造成文学主题偏离现世的转移。例如在唐诗中，几乎所有的诗人都以满腔热情去拥抱人生，且不说擅长边塞题材的高适、岑参和关心民间疾苦的白居易、元稹，即使是喜爱刻画鬼神世界的李贺，其实也以对黑暗现实的憎恶反衬着对美好人间的向往。又如明清的著名小说都以社会现实生活为主要题材，即使是神话小说《西游记》也不例外。孙悟空蔑视天庭的统治秩序，即使失败后仍保持着傲骨，对佛祖、菩萨也敢嘲弄揶揄。《西游记》寄托了人民反抗社会邪恶势力的理想，因为那些妖魔全都贪婪凶狠，残害百姓，有的还与天上神佛沾亲带故，显然是人间邪恶势力的象征。

"文以载道"的教化传统　中国古代的文学家都是在以儒家思想为主的传统思想哺育下成长起来的，治国平天下的入世思想是大多数作家共同的人生目标，而兼济天下与独善其身互补的人生价值取向则是他们的共同心态。在这种背景下，以诗文为教化手段的文学功用观成为古代最重要的文学观念。早在春秋战国时期，儒家就积极提倡诗教，企图以文学作为推行教化的有力工具。其他诸子的观点虽然势若水火，但他们著书立说的目的也都是为了宣扬自己的政治理想和社会设计，同样体现了对现实政治的强烈关注。可以说，先秦诸子的"文"都是为其"道"服务的，"文"只是手段，"道"才是目的。这种传统后来被唐宋古文家表述为"文以载道"或"文以贯道"，不但成为历代散文的共同准则，而且成为整个中国古代文学的基本精神。

"文以载道"的思想对中国古代文学有正、负两面的深刻影响。一方面，这种思想强调了文学的教化功能，为古代文学注入了政治热情、进取精神和社会使命感，使作家重视国家、人民的群体利益，即使在纯属个人抒情的作品中也时刻不忘积极有为的人生追求。例如在唐代诗人中，杜甫蒿目时艰，忧国忧民，对儒家仁政理想的不懈追求、对国家人民命运的深切关注成为杜诗的核心内容。即使是浪迹五岳、神游九垓的李白，也在诗中强烈地表达了追求功名事业，要在外部事功的建树中实现人生价值的理想，而且明确地以孔子作《春秋》为自己的文学事业的典范。至于唐宋古文运动的巨大成就，更是在"文以载道"思想的直接指导下取得的创作实绩。另一方面，"文以载道"的思想也给中国古代文学带来了负面的影响，它使文学在一定程度上沦为政治的附庸，从而削弱了其主体意识和个性自由。这种消极的影响不但体现在士大夫的诗文作品中，而且体现在小说、戏曲等叙事文学中。例如元杂剧虽然高扬了针对黑暗势力的反抗精神，歌颂了反抗压迫、争取自由的民主思想，但它往往以道德判断作为审美判断的核心价值参数，而且这种道德判断中常混杂着封建伦理说教的糟粕，这就严重地损害了其思想意义。

写意手法与中和之美　　中国古代文学中发展得最为成熟的样式是以抒情为主要功能的诗歌，这个事实说明中国古代文学最重要的性质是抒情。抒情性质使中国古代文学在总体上具有诗的光辉，即使是叙事文学也不例外。例如《史记》就因洋溢着司马迁的悲愤情感而被鲁迅誉为"无韵之《离骚》"。而杂剧《西厢记》、小说《红楼梦》也因浓郁的抒情色彩而使人百读不厌。正是抒情性质使中国古代文学在写物手法上不重写实而重写意。例如山水田园诗本来可以处理成叙事性或描述性的作品，但在唐代王维、孟浩然的诗中，却往往由抒情手段虚化了即目所见的景象，他们诗中的山水田园其实是他们宁静心境和淡泊志趣的外化。又如戏剧在西方历来是以写实为主的，但中国古代的戏曲作家及理论家却强调戏曲首先要表现作者对现实生活的感受即"意"，而不是简单地模仿生活。明代戏曲理论家王骥德指出："剧戏之道，出之贵实，而用之贵虚。"（《曲律》卷三）元杂剧作家在创作实践中也确实是"但摹写其胸中之感想，与时代之情状"（王国维：《宋元戏曲考》）。

抒情性质和写意手法使中国古代文学产生了以下文化特征。首先，中国古代文学是古代中国社会的生动图卷，同时更是古代中国人的心灵记录，这使它成为我们了解中华民族传统文化心理的绝佳窗口。假如我们要想了解禅宗思想与理学思想对宋代士大夫的影响，最好的材料不是禅宗语录或理学讲章，而是宋诗。只要你仔细阅读王安石、苏轼、黄庭坚等人的诗歌，就能对宋人融儒、道、释为一体的思想面貌有直观而真切的把握。其次，中国古代文学追求的艺术境界不是真实而是空灵，不是形似而是神似，那种为历代文学家所憧憬的变化莫测、知其妙而不知其所以妙的艺术化境界，正是在精练含蓄的艺术表现形态基础上才有可能达到的目标。

儒家倡导的中庸精神对中国古代文学有深刻的影响，孔子称赞《诗经》"乐而不淫，哀而不伤"(《论语·八佾》)，这种观点后来发展成"温柔敦厚"的"诗教"说(见《礼记·经解》)，即主张在文学作品中有节制地宣泄情感，而不要把感情表达得过分强烈。在这种文学思想的指导下发展起来的中国古代文学，在整体上呈现出一种中和之美。一般说来，中国古代文学中很少有剑拔弩张地表达狂怒或狂喜的作品。多数古代诗人都自觉或不自觉地遵循着"诗教"的精神，以"怨而不怒""婉而多讽"的方式来批判现实。诗人在抒写内心情感时总是委婉曲折，含蓄深沉。中国古代诗歌中绝不缺少深挚的感情，但从未达到过西方诗歌那种"酒神"式的迷狂程度。情感宣泄的适度与表现方式的简约使中国古代文学在总体上具有含蓄深沉、意味隽永的艺术特征，这正是中华民族平和、宽容、偏重理性的文化性格特征在古代文学中的体现。

□参考文献□

1. 袁行霈主编：《中国文学史》，北京，高等教育出版社，2022。

2. 周扬、刘再复：《中国文学》(《中国大百科全书·中国文学》卷前言)，北京，中国大百科全书出版社，2014。

3. 张少康、刘三富：《中国文学理论批评发展史》，北京，北京大学出版社，1995。

4. 程千帆：《唐诗的历程》，见《程千帆全集》(第八卷)，石家庄，河北教育出版社，2000。

5. 何其芳：《论红楼梦》，北京，人民文学出版社，1958。

□思考题□

1. 为什么说中国古代文学是中国传统文化的重要组成部分？

2. 中国古代文学的辉煌成就在哪几个方面表现得最为突出？哪些作家和作品最具代表性？

3. 中国古代文学在哪些方面体现了中国传统文化的基本精神？

第十章　中国古代艺术

第一节　辉煌的远古艺术

中国艺术源远流长。18000 年前山顶洞人的装饰品，说明审美观念已经产生。8000 年前出现的岩画、彩陶、玉器，可以算作中国艺术的开始。到 6000 年前的仰韶文化，彩陶已经达到一定的艺术高度，并且分布地域广阔，数量众多，成为一种最能体现中国艺术和文化性格的东西。因此，从彩陶开始介绍中国的古代艺术，有助于理解中国艺术的特性。

原始彩陶　中国原始彩陶的时间从 6000 多年前的仰韶文化到 4000 多年前的大汶口文化，其空间大体分为三个区域：中原地区、西北地区和东南沿海地区。在器皿造型上，有模拟植物造型的，也有模拟动物造型、人物造型、器物造型的，但最常见的还是最符合陶器功能需要的碗、钵、罐、盆、壶、豆、瓶、鼎、鬶等十余种。在装饰图案类型上，有人物纹样（人面纹、群舞纹、蛙人纹等），动物纹样（鱼、鸟、蛙、鹿、猪、蜥蜴、壁虎等），植物纹样（花瓣纹、叶纹、树纹、谷纹等），几何纹（方格纹、网纹、波纹、三角纹、圆圈纹等）等，其中最多的是几何纹。中国彩陶有很多世界级的珍品，如半坡文化的人面鱼纹图案，庙底沟文化的花朵图案，马家窑文化的波浪图案，半山文化的圆圈图案，等等。

中国彩陶有两个特点：一是彩陶图案从具象到抽象的过程与中国文化观念的演进同步，二是彩陶图案的结构特点与中国美学的基本法则相合。中国彩陶图案由具体物象到抽象图案的演化，有迹可寻的有鱼的抽象化（半坡文化）、鸟的抽象化（庙底沟文化）、花的抽象化（庙底沟文化）、蛙的抽象化（马家窑文化）、人兽合一形的抽象化（半山文化、马厂文化）等。中国文化从原始蒙昧向理性的演化中，在社会层面是原始的神转变为上古的帝王，神话历史化了；在宇宙论层面是原始的帝和神转化为气的宇宙。由神到气是一个由实到虚的过程。彩陶图案由具象到抽象、由实到虚，正应合了这种思想演化的轨迹。

彩陶还暗含了两个重大的艺术法则。陶器是圆形的，面向四方，具象图案把人的注意集中在一面，倾向于形成焦点、定点。而具象图案转为抽象之后，整个图案就是游走的了，面向四面，使四面形成一个既没有起点、也没有终点的一气呵成的整体。这样彩陶的绘制自然而然成了散点透视，它让你围绕着彩陶进行"步步移，面面看"的欣赏，又在这彩陶有限的圆面中体会到一种"无尽"的意味。而这种"游目"正是后来中国绘画和中国园林的一个基本审美原则。中国彩陶不同于其他文化彩陶的另一个特点是，无论是盆，是钵，还是瓶与罐，都注意到由上观下的效果。例如瓶与罐，在绘制四面图案之前就细心照顾到靠近瓶罐颈口处的图案，使得在由上方下视时也形成一幅和谐的图案。由此可见，彩陶的创造和观赏是按照"仰观俯察"这一中国观照方式进行的。这也是后来在中国诗、词、画和建筑中广为应用的一个基本法则。

青铜纹饰

中国远古艺术的另一个高峰是青铜纹饰。中国的青铜时代形成于约公元前 2000 年，经夏、商、西周和春秋，大约经历了 15 个世纪。其中商周青铜器由于处于文化意识形态的核心，具有更重要的意义。青铜器的类型有农具、工具、兵器、饮食器、酒器、水器、礼器、乐器、杂器、车马器、符及玺印等。其中最重要的是与意识形态最相关的礼器。青铜器的纹饰有兽面纹类、龙纹类、凤鸟纹类等各种动物纹、兽体变形纹、火纹、几何纹、人面画像等。中国青铜器也有许多世界级的珍品，如商代的后母戊鼎、西周前期的伯矩鬲、战国的宴乐渔猎攻战纹图壶等。

青铜纹饰有两个明显的现象。一个是饕餮纹，正如彩陶显示出一个由实到虚的抽象化过程，饕餮纹代表的是重组变形法则。从大量的青铜纹饰可以看出，饕餮是由两个或两个以上动物组合而成的，最常见的是由两夔龙组合而成。陕西历史博物馆藏的西周青铜器的饕餮，则是由四个部分组合而成，虎头形成脸的上半部，两条夔龙伸向两边，它们的倾面头构成饕餮的面的两边，一牛头构成饕餮的下颌。通过大量资料的比较，我们可以看出，正像通过无数的努力，具象在彩陶图案中终于无痕迹地线条化了一样，通过不断的创造，多种动物拼组的饕餮终于变成具有独立整体的威猛狰狞的饕餮了。彩陶代表了中国艺术虚灵飞动的一面，青铜则代表了中国艺术厚重质实的一面。中国文化一方面是一个气的宇宙，另一方面又是一个礼的世界。青铜材料本身的凝重厚实正好对应于礼的庄严齐一。饕餮的重组变形，正体现了自远古以来一直在神话中绵延的古人的构思方式。龙凤的产生是一种重组变形，各种原始的面具服装也是一种重组变形。然而饕餮不仅仅反映了作为后来儒家之礼的胚胎的殷周之礼的秩序整一，而且更多地包含着殷周就有又一直延存于中国文化中的权威意识和世俗意识。中国帝王需要天命、天理的帮助，因此需要造就一种具象的而又非现实存在的象征。从这个意义上说，饕餮精神就是龙的精神（饕餮也被说成是龙形象演化的一个阶段）。① 重组变形使中国文化产生出了各种神仙和魔鬼的世界。

青铜纹饰的另一大现象是人兽共生。在殷商和西周，有一种纹饰是一个类似虎的动物张开大口，口中有一人头，有的则是两个动物对称地张开大口，口中各有一个人头。联系到商代的人面方鼎，再往上联系到良渚文化的人兽合一图案，往下联系到战国帛画上的人驭兽，似乎可以显示出上古观念演变的三个逻辑阶段：其一，人兽一体，均为神物；其二，人兽分离，人（巫师）通过兽与上界沟通②；其三，人对兽取得了主动地位。艺术图案的逻辑正好与中国文化从原始蒙昧到理性的演化过程相符合。

第二节　中国古代艺术各个门类的风采与成就

中国古代艺术并没有被古代学者作为一个整体来把握，因为各门艺术不像在西方那样具有相等的地位，而是等级高低不一。诗文地位最高，其次是绘画与书法，再次是建筑、雕塑等。中国没有一部像黑格尔的《美学》那样统一论述各门艺术的著作。然而在中国，各门艺术既发挥自身的特殊功能，又按照中国文化的总体要求，展示了各自的风采，达到了辉煌的高度。

下面，我们就分别介绍中国艺术的主要门类：建筑、雕塑、书法、绘画、音乐和戏曲，分别叙述它们的历史流变、基本类型和美学原则。

建筑　中国古代建筑，从有据可依的西安半坡文化圆形住房和大方形房屋始，就一直与自己的文化观念和与之相应的审美趣味紧密相连（"天圆地方"正是中国古代的宇宙观念），尔后又随着文化的发展而逐渐丰富。从远古至东汉，以帝王为核心的宫室、苑囿、庙社、陵墓等一整套宫廷建筑体系发展完成。从东晋始，表现士大夫情趣的私家园林开始风行。自南北朝始，寺庙建筑大量修建。此后一直到清代，古代的建筑体系基本上都在这一框架内运作。因此，中国古代建筑大体上可分为四大类型：宫殿、陵墓、寺庙和园林。

宫殿建筑以皇宫为代表，其目的，如荀子所论，是要显示帝王之威，因此有高、大、深、庄四大特点。故宫的天安门，是进入中华门后的第一个重点建筑，大大高于一般房屋，这主要是为了显示帝王而不是天的威严。"大"是占有空间众多。故宫的建筑群恰如一个金盔红袍、庄严群立的战阵。也只有空间的大，才能显出"深"来。从中华门

---

① 参见王大有：《龙凤文化源流》，123～126页，北京，北京工艺美术出版社，1988。
② 参见张光直：《中国青铜时代》，321～331页，北京，生活·读书·新知三联书店，1983。

到天安门到午门到太和门最后到太和殿，正是在这个由建筑的变化形成的节奏起伏的深长的时间行进中，不断地加重着人们对帝王的敬畏情绪。"庄"是由建筑完全沿中轴线对称排列和墙柱门的深红色显示出来的。人在对称建筑中行进，内心会有一种肃穆之感。

皇宫显示现世帝王的威严，陵墓则表现已逝帝王的威严。只是陵墓与另一个世界相连，不以房顶的金色表现现世的光辉，而以青土暗示永恒的宁静。因此陵墓或者依山为陵，如唐代陵墓；或者垒土为陵，植树以像山，如秦始皇陵。陵墓的地下形态因看不见而对活人的心理并无影响，但其地面建筑仍有另一种高、大、深、庄的特征。唐高宗与武则天合葬的乾陵以梁山为陵，这是"高"。围绕地宫和主峰有似方形的陵界墙，而进入乾陵的第一道门却在禹陵墙的朱雀门很远的山下，这是"大"。从第一道门到地宫墓门要经过四道门，路长约 4000 米，这是"深"。在这悠长的时间流动中，于梁山南倾的二峰之中始，是神道，神道两旁有华表、飞马、朱雀各一对，石马五对、石人十对、碑一对。正是从神道始，陵墓建筑开始对观者内心进行庄严肃穆的心理强化。

中国寺庙建筑最早见于记载的是东汉永平十一年（公元 68 年）始建的洛阳白马寺，从这时起，中国的佛教寺庙就不同于印度的寺庙，它以王府为模式，纳入中国礼制建筑的体制之中。后来的道观也是这样。因此，可以说佛寺与道观除了塑像、壁画、室内外装饰不同之外，在建筑形式上是基本一致的。与宫殿和陵墓一样，寺庙也有肃穆的要求，因此整体对称是其特色。肃穆心理要通过时间来强化，建筑也要求在时间中展开。寺庙进山门后一般都有四殿，而高潮一般在第三殿。名山中的寺庙则依地势而随地赋形，一般有两殿甚至只有一殿，但进山后的漫长道路本身即为寺庙的延长，心理转移早就在进行。

中国园林可追溯到西周初的苑圃合池。其发展和壮大是从春秋到秦汉。这时的园林，其功能和趣旨与宫殿一样，都是显示帝王的伟大巨丽。魏晋以后士人园林兴起，中国园林才获得了自己的独特品格，并影响了皇家园林。园林的核心是情趣，在结构上绝没有使人紧张起来的对称。其情趣主要是自然情趣，亭台楼阁均随地赋形，巧夺天工。廊榭台池，山石花木，一切布置都考虑到人与自然的情感交流，而且通过园林揭示和领悟自然之美。如颐和园的昆明湖，在进园路线的指引下，你从院内的墙窗看，继而在长廊中看，后又登上山看，湖之美以不同的面貌一一展现，各处视点不同而展现出多方面的美。

中国建筑无论宫殿、陵墓、寺庙还是园林，都不注重单个建筑的高大，而强调群体的宏伟；不追求纯空间的凝固的画面，而追求在时间中展开，在时间的流动中展现自己的旨趣。中国建筑形成群体结构时，小至四合院，大至皇宫、皇家园林、皇城，都有一道墙，形成一种封闭自足、不待外求、自成一统的意蕴。而群体之中都有核心部位，主次分明，照应周全，其理性秩序与逻辑或明（如宫殿）或暗（如园林），却都气韵生动、韵律和谐。虽然处一墙之中，中国建筑又总是追求超一墙之外。且不论园林，就是四合院、宫殿，群体结构的屋与屋之间，总有很多"空"，有条件就一定要加之以亭池草木，显出实中之虚，正如亭台楼阁总要以其"空"面向外界，"惟有此亭无一物，坐观万景得天全"（苏轼：《涵虚亭》）。中国建筑的特点是使人不出户，不出园，就可以与自然交流，悟宇宙盈虚，体四时变化。从这个意义上说，它又是外向开放的。中国文字"宇宙"二字都有宝盖头，中国人就是在日常所居的建筑中体悟宇宙和天道，以及由这个天道所决定的儒家秩序和道家情趣的。

雕塑　　雕塑在中国没有像西方那样独立的地位，几乎一直是建筑的一部分。但雕塑又一直都在被创造出来，从河姆渡文化遗址出土的陶猪，到青铜器上的虎、鹤，春秋战国的土俑陶俑，秦代兵马俑，汉代霍去病墓的石兽，直到以后源源不断的宗教造像、民间小品。中国雕塑主要由四个集群组成。其一，陵墓集群，包括陵墓表饰（华表、石人、石兽等），墓室雕饰（墓门、墓道、宫床等墓内建筑雕饰及墓内肖像），明器艺术（陪葬用的俑和动物造型、建筑模型和器物模型）。其二，宗教集群，包括佛道寺庙和佛教石窟里的塑像、浮雕。其三，建筑装饰，包括宫殿、苑囿、会馆、牌坊、民居、桥梁等建筑物上的装饰性雕塑。其四，工艺雕塑，包括工艺性的泥塑、瓷塑、金属塑铸、木雕、干漆雕塑、竹雕、根雕、石雕、玉雕、牙雕、骨雕、角雕、果核雕等。这里第三类从功能和艺术类型的旨趣上可以并入第一类。第四类纯为闲情清赏。第一、第二类由于与中国文化的两大重要事务（敬祖与宗教）有关而凝结着较厚重的文化内容。

陵墓雕塑。中国古人从来没有彻底地不信鬼神。孔子说："祭神如神在。"（《论语·八佾》）王侯将相都希望把自己现世的享乐与威风带到地下去，帝王们几乎都是从登基伊始就开始修建自己的陵墓。远古至殷商是活人殉葬，春秋战国以后多以俑代活人，葬下的雕塑是拟真的，如秦代兵马俑。但拟真的程度和规模又依陵墓整体规模来决定，因此大多数雕塑是缩小版。由于这些雕塑的目的是模仿实物，其精品也就类似于民间泥塑和文人的案头小品。陵墓雕塑的最高成就是在地上，特别是陵墓门前和神道上的雕塑。它们既要显出墓主与冥界相连的威严和地位，还要对朝墓者产生心理影响。中国雕塑最优秀的作品都出现在这里，如霍去病墓的马踏匈奴、六朝陵前的辟邪、乾陵的飞马、顺陵的石狮等。

宗教雕塑，特别是佛教雕塑，与陵墓雕塑相比具有更多的变化和更丰富的内容。在雕塑材料上，石窟为石雕，寺庙多为泥塑。在艺术风格上，各代的佛、菩萨、罗汉雕塑与当时的人体审美观念紧密相连。魏晋六朝，瘦骨清相；隋唐五代，圆满丰腴；有宋以降，匀称多媚。和陵墓雕塑一样，佛教雕塑也是以群体为主的，每一庙或窟之中必有一个中心。这一雕塑既处于观者视点的中心，又是最高大的，其余雕塑则服从它、呼应它，从而构成整体效果。龙门石窟、云冈石窟、敦煌石窟如此，诸多寺庙也是如此。从六朝到宋明，寺庙中的雕塑群体又有一个逐渐由印度的寺庙安排到近似于中国朝廷的帝王、文臣、武将的仪式安排的过程，雕塑群体越来越等级秩序化。

宗教雕塑产生了许多优秀作品。云冈石窟的大佛塑像那面部超脱一切苦难的微笑，敦煌彩塑中身体呈 S 形被誉为"东方维纳斯"的菩萨，还有那肌肉一块块凸出，不是按西方的健美而是依东方的气势而显示出力量的金刚力士，都是世界一流的艺术珍品。

中国的雕塑从来没有脱离建筑而完全独立出来，更强化了整个中国艺术本有的特征：整体性。一个雕塑的大小是由雕塑群体和建筑整体决定的。同是门前石狮，门的大小决定狮的大小。同是佛像，寺殿内部空间的大小决定其大小。同理，佛的两大弟子伽叶、阿难及菩萨、罗汉形象总是比佛小。整体性决定了中国雕塑是程式化的，陵墓雕塑的狮、马、龙、凤应怎样造，佛、菩萨等应穿什么衣服，手应是什么"印相"（姿势），或应持何种器物，立姿与坐法应如何等，都有一定程式。程式性往往压倒了雕塑的自身特质。因此，中国雕塑明显地具有两个绘画的特点。一是平面性。能够四周观赏本是雕塑的特点，而中国陵墓和宗教雕塑都是让观众从一定的方向和视点去看的，这样，雕塑注意的都是让人看的那一面，而看不见的一面就少费工力。二是彩绘。西方雕塑是通过材质本身起伏凹凸来显示对象的特质的，不施彩绘使得雕塑必须显出自己的特点。中国雕塑的程式化往往忽略细部，平面性减弱了雕塑的特质，而彩绘却可以帮助中国雕塑起到雕塑以外的功能。因此中国彩塑中的很多细部不是雕出和塑出来的，而是绘出来的。这些雕塑的减省本身又是符合中国艺术的总体原则的，因为中国艺术讲究的是气韵生动，神似胜于形似，即所谓"笔不周而意已周"（汤宾尹：《张象先四书义序》）。只有把握中国雕塑与中国文化精神相通的意境追求，才能对它有更进一步的理解。

书法　书法在诸艺术门类中，最具中国独特性。世界上，只有在中国文化和伊斯兰文化中，书法才成为一门举足轻重的艺术。只有在中国文化中，书法才象征了人之美和宇宙之美。

在殷商铭文中，已有整段的文字。这些文字除了远古时期特有的神圣意义之外，一个显著的也是使汉字成为书法艺术的特点，就是它是按美的方式来铭刻每个字和安排整个章法布局的。同是一横一竖，一字之中，字字之中，字字之间，皆有差别；字字之流动，行行之排列，都是上下前后照应。但严格地说，书法作为一门艺术是在汉末魏晋出现的。这时出现了以书法为纯艺术的书法家，如蔡邕、张芝、钟繇等。在书写工具改进的基础上，书法艺术的笔墨技巧也达到成熟。起笔之藏露，运笔之迟速，转折之方圆，收笔之锐钝各有讲究，多姿多彩。蔡邕"骨气洞达"，张芝"血脉不断"，钟繇"每点多异"，王羲之"万字不同"（张彦远：《法书要录》）。自此之后，中国书法随时代的前进浪峰迭起，奇景不断，蔚为大观。

中国书法从字体类型上分为篆、隶、楷、草、行五类，每类有自己独特的风貌。篆属古文字，与隶、楷、草、行在字形上不同。篆、隶、楷是一字自成一体，行、草则可两字连写，草书则往往数字甚至一行连成。不同的字体有不同的结构特征、用笔特色、整体神貌。篆书古雅，隶书丽姿，楷书雅正，行书流丽，草书飘逸。书法作为艺术又反映书法家的个人风格，所谓"字如其人"。"钟繇书如云鹄游天，群鸿戏海，行间茂密，实亦难过。王羲之书字势雄逸，如龙跳天门，虎卧凤阙，故历代宝之，永以为训。蔡邕书骨气洞达，爽爽如有神力。韦诞书如龙威虎振，剑拔弩张。"（萧衍：《古今书人优劣评》）书法作为艺术还反映整个时代的审美风貌。晋人尚韵，唐人尚法，宋人尚意，明人尚态，已成为古今谈论历代书法艺术特色的定论。宗白华说，西方艺术整体风格的变化可以从建筑的变化上显示出来，而中国建筑各时代的变化不明显，但中国有各时代美学特征各异的书法，可以代替西方建筑的功用。① 晋人尚韵，以王羲之的行书为代表，从书法的风貌可以使人领会晋人的诗歌、散文、绘画、园林的风貌。唐人尚法，以颜真卿、柳公权的楷书为代表，从中又可联想到杜甫的诗、韩愈的文、吴道子的画。宋人尚意，以苏轼、黄庭坚、米芾、蔡襄为代表，从其字可以贯通于宋诗的平淡、宋画的远逸、宋词的清空。明清尚态，无论是浪漫派的徐渭，帖学派的董其昌，还是碑学派的郑燮都有明显表现，又与戏曲小说中的市民性、世俗风相暗通。

中国最伟大的书法艺术家是王羲之、颜真卿、张旭。王羲之行书天下第一，其代表作《兰亭集序》等，中锋起转提按，以豪为之，线条如行云流水，字体结构极尽变化，风流潇洒之至。颜真卿楷书天下第一，其代表作《颜勤礼碑》等，笔势开张，宽舒圆满，深厚刚健，方正庄严，雍容大度。张旭是草书之圣，代表作《古诗四帖》等，其书简直就是舞蹈、音乐、激情，"伏如虎卧，起如龙跳，顿如山峙，挫如泉流"②。

中国书法之所以成为一门重要艺术，在于它与中国文化之道紧密相连。在中国，道是一切具体事物的根本，通过一切事物表现出来，但又非由具体事物所能穷尽。书法是反映自然的，"夫书，肇于自然"（蔡邕：《九势》），但不是反映自然之形，而是反映自然之象。在古文中，形是质实具体的，象则是在物之中不能质实以求的东西。"为书之体，须入其形，若坐若行，若飞若动，若往若来，若卧若起，若愁若喜，若虫食木叶，若利剑长戈，若强弓硬矢，若水火，若云雾，若日月，纵横有可象者，方得谓之书矣。"（蔡邕：《笔论》）或如张怀瓘《书断》所说："善学者乃学之于造化，异类而求之，固不取乎原本，而各逞之自然。"书法作为一种字的造型，它什么都不模仿，从一点一横到一个个字都既超然象外，又得其环中。"一，如千里阵云……丶，如高峰坠石。"（卫夫人：《笔阵图》）但横与点又不是阵云和坠石，虽不是但却得阵云与坠石之象，得阵云与坠石之意。书法家作书的创造过程，也就是深刻领悟中国文化之道的过程。在中国，宇宙是一个气的宇宙。与气的宇宙最相合的是线的艺术。书法的线之流动犹如天地间气之流行。气之流行而成物，线之流动而成字。书法之线的世界与宇宙之气的世界有了一个相似的同

① 参见宗白华：《美学散步》，165 页，上海，上海人民出版社，1981。

② 朱仁夫：《中国古代书法史》，294 页，北京，北京大学出版社，1992。

构。中国艺术，文学、绘画、音乐、建筑，都含有线的意味，但只有在绘画之线与书法之线中，才能更好地体会出中国艺术中线之美的特色。纸为白，字为黑，一阴一阳。纸白为无，字黑为有，有无相成。纸白为虚，字黑为实，虚实相生。宇宙以气之流动而成，书法以线之流动而成，宇宙一大书法，书法一小宇宙。总之，中国书法由中国文字、书写工具和文化思想而形成了一个独特的艺术世界。

绘画　　谈到中国的绘画，我们仍要回溯到彩陶和青铜纹饰，它们确定了中国绘画整体着眼、以线为主、平面构图的基本原则。秦瓦当和楚漆画、帛画，都注重人或物的整体形象在画中的位置，具有与韩非子的画论和秦代兵马俑相通的"写实"性。汉代"席卷天下，包举宇内"（《史记·陈涉世家》）的气魄，使汉画像石、画像砖具有汉赋一样的填满画面、线条飞动的满、实、多、动的风神。魏晋六朝是中国绘画的重要形成期。随人物品藻兴起了"以形写神"的人物画，以顾恺之为代表；随寄情山水产生了使人可"澄怀味象"的山水画，以宗炳、王微为代表；随佛寺、佛窟的大量建立，产生了宗教壁画。自此以往，唐宋明清，不断丰富又不断变化。特别是明清，随着市民思想的壮大，作为戏曲插图的木刻版画，反映了不同于以前的新审美趣味，但其总风格——散点透视、以线为主、以形写神，又完全在中国古代绘画的范畴之内。清代随中西交流，郎士宁等人的画虽然糅进了不少西洋因子，但其总体风格并没有突破中国古典绘画的框架。

中国古代绘画大体上可分为宫廷绘画、文人绘画、宗教绘画、市民绘画和民间绘画五类。宫廷绘画有两类：有政教实用性的一类，即绘具有榜样性的文臣武将和历代帝王，如阎立本的《历代帝王图》；也有闲适性的一类，体现所谓"内圣外王"，身在朝廷之中、心存江湖之远的旨趣，宋代宫廷画院的山水花鸟画很典型。这类画与文人画相交叠，但其审美理想是不同的，宋代画论的神逸之争典型地反映了这一点。[①] 文人绘画主要是表现士大夫的情趣，它不是紧跟朝廷的政治伦理要求，而是随士大夫自己的境遇变化。有六朝玄学的心境，宗炳之画体现闲情；有以佛教为归旨，王维的画充满禅意。宋代文人"寄至味于淡泊"（苏轼：《书黄子思诗集后》），它们创造的文人画笔简形具，离形得似，唯心所出。明清有市民氛围，徐渭、石涛、朱耷、郑燮之画，尽抒其压抑不平之气。宗教绘画在寺库与石窟之壁，画的是佛、道人物和佛经、道教故事，除一些著名画家如吴道子参与外，多为匠人所绘制。随宗教在不同时代人心中的变化，壁画也反映出不同的审美风貌。南北朝的壁画，如敦煌壁画中的割肉贸鸽、舍身饲虎，反映的是佛教初来时带着的印度佛教色彩的心态：面对大苦大难的宁静和崇高。唐代壁画那众多的西方净土世界，反映的是佛教汉化后所具有的中国式的宗教心态：想把现世的欢乐在未来

---

① 以"神品"为第一，"逸品"为第二反映的是宫廷审美观；以"逸品"为第一，"神品"为第二是士大夫审美观。

延续的愿望。五代以后壁画则多了世俗性、民间性、戏剧性。市民绘画主要是指小说、戏曲读本中的插图。民间绘画主要与民间习俗有关，如财神、门神、送子图、福寿图之类，反映一般民众趋福避害的心理。

宫廷绘画的主要追求是精巧，其最佳载体是彩墨画。文人绘画的要旨是抒情达意，其顶峰是水墨画。宗教绘画的目的是解释宗教内容，多为彩色壁画。市民绘画与表现市民性的小说故事内容相连，在版面上达到妙境。民间绘画负载普通民众的愿望，年画为其重要表现形式。

中国绘画无论哪种类型都显示出共同的美学原则。

（一）散点透视的"游目"。正像西洋画的焦点透视与西方文化认为从第一原理即可以推出整个体系一样，中国文化否认有一个最后视点，只有仰观俯察、远近往还才能味象观道。因此，只有"游目"才能使绘画按照中国文化认为最正确的方式"以一管之笔，拟太虚之体"（王微：《叙画》），使画家避免了在一个固定观察点的局限，从而可以用文化宇宙的法则和能够体会这文化宇宙法则的心灵去组织对象，表现自己想表现的任何东西。顾闳中的《韩熙载夜宴图》，张择端的《清明上河图》，夏圭的《长江万里图》，皆因散点透视而产生。

（二）以大观小。中国文化相信宇宙有一个"道"，中国绘画也相信有一个最佳视点，只是这视点不是"焦点"，而是"天眼"，即画家要站在一个宏伟的高度，俯察游观自己所表现的对象。因此，中国画家"饱游饫看"（郭思：《山水训》），"收尽奇峰打草稿"（石涛：《画谱·山川章第八》），这样作画运思时，就处于一个以大观小、一切了然的境地。这样虽然就细部而言，他是"身所盘桓，目所绸缪，以形写形，以色貌色"（宗炳：《画山水序》），但一切细部都是从"天眼"去看的，完全同于中国诗人的"乾坤万里眼，时序百年心"（杜甫：《春日江村》）。散点透视是从结构的具体性上讲"游目"，以大观小则是从画面的统一性上讲"游目"，进一步体现在构图上。

（三）遗貌取神。画是一个小宇宙，所谓"天眼"，就是要注意画的整体和谐，任何细部都必须符合整体性。陕西省的博物馆所藏两幅竖长方形石刻画，一为《达摩东渡》，一为《达摩面壁》。《达摩东渡》中画的是达摩全身行走像，《达摩面壁》画的是达摩打坐。两幅画的头一样大，但《达摩东渡》中人物的身高仅比《达摩面壁》中的人物上身略长一点。以《达摩东渡》论，达摩身高仅 1.5 米；以《达摩面壁》论，则为 1.8 米。这说明在中国画里，人体比例并不重要。重要的是人体长短与整个画面的比例，图画多大决定头部面积多大才恰到好处，身之长短可依其与整个画面的比例来决定。虽然人之外形因此而离形、变形，但却使整个画面获得了和谐的效果。这就是中国美学常讲的"离形得似"。

（四）"游目"式的笔、色、墨。中国画用线去表现一个空间，这个空间不像其他非西方文化那样是平面的，而是有深度的，但又不是西洋画的深度那种几何式的三维。中国画的深度在吴道子式的白描中就是靠线的浓淡枯湿来形成的。由于散点透视使色彩不可能像西洋画那样显出色的丰富变化和色与色之间的相互影响，因而中国的彩画是平面色彩，即一人衣服是红色，就全涂成红色。但中国的深度空间又使画家意识到了光的作用，中国式的光效应主要用水墨画中的墨来表现。各种墨的皴法都是用来表现物体背光的暗部的。正因为墨对深度空间和立体事物有巨大的表现力，因此中国画中水墨画高于彩色画，也高于纯线条的白描画。

音乐　　古代文献中对尧、舜古乐的记载，说明中国音乐起源甚早。河南舞阳县发现的 18 支七音孔和八音孔的骨笛，距今已有 8000 多年。原始社会的音乐与礼仪是相连的。到春秋战国时期，中国音乐形成了和其他文化不同的独特体系。中国既创立了七音阶体系，又创立了五音阶体系。因五音阶体系与中国哲学的五行相合，故地位较高。中国音乐未能以自己为中心独立发展，而是依附于文化的各领域以游散的方式发挥了多种功能。按其功能中国音乐可分为：其一，仪式音乐，用于祭祀、大典，也包括宗教寺庙的仪式音乐。其特点是音域不宽，节奏缓慢，完全服从于仪式的过程，肃穆庄重。其二，宫廷舞乐，主要用于帝王享乐。这类音乐主要服务于舞蹈，当然也在舞蹈的推动下发展。其三，声乐。就创作数量、流传空间、使用阶层来说，声乐占有更重要的地位。从《诗经》到明清戏曲，从宫廷演唱、文人低吟、青楼妙音，到民歌俚曲，都是它的表现形式。声乐用歌词的内容来规范音乐表现的多样性，它在中国文化中的重要地位很符合中国文化的理性精神。其四，独奏器乐。中国音乐摆脱舞蹈、仪式、文学的影响而具有独立的文化意义，只有在表现文人意识的器乐中才达到了。琴、筝、笛、箫、二胡都可以独奏，琴的地位最重要。从魏晋时代的嵇康等一大批著名士大夫琴家到明代朱权、陈星源等重独奏的琴家，使琴一直与棋、书、画具有同等重要的地位。独奏因与士大夫独立淡泊之心境相合而获得了特别的文化意义，嵇康诗"目送归鸿，手挥五弦。俯仰自得，游心太玄"即是其写照。其五，民乐，指民俗庆典中的音乐，以吹奏、打击乐为主，热闹喧哗。

先秦以后，中国音乐没有像西方音乐那样在文化中占据重要地位，但也形成了自己的特色。第一，旋律为主。西方音乐重合声和配器，给人一种几何学的浑厚之美。中国音乐以旋律为主，给人的是气韵生动的线条美。第二，理性精神。古人认为音乐是表达内心情志的，情志属人，用嘴吟唱应比非人体乐器更接近情的本性，所谓"丝不如竹，竹不如肉"（陶渊明：《晋故征西大将军长史孟府君传》）。肉能唱的只能是声乐，声乐之妙在于词对乐的规范，故音乐能"乐而不淫，哀而不伤"（《论语·八佾》），"发乎情，止乎礼"（《诗大序》）。一个重要因素在于，当情用乐唱出时，已用文字来予以提示和规范了。第三，节奏宣泄。以旋律为主的器乐、声乐表现的是理性精神或哲学沉思的一极，节奏宣泄则表现的是中国文化的另一端，它主要在民间音乐中表现出来，如陕北腰鼓、山西锣鼓即属此类，在喧闹的节奏中展现出了一种粗犷的阳刚之气。

中国音乐具有世界性的魅力。曾侯乙墓编钟是一奇观，它由能奏各种不同音高的

65件乐器组成，分三层排列，总音域达五个八度之广，12个半音齐全，可以演奏五声、六声或七声音阶的乐曲。唐代的大型套曲和舞乐正像京剧独特的唱腔、唱段一样至今仍享有盛誉。中国的著名琴曲《高山流水》《潇湘水云》，琵琶曲《十面埋伏》等也极富民族特色。

戏曲　　中国戏曲，其涓涓细流从原始仪式、汉代百戏、唐代参军戏、宋金诸宫调，到元杂剧始蔚为大观。杂剧在元代成为一种主要的文艺形式，一批杰出人才成为剧作家，如关汉卿、王实甫、马致远、白朴等人，产生了一批优秀作品，如《窦娥冤》《西厢记》等。明清戏曲不断地高潮迭起。明代各种声腔（海盐腔、弋阳腔、余姚腔、昆山腔等）兴起，清代形成五大声腔系统：高腔、昆腔、弦索、梆子、皮黄。从乾隆至道光年间，各大声腔在"合班"演出中相互影响，又陆续形成了一些新的大型剧种，如京剧等。清末，民间的地方戏也很兴盛，如花鼓戏、采茶戏、花灯戏、秧歌戏等。中国古代戏曲的优秀代表是昆曲和京剧。广义的中国古代艺术发展到明清，小说和戏曲占据了中心地位，小说更典型地代表了中国社会转型期的市民趣味，而戏曲则代表了对整个古代艺术的总结。

戏曲以其本身的综合性质把各门艺术（音乐、舞蹈、文学、雕塑、绘画）结合在一起并使之精致化了。音乐构成戏曲的一大因素。器乐不但调控全剧节奏（场与场的转换，唱、做、念、打的变换），还为演唱伴奏，配合表演，渲染气氛。声乐在戏曲里不但要唱字，讲究字正腔圆，还要唱情、唱韵。戏曲的故事性使其吸收了小说的结构技巧和情节安排，但它刻画人物、推动情节又主要是靠念唱来进行的。念，取散文和白话之精华；唱，吸诗、词、曲之丰采。戏曲之得于绘画，一是脸谱服饰的年画般的装饰风俗，二是演员和背景的空白所形成的画意。"大抵实处之妙，皆因虚处而生。"（蒋和：《学画杂论》）"以虚运实，实者亦虚，通幅皆有灵气。"（孔衍栻：《石村画诀》）这类境界都在戏曲中得到体现。戏曲的雕塑因素，一在于表演中不断地亮相和定型，二在于主要人物大段演唱时，次要人物总是一动不动地站在那里。戏曲诉诸观众视觉的，除了服饰的装饰性之外主要就是靠"舞"了。"舞"在戏曲里有优美而程式化了的文舞，也有包含着杂技和特技的武打。戏曲里的武打完全艺术化为一种非常有节奏和韵律的表演性的舞型。

戏曲是古代各类艺术的综合，这种综合的一个最主要的特点就是，整个中国艺术的原则在这里得到了一种形式美的定型。这种形式美的定型用理论术语来表达，就是程式化和虚拟化。

戏曲之美首先表现在程式化上。其角色分行是程式化的，生、旦、净、丑为四大基本分行。每基本行又可再分，生可再分为老生、小生、武生，小生又可分为中生、冠生、穷生。每行都有角色特有的性格、道德品格及唱腔、念白的规定。如老生为中年以上刚毅正直人物，重唱功，用真声，念韵白，动作造型庄重。与角色分行相对应的一是脸谱划分，如昆、弋诸腔的净、丑角色明确分为大面（正净）、二面（二净）、三面（丑），其中又有各种正反面人物，如大面的红面、黑面、白面。不少剧种的脸谱式样多达百种以上。各剧又有不同的谱式句法，如京剧基本谱式有整脸、水白脸、三块窝脸、十字门脸、六分脸、元宝脸、碎花脸、歪脸等。二是穿戴类型，仅说纱帽，正直官员戴方翅纱帽，贪官污吏为圆翅纱帽；帽翅向上为皇帝或高官，帽翅平伸为一般官员。三是唱法分类，如老生用本嗓，响亮的"膛音"或"云遮月"；小生大小嗓并用，文小生须刚柔相济，武小生则刚健有力。人物的心理活动除了通过唱念表现外，还通过身体和穿戴的一系列程式化动作表现出来，有翎子功、扇子功、手绢功、髯口功等。如要髯口就有擦（思忖）、挑（观看）、推（沉思）、托（感叹）、捋（安闲自得）、撕（气愤）、捻（思考）、甩（激恼）、抖（生气）、绕（喜悦）等。戏曲除了用唱、念、做、打表现人物故事外，在推动情节上也形成了一系列动作程式。如起霸，是表现古代战士出征上阵前整盔束甲的一种程式，男霸要刚健有力，女霸重英姿飒爽；走边，表现侦察、巡查、夜行、暗袭、赶程等；跑龙套，四个龙套代表千军万马，一个圆场象征百里行程；等等。戏曲的程式性源于要在一个小小戏台上表现大千世界。西方戏有布景，给了每场戏一个焦点，使得美学设计向现实化发展，中国戏曲无布景的空白，给表演以一种流转行动的自由，其美学意趣是向程式化发展的。程式化一方面是类型化，另一方面又是虚拟化。通过演员在台上的一些程式化动作，就可以实现戏台时空的转换。由屋内到屋外，由一地到另一地，可以使观众想象出戏台上没有的东西，用挥鞭程式表现骑马，用划桨程式表现行船，仿佛真有重物的搬东西，仿佛真有花的嗅的动作。戏台表现越需虚拟化，表演动作就越显程式化。正是在虚拟与程式的相互推进中，中国戏曲创造出了深具文化意味的形式美。

第三节　中国古代艺术的整体风貌

中国艺术各种门类，由于物质媒介不同，创作方式不同，对人审美感官的作用范围不同，社会功能不同，而形成了各自独具的特色。但各门艺术又有其为中国文化的特质所规定或制约的共同风貌。把握住了中国艺术的共同风貌，就可以更深刻地理解各门艺术的特色。

中国艺术的内在精神　中国艺术的根本特色是由中国文化的特色所决定的。中国文化的宇宙观与其他文化根本不同，在于它是一个气的宇宙。气化流行，衍生万物。气凝结而成具体的事物、气散而物亡，复归于太虚之气。天上的日月星辰，地上的山河草木、飞禽虫兽、人类，悠悠万物，皆由气生。气是宇宙的根本，也是具体事物之能成为具体事物的根本，因而就理所当然地也是艺术作品的根本。中国艺术理论从先秦到魏晋的形成过程，也就是从哲学的气论转为艺术的气论的过程。自此以后，各门艺术都用气来论述。"文以气为主"（曹丕：《典论·论文》），"气盛则言之短长与声之高下者皆宜"（韩愈：《答李翊书》），这是文学。"棱棱凛凛，常有生气"（萧衍：《答陶弘景书》），这是书法。"泠泠然满弦皆生气氤氲"（徐上瀛：《溪山琴况》），这是音乐。说得最透彻的是谢赫绘画六法以"气韵生动"（《古画品录》）为第一，气韵生动又可以作为整个中国艺术的根本概括。气既是宇宙的根本，又是宇宙的运动。韵是宇宙运动的节奏，是宇宙呈现为分门别类而又有条不紊的整体结构，及其有秩序地盛衰穷通、周流运行的整体风貌，因而韵是艺术作品与宇宙生气相一致的蕴藉样态。气是无形的，当它在作品中显出时，就从无到有，化虚为实。但这无，这虚，这气，又是最根本的，因此中国艺术的最大特点就是对虚无的重视。文学讲究含蓄而有余味，"无字处皆其意也"（王夫之：《姜斋诗话》卷二）。绘画注重空白处理，"虚实相生，无画处皆成妙境"（笪重光：《画筌》）。书画追求"潜虚半腹"（智果：《心成颂》），"计白当黑"（包世臣：《艺舟双楫》卷五引邓石如语），"实处之妙，皆因虚处而生"（蒋和：《学画杂论》）。建筑提倡"透风漏目"，从房屋的门窗和亭台廊榭之空格得自然之动景，感宇宙之情韵。我们只有理解了中国文化气的宇宙，才能深刻地理解何以气韵生动是中国艺术的根本精神，虚实相生为中国艺术的基本准则。

中国艺术的基本类型　　中国艺术有两大基本类型，即阳刚与阴柔。青铜器、汉画像砖、杜甫诗、范宽的全景山水、颜柳楷书、宫殿建筑、民间打击乐，属阳刚之美；彩陶、宫廷舞蹈、婉约词、行书、园林，属阴柔之美。

　　可以说，儒家重阳刚之美，道家主阴柔之美。若不从文化结构分类，而从儒道本身的差别谈它们对艺术分类的影响，则显现为艺术类型的浓淡神逸。浓与淡分别代表儒、道的审美情趣，表现为孔子之重文与庄子之尚质，朝廷之富与山林之朴，都市之繁与田园之淡。从美学上讲，浓表现为一种"错彩镂金"的美，淡表现为一种"出水芙蓉"的美。中国艺术以气韵生动为第一，但这是从文化讲，具体下来，又有儒家之气和道释之气的区别，在美学境界上就表现为"神"和"逸"。神是儒家的最高境界。所谓神，就是以形写神，由法度而超法度，犹如杜诗"读书破万卷，下笔如有神"，表现为法度整严，由形显神，形神兼备。所谓逸，即超朝廷，越世俗，拙规矩，轻法度，以神写形。只要得神得意，不管形似与否，"笔不周而意已周"，这就是草书和文人画的境界。但是神与逸、阳刚之美与阴柔之美又不是截然划分的。同一位艺术家在不同的时空条件下审美情趣可能发生很大的变化，一件艺术品也可能同时包融有阳刚与阴柔之美。

　　儒、道的浓淡神逸都属雅，尽管其雅的内容不同。儒家之雅是"熔式经浩，方轨儒门"（刘勰：《文心雕龙·体性》），道家之雅是"玉壶买春，赏雨茆屋，坐中佳士，左右修竹……落花无言，人淡如菊"（司空图：《二十四诗品·典雅》）。但儒、道都推崇雅而反对俗。特别是宋以后，市民兴起，市民的基本趣味就是俗，宋代的美学家特别强调反对俗和保持雅的意义。但由于有历史转型的涌动为背景，俗在明朝中后期形成了自己强大的声势。儒、道之雅的理论基础是礼法和天理道德之心，俗的理论基础则是与儒、道之理相反的童心、性灵、情感。童心就是真心。性灵就是自己去感受，写自己的感受。"独抒性灵，不拘格套。非从自己胸臆流出，不肯下笔。"(袁宏道：《叙小修诗》)情感是与理相对的情感。"情有者，理必无；理有者，情必无。"(汤显祖：《寄达观》)在风格上，俗表现为狂、奇、趣。李贽狂人写狂文，"发狂大叫，流涕恸哭，不能自止"(李贽：《杂说》)。徐渭是狂画、狂字、狂文，自谓"一个南腔北调人"(《青藤书屋图》)。汤显祖是奇士写奇戏，"士奇则心灵，心灵则能飞动"(《序丘毛伯稿》)。公安三袁则为俗之趣，"愚不肖之近趣也，以无品也。品愈卑故所求愈下，或为酒肉，或为声伎。率心而行，无所忌惮，自以为绝望于世，故举世非笑之不顾也，此又一趣也"(袁宏道：《叙陈正甫会心集》)。在艺术手段上，俗表现为宜、露、俚、新。如果说儒、道之雅追求的是韵，那么俗的思潮追求的是态。书法上说"明人尚态"，其实又何止书法，它是弥漫在当时整个艺术(小说、戏曲、版画、雕塑、歌舞)中的一种不同于古典之雅的风格类型。

中国艺术的
最高境界　中国文化的最高境界是和，包括人与人之和、人与社会之和、人与宇宙之和。中国艺术自觉地追求表现天地之心，拟太虚之体，因而也把和作为最高境界。和的追求是艺术家通过对中国文化的和的基本精神的体会并用艺术的形式表现出来的。

中国古人早就懂得"和实生物，同则不继"(《国语·郑语》)的道理，就艺术来说，音乐须五音配合，绘画要"错画为文""墨分五彩"，书法要八种笔画。中国各门艺术都是通过自己所依媒介的多样性组合，按"和实生物"的原则产生出来的。和不是无矛盾、无差别的同一，而是包含着矛盾诸方面的相反相成、对立统一。"有无相生，难易相成，长短相形，高下相倾，音声相和，前后相随。"(《老子》第二章)艺术作品的组织也像阴阳五行一样，是按照"相反相成"的和的原则组织起来的，如绘画中墨的浓淡枯湿，书法中笔的长短曲直，建筑中的墙与顶，音乐中的八音克谐。中国的和与中是联系在一起的，和即中和。所谓中，就是按照一定的文化法则来组织多样的或相反的东西，并把这些多样或相反的东西构成一个和谐的整体。中在艺术上表现为对中心的追求。音乐须有主音，最好是宫调，因为在五行体系里，宫是中。绘画讲整体性，首先是突出主要人物或主峰，人物画中主要人物总是画得大于他人，山水画中"画山者必有主峰，为诸峰所拱向"(刘熙载：《艺概·书概》)。书法要"每字中立定主笔，凡布局、展势、结构、操纵、侧泻、力撑，皆主笔左右之也。有此主笔，四面呼吸相通"(朱和羹：《临池心解》)。在戏曲乐器中，鼓板是中心，它指导着整个乐队的演奏。建筑群要有主体建筑，于故宫是太和殿，于寺庙是大雄宝殿。中国艺术的和谐感与理性精神，都是靠其整体性中有一个中心，才显得气韵生动。

中国文化的宇宙观是时空合一的。和在时间方面显现为四季循环，历史盛衰，国家分合，王朝兴亡。正像四季中有秋冬，等级和谐中须有臣、子、妇、民一样，历史的运转中必有分、衰、亡，心理情感中必有悲。因此，中国的和谐中包含有悲、怨、愤、憾之一面，但中国艺术表现悲、怨、愤、憾，也是建立在根本的和谐精神之中的。徐渭、郑燮的书法，八大山人、石涛的绘画，不论用笔造型多怪多奇，仍保有和谐的构图。明清悲剧无论怎样使忠臣、义士、良民走向死亡，但总是以平反昭雪的大团圆来结尾。这类艺术作品在表现上是不和的，在根子上却是求和的。它的不和是文化之和的一个必不可少的部分，是不和之和。总之，和是中国艺术的最高境界。

□**参考文献**□

1. 彭吉象主编：《中国艺术学》，北京，高等教育出版社，1997。

2. 王庆生：《绘画：东西方文化的冲撞》，北京，北京大学出版社，1991。

3. 韦滨、邹跃进：《图说中国雕塑史》，杭州，浙江教育出版社，2001。

□**思考题**□

1. 为什么说"气韵生动"可以作为中国艺术精神的总概括？

2. 怎样理解中国艺术中的"游目"？

3. 怎样理解中国艺术中的"虚实相生"？

第十一章　中国古代史学

第一节　中国古代史学是中国文化的宝藏

中华民族是具有深刻的历史意识的民族。自中华民族跨进文明的门槛以来，经过封建社会漫长的发展道路，出现了众多的历史学家，丰富的历史典籍，完备的修史制度，优良的史学传统。

中国古代史学的光辉历程

在文字出现之前，先民对历史的记忆、认识和传播，仅仅依靠口耳相传，辅以结绳刻木，这种远古的传说是史学的源头。有了文字，历史记载方成为可能。卜辞和金文，是中国历史上目前所知最早的历史记载。卜辞是殷周奴隶主贵族占卜的记录，因刻于龟甲、兽骨之上，故称甲骨文。金文因是铸在铜器上的铭辞，故有铭文、钟鼎文之称。这些记载已包含时间、地点、人物、事件等后世历史记载所必须具备的基本因素，因而可以被看作历史记载的萌芽。负责记载的史官，担当起草公文、记录时事、保管文书之责，也负责一些宗教活动，他们是最早的历史学家。继甲骨文、金文之后，《尚书》是较早且更具有官书性质的历史记载，所记皆殷周王朝的大事。《诗经》是西周至春秋时期的诗歌总集，包含风、雅、颂三个部分。其中《大雅》里的一些诗篇，反映了周族和周王朝某些发展阶段的传说和历史，可以视为史诗。

西周末年，周王室和各诸侯国都有了国史。春秋末年，孔子以鲁国国史为基础，编撰成《春秋》一书。《春秋》作为我国古代第一部编年史，它的出现具有划时代的意义。孔子开创私人讲学和私人撰史之风，开拓了中国史学的道路，是中国古代第一位大史学家。继孔子之后，战国时代，私人历史撰述有了大的发展，最有代表性的是《左传》《国语》《战国策》。

如果说，先秦时期是中国史学的童年，那么，秦汉时期则是中国史学的成长时期。这一时期史学的显著特点是规模宏富的纪传体通史和断代史的出现。《史记》创造了中国史学上的纪传体表现形式，以其规模宏大的通史概括了 3000 年社会经济、政治、军事、民族、思想、文化、社会风貌及各阶层人物群像，奠定了中国古代史学发展的基础。《史记》的"成一家之言"标志着史学已卓然成为一家。班固因《史记》而撰《汉书》，断代为史，由此开创了王朝史撰述的先河。世以《史记》为通史的开山，《汉书》为断代的初祖。纪传一体，后世奉为圭臬，其发凡起例之功，不可轻视。此外，荀悦的《汉纪》又创编年体断代史先例。还有刘向、刘歆父子的《别录》《七略》，是中国目录学的开端。

魏晋南北朝时期，史学得到初步发展，私家修史之风盛行，史书极其繁富，门类广泛，史学真正摆脱了经学附庸的地位而蔚为大观。就史学门类言，除纪传史、编年史外，又有民族史、地方史、家史、谱牒、别传以及史论、史注等，显示出史学多途发展的盎然生机。

隋唐五代时期，中国史学出现了重要转折。统治阶级重视修史，设馆修史完善了史官制度，官修史书成绩斐然。24 部正史中有 8 部成书于唐初，便是一个例证。当然，设馆修史表明皇家对修史的垄断，私修之风受到抑制。总结性著作的出现，是此期史学发展的又一个特点。刘知几的《史通》、杜佑的《通典》为史学开辟了新路。

宋元时代，尤其是两宋，史学发达，堪称盛世。在通史撰述、当代史撰述和历史文献学方面都有巨大成就，在民族史、域外史、学术史和史学批评方面也取得重要成果。这一时期，史体广泛，应有尽有。《资治通鉴》是编年体通史，袁枢新创纪事本末体，还有《通志》《文献通考》。方志在两宋特别是南宋大量涌现。金石学是宋代学者开辟的新园地。官修实录、国史、会要等书，皆较前代为详。

明代史学同此前不同的是方志撰述的兴盛和稗史的空前增多，经济史撰述的繁富，以及史学的通俗化和历史教育的广泛展开，显示出明代史学进一步走向社会深层的趋势和特点。比如，明代学人通过对前人历史撰述的节选、摘录、重编，由此产生出来的节本、选本、摘录本、类编本，以至蒙学读物，对普及历史教育有很大作用。

清代学风，以考据为盛，乾嘉时期是其黄金时代。乾嘉学者对中国有史以来的全部学术文化进行了一次大规模的清理与总结，反映在史学方面，著述甚丰，学者如林。

史学在中国传统文化中的地位　　梁启超在《中国历史研究法》中说："中国于各种学问中，惟史学为最发达；史学在世界各国中，惟中国为最发达。"此说符合历史实际。中国古代史学是座瑰丽的宝库，是中国古代文化的重要组成部分。中国传统目录学的发展是中国传统文化发展状况的反映。《隋志》著录文化成果，四部分书，确定经、史、子、集的顺序，由此直至清代编《四库全书总目》，史书一直位居第二位，这一点足可看到史学在传统文化中的地位。我们说中国是世界文明古国，正是因为它有着悠久的历史和灿烂的古代文化，而这悠久的历史和灿烂的古代文化，在很大程度上则是通过历代的历史学家记录和保存下来的。历史著作作为史学的社会表现形态，具有记录、综合人类文化创造、积累和发展的职能。

流传至今的中国历史文化典籍，诸如二十四史、正续通鉴、十通等，可说是中国古代文化的渊海，大都是古代史家的杰作。这说明一个事实：历史著作涵盖了中国文化的方方面面。不仅因为任何一个文化领域的具体部门本身都有其发生、发展的历史，这发展史就是史学的具体研究对象，如经学史、哲学史、文学史、宗教史等，而且各具体门类，如文学、艺术、宗教等，也同史学发生密切关系，都要从历史的研究中加以阐述。就中国古代史学而言，它深受儒家经学的影响、制约，长期以来，经学曾经是史学的指导思想，儒家的政治伦理是史书通过历史经验反复阐明的史义。而史学之求真、经世的传统也影响着儒家经学。以宗法色彩浓厚和君主专制制度高度发达为主要特征的中国传统社会的政治结构，导致中国文化形成伦理型范式，突出地表现为"内圣外王"的心态，即"修齐治平"的人生理想和追求。在这里，经、史二者分别从伦理和历史的层面互相补充地充当了中国传统文化的重要内容。这种人文主义的文化，它既需要理论的概括，又需要历史的印证。至少从隋唐以来，所谓经史之学便成了中国传统学术的代名词。中国古代史家特别注重史文，讲求文字表述之美，文史结合成为优秀史家的传统。可见，经史关系、文史关系甚至子史关系都是中国史家向来就十分关注的课题。对这些学问的把握以及对它们彼此关系的了解，乃是中国学人最基本的文化素养。老一辈史学家，于经、于史、于子，皆功底深厚，故而在史学研究中，能视野开阔，左右逢源，于学术的普遍联系中得出符合实际的结论。

第二节　中国古代史学的巨大成就

中国古代史学是一座瑰丽的宝库，其内容之丰富，形式之多样，制度之完备，史家之杰出，理论之精善，在世界历史上是仅见的。这充分说明中华民族是一个富于历史传统的民族。

丰富的内容
多样的形式

中国古代史学在其发展的光辉历程中，涌现出数以百计的史家和浩如烟海的史籍。

丰富的历史内容和多样的表述形式之结合，是中国古代史学的特点和优点之一。

中国古代史籍分类的体制在《隋书·经籍志》里大致确定下来。《隋志》析史书为13类：正史、古史、杂史、霸史、起居注、旧事、职官、仪法、刑法、杂传、地理、谱系、簿录。此后不久，刘知几以编年、纪传为正史，另有"偏记小说"十品，即偏记、小录、逸事、琐言、郡书、家史、别传、杂记、地理书、都邑簿。这说明，在初唐时期，中国史书的积累已极繁富，分类亦相当细致。

《隋志》史部的分类原则是内容和体裁的结合。正史指纪传体。古史，多依《春秋》之体，《新唐书·艺文志》即称编年类。杂史，据《四库全书总目》所释，"义取乎兼包众体，宏括殊名"，体例杂；内容所述大抵皆帝王之事，但不像正史那样完整，且颇涉琐事遗文入史，内容杂，《宋史·艺文志》称别史。霸史，特指十六国的记注。起居注，指"录纪人君言行动止之事"（《隋书·经籍志》）之书；《新唐书·艺文志》把历朝实录、诏令，都放在起居注类。旧事、职官、仪法、刑法大都是有关制度之书。杂传是关于世俗、佛、道各种人物的传记。地理纪州郡、山川、物产、风俗，谱系纪姓氏，簿录著文献目录。刘知几探讨史书源流，把唐以前史籍归为六家，即《尚书》家，《春秋》家，《左传》家，《国语》家，《史记》家，《汉书》家。六家演归为二体，即编年体、纪传体，为史书最主要的体裁。随着史学的发展，新的史体不断出现。刘知几撰《史通》，确立了史评体的规模；中晚唐有典制体、会要体的崛起；宋代创立了纪事本末体和纲目体；明清有学案、图表、史论的发展。乾隆时期编《四库全书总目》，其史部分类，较之《隋志》更为细致。《四库全书总目》史部分为15类，即正史、编年、纪事本末、别史、诏令奏议、传记、史抄、载记、时令、地理、职官、政书、目录、史评。总之，丰富的历史内容和多样的编纂形式的有机结合，全面地、连贯地反映了中国历史的进程。比如，二十四史是我国珍贵的历史巨著，它记载了上起传说中的黄帝下迄明朝末年长达4000余年的历史，其中包括了中华民族发展史上的氏族公社制、奴隶制、封建制几个历史阶段。它记事久远，内容丰富，前后衔接，自成系统，包括了各个历史时期的政治、经济、军事、民族、文化等各方面的大事，以及成千上万的历史人物，贯通古今，包罗万象。贯通古今、上下连接的各类史籍，为我们提供了丰富而系统的历史资料，是研究中华民族历史的基础。

**贯通古今
的编年史**　　编年体是中国史书的主要体裁之一，它以时间为中心，依照年月顺序记述史事。这种体裁的优点是史事和时间的紧密结合，给人以明确的时间观念，容易明了史事发生、发展的时代背景及因果关系。中国历史之有确切纪年是公元前841年，而在此之后，各诸侯国都有按年记事的编年史，这些编年史，大抵皆名为"春秋"，春秋即编年之意。当然也有别定他名的，如晋国称"乘"，楚国称"梼杌"。

《春秋》是我国现存最早的编年史，它以鲁国为主，兼及周王室和其他诸侯国，是鲁人系统叙述春秋时期历史的著作。《春秋》原出于鲁国史官之手，后来经过孔子整理。孔子修《春秋》，体现了他的政治立场，以求达到惩恶扬善的目的，这就是"寓褒贬，别善恶"的春秋笔法。

《春秋》文句简短，措辞隐晦。后来学者引申阐释，出现各种解《春秋》的书，称之为"传"，《春秋》本文则称为"经"。流传下来的《左传》《公羊传》《穀梁传》，合称为"春秋三传"。《左传》的作者相传为左丘明，全书18万字，用编年体的形式，比较翔实地记载了上自鲁隐公元年（公元前 722 年），下迄鲁哀公二十七年（公元前 468 年）的历史，是一部相当完备的编年史，具有珍贵的史料价值。

到东汉末年，荀悦的《汉纪》问世。《汉纪》是关于西汉一朝的编年体断代史。荀悦在编年体的写法上有所创新，在叙事时能突破时间界限，根据需要补叙前因或备述后果，且兼及同类人和事。这样，如同纪传一样，备载历史人物、历史事件和典章制度，从而扩大了编年史的记叙范围，为编年史写人找到了一条道路。袁宏的《后汉纪》也是一部断代编年史名著。袁宏博取众家之长，且治学严谨，在《汉纪》"通比其事，例系年月"的基础上，采取"言行趋舍，各以类书"（《后汉纪叙》）的叙事方法，扩大了编年史的容量。故此书一出，后来居上。

两《汉纪》的出现，完备了编年史体的规模，从而促进了汉唐之际编年史的发展。至北宋司马光，打破断代格局，撰写编年体通史《资治通鉴》，上起战国，下终五代，按年记载，上下贯通，是中国史学史上一部划时代的名著。鉴于司马光的巨大成就，人们把他同司马迁相提并论，视为中国古代史学的两大伟人，并称为"两司马"。

《资治通鉴》是《史记》之后包容年代最长的通史之一，该书专详治乱兴衰，着重叙述历代重大的政治事件和战争，也记载一些重要人物的事迹、言行，兼及有关国计民生的制度和文化状况，是一部以政治为中心，比较全面反映历史内容的通史。《资治通鉴》行世后，影响很大，补撰、续作、改编、仿制、注释、评论之书络绎不绝，蔚为大观，很快在史坛掀起"编年热"。南宋李焘竭 40 年之精力私撰《续资治通鉴长编》980 卷，记载了北宋九朝 168 年的历史。南宋李心传接续《长编》，撰《建炎以来系年要录》200 卷，是关于宋高宗一朝的编年史。到了清代末，毕沅在李焘、李心传的著作以及清初徐乾学所撰《资治通鉴后编》的基础上，参用宋、辽、金、元四史，历 20 年，撰成《续资治通鉴》220 卷。这部上自宋太祖建隆元年（960 年），下迄元顺帝至正三十年（1370 年）的宋、元编年史一经出现，史家便认为可取代诸家续作，把它同《资治通鉴》合刊，称《正续资治通鉴》。

毕沅是清朝人，照理而论，他续《资治通鉴》，应以明末为限，但明清相距不远，易代之际，语涉忌讳，弄不好就会遭"文字狱"之祸，因而缺而不载。到了清末，文网渐疏，陈鹤编《明纪》、夏燮编《明通鉴》等明代编年史。陈书早出，卷帙较简，所以后来苏州书局合刊《正续通鉴》时，取《明纪》相配，以使一系相联。从《春秋》《左传》到《正续通鉴》《明纪》，形成了自春秋至明末近 2400 年前后衔接的编年史。这是世界史学史上的奇迹。

汉以后的编年体史书还有一个重要系列，这就是历朝的起居注和实录。起居注按照时间顺序专门记载帝王的言行，实录是历代所修每位皇帝在位期间的编年大事记，它们常被史家采入正史，或引入编年，发挥了重要的史料功能。

列朝相承的纪传史 《隋志》把司马迁的《史记》和班固的《汉书》视为纪传体之祖。因为《史记》以人物为中心，分为本纪、表、书、世家、列传五体，开创了纪传体的史书体例。班固因《史记》作《汉书》，断代为史，改书为志，废去世家，整齐为纪、表、志、传四体，而纪、传是这种体裁的主体。班书以下，表、志或有缺略，但一定有纪有传。凡属于这一体例的，都叫作纪传体。纪传体实质上是一种综合体。本纪，基本上是编年体，叙述帝王事迹，排比历史大事。世家，记述诸侯、勋贵和特殊人物的大事，兼用编年和列传的写法。列传主要是记载各类历史人物的活动。这些人物传记有专传、合传、类传和寄传等类型，也有民族史传和外国传。表是用谱牒的形式，条理历史大事。书志，以事为类，主要记载各类典章制度的发展过程和有关自然、社会各方面的历史。另外，自司马迁创"太史公曰"的史评形式，历代纪传史皆加仿效，刘知几归结为"论赞"，实际上它是史家对历史人物和历史事件的评论，是纪传史的有机组成部分。纪传史诸体交相补充，互相配合，构成一个完整的体系。较之编年体，它具有显著的优点。以人物为中心，便于考见各类人物的活动情况，且有范围更宽广的历史容量，便于通观历史发展的复杂局面。此外，也便于读者阅读。因此，纪传体成为我国封建社会最流行的史书体裁。

中国古代所谓"廿四史"，都是纪传体史书。《隋志》首先以"正史"一名概括纪传史一类，记录南北朝末年各史籍。后世各朝陆续增加，到了宋代，定为十七史，即《史记》《汉书》《后汉书》《三国志》《晋书》《宋书》《南齐书》《梁书》《陈书》《魏书》《北齐书》《周书》《隋书》《南史》《北史》《新唐书》《新五代史》。及至明代，又把元、明修的《宋史》《辽史》《金史》《元史》加上，合为21部，故有"廿一史"之称。清乾隆初年，《明史》修成，又有"廿二史"之称。后诏《旧唐书》列为正史，又从《永乐大典》中辑出《旧五代史》，合为"廿四史"。再加上《新元史》《清史稿》，又有"廿六史"之说。

从《史记》到《明史》，总共4000万字左右，3249卷，记载了从传说中的黄帝到明朝末年（1644年）共4000余年的历史，成为一套衔接不断、包罗万象的巨著。它篇幅宏伟，史料丰富，完整而系统地记录了中国古代历史的发展历程，展现了广阔的历史画卷。

纪传体史书创始于《史记》，它的作者司马迁是中国古代文化的杰出代表，中国历史学之父。

《史记》发凡起例，开创了纪传体的史书体裁，是一部贯通性的通史，上起传说中的黄帝，下至汉武帝太初年间，记载了前后3000年的历史。全书包括十二本纪、十表、八书、三十世家、七十列传，共130篇，52万多字。《史记》真实地记录了中华民族的历史，并以纪传史法为后世史家树立了光辉的榜样。所以说，《史记》是我们中华民族的史诗和颂歌，是我们民族智慧的结晶，也是民族精神的源泉和经验总结。

鲁迅先生评价《史记》是"史家之绝唱，无韵之《离骚》"（《汉文学史纲要》），这是非常贴切的。司马迁以拥抱整个民族文化的宽广胸怀，熔3000年政治、经济、文化于一炉，完成了这部气魄雄伟、包罗万象、博大精深的百科全书式的通史巨著，成为历代史家竞相学习、仿效的楷模。

继《史记》之后，东汉班固沿用《史记》体例而略有变更，写出我国第一部纪传体断代史《汉书》，以十二帝纪、八表、十志、七十列传，记载了西汉一朝历史。《汉书》体例完整，记载系统完备，体现了"文赡而事详"（《后汉书·班固传》）的特点。特别是它的"十志"，取法《史记》八书，但有重大发展，开拓了新领域，补充了新内容。如《艺文志》，著录了西汉官府藏书，分析了学术源流，是我国现存最早的图书总目录。纪传部分内容翔实，远胜《史记》。总之《汉书》博洽，记载翔实，不愧为一部重要的历史名著。范晔的《后汉书》、陈寿的《三国志》亦为史家所重，此二书和《史记》《汉书》并称为前四史。

以后各代正史，均以纪传为体，以断代为史，大体上沿袭《史》《汉》体例，但根据需要也有或多或少的变革。如《晋书》采北魏崔鸿《十六国春秋》撰十六国史，成"载记"30卷，这是在体例上的创新。《宋书》撰有九志，上溯三代，近及汉魏，颇有特色。《魏书》的《序纪》《释老志》乃为创见。

典章制度的渊海　我国古代史家非常重视典章制度的记录，《史记》有八书以记天文、地理、文物制度，其后许多断代史皆沿八书体制，设志以记历代典章制度。但制度的演变有很大的继承性，断代为书常原委不明。到了唐代，杜佑冲破束缚典制史发展的局面，著成我国第一部专记历代经济、政治、文化等典章制度沿革的专史《通典》。《通典》记载历代制度沿革，上起传说中的黄帝、唐虞，下迄唐代天宝年间，肃宗、代宗时的变革，亦间有附载。全书200卷，分为食货、选举、职官、礼、乐、兵刑、州郡、边防八门。每门之下又分若干子目，综合各代，其中以唐代叙述最详。

《通典》叙述历代典章制度，内容翔实，源流分明，既补历代史志之未备，又会通古今，为史书编纂开辟了新的途径，特别是把食货放在典制的首位，充分反映了其进步的史观和卓越的史识。

南宋史学家郑樵承司马迁通史之风，撰成200卷的纪传体通史《通志》。其纪传部分，几乎全部摘抄诸史原文，并无新意。郑氏功力最深的得意之作是二十略，"略"即各史的"志"。他在《通志总序》中说："凡二十略，百代之宪章，学者之能事，尽于此矣。"二十略包括氏族、六书、七音、天文、地理、都邑、礼、谥、器服、乐、职官、选举、刑法、食货、艺文、校雠、图谱、金石、灾祥、昆虫草木，把经学、礼乐、天文、地理、文字乃至生物等各方面的知识都汇集进去了。这些研究吸取了劳动人民的智慧，扩大了史学研究的范围，提供了丰富的有价值的史料。而且，二十略意在"总天下之大学术而条其纲目"（《通志总序》），充分体现了"会通"的史学思想。

宋末元初的史学家马端临，仿效《通典》体例，增广门类，或续或补，竭20年之精力，撰成一部"贯通二十五代"、统纪历代典章的通史《文献通考》。《文献通考》记载了从上古到宋宁宗嘉定末年的典章制度沿革，共 348 卷，凡分 24 门：田赋、钱币、户口、职役、征榷、市籴、土贡、国用、选举、学校、职官、郊社、宗庙、王礼、乐、兵、刑、经籍、帝系、封建、象纬、物异、舆地、四裔。田赋等 19 门，依《通典》旧例，详加增补；经籍、帝系、封建、象纬、物异 5 门，属马氏独创。马端临搜集材料，一是靠书本的记载，就是"文"；二是学士名流的议论，就是"献"；作者详加考证，去伪存真，区分类目，排比编纂，就是"通考"。这种方法实开后世历史考证学的先河。《文献通考》的史料价值高于《通典》，可以说《通典》一书的精华，全包括在《文献通考》中了。

《通典》《通志》《文献通考》，目录学家合称为"三通"。清乾隆三十二年（1767 年）敕撰《续通典》150 卷，起于唐肃宗至德元年（756 年），与《通典》相衔接，迄于明思宗崇祯末年（1644 年）。同时又官修《清通典》100 卷，起于清初，终于乾隆五十年（1785 年）。又官修《续通志》640 卷，《清通志》126 卷。《续通志》和《通志》体例大体相同，分本纪、列传、二十略，纪传部分从唐初至元末，二十略从五代到明末。《清通志》只有二十略。乾隆十二年（1747 年）敕撰《续文献通考》250 卷，起于宋宁宗嘉定末年，至明崇祯末年。又于乾隆二十六年（1761 年）撰《清朝续文献通考》266 卷，起于清初，迄于乾隆二十六年。后刘锦藻更私撰《清朝续文献通考》400 卷，上续《清通考》，下迄清末。这样，人们把"三通"、"续三通"、"清三通"和《清朝续文献通考》合称为"十通"。"十通"卷帙浩瀚，共 2660 卷，贯通中国几千年文物制度的历史，实是典章制度的渊海。

《通典》《文献通考》属于通史范畴，此外历朝还有专详一朝典章制度的史书。私人撰修的，多称"会要"；出于官修的，多称"会典"。这些断代制度史书，与贯通古今的制度通史配合，相得益彰。

纪事本末与史评　　除了上述史籍外，还有很多重要的历史典籍。比如，在纪传、编年以外，还有第三种史书体裁，即纪事本末体。这是以历史事件为中心的一种史书体裁。南宋史学家袁枢喜读《资治通鉴》，却"苦其浩博"（《宋史·袁枢传》），于是自出新意，以事为纲，以类排纂，将《通鉴》中千余年史迹，按时间顺序，分编为 239 个题目。"每事各详起讫，自为标题，每篇各编年月，自为首尾"（《四库全书总目》），撰成《通鉴纪事本末》。《通鉴纪事本末》及其体例，曾赢得史家好评，以为这种体裁的好处是"因事命篇，不为常格"，而"文省于纪传，事豁于编年"（章学诚：《文史通义·书教下》）。在袁书的影响下，明清两代，颇多仿效之作。因而，纪事本末体史籍也自古及今，上下贯通，成为一类系统的史籍。《通鉴纪事本末》之上有《绎史》（从远古至秦末）、《左传纪事本末》（春秋时期），下有《续通鉴纪事本末》（北宋至元末）、《宋史纪事本末》、《明史纪事本末》、《清史纪事本末》，与编年、纪传相配合。

所谓史评，系指评论史事或史书的著作。史评大体上可分为两类，一类重在批评史事，一类重在批评史书。批评史事者，是指对于历史事件和历史人物加以评论。这种评论，《左传》《史记》开了一个头，后来纪传体正史以及编年史都继承了下来。西汉初贾谊的《过秦论》，便是较早的史论专篇。唐宋以来，评史之风颇盛，许多文人学者都有史论之作，也出现如唐代朱敬则的《十代兴亡论》、宋代吕祖谦的《东莱博议》、明代张溥的《历代评论》等史论专著。清代王夫之的《读通鉴论》《宋论》更是史论的代表作，其中蕴含深刻的历史哲学思想。批评史书者，主要是指人们对史家、史书或某一种史学现象、史学思想的评论，它在中国古代史学史上也占有重要地位。这种史学评论，司马迁的《太史公自序》是开端，《汉书·司马迁传》是其发展，《文心雕龙·史传篇》更为系统，但作为史学评论之系统而全面的专著则以唐代刘知几的《史通》、宋代郑樵的《通志总序》和清代章学诚的《文史通义》为代表。

作为我国古代第一部史学理论专著的《史通》，是史评杰出的代表作。作者刘知几是唐代著名的史学理论家，所撰《史通》20卷，内容广泛，论及史书编撰、史学家修养、史学准则、史学史、史学流派等问题，特别评论了史书编撰中的体例、书法、史料、行文和史家修养问题，是对唐以前史学理论之系统而全面的总结，标志着中国古代史学理论的确立。

清代著名史学理论家章学诚的《文史通义》，是史学理论的又一代表作。该书不仅谈史，而且论文。特别是对于编纂方志，颇多创造性的见解。与刘知几强调"史法"不同，章学诚强调"史意"，对于治史的宗旨、任务、态度等都有独到的认识，因而对古代史学理论有杰出贡献。

此外，还应该提到清代学者钱大昕的《廿二史考异》、王鸣盛的《十七史商榷》和赵翼的《廿二史札记》等史评著作。《廿二史札记》不但对二十四史做了全面介绍和评价，而且能把握重大历史事件，综合分析，探究一代政治利弊和兴衰变革的原因，因而对后代学人有很大帮助。

综上所述，可见中国古代史学成就辉煌，诸般史书，应有尽有，逐步完善，各有源流，自成系统，互相补充，彼此印证，在中国史学史上，犹如簇簇盛开的鲜花，争妍斗艳，交相辉映。中国史籍之丰富多彩，中国古代史学之发达，是任何国家都不能比拟的。黑格尔曾说："中国'历史作家'的层出不穷，继续不断，实在是任何民族所比不上的。"（《历史哲学》）李约瑟在《中国科学技术史》第一卷《导论》中也写道："也许不用多说，中国所能提供的古代原始资料比任何其他东方国家、也确实比大多数西方国家都要丰富。譬如，印度便不同，它的年表至今还是很不确切的。中国则是全世界最伟大的有编纂历史传统的国家之一。"这是中国史学的骄傲！

第三节　中国古代史学的优良传统

在我国古代史学漫长的发展过程中，逐渐形成了许多优良传统，它是以往史学家们优良的思想、品德、学风和经验的集中表现。我们所说的批判继承古代史学遗产，不仅是指古代史家所积累的资料、撰述的成果，还应包括反映在史学家身上的优良史学传统。

中国古代有代表性的史家及其撰述，一般都具有恢廓的历史视野。

学兼天人　会通古今

他们学兼天人，会通古今，用包容一切的气势和规模，阐述历史的发展过程，探究历史的前因后果。司马迁撰《史记》就明确提出"究天人之际，通古今之变，成一家之言"（《报任安书》）的著史宗旨。不论是通史家，抑或是断代史家，在他们的著作里，都力图展示其学兼天人和会通古今的恢宏气象。《史记》自然是视野恢廓的，它贯通古今，范围千古，牢笼百家，网罗宏富。《汉书》断代为史，不如通史那样辽远，但也颇具恢宏气象。刘知几称赞它"究西都之首末，穷刘氏之废兴，包举一代，撰成一书。言皆精练，事甚该密"（《史通·六家》），正是肯定它博通的内容，广阔的视野。

中国古代史学自始至终不是纯粹的社会科学，它不但记叙了人类社会生活的丰富内涵，而且还记载了自然历史，包含了天文地理的变化。这种既讲天（自然）又讲人的史学内容，是中国古代天人合一思想的体现。作为民族文化精神的主导观念和民族文化特质典型表现的天人合一思想曾是史家著史的指导思想，史家的富有文化史学特色的史著也正是这种天人观的贯彻与实践。

会通古今，重视通史著述，是中国古代史学的主潮。随着条件的成熟（客观的需要、资料和经验的具备等）和通人的出现，新的通史之作便会应时而生。就是不推崇通史撰述的刘知几也以"总括万殊，包吞千有"（《史通·自叙》）之势纵论古今史书，品评其得失利弊，写出了《史通》这样一部古代史学批评通史。此后，杜佑撰典章制度体通史《通典》，司马光撰编年体通史《资治通鉴》，郑樵以纪传体撰成《通志》。袁枢别开生面，以事为主，撰成《通鉴纪事本末》，马端临撰典制体通史《文献通考》。这些著作，都发展了会通之旨，展示了恢宏的历史视野。《汉书》以下的断代史也不乏鸿篇巨制，如《续汉书》《宋书》《魏书》《晋书》《五代史志》，都展现了史家学兼天人、会通古今的宏大气魄。中国古代史家的这一传统，不仅促进了中国史学的繁荣，而且也影响、造就了许多通人、名家。

学兼天人、会通古今这一优良传统源于中国传统思想，特别是儒家的天人观、古今变通观，而作为史家的历史观，经过他们的验证，显得更深刻、更系统。

以古为镜
经世致用　　　会通古今的目的在于鉴古知今，也就是"以古为镜""古为今用"。中国古代史家非常注重当代史的研究，非常注重史学研究的古为今用，这是中国古代史学的又一优良传统。

　　详今略古，注重当代史的研究，可以说是我国史学的一贯传统。司马迁写《史记》，就是着重写当代史。《史记》130篇，写了3000年的历史，其中有关汉代史的内容就超过一半。再如《汉书》，是写前朝的历史，此后历代纪传体正史大都如此。"实录""国史"都是当代史。只是到了后来，撰写"国史"和前朝历史的工作为史馆独占，私家修史方渐转向古代。尤其是清代，屡兴"文字狱"，致使一些学者不敢谈论现实问题，于是便把精力集中在古典文献的整理和考订上，即使如此，清代还是有不少著名史家重视对近现代史的研究和撰著。浙东史学的几位大家如黄宗羲、万斯同、章学诚等，就是光辉的代表。

　　我国自古以来，对于历史遗产和记事写史，很注意借鉴和垂训的作用。《尚书·召诰》说："我不可不监于有夏，亦不可不监于有殷。"《诗经》上也有"殷鉴不远，在夏后之世"（《大雅·荡》）的诗句。随着史学的发展，以史为鉴成了一个重要的史学传统。唐初君臣以史为鉴，当时史馆修《隋书》就贯彻了这一宗旨。贞观十年（636年），房玄龄、魏徵等修五代史成，唐太宗大为高兴。他说："朕睹前代史书，彰善瘅恶，足为将来之戒。……欲览前王之得失，为在身之龟镜。公辈以数年之间，勒成五代之史，深副朕怀，极可嘉尚。"（《册府元龟》卷五五四《国史部·恩奖》）唐太宗的话很可代表统治者对修史目的的看法。唐太宗说他有三面镜子："以铜为镜，可以正衣冠；以古为镜，可以知兴替；以人为镜，可以明得失。"（《旧唐书·魏徵传》）"以古为镜"就是古为今用，就是发挥史学的经世作用。司马光写《通鉴》的目的就是给帝王"周览"，从中鉴戒得失，宋神宗特赐名为《资治通鉴》，强调以史为鉴的作用。

　　在中国古代史学发展史上，史学家向来都对国家治乱兴衰给以极大关注，表现出饱满而深沉的政治情怀。这种政治情怀，大多以经世致用为其出发点和归宿。孟子论及孔子作《春秋》时说："世衰道微，邪说暴行有作，臣弑其君者有之，子弑其父者有之。孔子惧，作《春秋》。"（《孟子·滕文公下》）这说明孔子作《春秋》就有自觉的社会目的。这一目的就是史学为现实服务，包括以理想来批判现实，也就是经世致用。

　　另一方面，史学满足现实政治的需要，因而又得到国家政权的提倡和支持，这就是政治关注史学。上面提及的唐太宗就是典型的例子。政治关注史学，对史学的发展有促进作用，同时也出现政权对史学事业的控制，在一定程度上扼杀了史家的创造精神。史家以考论政治得失、劝善惩恶为己任，这也就决定了他们所撰史书的主要内容是现实社会中实实在在的政治和人事。像《资治通鉴》，司马光"专取关国家盛衰，系生民休戚，善可为法、恶可为戒者以为是书"（《新注资治通鉴序》），尽管其篇幅宏伟，内容丰富，却总离不开政务这个中心。这是中国史学的特色之一。

经世致用的史学传统起初主要是注重史学的鉴戒作用，至中唐杜佑则发展为比较全面的经世目的。杜佑撰《通典》，突破了在史书中从历史事件方面总结治乱得失的模式，深入到社会的经济制度和上层建筑领域，从各种制度的沿革变迁中探讨经验教训，从而对历史上的治乱得失做出了全面而深入的考察；同时也突破了历来所强调的鉴戒模式，提出了以史学"经邦""致用""将施有政"这一具有直接实践作用的认识模式。

史学经世源于儒家，而儒家学说从整体而言，也是经世的学说。儒学，从它的创始人孔子开始，都有一种经世的传统和特色。

求实直书
书法不隐

秉笔直书是我国古代史学的又一优良传统。我国古代史家历来把秉笔直书视为持大义、别善恶的神圣事业和崇高美德。他们以直书为荣，曲笔为耻，为了直书，不避强御，不畏风险，甚至不怕坐牢，不怕杀头，表现了中国史家的高风亮节。

早在中国史学开始兴起之时，秉笔直书就成为史家的崇高美德而受到称赞。《左传》记述了齐国太史、南史氏直书不惜以死殉职的故事："大（太）史书曰'崔杼弑其君'，崔子杀之。其弟嗣书，而死者二人，其弟又书，乃舍之。南史氏闻大（太）史尽死，执简以往，闻既书矣，乃还。"（《左传·襄公二十五年》）这种直书的精神就成为后世史家遵循的传统。刘知几在《史通》中，写了《直书》《曲笔》的专篇，总结唐以前史家直书的优良传统，表彰南史氏、董狐仗气直书，不避强御；韦昭、崔浩肆情奋书，无所阿容的直书精神。刘知几说："虽周身之防有所不足，而遗芳余烈，人到于今称之。"（《史通·直书》）南史氏冒死以往的"仗气"已如前言，董狐"书法不隐"，被孔子誉为"古之良史"。三国史家韦昭，主撰《吴书》，孙皓要求为父作"纪"，韦昭不干，其理由是"执以和不登帝位，宜名为传"（《三国志·韦曜传》）。北魏崔浩主修魏史，无所阿容，因遭杀害。这种直书精神有很大的影响力，正直的史官、史家都自觉效法，付诸实践。贞观年间，褚遂良负责记录唐太宗言行。唐太宗欲索取过目，褚以"不闻帝王躬自观史"为由加以拒绝。唐太宗问他："朕有不善，卿必记之耶？"褚答曰："臣职当载笔，君举必记。"（《旧唐书·褚遂良传》）《贞观政要》的作者吴兢曾参与《则天皇后实录》，如实记载了魏元忠事件的原委，宰相张说感到此事于己不利，想让史官"删削数字"，吴兢义正词严斥之："若取人情，何名为直笔！"吴兢被时人誉为"昔董狐古之良史，即今是焉"（《唐会要·史馆杂录下》）。南宋袁枢曾兼国史院编修官，负责修宋朝国史的传，原宰相章惇的后人以同里故，婉转请"文饰"章传。袁氏当即拒绝："吾为史官，书法不隐，宁负乡人，不可负天下后世公议！"（《宋史·袁枢传》）言如金玉，掷地有声。

刘知几指出直书与曲笔的对立，认为直书是实录的前提，而曲笔则会造成实录难求。刘知几正是从历史撰述是否是"实录"这一根本点来区分直书和曲笔的界限。所以，直书集中地反映了中国古代史学的求实精神。从《史记》被誉为"实录"之后，这种求实精神便成为大多数史家追求的目标。自然，曲笔也是史学上的客观存在，刘知几剖析了它的种种表现，或者以实为虚，以是为非，或者虚美讳饰，任意褒贬。造成曲笔的原因，主要是史家为当权者的威势所慑，也因史家品德修养所致。古来唯闻以直笔见诛，不闻以曲词获罪。"世事如此，而责史臣不能申其强项之风，励其匪躬之节，盖亦难矣。"（《史通·直书》）但是，在整个封建社会，曲笔在任何时期都不可能成为公开提倡的行为，任何得计于一时的曲笔作史，终究要被后人揭露，而直书精神，千百年来，赢得人们的赞扬，成为史家效法的传统，始终是中国史学的主流。

中国古代史学之所以兴旺发达，是同史家十分注重业务和思想修养

德识为先
才学并茂

分不开的。重视史家修养，是中国古代史学的又一优良传统。

关于史家修养问题，历来史家都十分关注，他们在总结、评论前人的史学成果时，也同时就史家修养做了评论。比如班固评论司马迁的《史记》说："自刘向、扬雄，博极群书，皆称迁有良史之材（才），服其善序事理，辨而不华，质而不俚。其文直，其事核，不虚美，不隐恶，故谓之实录。"（《汉书·司马迁传》）这里既肯定《史记》是部"实录"，又高度评价了司马迁的历史责任感，肯定他有"良史之才"。再如，《隋书·经籍志》史部后序说："夫史官者，必求博闻强识、疏通知远之士，使居其位，百官众职，咸所贰焉。是故前言往行，无不识也；天文地理，无不察也；人事之纪，无不达也。"可见，作为一名史家，学识上要博闻强识，见识上要疏通知远。不过，从理论上明确而全面地提出史家修养问题的还是刘知几。刘知几认为，史家必须兼有史才、史学、史识三长。所谓史才，是指修史的才能，主要是指历史编纂和文字表达方面的才华和能力。所谓史学，是指占有史料和掌握历史，要能搜集、鉴别和运用史料，要有广博丰富的知识，还要深思明辨，择善而从。所谓史识，是指史家的历史见识、见解、眼光、胆识，即观点和笔法，包括"善恶必书"的直笔论，也包括其他的历史观点。后来，章学诚肯定了三长理论，又补充了史德。所谓史德，即高尚的道德，章学诚解释为"著书者之心术"。什么是心术呢？章学诚说："盖欲为良史者，当慎辨于天人之际，尽其天而不益以人也。尽其天而不益以人，虽未能至，苟允知之，亦足以称著述者之心术矣。"（《文史通义·史德》）这里的"天人之际"，是指客观历史与史家的主观之间的关系，史家应尊重客观历史，不能用主观的好恶去影响对历史客观的忠实反映。尽管刘知几的史识中包含了史德的思想，但章学诚以心术论史德，无疑是理论上的一个发展。总之，德、才、学、识是对史家素质的全面要求，因而它就成为史家的奋斗目标和评论史家的标准。

孟子论《春秋》说："其事则齐桓、晋文，其文则史。孔子曰：'其义则丘窃取之矣！'"（《孟子·离娄下》）历代学者评论史书都从事、文、史三要素入手，而章学诚讲得最深刻。他说："史所贵者，义也；而所具者，事也；所凭者，文也。"（《文史通义·史德》）这个"义"就是史义，大体相当于我们所说的理论观点。这个"事"是史事，即历史事

实。这个"文"是史文，即写史的文采。义是最重要的，事是具体的，文是表达的。事为基础，文以表事，义从事出，三者血肉相连。章学诚打过一个形象的比喻："譬之人身，事者其骨，文者其肤，义者其精神也。"（《文史通义·方志立三书议》）其相互关系与主次地位非常清楚。史学中的义理之学与考据之学，虽各有所长，但如果双方"自封而立畛域"（《文史通义·答客问中》），就有两伤之敝。辞章家注重文，考据家崇尚事，而孔子最重义。从这里我们可以体会到，寓论于史、史论结合、文史兼修是我国史学的基本要求。一部史学作品是否达到高质量，传世不朽，就要看其事、文、义的水平及其结合状况，"非识无以断其义，非才无以善其文，非学无以练其事"（《文史通义·史德》）。这当然取决于史家德才学识的素质。史家要有远见卓识，善于继承，勇于创新。没有远见卓识，便巨细莫辨，是非不分，方向不明；没有批判的创新精神，因袭旧惯，谨守绳墨，便不敢攀登史学的高峰。一般说来，中国古代史学中许多闪烁真理光辉的史学观点都是史家远见卓识的具体体现。

需要指出，无论是刘知几论识，还是章学诚论德，其衡量识、德的标准无一不是儒家的伦理道德观。在中国重伦理道德的思想文化的熏陶下，史家向来以修身立德为己任，史书以表彰忠臣孝子为要务。儒家"修、齐、治、平"的政治人伦正是贯穿中国古代史学的精神支柱。历史上善恶是非之裁断的主要标准就是儒家的伦理道德。司马迁说《春秋》"采善贬恶，推三代之德，褒周室"，是"礼义之大宗"（《史记·太史公自序》），便是从伦理上评论的。司马迁写《史记》，遵循其父的教诲，着重表彰明圣盛德和功臣世家贤大夫的功名、道德。他选择和评论历史人物的功业和品德的标准正是儒家的君臣父子之义。班固撰《汉书》，把儒家礼教视为"所以通神明，立人伦，正情性，节万事者也"（《汉书·礼乐志》）。荀悦撰《汉纪》，明确宣布："夫立典有五志焉：一曰达道义，二曰章法式，三曰通古今，四曰著功勋，五曰表贤能。"（《后汉书·荀悦传》）意在宣扬儒家伦理道德，表彰统治阶级的代表人物。袁宏撰《后汉纪》，则明确宣布："夫史传之兴，所以通古今而笃名教也……今因前代遗事，略举义教所归，庶以弘敷王道。"（《后汉纪·自序》）至刘知几总结史学功用，讨论史才三长，其衡量是非善恶、进行褒贬的标准，仍带有浓厚的伦理色彩和森严的等级观念。中国古代史书没有不宣扬纲常名教的，而宋明史学则较前代尤甚。如司马光的《资治通鉴》、欧阳修的《新五代史》、朱熹的《通鉴纲目》等都渗透着儒家伦理纲常的内容。

儒家学说支配中国思想界几千年，影响极其深远。经学是儒家思想的集中表现，包含着封建社会的理论基础和行为准则，是修纂史书的指导思想，也是这些史书企图通过历史经验反复阐明的史义。其中不可避免地包含一些思想糟粕，体现了中国古代史学一定的历史局限性。

□参考文献□

1.（唐）刘知几著，（清）浦起龙释：《史通通释》，上海，上海古籍出版社，1978。

2.（清）章学诚著，叶瑛校注：《文史通义校注》，北京，中华书局，1985。

3.白寿彝主编：《史学概论》，银川，宁夏人民出版社，1983。

4.尹达主编：《中国史学发展史》，郑州，中州古籍出版社，1985。

5.瞿林东：《中国古代史学批评纵横》，北京，中华书局，1994。

6.许凌云：《读史入门（修订本）》，北京，北京出版社，1989。

□思考题□

1.如何认识中国古代史学在中国传统文化中的地位？

2.为什么说中国古代史学是一座瑰丽的宝库？中国古代有哪些著名的史家和史学名著？

3.中国古代史学有哪些优良传统？它对当今中国史学的发展有何借鉴意义？

4.试述中国古代史学在史家修养论上的理论贡献。

第十二章　中国传统伦理道德

在文化系统中，伦理道德是对社会生活秩序和个体生命秩序的深层设计。伦理道德是中国传统文化的核心，也是中国文化对人类文明最突出的贡献之一。即使在今天，经过批判扬弃和创造发展的中国传统伦理道德智慧，对于人类社会的价值提升仍具有普遍价值和时代意义。

第一节　传统伦理道德与中国文化

如前所述，中国传统文化的形成有两个重要的基础：一是小农自然经济的生产方式；二是家国一体，即由家及国的宗法社会政治结构。在这样的基础上产生的必然是以伦理道德为核心的文化价值系统。因为家族宗法血缘关系本质上是一种人伦关系，是建立在伦理的基础上通过人们的情感信念来处理的关系。家族本位的特点，一方面使得家族伦理关系的调节成为社会生活的基本课题，家族伦理成为个体安身立命的重要基础；另一方面，在家国一体社会政治结构中，整个社会的组织系统是家族—村落（在一般情况下，村落是家族的集合或膨胀）—国家，文化精神的生长路向是家族—宗族—民族。家族的中心地位使得伦理在社会生活秩序的建构和调节中具有至关重要的意义。在传统社会中，人们的社会生活是严格按照伦理秩序进行的，服式举止，洒扫应对，人际交往，都限制在礼的范围内，否则便是对伦理的僭越。这种伦理秩序的扩充，便上升为中国封建社会政治体制的基础——家长制。家长制的实质就是用家族伦理的机制来进行政治统治，是一种伦理政治。

与此相适应，伦理道德学说在各种文化形态中便处于中心地位。中国哲学是伦理型的，哲学体系的核心是伦理道德学说，宇宙的本体是伦理道德的形而上的实体，哲学的理性是道德化的实践理性。因此人们才说，西方哲学家具有哲人的风度，中国哲学家则具有贤人的风度。中国的文学艺术也是以善为价值取向的。文以载道，美善合一，是中国文化审美性格的特征。即使在科学技术中，伦理道德也是首要的价值取向。中国传统科技的价值观以"正德"即有利于德性的提升为第一目标，然后才考虑"利用、厚生"的问题。因此，中国文化价值系统的特点是强调真、善、美统一，而以善为核心。在文化史上，虽然世界上没有一个民族的文化不要道德或不讲道德，但也确实没有一个民族像中华民族这样把道德在文化价值体系中抬高到如此重要的地位。中国文化的普遍信念是"惟人万物之灵"（《尚书·泰誓》）。而人之所以能为万物之灵，就是因为有道德，因而中国文化特别重视人与人之间的道，以及遵循这种道而形成的德。老子曾从本体论的高度说明"万物莫不尊道而贵德"（《老子》第五十一章）的道理。孟子说："饱食暖衣，逸居而无教，则近于禽兽。圣人有忧之，使契为司徒，教以人伦。"（《孟子·滕文公上》）在中国家国一体的社会结构中，尊卑、长幼、德性成为确定人的地位、建立秩序的三个要求："天下有达尊三：爵一、齿一、德一。朝廷莫如爵，乡党莫如齿，辅世长民莫如德。恶得有其一，以慢其二哉。"（《孟子·公孙丑下》）三者之中，官级、年龄辈分是外在的、既定的，唯有德性方能主观能动地实现自己。尊道贵德的基本精神，就是强调人兽之分，凸显人格尊严，以德性作为人兽区分的根本。孔子说："富与贵，是人之所欲也，不以其道得之，不处也；贫与贱，是人之所恶也，不以其道得之，不去也。"（《论语·里仁》）因而中国人都以成德建业、厚德载物为理想。早在孔子之前，鲁国大夫叔孙豹就提出过"立德、立言、立功"的"三不朽"思想："太上有立德，其次有立功，其次有立言，虽久不废，此之谓不朽。"（《左传·襄公二十四年》）由此形成一种以道德为首要取向的具有坚定节操的文化人格。"君子谋道不谋食""君子忧道不忧贫"（《论语·卫灵公》），为追求仁道，虽箪饭陋巷，不改其乐，这是一种道德至上的价值取向与文化精神。

第二节　中华民族的传统美德

中华民族的传统美德，是中国古代道德文明的精华，是中华民族这个大家庭共存共荣的凝聚剂和内聚力，它在价值的意义上形成了中华民族道德人格的精髓或精魂。对传统美德的总结与认同，是继承和发扬民族优良伦理道德传统的关键，也是当代中国道德文明建设极为重要的源头活水。

传统道德规范与传统美德　　中华民族在漫长的历史发展中，建构起了十分成熟的道德价值体系，形成了丰富多样的个人伦理、家庭伦理、国家伦理，乃至宇宙伦理的道德规范体系，从内在的情感信念，到外在的行为方式，都提出了比较完备的德目。传统美德就是传统道德规范体系中的基本内核或合理内核。

一般说来，传统道德规范或德目有两种：一是由伦理学家概括出来的，或者由统治阶级提倡并上升为理论的规范；二是那些虽然未能在理论上体现和表述出来，上升为德目，但在世俗生活中得到了广泛认同与奉行的习俗性规范。前者比后者更自觉，后者比前者更丰富，并且往往比前者更纯朴、更直接地体现着某个民族的品格。在中国道德史上，《尚书·皋陶谟》把人的美德概括为九项：宽而栗，柔而立，愿而恭，乱而敬，扰而毅，直而温，简而廉，刚而塞，强而义。孔子建构起了第一个完整的道德规范体系，他以知、仁、勇为三达德，在此基础上提出礼、孝、悌、忠、恕、恭、宽、信、敏、惠、温、良、俭、让、诚、敬、慈、刚、毅、直、俭、克己、中庸等一系列德目。孟子以仁、义、礼、智为四基德或母德，将它扩展为"五伦十教"，即君惠臣忠，父慈子孝，兄友弟恭，夫义妇顺，朋友有信。法家代表人物管仲则提出所谓"四维七体"。"四维"是礼、义、廉、耻。"七体"为：孝悌慈惠，恭敬忠信，中正比宜，整齐樽诎，纤啬省用，敦蒙纯固，和协辑睦。这些德目，后人把它们综合为"六德"（知、仁、圣、义、中、和）"六行"（孝、友、睦、姻、任、恤）、"四维"（礼、义、廉、耻）、"八德"（忠、孝、仁、爱、信、义、和、平）。董仲舒以后，"三纲"（君为臣纲、父为子纲、夫为妻纲）、"五常"（仁、义、礼、智、信）成为不可动摇的金科玉律。这些德目，当然并不都是中华民族的传统美德，有一些是包含封建糟粕的东西，我们必须加以具体分析。所谓传统美德，是指在自觉的或习俗的道德规范中那些为大多数人所接受并实际奉行的，而且是古今一以贯之的，在现代仍发挥着积极影响的那些德目。

为了对中国传统美德进行完整的、有机的认识，我们从人与自身、人与他人、人与群体的关系三方面来把握。据此可以概括出中华民族的十大传统美德。

> 中华民族
> 十大传统美德

一、仁爱孝悌

这是中华民族美德中最具特色的部分。仁可以说是中华民族道德精神的象征，虽然它曾为统治阶级所利用，但并不能由此否认它是中华民族的共德和恒德。仁不仅在各个历史时期、在各种道德中是最基本的也是最高的德目，而且在世俗道德生活中也是最普遍的德性标准。在中国文化中，仁与人、道是同一的，是人之所以为人的根本特性。"仁也者，人也。合而言之，道也。"（《孟子·尽心下》）"仁远乎哉？我欲仁，斯仁至矣。"（《论语·述而》）仁发端于人类共同生活中所形成的恻隐之心，即同情心，基于家族生活中的亲情。仁德的核心是爱人，"仁者爱人"（《孟子·离娄下》）。其根本是孝悌，"孝弟（悌）也者，其为仁之本欤"（《论语·学而》）。孝悌之德的基本内容是父慈子孝、兄友弟恭，它在社会道德生活中具有崇高的地位，得到普遍的奉行。由此形成的浓烈的家族亲情，对家庭关系，同时也对中国社会的稳定起了极为重要的作用，是民族团结的基石。中华民族之所以形成坚韧的伦理实体并经久不衰，与这种孝悌之德的弘扬及其所形成的稳固的家庭关系有着不可分割的联系。孝悌之情的扩展就有所谓忠恕之道。忠恕是由仁派生出来的，是仁由家族之爱走向泛爱的中介环节。孔子把恕作为"一言以终身行之"的道德准则，认为忠恕之道是"为仁之方"。忠恕之德的基本要求是以诚待人，推己及人。具体内容是：己立立人，己达达人；己所不欲，勿施于人。在忠恕之德的基础上，中国人形成了"四海之内皆兄弟"（《论语·颜渊》）、"老吾老以及人之老，幼吾幼以及人之幼"（《孟子·梁惠王上》）、"不独亲其亲，不独子其子"（《礼记·礼运》）的宽广情怀和安老怀少的社会风尚，形成中华民族大家庭社会生活中浓烈的人情味和生活情趣。爱人、孝悌、忠恕，是仁德的基本内容，也是中华民族传统美德的集中体现。在中国传统社会中既出现了无数孝子慈父、仁兄贤弟，也培养了许多为民请命、杀身成仁的仁人志士。

二、谦和好礼

中国是世界闻名的礼义之邦，礼是中国文化的突出精神。好礼、有礼、注重礼义是中国人立身处世的重要美德。中国文化认为，礼是人与动物相区别的标志。"凡人之所以为人者，礼义也。"（《礼记·冠义》）礼也是治国安邦的根本。"礼，经国家，定社稷，序民人，利后嗣者也。"（《左传·隐公十一年》）礼同时又是立身之本和区分人格高低的标准。《诗经》言："人而无礼，胡不遄死？"（《鄘风·相鼠》）孔子更是说："不学礼，无以立。"（《论语·季氏》）中国伦理文化从某种意义上就可以说是礼义文化。礼是中华民族的母德之一。作为道德规范，它的内容比较复杂。作为伦理制度和伦理秩序，谓礼制、礼教；作为待人接物的形式，谓礼节、礼仪；作为个体修养涵养，谓礼貌；用于处理与他人的关系，谓礼让。礼根源于人的恭敬之心、辞让之心，出于对长上、对道德准则的恭敬和对兄弟朋友的辞让之情。作为一种伦理制度，礼教在历史上曾起过消极的作用；但作为道德修养和文明的象征，礼貌、礼让、礼节是中华民族传统美德的体现。礼和仁德是相互联系、分不开的。

礼之运作，包含有谦和之德。谦者，谦虚也，谦让也。中国人自古就懂得"满遭损，谦受益"的道理。老子曾以江海处下而为百谷王的事实，告诫人们不要自矜、自伐、自是。谦德亦根源于人的辞让之心，其集中体现就是在荣誉、利益面前谦让不争，以及人际关系中的互相尊重。中国历史上的许多故事，如"将相和"、刘备三顾茅庐等都是以谦德为主题。与此相联系，有所谓和德。和德体现在待人接物中为和气，在人际关系中为和睦，在价值取向上为和谐，而作为一种德性为中和。"喜怒哀乐之未发谓之中，发而皆中节谓之和。"（《中庸》）中国传统文化以和为重要的价值取向。孔子言："礼之用，和为贵。"（《论语·学而》）《中庸》也把"致中和"作为极高的道德境界。和被认为是君子的重要品质："君子和而不同，小人同而不和。"（《论语·子路》）由此和睦家族、邻里，最终协和万邦。礼、谦、和都体现了中华民族的美好情操。

三、诚信知报

中国美德由于性善的信念占主导地位，强调发挥自主自律的精神，所以特别重视诚与信的品德。诚是真实无妄，其最基本的含义是诚于己，即诚于自己的本性。《大学》言："所谓诚其意者，毋自欺也。"诚既是天道的本然，又是道德的根本。"诚者天之道也，思诚者人之道也。"（《孟子·离娄上》）真实无妄是天道，而对诚的追求则是人道，故"养心莫善于诚"（《荀子·不苟》）。以诚为基础，中国人形成了许多相关的道德，如为人的诚实，待人的诚恳，对事业的忠诚。正如《中庸》所说，"不诚无物"。信与诚是相通的品德。《说文解字》云："信，诚也，从人言。"孔子把它作为做人的根本。"人而无信，不知其可也。"（《论语·为政》）信之基本要求是言行相符，"言必信，行必果"（《论语·子路》）。信可以训练人诚实的品质，也是取得他人信任的前提。"朋友有信"历来是中国人交友的基本准则。孔子就把"老者安之，朋友信之，少者怀之"（《论语·公冶长》）作为自己的志向；在为政中，把"足食、足兵、民信之矣"（《论语·颜渊》）作为三个要领。三者之中，信又是最根本的，因为"自古皆有死，民无信不立"（《论语·颜渊》）。董仲舒以后，中国传统道德更是把信和仁、义、礼、智并列为"五常"之一。守信用、讲信义是中国人公认的价值标准和基本的美德。在人伦关系中，中华民族不仅有诚与信的德目，还有报的德性。报即知恩思报。回报既是中国人的传统美德，也是道德生活的重要原理与机制。中国古人早就有"投之木瓜，报之桃李"的道德教训。孔子把孝的准则诉诸回报的情理。"滴水之恩，当涌泉相报"在世俗生活中是公认的美德，是义的重要内容。中国人强调要报父母养育之恩、长辈提携之恩、朋友知遇之恩、国家培养之恩等。与此相反，忘恩与忘本、负义是同义的，必然会受到严厉的道德谴责。在漫长的文化积淀中，知报已经成为中国人道德良知和道德良心的重要组成部分，是中国道德质朴性的重要表征。

四、精忠爱国

中华民族在长期的生存和发展中，逐步凝结成对祖国深厚的爱国主义情感，形成精忠爱国的浩然正气和民族气节。这种爱国主义可以说是最质朴的情感和品性，它是爱亲、爱家、爱乡之情的直接扩充。因为在中国社会中，家—家乡—国家是直接贯通的，中国人总是把自己的国家称作"祖国"，认为其不仅是衣食之源，而且是情感之源，对其具有强烈的依恋意识。爱国主义作为一种"千百年来固定下来的对自己的祖国的一种最深厚的感情"（列宁：《皮梯利姆·索罗金的宝贵自供》），它是爱亲、爱家情感的升华，由此形成一种捍卫民族尊严、维护祖国利益的崇高品德。在中国传统道德中，爱祖国、爱民族历来被看作是"大节"。虽然在封建社会中它与忠君联系在一起，具有时代的局限性，但它在本质上是把君作为国家的代表，忠君的背后，是一种深层的国家意识。这种精忠爱国的精神是中华民族的巨大凝聚力，也是推动民族发展的巨大精神力量。特别是当国家、民族处于危急存亡之际，各族人民都起来反对外来的侵略和压迫，保家卫国，不屈不挠，甚至不惜以身殉国。中华文化在几千年的发展中虽曾遇危机而从未中断，与这种爱国主义传统有着直接的联系。我国历史上曾出现过许多著名的爱国主义者，如爱国诗人屈原、陆游，不辱使节的苏武，前仆后继保卫国家的杨家将，精忠报国的岳飞、文天祥，还有鸦片战争时期的林则徐、关天培，中日甲午战争中的邓世昌等，都是中华民族爱国美德的杰出代表。

五、克己奉公

中华民族由于家族本位的社会结构和礼教文化的传统，培育了一种整体主义的精神，并在此基础上形成克己奉公的美德。在传统宗法社会中，由于家族的整体利益关乎每个家族成员，因此人们把维护家族整体利益作为首要的价值取向。礼的精神本质上是一种秩序的精神，突出的是整体秩序对个体的意义，要求个体服从并服务于整体。中国伦理道德历来强调公私之辨，把"公义胜私欲"作为道德的根本要求，乃至把公作为道德的最后标准。朱熹曾说："凡一事便有两端，是底即天理之公，非底乃人欲之私。"（《朱子语类》卷一三）公之核心是去私意，"背私之谓公"。因而奉公就必须克己，克尽己私便是公，亦即是天理。克己即克制己私、超越自我，服从整体。当然，传统伦理中的公私观具有整体至上主义的倾向，它被统治阶级利用后便成为封建专制主义的工具。但中国道德并不完全反对私利，关键看它是否合乎道德。孟子说："非其道，则一箪食不可受于人；如其道，则舜受尧之天下，不以为泰。"（《孟子·滕文公下》）克己奉公的精神，本质上是先公后私，个人私利服从社会公利的精神，中国人历来以"廓然大公""天下为公"作为价值理想。中国文化中的大同境界，其基本精神就是一个"公"字。"大道之行也，天下为公，选贤与能，讲信修睦。故人不独亲其亲，不独子其子，使老有所终，壮有所用，幼有所长，矜寡孤独废疾者皆有所养……是谓大同。"（《礼记·礼运》）这种公的精神培育是强化对社会、民族的义务感和历史责任感。在这种精神的培育下，我国历史上曾出现过无数爱国爱民，为民族、为社会舍小家、顾大家的杰出人物，他们创造了许多可歌可泣的业绩，成为中华民族的骄傲。

六、修己慎独

性善的信念和性善论的传统，使得中国伦理道德，乃至整个中国文化，都建立在对人性尊严的强调与期待上。中国传统伦理深信，人性中具备了道德的一切要素与可能，因而"为仁由己"，只要安伦尽分，反躬内求，便是道德的完成，由此形成向内探求的主体性道德精神，集中体现为以律己修身为特征的道德修养学说。这种修养学说强调自主自律、自我超越以维护人伦关系和整体秩序，建立道德自我，其基本精神是"求诸己"。孔子说："君子求诸己，小人求诸人。"（《论语·卫灵公》）君子"不怨天，不尤人"（《论语·宪问》），"躬自厚而薄责于人"（《论语·卫灵公》）。儒家把修己、养身看作是立身处世、实现人的价值的根本，"自天子以至于庶人，壹是皆以修身为本"（《大学》）。"知所以修身，则知所以治人；知所以治人，则知所以治天下国家矣。"（《中庸》）在中国伦理史上，形成了一整套富有民族特色的修养方法，如慎独、内省、自讼、主敬、集义、养气等，最有代表性的就是曾子所说的"吾日三省吾身：为人谋而不忠乎？与朋友交而不信乎？传不习乎？"（《论语·学而》）中国传统道德历来有慎独的告诫："君子戒慎乎其所不睹，恐惧乎其所不闻。莫见乎隐，莫显乎微，故君子慎其独也。"（《中庸》）慎独就是在自我独处时要严于律己，戒慎恐惧，"如临深渊，如履薄冰"（《诗经·小雅·小旻》）。修己慎独的修养传统培养了中华民族践履道德的自觉性与主动性，造就了许多具有高尚品质和坚定节操的君子。

七、见利思义

对义利关系的处理集中体现了中国伦理道德的价值取向。传统义利观的内容十分复杂，重义轻利的倾向也曾影响中国社会经济的发展，但应当说先义后利、以义制利才是传统义利观的基本内容与合理内核，也是中华民族十分重要的传统美德。孔子强调"见利思义"，并把它作为区分君子和小人的重要标准。孟子要求"先义而后利"，培养"配义与道"的浩然正气。荀子明确提出："先义而后利者荣，先利而后义者辱。"（《荀子·荣辱》）宋明理学在把义利与公私联系的同时，又把义利与天理人欲等同，一方面强调"正其义不谋其利"（《二程遗书》卷九）；另一方面又认为"正其义则利自在，明其道则功自在"（《朱子语类》卷三十七），从而得出了"利在义中""义中有利"的结论。宋明理学虽有重义轻利的倾向，但整个传统价值观的基调和主流是先义后利。明清之际的思想家批判了宋明理学的义利观，提出"正义谋利"（蔡清：《四书蒙引》卷八），天理寓于人欲之中，强调的仍然是"义中之利"，实际上还是遵循先义后利的原则。以义为人的根本特点和价值取向，是中华道德精神的精髓，它升华为"生以载义""义以立生"的人生观："将贵其生，生非不可贵也；将舍其生，生非不可舍也……生以载义，生可贵；义以立生，生可舍。"（王夫之：《尚书引义》卷五）它升华为中华民族"杀身成仁""舍生取义"的崇高道德境界。孟子的表述，集中体现了这一精神境界："鱼，我所欲也；熊掌，亦我所欲也。

二者不可得兼，舍鱼而取熊掌者也。生，亦我所欲也；义，亦我所欲也。二者不可得兼，舍生而取义者也。"(《孟子·告子上》)由此形成"以身任天下"的坚贞之志，"宠不惊而辱不屈"(王夫之：《尚书引义》卷六)，"生死当前而不变"(王敔：《大行府君行述》)。这种道德观念是鼓舞志士仁人为民族大业义无反顾地献身的重要精神力量，也是中华民族崇高道德人格的光辉写照。

八、勤俭廉正

中国人民历来就以勤劳节俭、廉明正直著称于世。他们以劳动自立自强，形成了热爱劳动、吃苦耐劳、诚实勤奋的优秀品质。与此相联系，中华民族又有尚俭的传统。对劳动者来说，俭是对自己劳动成果的珍惜。孔子把"温、良、恭、俭、让"(《论语·学而》)作为重要的德目，强调勤俭戒奢。老子提出为人处世的"三宝"是"一曰慈，二曰俭，三曰不敢为天下先"(《老子》第六十七章)，要求"去甚，去奢，去泰"(《老子》第二十九章)。比较接近普通劳动人民的墨家更是主张"节用""节葬"。三国时，诸葛亮提出"俭以养德"的思想，要求"淡泊明志，宁静致远"(《诫子书》)。对为政者来说，"俭以养德"的德，主要是廉德。廉既是对为政者的要求，也是一般人应有的品德，因为无"廉"则不"洁"，无"廉"则不"明"。"廉者，絜不滥浊也。"(《周礼·小宰》疏)清白不污，纯正不苟，为廉洁；能辨是非，以义取利，是廉明；能自我约束而不贪求，是廉俭。"廉犹俭也。"(《淮南子·原道训》注)廉的根本是在取予之间，取道义，去邪心，严格自我约束。孟子把这样的人称为廉士。正因为如此，法家把"礼、义、廉、耻"作为"国之四维"(《管子·牧民》)。有了廉，便可做到正。正体现在品格上是正直，表现在待人是公正，作为境界又有所谓正气。正人必先正己、正心，是为根本。正即遵循公义和道德，因而又与诚、中等德目相通。"大学之道"就把正心作为重要的条目。勤俭廉正既是中华民族共同的价值取向，也是中国人共有的美德。中华民族之所以能在极其艰苦的条件下和各种困难的环境中不断发展，与这些美德的具备是分不开的。鲁迅先生曾把那些埋头苦干、拼命硬干、为民请命、舍身求法的人称为我们民族的脊梁。历史上的那些清官谏臣，在某种程度上正体现了廉正的美德，才受到人民的称颂和尊敬。

九、笃实宽厚

古代中国是一个以农业为主要生产方式的国家，长期的农耕生产，形成了中华民族质朴的品格和务实的精神。中国传统道德崇尚质朴、朴素，儒家虽然重视礼的节文，但也要求以质朴为基础。道家更是主张"见素抱朴"(《老子》第十九章)，以返璞归真为最高境界。中国人在为人处世方面，以实为标准，反对虚伪、虚妄。老子说"信言不美，美言不信"（《老子》第八十一章），孔子认为"巧言令色，鲜矣仁"（《论语·学而》），要求君子"讷于言而敏于行"（《论语·里仁》）、"耻其言之过其行"（《论语·宪问》）。在长期的道德实践中，中华民族形成了许多以实为价值标准的规范和美德，如老实、诚实、求实、踏实、平实、实在，形成了崇尚实干、反对空谈的务实精神和实践精神。在待人上，中华民族一向以宽厚为美德，严于律己，宽以待人，"躬自厚而薄责于人"（《论语·卫灵公》）。在人与人的关系中，中国人以"将心比心""以心换心"为原则和原理，推己及人，设身处地为他人着想，在互动中达到人伦的和谐与人格的实现。现实生活中德化、感化、感通的实质就是以宽厚的道德人格打动别人，达到人我沟通的目的。日常生活中的"宽容大度""宽宏大量""厚德载物""忠厚长者"等道德评价，都是中华民族宽厚品德的体现。笃实宽厚的美德形成中国民族精神的崇实性和包容性，使得中华民族这个大家庭能够和睦相处，形成连绵不断的民族历史和民族活力。

十、勇毅力行

这是中华民族在践履道德方面所具有的德性和德行。或者说是在道德意志方面所体现的美德。中国自古就有勇的德目。孔子以"知、仁、勇"为三达德，其中仁是核心，知所以知仁，勇所以行仁，三者形成知、情、意一体的德性。孟子认为，人格修养要达到"不动心"，即道德信念不被利益得失动摇的境界，就必须具有勇的品格。他把勇分为三种，凭力气的血气之勇，凭意志的意气之勇，理直气壮、恪守坚定的道德信念的大勇（《孟子·公孙丑上》）。"杀身成仁""舍生取义"就是这种大勇的体现。勇与毅相联系。毅即在艰难困苦中坚持下去的毅力，以及在遵循道德准则方面的毅力。孔子说："刚毅木讷近仁。"（《论语·子路》）毅的美德的突出体现就是养气守节，固守高尚的情操。"富与贵，是人之所欲也；不以其道得之，不处也；贫与贱，是人之所恶也，不以其道得之，不去也……君子无终食之间违仁，造次必于是，颠沛必于是。"（《论语·里仁》）利害当前，择善固执，抱持坚定信念，勇往直前，义无反顾，"见利不亏其义"，"见死不更其守"，"往者不悔，来者不豫，过言不再，流言不极"，"可亲而不可劫，可近而不可迫，可杀而不可辱"（《礼记·儒行》），这些都是说的坚毅、刚毅的品格。还有"士之为人，当理不避其难，临患忘利，遗生行义，视死如归"（《吕氏春秋·士节》），"三军可夺帅也，匹夫不可夺志"（《论语·子罕》），"富贵不能淫，贫贱不能移，威武不能屈"（《孟子·滕文公下》）的"大丈夫"人格，也是以坚毅、勇毅为基础和前提的。要坚持实现成圣成仁的目标，就必须强调力行，因此中国人十分重视力行的美德。中国文化认为，人格的完善，社会的进步，重心不在知与言，而在于行。"力行近乎仁。"（《礼记·中庸》）"君子欲讷于言而敏于行。"(《论语·里仁》)"知之者不如好之者，好之者不如乐之者。"(《论语·雍也》)只有身体力行，才能成圣成仁。至王阳明，更是提出"知行合一"的命题，把力行的美德提高到哲学的高度。正是这种勇毅力行的美德，使得中华民族在各种险恶的环境中能够化险为夷，自强不息，不断前进。

中华民族的传统美德在中国社会的发展中起了十分重要的作用。它形成了一种崇高的民族精神，建立起一种具有丰富内涵的民族道德人格。当然，对传统美德本身也要进行历史的分析。一般说来，传统美德集中体现了我们民族的共性，它们具有普遍和恒久的价值。有些德目在历史上虽然曾经为统治阶级所提倡和利用，但是，一方面要把统治阶级的道德和统治阶级某些成员身上体现民族共性的那些美德相区分，把统治阶级的利用和传统美德本身相区分；另一方面，统治阶级之所以用某些道德来标榜自己，正说明它们是深入人心、富有号召力的本民族共认的美德。当然，由于传统美德长期践履于中国传统社会尤其是封建社会这样一个特定的环境中，必有其历史的局限性，如南宋的岳飞，怀着精忠报国的道德情操，曾建立了不朽的功勋，可惜他把精忠摆在第一位，盲目地效忠于投降派控制的南宋王朝，结果反而阻碍了实现报国的抱负。这说明传统美德在历史的实践过程中是具有两面性的。

> **传统美德与典范道德人格**

传统美德在历史上造就了各种道德人格，这些道德人格按照其体现道德理想的不同程度可分为圣人、贤人、仁人、大人、君子、成人、善人等。正是这些理想人格的存在，在中国历史上的各种危急关头才涌现出了许多挺身而出、不顾个人安危、维护大义的志士仁人。文天祥在《正气歌》中如数家珍般地做了赞颂："时穷节乃见，一一垂丹青：在齐太史简，在晋董狐笔，在秦张良椎，在汉苏武节；为严将军头，为嵇侍中血，为张睢阳齿，为颜常山舌；或为辽东帽，清操厉冰雪；或为出师表，鬼神泣壮烈；或为渡江楫，慷慨吞胡羯；或为击贼笏，逆竖头破裂。"(《文山全集》卷十四)他们都是中华民族传统美德的人格结晶和自觉体现。

第三节　中国伦理思想的基本原理及其历史发展

中国是一个尊道贵德的国家，不仅整个社会的风尚重视伦理道德，尊重有德之人，而且思想家们也十分重视伦理道德方面的理论建构，不断总结、提升中国伦理精神，建立了丰富、多样并且持续发展、完善的各种伦理思想体系。中国传统伦理思想体系，有两个基本特点：其一，它是中华民族的各种文化精神互摄整合而形成的有机体，儒家、道家、佛家是其基本结构要素，其中儒家伦理是主流与主体；其二，它随着中华民族与中国社会的发展而生长发育，在此过程中阶级性与民族性、时代性与普遍性交错并存，浑然一体，相辅相成，相补相协。把握中国伦理文化的真谛，就必须对中国伦理思想的历史发展过程进行考察，由此才能发现中国伦理之深邃的人文原理与道德智慧。

中国伦理思想的历史发展，经历了孕育展开—抽象发展—辩证综

中国伦理思想
发展三阶段

合的过程，它与中国社会文化发展的三大阶段（先秦—汉唐—宋元明清）正相符合，体现了逻辑发展与历史发展的一致性。

一、先秦——中国伦理精神的孕育展开阶段

在上古神话和《周易》中，我们可以大致发现中国伦理精神的某些基因。中国古神话有三个重要特点：一是崇德不崇力；二是惩恶扬善，善恶报应；三是重天命而轻命运。《周易》建构了中国伦理精神的原初的哲学模式：天人合一的宇宙论体系；"自强不息""厚德载物"的精神；善恶报应的信念；阴阳二分的思维方式。它们体现了中国人最初建构自己的精神世界时的价值取向，对中国伦理思想的发展产生了重要的影响。

西周确立了一个适合当时中国国情的、对中国社会与中国文化的发展产生了深远影响的伦理秩序和意识形态，即周礼。周礼成功地把氏族社会的原理转换为文明社会的伦理政治秩序，为日后中国社会建立了伦理生活的范式。西周以后，出现了春秋战国时期的社会大变动和思想意识形态上的"百家争鸣"，以此为契机，中国伦理精神得以展开，形成儒家、道家、墨家、法家等各种思想文化流派，其中以孔孟为代表的儒家的伦理设计最积极、最准确地体现了中国社会传统的特点，故影响最为深远。

孔子站在中国文化的历史性转折点上，通过对春秋以前中国文化成果的总结，成功地对中国社会的生活秩序进行了伦理化、道德化的提升，创造了以礼、仁、中庸为内核的伦理思想体系，为儒家伦理提供了基础。仁是孔子对中国伦理学最突出的贡献，是中国伦理精神由自发走向自觉的标志。仁以爱人的道德意识和道德情感为根基，"仁者爱人"（《孟子·离娄下》）；其出发点是以孝悌为核心的亲亲之情；由此通过忠恕的环节推己及人，己立立人，己达达人，扩充为社会的伦理原理与道德情感。仁既是一切德性的生命根源和发端，又是最高层次的品德和德性的最高境界，同时还是道德行为的推动力。"为仁由己"（《论语·颜渊》），只要克己修身，笃实躬行，便可成为仁人。孔子以后，孟子从主观能动的方面发挥了孔子的伦理思想。他的五伦说、性善论、修养论，以及仁、义、礼、智的价值体系，成为儒家伦理发展完善的重要环节，因而在中国文化史上，将孔孟并列，合称为"孔孟之道"。在中国，诞生了儒家伦理的同时，也诞生了道家伦理，二者是一对孪生儿。在中国重血缘亲情的入世文化中，儒家伦理具有必然性，但

仅此还不足以使中国人确立安身立命的基地，儒家伦理精神的运作还需要道家的人生智慧作为结构上的补充。于是，入世与隐世，人伦情感与人生智慧，心与身，构成中国伦理理想性与世俗性、进取性与柔韧性的互补。中国伦理思想体系结构中还有法家与墨家。但法家的政治伦理精神以政治代替伦理，最后导致了非道德主义。墨家的社会伦理精神代表了小生产者的理想，在精神取向与文化原理上又游离于家、国之间，缺乏生长的根基，秦以后便中绝。因而只有儒、道两家才成为对日后中国伦理精神的发展产生广泛深远影响的两个基本理论形态。

二、汉唐——中国伦理思想的抽象发展和大一统、封建化阶段

在先秦时期，中国伦理思想体系的基本要素已形成，但并没有一家能占主导的或统治的地位。汉唐是中国伦理思想继续发展和大一统、封建化的时期，这一社会发展的必然性与文化选择的能动性相结合的过程又可分为三个小阶段：两汉儒学，魏晋玄学，隋唐佛学。

儒家伦理之所以能在两汉以后占主导地位，就是因为它最能体现中国社会的特质和国情，同时其理论本身也发展得最为完备。秦汉之际，《礼记》成书，由此作为日后中国伦理精神生长的元典和本体的"四书"伦理体系事实上已经形成。《大学》《中庸》是《礼记》中的两篇，它是先秦儒家伦理思想的提炼和概括。《大学》提出"三纲领八条目"，从"明明德"即复明自己光明的德性出发，经过"亲民"即亲亲仁民的过程，最后止于君仁臣忠、父慈子孝、朋友有信的至善境界。这一过程具体展开为八个阶段：格物、致知、诚意、正心、修身、齐家、治国、平天下。"大学之道"是培养统治阶级理想人格的途径，所谓"大学精神"就是"内圣外王"的精神，它体现了中国社会家国一体的原理和儒家伦理政治的本质。《中庸》揭示了儒家伦理"天人合一"的中庸境界与精神模式。从此，"极高明而道中庸"成为中国人修身养性的最高境界。《大学》《中庸》是儒家伦理成熟的标志，然而，它并不就是封建伦理。中国封建伦理的真实形态是董仲舒的"三纲五常"论。儒学的独尊，董仲舒伦理体系的出现，标志着中国伦理精神的封建化和抽象化的统一。"三纲五常"与以孔孟为代表的古典儒家伦理既有内在联系又有原则区别。三纲由五伦发展而来，它抓住了五伦中最重要的三伦，以此作为人伦的根本，应该说，这种提炼突出了中国家国一体的社会结构和君主专制政治体制中最本质的方面。但是，先秦儒家讲的五伦关系是一种双向的相对关系，而三纲关系则是单向的以人身依附和服从为原则的绝对关系。五伦虽然强调宗法等级秩序，有"夫义妇顺"之类歧视妇女的内容，但它是以君臣、父子等的互惠互动和在上者的率先垂范为前提的，具有较浓的人情味；而三纲则使伦理关系完全服从于封建政治关系，使双向的人伦义务变成片面的等级服从，使人对人的关系，变成人对理、人对分位、人对纲常的单方面的服从、义务关系。因此在一定意义上可以说，

三纲是先秦原始儒家伦理思想的异化，其内容包含了封建性与民族性的深刻矛盾。

董仲舒以后，以"三纲五常"为核心的儒家伦理成为不可动摇的名教或礼教。魏晋南北朝时期的社会大动荡，使得儒家伦理陷入尖锐的冲突之中，道家精神的潜在，使中国伦理精神系统又出现了一种新的形态——玄学伦理。玄学伦理是试图把儒道结合以克服人的精神和伦理生活中的矛盾的一种努力，其特点是"托好老庄"，用道家的"自然"价值观对儒家的名教进行评判。但它的片面发展，形成一种苟且偷安、纵欲混世的人生态度。于是中国伦理又出现了新的精神形态——隋唐佛学。隋唐佛学以生死轮回、因果报应的虚幻形式克服了传统伦理中"德"与"得"、道德与命运的内在矛盾，在基本精神取向上又与儒家伦理契合，特别是禅宗的即心即佛，其宗教修行方式与儒家的修身养性理论实有相通之处，因此它又成为向儒家伦理回归的中介环节。

三、宋元明清——中国伦理思想的辩证综合阶段

汉唐时期的社会发展表明，单一的儒家纲常伦理，或儒与道、儒与佛的简单结合，都不能满足中国封建社会的需要，而这一时期伦理思想的发展又为建立一个整合的伦理体系提供了可能。于是，宋明时期以儒学为核心的理学便应运而生。但这时的儒学，已不是孔孟的古典儒学，也不是董仲舒的官方儒学，而是融合了道玄与佛学的新的儒学。

这种新儒学伦理最重要的学派是程朱理学和陆王心学。程朱理学建立了以"天理"为核心的伦理思想体系。"天理"是以纲常名教为核心的伦理道德本体。"人伦者，天理也。"（《二程外书》卷七）人伦五常就是天理。经过这个转换，人间的伦常之理便上升为天道的法则，实现了"天道"与"人道"的统一。这种理论不仅为纲常名教找到了本然的根据，而且也使之具备了神圣性与永恒性，它表面上是以"天道"说"人道"，实际是把"人道"上升到"天道"的高度。在此基础上，程朱提出了"存天理，灭人欲"的口号，认为天理人欲，不容并列，其本质的区别是公与私的对立，"己者，人欲之私也；礼者，天理之公也"（朱熹：《论语或问》卷一十二）。二者对立的实质就是对纲常礼教秩序的维护或破坏。这种伦理思想，一方面提倡整体价值观，在理欲对立中突出人性的尊严和道德的能动性；另一方面它又与封建政治结合而沦为道德专制主义，成为"以理杀人"的工具。

陆王心学的基本范畴也是"理"，其基本宗旨也与程朱理学相同，即维护封建政治秩序的长治久安。二者的区别在于，陆王心学认为"理"不是外在的客观实体，而是人的"心"或"良知"的先验结构。心与理是一个东西，社会伦理规范与主观道德观念都是根源于人心，因而提出所谓"良心"概念，认为它不但是道德的根源，而且先验地具有辨别善恶的能力，人的道德修养不需要像朱熹那样格物致知，大费手脚，而只要自识本心，存心明性。陆王心学的伦理思想受孟子的影响较大，而其思维方式又与禅宗的即心即佛一脉相承。陆王心学的根本目的也是要维护封建的"天理"，但"心"的主体能动性的充分

发挥，在理论上又会导致对"理"的反思与理性考察，甚至导致对"理"的怀疑与否定。王阳明的"致良知"说要人们"破心中贼"，能动地进行封建道德修养，但由于他在理论上强调发挥主体的能动性，倡导怀疑精神，结果适得其反，在客观上造成了对封建道德的离心力，最终导致了宋明理学的自我否定。所以当戴震大破理学体系，揭露其"以理杀人"的实质后，宋明理学便失去了存在的合理性，中国传统伦理也必然要为近现代伦理所代替。

中国伦理学的
结构和基本原理

由以上分析可知，中国伦理思想的发展，一方面受社会关系的制约，随着社会关系的变化而变化；另一方面又有其内在的原理与发展逻辑。在中国传统伦理思想体系中，既有时代性、阶级性（主要是封建性）的内涵，同时又有某些普遍性、民族性的因素。封建性与民族性的区分是准确把握和认识中国伦理思想的关键。儒家伦理之所以能在中国占主导地位，当然与统治阶级的利用与提倡分不开，但统治阶级之所以选用它，很大程度上是因为它体现了我们民族的特点，适合于传统中国社会的国情，就是说，它具备了相当程度的民族性。民族性构成中国伦理思想的普遍性与合理性。

中国伦理思想体系主要由三方面内容构成：人伦关系原理，道德主体品格要求，人性的认同。概括地说，就是人伦、人道、人性。礼的法则，仁的原理，修养的精神，构成中国伦理体系的基本结构要素。

礼是中国文化人伦秩序与人伦原理的最集中的体现和概括，可以说，中国伦理的秩序就是礼的秩序。中国伦理思想体系的建构过程，从某种意义上说就是礼的创造性转化的过程：通过西周的维新，把氏族社会作为习俗法规的礼转化为文明社会的秩序，即周礼；在春秋时期"礼崩乐坏"的背景下，孔子对礼进行了伦理化、道德化的提升，实现了礼的第二次转化；两汉时期，董仲舒把礼转化为"三纲五常"大一统的封建礼教，这是第三次转化；宋明时期，新儒学面对新的社会矛盾和伦理危机，把礼转化为神圣的、绝对的"天理"。纵观礼的这四次转化，从伦理思想的层面说，其所包含的民族性因素主要有三个方面。第一，五伦设计。五伦是礼的基本构成，是中国伦理的范型，它贯穿于中国伦理思想发展的始终。五伦是以家族为本位，把家族血缘的情理上升扩充为社会伦理的原理和国家政治的原理，建构起身、家、国、天下四位一体的伦理系统，和以返本回报为原型的互惠互动的双向的伦理关系，形成以孝悌为本的道德价值取向。以五伦为范型的中国伦理以仁爱为根本精神，其思路和运作过程是：亲亲—忠恕—仁道，从而达到个人伦理—家族伦理—社会伦理—国家伦理—宇宙伦理的贯通，建立起"亲亲仁民""民胞物与"的道德情怀。第二，整体主义。礼的精神，五伦的精神，首先是一种强调整体秩序的精神。它把整体秩序作为最高的价值取向，个体应在既有的人伦秩序中安伦尽分，维护整体的和谐。正因为如此，中国伦理从孔子开始就强调公与私的对立，并把它作为义与利的重要内容，到宋明理学更是以公私作为判断天理人欲的标准，从而形成整体至上主义。当这种精神被统治阶级所利用时，就助长了中国的封建专制主义。但是也不可否认，这种建立在家族精神基础上的整体主义又是爱国主义和民族凝聚力的重要基础。

第三，伦理政治。这是儒家人伦设计的实质。五伦设计的根本原理是血缘—宗法—等级三位一体，血缘—伦理—政治直接同一，把家族关系中的长幼之序上升为一般伦理法则，成为社会上的尊卑等级之别，在"亲亲尊尊"的基础上形成所谓"君君、臣臣、父父、子子"的礼治秩序。于是，伦理政治化了，政治也伦理化了。一方面，政治的等级尊卑从血缘亲疏中引申出来，具有神圣的、天经地义的性质；另一方面，政治的道德价值与伦理机制又受到强调。家国一体的社会结构成为伦理政治的基础，传统伦理在中国社会中起到了十分重要的作用。

人伦既立，就要求按照人伦之理为人、待人，挺立道德主体，形成中国伦理的人道。这种"人道"的核心是仁，其内涵主要有以下几个方面。第一，人伦决定人格。中国传统伦理认为，"仁也者，人也"。人在以血缘为本位的各种关系中确定自己的地位，如果抽掉了这些关系，抽掉了人在各种关系中的社会角色，人格就不可能存在。由于人伦设计中的家族本位、血缘亲情构成道德人格的基础，人们对人伦规范认同的过程主要就是情感内化的过程，各种伦理关系的处理，主要是家庭血缘之情的推广。这便使客观伦理及其规范变成情感认同的对象，而不是理性思考的对象；也使得伦理关系和道德行为具有情感化的倾向，具有较浓的人情味。第二，仁、义、礼、智的价值体系。在中国传统道德的发展中，虽然出现过许许多多的道德规范，价值体系也呈多元取向，十分复杂，但仁、义、礼、智总是主体，贯穿于整个中国伦理学的发展中。四者之中，仁是核心，其他诸德都是仁的运作与体现。可以说，仁、义、礼、智就是"中国四德"，它与理智、正义、节制、勇敢的"古希腊四德"形成对照，体现了不同的民族精神。第三，德性主义。中国伦理道德以"修己安人"为模式，以"内圣外王"为目标，不但追求道德人格的建立和提升，而且追求圣贤人格的实现，从尽己之性到尽人之性，从尽人之性到尽物之性，最后赞天地之化育，与天地参，实现天人合一的境界。因此，中国伦理的人道，不但是为人之道，待人之道，而且是治人之道。为人、待人、治人统一，才是中国传统"人道"的完整结构。

人性论是中国伦理思想体系的基础。中国传统伦理植根于血缘亲情，血缘亲情出自人的本性，要论证伦理的合理性与道德的可能性，首先就必须到人性中去寻找根据。中国人性思想有以下特点：第一，强调人兽之分，凸显人的尊严。中国人性论是在人兽之分的意义上定义人性的，把人性看成是人之异于、贵于禽兽者，把道德性作为人性的主要内容。性善论始终是中国人性论的主流，有的论者即使指明人性中有恶的可能，也是为了在战胜、克服动物性的过程中凸显人性的崇高和伟大。可以说，整个中国伦理学就是建立在对人性的信任和期待上的。第二，人格均等，人人可圣。中国传统伦理虽然认为人的社会政治地位是有尊卑等级差别的，但却认为道德人格是均等的，君子与小人在伦理生活中是可以转化的。每个人都有道德高尚的可能，也都有成圣成贤的可能。"人皆可以为尧舜"成为中国伦理的普遍信念。这就把道德的主动权同时也把道德的责任交给了个体，既然人格是均等的，能否成圣成贤，关键就在于自己努力不努力。第三，修身养性，向内探求。中国传统伦理认为，人性之中具备了道德的一切要素，"万物皆备于我""反身而诚，乐莫大焉"（《孟子·尽心上》）。因此，全部道德生活的实质就是如何克己修身、反求诸己、成己成人、修己治人，于是形成了中国伦理的修养传统。修养的实质就是不断超越自身，在个体欲望、现实利益与社会秩序、道德理想发生矛盾的时候，宁可克制自己的欲望，也不放弃对道德境界的追求。这种修养传统，形成一种主体性伦理精神，这也是中国伦理思想的一大特点。

□参考文献□

1.《论语》《孟子》《大学》《中庸》。

2. 蔡元培：《中国伦理学史》，北京，东方出版社，1996。

3. 罗国杰主编：《中国传统伦理道德》，北京，中国人民大学出版社，1995。

4. 沈善洪、王凤贤：《中国伦理学史》上、下卷，杭州，浙江人民出版社，1985—1988。

5. 樊浩：《中国伦理精神的历史建构》，南京，江苏人民出版社，1992。

□思考题□

1. 为什么说中国传统伦理道德是中国传统文化中的核心？

2. 仁德的基本内涵有哪些？它在中华民族传统美德中占有什么地位？

3. 孝悌之德对中华民族的发展具有怎样的历史意义？在 21 世纪，它是否还具有合理的道德价值？

4. 什么是礼？它有哪些伦理道德内涵？

第十三章　中国古代哲学

中国哲学在中国文化系统中起着主导的作用。中国传统文学、艺术、教育、科学、宗教、风俗等，莫不受哲学思想的引导和影响。中国哲学凝聚了中华文化的基本精神，是中华民族数千年文明发展的结晶。在西方文化中，宗教处于核心的地位，然而在中国文化中，宗教的功能基本上是由哲学承担的。自古以来，中国人对宇宙的看法，对人生的看法，他们生活的意义，他们的价值信念，他们赖以安身立命的终极根据，都是透过中国哲学加以反映、凝结和提升的。要深入了解或把握中国文化的精髓，不能不了解中国传统哲学。

第一节　中国哲学的思想资源和思想传统

中国哲学思想源远流长，博大精深，其中关于宇宙人生根本问题的最高智慧，隽永深澈，韵味无穷。中国古代哲学萌芽于殷周之际。西周初年的《尚书·洪范》提出五行学说，以水、火、木、金、土为构成世界最基本的事物。殷周时期有了原始的阴阳观念。《周易》古经以乾(天)、坤(地)、震(雷)、艮(山)、离(火)、坎(水)、兑(泽)、巽(风)八卦说明自然现象和社会关系。《周易》本是占卜之书，是原始宗教、原始哲学与当时的社会风俗的结合。春秋战国时期诸子蜂起，百家争鸣，哲学思想异常活跃，涌现出了许多重要的思想家，如孔子、墨子、老子等，形成儒家、墨家、道家、名家、法家、阴阳家、兵家、农家等学派。诸子百家各引一端，崇其所善，相反相成，相灭相生。在数千年中国哲学发展史上，有各种各样的思想资源和思想传统，成为我们民族精神文化的不同基因，至今仍起着这样或那样的作用。其中影响最大的，有四大思想资源和思想传统，即原始儒家、原始道家、中国佛学和宋明理学。这四大思想传统的一个共同点是，它们的智慧都是人生的智慧。中国哲学的智慧是从伟大的精神人格中、从哲学家的实践行为中流露或显现出来的。中国哲学家透视现在，玄想未来，"究天人之际，通古今之变"(司马迁：《报任安书》)，把高尚的理想拿到现实世界来实现。

原始儒家的代表人物有孔子、颜子、曾子、子思、孟子、荀子等。原始儒学的经典，有被称为经书的六经：《诗》《书》《礼》《乐》《易》《春秋》（《乐》经不传，是为五经）。我们还可以通过《论语》《孟子》《荀子》《中庸》《大学》等来把握原始儒家的思想。

原始儒学的精神，首先是创造性的生命精神，是人对宇宙的一种根源感。《周易·系辞下》说："天地之大德曰生"，"生生之谓易"。意思是说，天地的根本性质是"生生不息"。照《易传》的看法，宇宙是一刚健的生命，不停息地变化流行，人也应该效仿它而自强不息。我们人有一种刚健自强、生生不已的主体精神，能够开拓创新、穷通变易。人效法天地、德配天地、宏大天性，就是要发扬创造性的生命精神，全面发挥人的禀赋与潜能。"人能弘道，非道弘人。"（《论语·卫灵公》）这是一种"尊生""主动"的传统，肯定人的创造可以与天地的创造相配合，相媲美。"唯天下至诚，为能尽其性。能尽其性，则能尽人之性。能尽人之性，则能尽物之性。能尽物之性，则可以赞天地之化育。可以赞天地之化育，则可以与天地参矣。"（《礼记·中庸》）这就是说，一旦人能充分地护持住自己的道德理性，人就能全面发挥其本性，并且尊重每个人及每一物的生存，使之"各遂其性"。这样就能回应天地的生命精神，提高人的精神境界，理性地适应并进而辅相天地。人在宇宙中的地位，人的生活意义，由此而确立。原始儒家的天道、地道、人道思想，天、地、人三才的思想，都是将创造的生命精神贯注于天上、地下、人间；人可以与天地相协调、相鼎立，完成自己的生命理想；并以平等精神体察宇宙间一切存在的价值，完成其生命；最终通过"正德、利用、厚生""立德、立功、立言"，在实际行动中实现人生的价值与意义。

孔子哲学的基本观念是仁。仁是人之所以为人的根本，故曰："仁者，人也。"（《礼记·中庸》）其实，仁就是生命的相互感通，是天、地、人、物、我之间的普遍联系与相互滋养润泽。仁又是主体内在的意识，是自己决定自己的，所以孔子说"为仁由己"（《论语·颜渊》），"我欲仁，斯仁至矣"（《论语·述而》）。内在的仁具有伟大崇高的道德价值。仁的具体含义是爱人，即是一种博大的同情心。凡是人都有仁性，天生就有恻隐之心，能对别人的痛苦与欢乐产生共鸣。有仁德的人会用爱心去对待人，既自爱，又爱人；既自尊，又尊人。仁就是一种宽容的精神。孔子说："己所不欲，勿施于人。"（《论语·颜渊》）"夫仁者，己欲立而立人，己欲达而达人。"（《论语·雍也》）自己要站得住，同时也让别人站得住；自己要事事行得通，同时也让别人事事行得通。从忠的方面说，就是推己及人、尽己为人；从恕的方面说，就是自己所不喜欢的，决不强加给别人。儒家的理想，是要把仁爱的精神，由爱自己的亲人推广到爱周围的人，爱所有的人，爱宇宙万物。这就是孟子所说的"老吾老以及人之老，幼吾幼以及人之幼"（《孟子·梁惠王上》），"亲亲而仁民，仁民而爱物"（《孟子·尽心上》）。人们爱自己的亲人，进而爱人类、爱草木鸟兽、爱自然万物。所以仁者把自己和天地万物看成一体。儒家主张通过仁爱之心的推广，把人的精神提扬到超脱寻常的人与我、物与我之分别的"天人合一"之境。值得一提的是，1993年9月，在美国芝加哥出席世界宗教大会的几千位宗教领袖或代表，签署了《全球伦理宣言》，其中一条基本原则就是"己所不欲，勿施于人"。在文明间矛盾与冲突相当普遍的当今世界，行"己所不欲，勿施于人"的宽容诚恕之道，彼此尊重，加强沟通、理解与对话，是调节人与人、国家与国家、族群与族群、宗教与宗教之间关系的良方，也是克服人与自然对立所造成的生态危机的重要思路。

儒家精神是一种"极高明而道中庸"（《礼记·中庸》）的精神，也就是伟大寓于平凡、理想寓于现实的精神。这就是说，我们要有道德勇气，有强烈的正义感，敢于担当道义，甚至不惜杀身成仁。但在平常的生活中，我们不必做什么惊天动地的事情，在现世伦常的义务中，在某种社会角色和社会位置上，我们每个人都可以非常崇高地生活，忠于职守，勤劳奋发，不苟且，不偷惰。只要我们对生活有高度的觉解，我们所做的平常事就有不平常的意义。能否成就某种外在的功业，有赖于各种机缘；但只要我们顺着本性内在的禀赋有所发挥创造，我们的内心得到了某种精神的满足，就实现了我们生活的目的。儒家认为，人存在的价值，就在于成就道德人格。只要挺立了道德自我，以良知做主宰，我们就能超越世间各种境遇，超越本能欲望，以超越的精神，干日常的事业。

原始道家

原始道家的代表人物是老子和庄子。《老子》文约义丰，《庄子》诙诡谲奇。《老子》《庄子》不独表达了特殊的人生智慧，而且代表了特殊的中国艺术精神，以诗与寓言，以多义的比兴、隐喻来表达形而上学的意涵，堪称世界文化的瑰宝。《老子》《庄子》诗意盎然，哲理宏博，汪洋恣肆，生机勃勃，暗示性无边无涯，涵盖面无穷无尽。

《老子》第一章曰："道可道，非常道；名可名，非常名。无名天地之始，有名万物之母。故常无，欲以观其妙；常有，欲以观其徼。此两者同出而异名，同谓之玄。玄之又玄，众妙之门。"道是一个终极实在的概念。它是整体性的，在本质上既不可界定也不可言说，不能以任何对象来限定，也不能将其特性有限地表达出来。它是不受局限的、无终止的一切事物的源泉与原始浑然的总体。道又不是一静止不变的实体，而是一流转与变迁的过程。道是整体与过程的统一。道具有否定性和潜在性，它创造和维护了每一肯定的和实在的事物。在这一历程中，潜在变为现实，否定变为肯定，空无变为实有，一变为多，同时又伴随着相反的历程。在这里，相反相成的辩证公式决定了变迁的过程。在人生论上，老子强调"不盈""不争""致虚极，守静笃"。老子的这一原则叫作"无为而无不为"，即不特意去做某些事情，依事物的自然性，顺其自然地去做。老子主张"为学日益，为道日损"。这就是说，学习知识要积累，要用加法，一步步肯定；而把握或体悟道，则要用减法，一步步否定。道家认为，真正的哲学智慧，必须从否定入手，一层层除去表面的偏见、执着、错误，穿透到玄奥的深层去。也就是说，面对一现象，要视之为表象；得到一真理，要视之为相对真理；再进而层层追寻真理之内在本质。宇宙的真相与奥秘，是在层层偏见剥落之后才能一步步见到的，最后豁然贯通在人内在的精神生命中。

其实道家与儒家殊途同归，最终都是强调个人与无限的宇宙契合无间——"天地与我并生，而万物与我为一"（《庄子·齐物论》）。与儒家努力尽自己的社会人伦义务和社会责任、积极入世、遵守社会规范的主张不同，道家通过否定的方法，否定知识、名教，否定一切外在形式的束缚，包括儒家仁义的束缚，以化解人生之忧。道家追求的自由是精神的超脱解放，不是指放纵形骸的情欲。如果执着于外在物欲、功名利禄，束缚于名言名教，那就会被物所主宰，不仅不自由，而且形成"机心""芒昧"，阻隔人与天地的合一。所以庄子要化解物形，才能做逍遥无待之游，达到"独与天地精神往来"（《庄子·天下》）的境界。

庄学讨论了人的生存处境。此身有限，吾生有涯。以有形有限之生投入宇宙大化，人要面对无限的时空、知识、意义、价值，这一"无限"令其不安。在熙熙攘攘的人世和各色人等的不同欲望之追逐竞争中，人心承受了巨大的压力和痛苦，人往往不知道自己身在何处。如何化解这些痛苦、困惑？庄子的人生哲学提示人们由现实到理想，由有限到无限，致广大，尽精微，遍历层层生命境界，求精神之超脱解放。庄学将人提升为太空人，超越有待，不为俗累，宛若大鹏神鸟，遗世独立，飘然远行，背云气，负苍穹，翱翔太虚。《庄子·逍遥游》强调得其自在，歌颂生命自我的超拔飞越；《庄子·齐物论》强调蕲于平等，肯定物我之间的同体融合。前者讲适己性，后者讲与物化。也就是说，逍遥无待之游只有在天籁齐物之论的前提下才有可能。这一自由观的背景是反对唯我独尊，主张宽容。承认自己的生存、利益、价值、个性自由、人格尊严，必须以承认别人的生存、利益、价值、个性自由、人格尊严为先导。这种平等的价值观肯定、容忍各种相对的价值系统的意义，决不抹杀其他的人的利益、追求，或其他的学派、思潮的存在空间。这样，每个生命就可以从紧张、偏执中超脱出来，去寻求自我超拔的途径。人们从超时空的境界中还要再回到现实中来，道家理想也必须贯注到现实人生之中。

中国佛教哲学

印度佛教传入后，通过从汉代到唐代 600 余年的消化，中国人创造了自己的中国化了的佛教哲学。中国佛学渗透了中国哲人的智慧，特别是道家、儒家和魏晋玄学的哲理。中国化了的佛教宗派，主要有天台宗、华严宗和禅宗。

与道家相近，佛教智慧也用否定、遮拨的方法（当然不限于这一方法），破除人们对宇宙一切表层世界或似是而非的知识系统的执着，获得精神上的某种自由、解脱。佛教启迪人们弃掉一切外在追逐、攀援、偏执，破开自己的囚笼，直悟生命的本性、本真。佛教的返本归极、明心见性、自识本心、见性成佛之论及一整套修行的方法，是要人们寻找心灵的家园，启发一种内在的自觉，培养伟大的人格。与儒家的成圣成贤、道家的成至人、成真人一样，佛家的成菩萨、成佛陀，也是一种道德人格的蕲向。而佛家的诸佛平等境界和与众生一起拯救世界的热忱，同样是一种宝贵的思想资源。

佛教哲学以双遣对破等解构的方法来消解心灵上的执着，使人自知其限制，自虚其心，自空其说，以求容纳别人。如儒之"诚恕"、道之"齐物"一样，这不单单是个体修养身心的方法，也是社会共存互尊的需要。佛教让人们反观自己心灵的无明，对治一切贪、瞋、痴、慢、疑、恶见，拓阔自己的心灵，从种种狭隘的偏见中超脱出来，使自己日进于高明之境，而不为无明所缚。禅宗教人"了生死"。生死能了，则一切外在的执着都可以放下，人们不再为自己的有限性而惶惑；紧张、不安可以消解，创造性可以爆发出来；这样，有限的生命便进入到无限的境界。因此，佛教的人生智慧，自有与儒、道相通之处。中国佛教哲学，削减了宗教的意识，更加世俗化。其"担水运柴，无非妙道""一阐提皆得成佛"等论旨，都受到了儒、道思想的影响。

从思辨上来讲，中国佛学确有一套自己独特的运思模型。天台宗的智慧是圆融的智慧。天台圆教不取层层推进的分解的表达方式，而取层层圆而无偏、遍无遗漏的辩证综合的方式。其"三谛圆融"说，把一心同时观照的表相世界之空无、假有、非空非有等各方面，互不妨碍、彼此圆融地统一起来。华严宗也提倡开放的心灵，其所主张的"理无碍，事无碍，理事无碍，事事无碍"和"一即一切，一切即一"的主张，把本体与现象、现象与现象之间的关系都看作是互为依恃、互为因果、相即相入、圆融无碍的。它把世界看作是无限丰富的世界，看作是融摄了不同层次的相对价值系统的一个更高价值系统。在一无限和谐的实在中，主体和客体也是互为依靠、互相关联的。禅宗主张不立文字，当下自识本心，强调自性是佛，平常即道。一旦见到自己的真性（本性）和本有心灵，人们就了解了终极的实在和得到了菩提（智慧）。禅宗主张，在实际的人生中才有涅槃（自由），在涅槃中才有实际的人生。禅宗以创造性的生活和自我觉悟的日常途径，来揭示人生的秘密，化平淡为神奇，寓神奇于平淡。禅宗极大地张扬了人的主体意识，肯定每一个人都可以成就人格。它用烘云托月的方法，不说不可言说的东西是什么，而只说它不是什么。禅宗甚至不用语言，而以各种身体动作，或以"棒喝"之类的方法，开悟心灵，启发人大彻大悟。

宋明理学　宋明理学（或称道学）是我们前述儒、道、释三大资源与传统在宋、元、明时期的新的综合。它以儒学为主干，融摄佛、道的智慧，建立了以理气论、心性论为中心的道德形而上学体系。宋明理学把汉唐以来注疏五经的传统一变而为讲求四书（《论语》《孟子》《大学》《中庸》）义理，讨论身心性命修养问题的传统，并以民间自由讲学之书院为依托，把传统精英文化进一步世俗化了。作为一种文化现象，理学是整个东亚文明的体现。它不仅在元、明、清三朝成为中国的官方意识形态，而且在14—20世纪对东亚各民族产生了广泛而深刻的影响。它的精华与糟粕至今仍然积淀在东亚各民族的文化心理中，对东亚现代化起着多方面的作用。

朱熹是宋代理学的集大成者，他集中讨论了理气关系与心性关系问题。朱子认为，宇宙间事物的法则、规律在逻辑上要先于个别的事物。如果把理设定为人之所以为人的道理，即作为类的人的本质规定（区别于禽兽等），那么它在逻辑上要先于或高于实际的人，即具体的个别人。这就在一定意义上强调了道德理性对于与血肉之躯相连的情感欲望的制约。他以心的未发状态指心之体（或性），以心的已发状态指心之用（或情）。心是性、情的统一。性是人的本质规定，是情的根据或根源，情则是性的表现。所谓"心统性情"之"统"，含有"兼"和"主宰"两义，意即心兼有性（内在的道德理性）和情（具体的情感欲念，包括道德的情感与非道德的情感），又指"心主宰性情"（《朱子语类》卷九十八）。这里又强调了意识主体和理性对于情感的主导、控制，所以他主张以"居敬""穷理"的方法涵养心性。"居敬"就是专心致志，"穷理"就是深入研究。他还阐发了格物致知的方法，其中包含有科学求知的精神。

王阳明是宋明理学中心学的集大成者。"知行合一"与"致良知"是他的颇有特色的学说。他肯定知、行之间的相互联系、相互包含和动态统一，甚至把"一念发动处"的意念、动机都看作是行之开始。"良知"本是孟子所讲的，指辨别是非善恶之心，即人内在的道德判断与道德评价。良知是人所固有的，不需要向外求索。王阳明的"致良知"即是扩充良知，一方面除去心中的自私念头和不正当欲望，保持善良的心地；另一方面在现实生活中接受磨炼，切实践行，把心中的善意具体地表现出来，不能只是口头说说而已。良知不仅表现为"知是知非""知善知恶"的先验原则，同时还表现为"好善恶恶""为善去恶"的道德自觉与实践。"致良知"也就是一套修养德性的功夫。王阳明教人要身体力行，在实践中追求自己的人生理想。如果说朱子强调道德理念、规范与知识的话，王阳明则强调道德情感、直觉与体验。这就是程朱理学与陆王心学的不同。在方法论上，前者主张"道问学"，后者主张"尊德性"。

整个宋明理学将道德提高为本体，重建了人的哲学。理学家的最高理想是"孔颜乐处"，即"天人合一"的精神境界。他们常常讲"开拓胸次"，"处处表现圣者气象"。王阳明的弟子说："满街都是圣人。"正是因为他自己的价值标准、修养境界提高了，不以鄙陋之心看人类，而以其价值理想看人类，人类的真正价值便显现出来了。理学的根本精神可以用张载的不朽格言为代表："为天地立心，为生民立命，为往圣继绝学，为万世开太平。"（《近思录》卷二）宋明理学在培养气节操守、重视品德、讲求以理统情、自我节制、发奋立志等建立主体意志结构方面起了重要的作用，把道德自律、人的社会责任感、历史使命感等，提扬到本体论的高度，空前地树立了人的道德主体性的庄严伟大。但另一方面，由于理学成为后期封建社会的官方意识形态，其末流，特别是被统治阶级所利用的部分，维护了封建专制主义的等级秩序，以一整套规范压制和扼杀人的本性，造成了伦理异化，给中国社会和中国人民曾带来了灾难。对于其正负面效应，我们应当具体地、历史地加以分析。

第二节　中国哲学的宇宙观念和人生境界

创化的宇宙
创造的人生

中国哲学的宇宙观，是生生不已、大化流行的宇宙观。宇宙是至大无外的。惠施说："至大无外，谓之大一。"（《庄子·天下》引）这里的"大一"即是宇宙。古人把东西南北、上下四方之空间称作"宇"，把古今旦暮、往古来今之时间称作"宙"。《庄子·庚桑楚》界定"宇"为有实在而无定处可执者，界定"宙"为有久延而无始末可求者。宇宙就是无限的时空及其所包含的一切。孔子说："天何言哉？四时行焉，百物生焉。天何言哉？"（《论语·阳货》）"子在川上曰：'逝者如斯夫，不舍昼夜。'"（《论语·子罕》）荀子说："阴阳大化，风雨博施。"（《荀子·天论》）这些都是肯定变易是这个世界最根本的事实，一切事物莫不在变易之中，而宇宙是一个变易不息的大流。老子说："大曰逝，逝曰远，远曰反。"（《老子》第二十五章）宇宙是逝逝不已、无穷往复的历程。庄子说："万化而未始有极也。"（《庄子·大宗师》）一切都在变动流转之中，变化是普遍的，没有终极的。

讲宇宙变化最详密的《周易·系辞上》说："在天成象，在地成形，变化见矣。"《系辞下》说："易穷则变，变则通，通则久。"《易传》最突出的特点是视变化为创新："富有之谓大业，日新之谓盛德，生生之谓易。"（《周易·系辞上》）宋人张载说，生生犹言进进。这就是说，宇宙是一个生生不已的大流，这就叫作"易"。一阴一阳，生生之易，发生在天地之间。"《易》之为书也不可远，为道也屡迁，变动不居，周流六虚，上下无常，刚柔相易，不可为典要，唯变所适。"（《周易·系辞下》）这是说，《周易》这部书，人们是不可以离开它的。它所讲的道理，常常变化迁移而不是静止的，它普遍流动于阴阳六爻的地位。所以爻位的上下是不固定的，爻的刚柔是互相变化的，不可以定出准则和纲要来，唯有适应它的变化。变易本身没有什么刻板的公式可循，一切都在创新发展着，宇宙是日新无疆的历程。中国哲学家从来不把宇宙看成是一个封闭的系统，相反，他们把宇宙看成是开放的、交融互摄的、旁通统贯的、有机联系的整体。中国哲学家从来不把宇宙看成是孤立、静止、不变不动或机械排列的，而是创进不息、常生常化的。中国哲学家有一个信念，就是人类赖以生存的宇宙是一个无限的宇宙、创进的宇宙、普遍联系的宇宙，它包举万有，统摄万象，无限丰富，无比充实。

对宇宙创化流衍的信念，实际上也就是对人的创造能力的信念。在宇宙精神的感召之下，人类可以创造富有日新之盛德大业，能够日新其德，日新其业，开物成务，与时俱进，创造美好的世界。人们效法天地的，就是这种不断进取、刚健自强的精神。《礼记·大学》引述《尚书》和《诗经》说："汤之《盘铭》曰：'苟日新，日日新，又日新。'《康诰》曰：'作新民。'《诗》曰：'周虽旧邦，其命维新。'是故君子无所不用其极。"无论对我们民族来说，还是对我们个人来说，我们不能不尽心竭力地去创造新的，改革旧的，这是天地万象变化日新所昭示的真理。

这就是说，人在天地之中，深切体认了宇宙自然生机蓬勃、盎然充满、创进不息的精神，进而尽参赞化育的天职。这种精神上的契会与颖悟，足以使人产生一种个人道德价值的崇高感。如此，对天下万物、有情众生之内在价值，也油然而生一种博大的同情心，洞见天地同根，万物一体。儒家利己利人、成己成物、博施济众、民胞物与之仁心，道家万物与我为一、天籁齐物之宽容，佛家普度众生、悲悯天下之情怀，都是这种精神的结晶。由此产生了真、善、美统一的人格思想，视生命之创造历程为人生价值实现的过程，天道的创化神力与人性之内在价值，德合无疆，含弘光大。

儒家有诗教、礼教、理学的传统，讲"志于道，据于德，依于仁，游于艺"（《论语·述而》），讲尽善尽美，将理想贯通于道德生活与艺术生活，成为富有美、善的价值世界。道家讲超越的价值，认为只有在智慧的修养、精神的锻炼上达到极致的程度，才能进入"天地与我并生，万物与我为一"的境界，于此才能把握宇宙的真相和最高的价值。总之，使人格向上发展，不离开现实世界又要超越现实世界的种种限制，培育真、善、美统一的理想人格，是中国哲学的真谛。

天人之际　性命之原　　在天人关系问题上，中国哲学有"天人合一"的主张，也有"天人交胜"的主张。《易传》提出人"与天地合德"的理想，又提出"财（裁）成天地之道，辅相天地之宜"（《泰卦·象传》）及"范围天地之化而不过，曲成万物而不遗"（《周易·系辞上》）的原则。天人关系问题，是人在宇宙间之位置的问题。人在宇宙中的位置问题，也即人生之意义的问题。"中国哲学中天人合一观点有复杂的涵义，主要包含两层意义。第一层意义是，人是天地生成的，人的生活服从自然界的普遍规律。第二层意义是，自然界的普遍规律和人类道德的最高原则是一而二、二而一的……中国哲学家认为肯定天人合一才达到人的自觉，这可谓高一级的自觉。把人与自然界区别开，是人的初步自觉；认识到人与自然界既有区别也有统一的关系，才是高度的自觉。"①

中国哲学家把人看作是"最为天下贵"者。之所以如此，是因为人得天地之全德、五行之秀气；人所禀受的天地之性，是性之极至，因而人有道德理想、有智慧能力。②众多讲"天人合一"的思想家，都把人在宇宙中的卓越地位加以彰显。但彰显人在天地间之突出地位的，也有不主张"天人合一"之说的。荀子讲"明于天人之分，则可谓至人矣"（《荀子·天论》）。他的意思是说天与人各有自己的职分，例如社会治乱在人不

---

①　张岱年：《文化与哲学》，15页，北京，教育科学出版社，1988。

②　当然，中国哲学中也有认为人是渺小的、微不足道的观点，例如《庄子》外篇及杂篇中就有这种议论。

在天，人应尽力完成自己的职任。但荀子并不否认天与人有统一的关系。唐代刘禹锡也讲"天与人交相胜"（《天论》上）。刘氏强调天与人各有一定的功能，不相互干预，在一定意义上人胜于天，并且区别了自然规律和社会生活的准则，对"天人感应""人副天数"等汉代以来流行的"天人合一"学说之负面影响有所驳正。

儒家的人文理想，乃使天德下贯为人德，人德上齐于天德，且归于天人同德。《诗经·大雅·烝民》："天生烝民，有物有则，民之秉彝，好是懿德。"《吕氏春秋·去私》："天无私覆也，地无私载也，日月无私烛也，四时无私行也，行其德而万物得遂长焉。"真可谓天道荡荡，大公无私。正因为天地宇宙本身即含有价值，所以这宇宙是值得生存的宇宙，而我们实现人生的价值，不必再另求外在于人间的天国或彼岸世界。以天、天道、天命代表至善，因此儒家肯定人性、人道、圣教均源于天。《中庸》的"天命之谓性，率性之谓道，修道之谓教"及《孟子·尽心上》的"尽其心者，知其性也，知其性则知天矣""君子所性，仁义礼智根于心"，都把宇宙看作是人性之源，把天命与人性合而为一。人心是意义、价值的一个源泉，人心又源于宇宙本体的"天"。

从中国哲学的主导倾向来看，儒、释、道三大传统，大体上肯定：一个真正的人的博大气象，乃是以自己的生命通贯宇宙全体，努力成就宇宙的一切生命。这就是人类生命的价值与归宿。正是在这样的意义上，中国哲学家以公正平和的心态，使一切生命、万物万有在不同的存在领域中各安其位。人性为天命所授，人在宇宙的万象运化中，领受、秉持了"於穆不已"的创化力，成为宇宙的枢纽。人在本质上，在精神本性上与宇宙同其伟大，宇宙创造精神与人之间，无有间隔，人自可日新其德，登跻善境。中国传统哲学本体论、宇宙论、人生论的这些思想，有助于解决当代人的"精神的惶惑"、"形上的迷失"和"存在的危机"，有助于救治当代人"上不在天，下不在地，外不在人，内不在我"的处境。

人生境界　　　境界说是中国人生哲学的一大特色。这里所说的境界，是中国哲学家追求的理想人格之极致的一种精神状态、精神天地。宋明理学家经常讨论的一个问题就是"孔颜乐处"。孔子周游列国，颠沛流离，困厄万端；颜渊一箪食，一瓢饮，穷居陋巷。这本身并无乐处可言。但孔、颜化解了身处逆境或物质匮乏所引起的外感之忧，便自得其乐，体悟以一种理性的愉悦。这种快乐，扬弃了外在之物、外驰之心，自我意识到自身与天道合其德、同其体，也就是直观自身、认同自身，体认到个体自身的内在完美，即自己所具有的真、善、美高度统一的自由人格。

境界是一种精神生活的方式，是精神的天地、世界或宇宙。儒家追求的道德宇宙，道家追求的艺术天地，佛家追求的宗教境界，即表明各学派、人物所追求的精神意境并不完全一致。但其出发地与终极地是一致的，就是说，他们都是对各自所处的突然的（事实的）状态的超越，而进入应然的（价值的）追求之中。境界虽带有理想的特征，但又不是玄妙不可捉摸的。只要人坚持自己的文化思想，按照它去做平凡的事情，有小小的创造，人的生命爆发了小小的火花，那就是天地之化的具体呈现，人在天壤之间就不会感到孤独，有限的生命就可以通向无限与永恒。人们所做的事各有不同，有各种意义，只要人觉解到它的意义，就进入了一层境界。层层递进，就可以上达最高境界。

儒家主张"立人极"，以圣贤人格为向度，以个体的道德自觉，卓然挺立于天地间，不断地追求自我实现。儒家的境界用程颢的话来说就是："仁者以天地万物为一体。"（《二程遗书》卷二）道家追求精神的逍遥与解脱。道家的诗人或艺术家的灵感气质，更加有助于超越私欲，摒弃奔竞媚俗。那种飘逸洒脱、高洁绝尘的风骨神韵，历来是道家中人的内在境界的表现。佛家追求不断地净化超升，向往涅槃境界。禅宗的境界，简易直截，顿悟成佛，当下进入佛即我、我即佛的超越之境。程颢有一首《秋日》诗："闲来无事不从容，睡觉东窗日已红。万物静观皆自得，四时佳兴与人同。道通天地有形外，思入风云变态中。富贵不淫贫贱乐，男儿到此是豪雄。"这种从容的气度，把儒的真性、道的飘逸、禅的机趣融合起来，我们可以从中体会中国哲学的境界。

如果我们把每个人的人生境界抽象一番，划分几个等级，那么大体上可以分成：自然境界、功利境界、道德境界、天地境界。这是近代人冯友兰在《新原人》中的分法。如果一个人只能顺其本能或社会风习，对自己所做之事毫无觉解，他的人生境界就是自然境界。如果一个人所做的事，动机是利己的，其事对自己有功利的意义，其人生境界就是功利的境界。如果一个人自觉是社会整体之一员，自觉为社会利益做各种事，所做的事都有道德的意义，他的人生境界就是道德的境界。如果一个人了解到超乎社会整体之上，还有一个更大的整体，即宇宙，觉解自己不仅是社会的一员，而且还是宇宙的一员，即孟子所说的"天民"，他自觉为宇宙的利益而做各种事，并觉解其中的意义，这种觉解为他构成了最高的人生境界，就是天地境界。道德境界有道德价值，天地境界有超道德价值。照中国哲学的传统，哲学的任务是帮助人达到道德境界和天地境界。[①]

有什么样的人就有什么样的境界，人境之间有一种相互呼应的关系。由于生活的复杂，同一个人在不同的主客观处境中也可能有不同的心灵境界，从而出现多重人格。不同的宇宙观、人生观使人生处于不同的意义与价值的网络之中。人们的价值观念离不开他对存在的观念。存在的多重性使得境界有了差别：物质世界、生命世界、心灵境界、艺术境界、道德境界、宗教境界，以及存在与人性相合于其巅峰的至人之境，即不可思议、玄之又玄的境界。它们之间有着互动的关系，而不一定是直线递进的关系。

---

① 参见冯友兰：《中国哲学简史》，389～391 页，北京，北京大学出版社，1985。

第三节　中国传统思维方式和行为方式

逻辑分析
辩证综合

中国哲学各家各派有着各不相同的思维方式。一般说来，中国哲学家欣赏整体动态、辩证综合与直觉体悟的思维方式。但这并不是说，中国没有逻辑分析的传统。

孔子兼重学思，强调"学而不思则罔，思而不学则殆"（《论语·为政》）。孟子提出"心之官则思"的命题，宣称"思则得之，不思则不得也"（《孟子·告子上》）。《中庸》提出"博学之，审问之，慎思之，明辨之，笃行之"的为学五步骤，又说："故君子尊德性而道问学，致广大而尽精微。"这都是肯定思必须慎，辨必须明，提倡微细的分析。儒家中比较推崇"名辨"即逻辑之学的，是荀子及其后学。荀子主张形式逻辑的类推原则，倾向于对事物及其类别的确定性加以研究，有实证分析的认知倾向。后期墨家比较重视分析方法，《墨子》书中所保存的《墨经》显示出墨家分析思维的光辉成就。墨家严格地确立了概念、判断、推理的逻辑程序和规则，《墨经》所指出的"故""理""类"的归纳推理和类比推理的步骤和方法，亦有精到之处。名家对于分析思维也有贡献。惠施的"历物"十事，既表现了辩证思维，也表现了分析思维。公孙龙讲"离坚白"，所谓"离"即分别之意。法家韩非也很强调分析性、确定性的认知方式。宋明理学家中，朱熹比较重视分析。他曾讲学问之道云："盖必析之有以极其精而不乱，然后合之有以尽其大而无余。"（《大学或问》）这就是兼重分析与综合。

中国传统哲学思维方式的缺点是分析方法的薄弱，但并不是完全没有分析思维。我们今天以形式逻辑、理性思维方式、科学思维方法来改造传统的思维方式时，应当注意发掘古代已有的成果，重建精密化的语言指谓关系，开拓明晰的概念认知系统，使概念和观念确定化，建立分析的程序、逻辑的结构和论证推理的规范，避免语言、概念、观念、判断、推理的空洞、游移、不确定、不严密，避免忽视实证、实验之严谨的工具、步骤、方法，避免以情绪代替逻辑，将怀疑视为结论，把主观估计的或然的东西当作客观实在的必然的判断，更不能以某种"需要"来决定"事实"。夸大朴素辩证法的主观随意性，缺乏冷静、客观的科学态度和严谨、致密的分析方法，以价值判断代替事实判断，都与中国传统哲学思维方式的缺弱有关。

中国儒、释、道所推崇的整体、流动、当下体悟的方法，是悟道的方法，与面对现象层面的方法确实有很大区别。由于中华民族久远以来的生存方式及汉字、语言等各方面的特性，我国传统思维方式特别发达的是辩证思维和直觉思维。

辩证思维方式所强调的是整体、对待、过程、流衍、动态平衡。中国哲人观察宇宙人生，以一种"统观""会通"的方式，即着眼于天地人我、人身人心都处在不同的系统或"场"之中，肯定各系统、要素之内外的相互依存、密切联系。人体小宇宙是一个有机联系的整体，天地大宇宙也是一个有机联系的整体。古代哲学以"统体""一体"，或者以"道""一""太极""大全""太和"等表明这个整体。以《周易》《老子》《大乘起信论》等为代表的辩证方法论模型，是"一物两体""一体两面""一心二门""整体—对待—流行"的模型，或者说是"二元对待归于机体一元"，进而发展"两面互动"的模型。例如以易、道、天、太极、太虚为"一体"，以阴阳、乾坤、形神、心物、理气、翕辟、动静等为"两面"。此两面并不是均衡的、平行的或平等的。两面的相反相成，其动力即来自这两面的不平衡。所谓"一阴一阳之谓道""反者道之动""阳中有阴，阴中有阳""动静无端，阴阳无始"等，不是把矛盾双方的对立看成是僵死的、绝对的，亦不把矛盾的统一看成是双方的机械相加，或一方吃掉另一方，而是在互相补充、互相渗透、互为存在条件的前提下，由矛盾主动方面对于被动方面(例如体对于用、心对于物、理对于气、辟对于翕)的作用，构成新的均衡稳定、动态和谐的统一体。这个统一体又处在一个有机的系统之中，如道体分一为二即阳(肯定的力量)与阴(否定的力量)，相互作用，此消彼长。阳为主导，阴阳相反而相成，合二以一，构成新的统一体。承认内在矛盾推动事物发展，承认"分一为二"与"合二以一"是一条长链中的不同环节，肯定事物即是涵盖了肯定与否定的辩证过程，使这一思维模式具有有机性、整体性、系统性和连续性。这是一种弹性很强的诠释模式和思想架构。这种整体综合的方式，如果能以前述分析思维为基础，则将更加具有科学性和现代性。

直觉体悟　　《周易》借助于具体的形象符号，启发人们把握事物的抽象意义，崇尚一种观物取象、立象尽意的思维方式。《周易·系辞上》曰："夫象，圣人有以见天下之赜，而拟诸其形容，象其物宜，是故谓之象。"卦象是《周易》的骨骼，舍象则无易。借助卦象，并通过象的规范化的流动、联结、转换，具象地、直观地反映所思考的客观对象的运动、联系，并借助 64 卦系统模型，推断天地人物之间的变化，这种思想方式渗透在中医和中国古代科技之中。道家庄子主张"得鱼而忘筌""得意而忘言"(《庄子·外物》)，魏晋玄学家王弼提出"得意在忘象，得象在忘言"(《周易明象》)的命题，表明了中国思维穿透语言，领略语言背后之象，进而穿透形象而领略其背后之意蕴的特点。

中国儒、释、道三家都主张直觉地把握宇宙人生之根据和全体。儒家的道德直觉、道家的艺术直觉、佛家的宗教直觉，都把主客体当下冥合的高峰体验推到极致。中国哲学认为，对于宇宙本体，不能依靠语言、概念、逻辑推理、认知方法，而只能靠直觉、顿悟加以把握。

道家认为，心灵的虚寂状态最容易引发直觉思维。因此，人们要尽可能地摆脱欲望、烦恼的困扰，保持心境的平和、宁静。而要使直觉思维真实呈现，则离不开默思冥想的"玄览"。老子主张"涤除玄览"。"涤除"即否定、排开杂念，"玄览"即深入静观。这是在高度精神修养的前提下才具备的一种思维状态。庄子主张"心斋""坐忘"。"心斋"即保持心境的虚静纯一，以便直接与道契合。"坐忘"即心灵空寂到极点，忘却了自然、社会，甚至忘却了自己的肉身和智慧，物我两忘，浑然冥同大化之境。

儒家孔子的"默而识之"，孟子的"不虑而知""不学而能"的良知良能，荀子的"虚壹而静""大清明"，张载的"大其心则能体天下之物"，朱熹的"豁然贯通焉""众物之表里精粗无不到，吾心之全体大用无不明"，陆九渊的"吾心"与"宇宙"的冥契，王阳明的"致良知"，都是扬弃知觉思虑，直接用身心体验宇宙终极的实在，达到对道德本体之契合的境界或方法。

佛家更是强调一种精神性的自得和内心的体验，彻见心性之本源。禅宗的参究方法是不立文字，教外别传，直心而行，无念为宗，触类是道，即事而真，不执着外物，种种言行纯任心性之自然。禅宗的顿悟成佛，排除语言文字、逻辑思维工具，主体直接契入客体(人生的本性或宇宙的实相)，与客体融合为一。这种思维活动的过程与结果是只可意会而不能言传的，有赖于每个人自己体悟，别人只能暗示、启发，而不能替代。

超越逻辑，祛除言诠，止息思维，扫除概念，排斥分析、推理诸理性思维活动，精神内敛，默然返照，当下消解了主客、能所、内外、物我的界限，浑然与天道合一。这是一种思维状态，即"众里寻他千百度，蓦然回首，那人却在灯火阑珊处"，当下得到了对于生活和生命，对于自然世界和精神世界之深邃的、本质的一种整体的、综合的洞悉。但这种状态实际上是在多次反复的理性思维的基础上产生的。没有理性思维的铺垫，这种灵感或悟性就不可能出现。

这也是一种思维方式，其特点是主体直接渗入客体。主体对于最高本体的把握，不是站在我们的生活之外做理智分析，而是投身于日常生活之中的一种感性体验，以动态的直接透视，体察生动活泼的宇宙生命和人的生命，以及二者的融会。只有切实的经验，与自家的身心交融成一体的经验，设身处地，体物入微，才能直接达到和把握真、善、美的统一。这种体验或证会，暂时地破除了对于任何语言、思辨、概念和推理的执着，但绝不是说这些思维工具是微不足道的。恰恰相反，没有理智分析的素养，也难于把握最高本体。

这种思维状态、思维方法，又是一种境界，一种智慧。它可以是道德的、艺术的或宗教的境界与智慧。儒、释、道共通的、最高的智慧与境界，是彻悟最高的存在。人的安身立命之道、人的终极关怀发生了问题，不是因为他没有科学知识、专业技术，而是因为他失去了悟性正智的作用，掩蔽了人的真性，生命理性不能显发，生命和宇宙的真相无法洞悟、契合。本体与现象二分，上界与下界悬隔，偏见的执着，知解的纷扰，常常会妨碍我们从总体上把握宇宙人生的全体意义、全体价值和全体真相。

另一方面，从哲学思想方法而言，我们应当看到，直觉与理智乃代表同一思想历程之不同的阶段或不同的方面，并无根本的冲突。当代世界哲学的趋势，乃在于直觉方法与理智方法的综贯。直觉方法一方面是先理智的，一方面又是后理智的。先用直觉方法洞见其全，深入其微，然后以理智分析此全体，以阐明此隐微，这是先理智的直觉。先从事于局部的研究、琐屑的剖析，积久而渐能凭直觉的助力，以窥见其全，洞见其内蕴之意义，这是后理智的直觉。直觉与理智各有其用而不相悖。没有一个用直觉方法的哲学家而不兼采形式逻辑与矛盾思辨的，同时也没有一个理智的哲学家而不兼用直觉方法及矛盾思辨的。① 所以，东西方思维方式并不是绝对的直觉与理智的对立。我们要善于把东西方各自的形式逻辑、辩证思维、理性方法、直觉方法等综合起来，为现代化建设服务。只用直觉体悟，不要科学分析，是有弊病的。

知行动态统合　　知行关系问题是中国哲学家特别重视的问题之一，它所涵盖的是理论理性与实践理性的统一。中国哲学家偏重践行尽性，履行实践。古代哲学家的兴趣不在于建构理论体系，不是只把思想与观念系统表达出来就达到了目的，而在于言行一致、知行统一，自己所讲的与自家身心的修炼必相符合。他们强调知行的互动，即按照自己的哲学信息生活，身体力行，付诸行动，集知识与美德于一身，不断把自己修养到"无我"的境界。

宋元明清时期，知行问题的讨论渐趋成熟，广泛涉及知行的先后、难易、轻重、分合及格物致知的方法与判断真、善、美的标准等问题。程颐、朱熹强调"以知为本""知先行后"。这里所说的知、行，主要属道德范畴。"知行常相须，如目无足不行，足无目不见。论先后，知为先；论轻重，行为重。"（《朱子语类》卷九）朱子对于知行问题的根本见解是：从逻辑上讲，知先行后，知主行从；从价值上讲，知行应合一，穷理与履践应兼备。也就是说，知与行之间有了时间上的距离；要征服时间上的距离与阻隔，需要努力方可达到或实现。王阳明提出"知是行的主意，行是知的功夫；知是行之始，行是知之成"（《传习录》上），又说："知之真切笃实处便是行，行之明觉精察处便是知。"（《王文成公全书》卷六）王阳明所说的见父自知孝，见兄自知悌，见孺子入井自知往救等，即是自动的、率直的、不假造作的、自会如此的知行合一，既非高远的理想，亦非自然的冲动，更非盲目的本能。即心即理，即知即行，如好好色，如恶恶臭，如此直接、当下、迅速。王阳明虽反对高远理想的分而后合的知行合一，但他所持的学说，仍是有理想性的，有价值意味的，有极短的时间距离的知行合一说。

明清之际的思想家王夫之批判地继承朱、王，把知行统一建立在行的基础上，反对"离行以为知"，提出了"行先知后"说。王夫之批评王阳明的"知行合一"说是"不知其各有功效而相资"，批评朱熹的"先知后行"说是"立一划然之次序"。也就是说，他强调的是知行的分而后合，肯定知与行各有功效。在此基础上，他仍然认为"知行终始不相离"

---

① 参见贺麟：《宋儒的思想方法》，见《哲学与哲学史论文集》，181 页，北京，商务印书馆，1990。

"相资以互用""并进而有功"。这样，王夫之较为辩证地解决了知与行的关系问题。当然，王夫之所说的行，主要还是个人的"应事接物"，即道德修养、道德实践方面的内容。从根本上来说，他的知行观，还是理想的、价值的知行统一观。

在朱熹、王阳明和王夫之的知行观中，我们可以知道，中国哲学家的行为方式是理想与理性的统一，价值与事实的统一，理论理性与实践理性的统一。他们各自强调的侧面虽有所不同，但把价值理想现实化，实践出来，而且从自我修养做起，落实在自己的行为上，完全出自一种自觉、自愿、自由、自律，这是值得肯定的。

关于传统知行观的现代改造，首先应由单纯的德行和涵养性情方面的知行，推广应用到自然知识和理论知识方面，作为科学思想和道德以外的其他一切行为（包括经济活动、工商行为及各种现代职业等）的理论根据。其次，这个知是理论的系统，不是零碎的知识，也不是死概念或抽象的观念，更不是被动地接受外界印象的一张白纸，而是主动的、发出行为或支配行为的理论。最后，这个行不是实用的行为，而应是严格意义上的社会实践。它是实现理想、实现所知的过程，又是检验所知的标准。

总之，在传统哲学中，"道""易""诚""仁""太极"等本体是超越的又是内在的本体。就人与世界的基本共在关系而言，在传统哲学中是通过天人、体用、心物、知行之契合来加以沟通和联结的。天人之间，形上形下之间，价值理想与现实人生之间，没有不可逾越的鸿沟。中国哲学由内在超越的理路，使天道与心性同时作为价值之源，开掘心性，即靠拢了天道；落实行为，即实现了理想。中国哲学的宇宙观念、人生智慧、思维方法、行为方式在现代仍然是全人类极其宝贵的思想传统和思想资源，是中国现代化事业的源头活水之一。

□**参考文献**□

1. 冯友兰：《中国哲学简史》，北京，北京大学出版社，1985。

2. 张岱年：《中国哲学大纲》，北京，中国社会科学出版社，1982。

□**思考题**□

1. 什么是原始儒家的精神？

2. 什么是原始道家的智慧？

3. 试谈中国哲学关于创造变化、与时俱进的观念。

4. 中国哲学思维方式的特长与缺失是什么？

下 编

第十四章　中国文化的类型和特点

第一节　中国文化的伦理类型

任何一种文化类型的产生，都离不开特定的自然条件和社会历史条件。这就是在特定自然地理环境下的物质生产方式和社会组织结构。关于这三个方面，在本书上编的前三章已有详细论述。简言之，从地理环境看，中国处于半封闭状态的大陆性地域，与西方地中海沿岸的民族有很大的不同；从物质生产方式看，中国文化植根于农业社会的基础之上，封建的小农经济在中国有几千年的历史，这与中亚、西亚的游牧民族、工商业比较发达的海洋民族也有很大的不同；从社会组织结构看，宗法结构在中国漫长的历史中成为维系社会秩序的重要纽带，专制制度在中国延续了 2000 年，这在世界文化史上也是极为罕见的。

上述历史条件——半封闭的大陆性地域、农业经济格局、宗法与专制的社会组织结构，相互影响和制约，形成了一个稳定的生存系统，与这个系统相适应，发展出了伦理类型的中国传统文化。这种文化类型不仅在观念的意识形态方面产生着久远的影响，而且还深刻地影响着传统社会心理和人们的行为规范。例如，孝亲敬祖、尊师崇古、修己务实、不佞鬼神、乐天安命等，这些在几千年农业宗法社会环境下形成的社会心理和观念，渗透到了传统文化的方方面面。正因为如此，斯宾格勒(1880—1936)才把道德灵魂当作中国文化的基本象征符号，黑格尔(1770—1831)才说："中国纯粹建筑在这一种道德的结合上，国家的特性便是客观的'家庭孝敬'。"[1]

有人说，中国文化可以被称为"德性文化"[2]。这种说法有一定道理。但是，中国传统文化之重"德"，并不是说它轻"智"，它是一种德智统一、以德摄智的文化。在对待人

---

[1]　[德]黑格尔：《历史哲学》，王造时译，114 页，上海，上海书店出版社，2006。
[2]　参见冯天瑜等：《中华文化史》，236 页，上海，上海人民出版社，1990。

与自然的关系上，它十分注重二者之间的和谐与统一，几乎到了有一种伦理关系在其中的地步：人，出于自然，以天地为父母，以万物为朋友，其精神（古人称之为"气"）可以与天地相通。因此可以说，人的德出自天地自然，人与天地自然可以"合其德"。因此中国古代有"天命有德"的观念。这种文化观念，同欧洲文化的注重人与自然的对立，中东和印度文化的注重超自然的神，都有所不同。北宋哲学家张载有一段精辟的话。他说：

> 乾称父，坤称母；予兹藐焉，乃混然中处。故天地之塞，吾其体；天地之帅，吾其性。民，吾同胞，物，吾与也。（《正蒙·乾称篇》）

在这里，他把天地看作是父母，把百姓看作是兄弟，把万物看作是朋友。他把人伦的观念，贯彻到天地万物之中，这正典型地代表了中国文化的伦理型特色。因此我们也可以说，中国古代文化是一种天地合德的伦理类型。

张载还认为，人作为天地大家庭的一员，应该担当起自己的责任："尊高年所以长其长，慈孤弱所以幼吾幼。圣其合德，贤其秀也。凡天下疲癃残疾、茕独鳏寡，皆吾兄弟之颠连无告者也，于时保之，子之翼也。乐且不忧，纯乎孝者也。"（《正蒙·乾称篇》）张载把尊高年、慈孤弱、怜惜残疾鳏寡称为"孝"，把孝的范畴广义化了。实质上，中国文化中爱好和平、尊重他人的精神，与此是有着某种内在联系的。

中国文化的伦理型特征，主要源于中国古代社会宗法体系的完善及其影响的长期存在。

与世界各国不同，中国是在血缘纽带解体不充分的情况下步入文明社会的，从而形成了独特的宗法体系。与之相联系，血亲意识，即所谓"六亲"（父子、兄弟、夫妇）、"九族"（父族四、母族三、妻族二）的观念继续构成社会意识的轴心，而且其形态在后来的发展中愈益精密化。经过历代统治者及士人的加工改造，宗法体系下的血亲意识有的转化为法律条文（如"不孝"成为犯法的"首恶"），有的则形成宗法式的伦理道德，长久地左右着人们的社会心理和行为规范。

在社会心理方面，中国人向来对血缘关系格外注重，其语言表现是亲属称谓系统的庞杂精细。这一系统不仅如同世界诸多民族一样纵向区分辈分，而且在父母系、嫡庶出、长幼序等横向方面也有极严格的规定。例如英语中 uncle 和 aunt 的汉语对应词，竟有伯父母、叔父母、姑父母、舅父母、姨父母五种之多。与此相联系，中国人往往怀有浓烈的孝亲情感，这种情感不仅表现为对死去先祖的隆重祭奠，更表现为对活着的长辈绝对孝顺，所谓"百善孝为先"。尊亲是中华民族古已有之的道德传统。在中国文化系统内，孝道被视为一切道德规范的核心和母体，忠君、敬长、尊上等，都是孝道的延伸。"夫孝，始于事亲，中于事君，终于立身"（《孝经·开宗明义》）。中国人虽然也崇拜天神，但无希伯来人、印度人、阿拉伯人那样的虔诚和狂热，耶稣受难曾激发起欧洲人无以名状的心灵震撼，而中华民族却以"如丧考妣"来形容悲伤至极的情感。从这个意义上说，纲常伦理观念如同一具庞大严密的"思想滤清器"，阻挡、淡化了宗教精神对国民意识的渗透。与基督教、伊斯兰教、印度佛教相比，中国宗教在禁欲、绝亲等关系世俗人伦的方面，总是留有充分的余地。佛教传入中国以后，正是由于在尽孝、尽忠这两大伦理观念上有所修正，汉译佛典甚至伪造《父母恩重经》，阐发孝道，宣扬忠君，这才获得民众的理解，得以顺利发展。

作为社会心理状况的理论升华，伦理道德学说当仁不让地成为中华学术的首要重心，影响之大，导致道德论与本体论、认识论、知识论互摄互涵，畛域不清。在古希腊、古罗马，人们关注的重心不是人际伦常关系，而是大自然和人类思维的奥秘，主体与客体二分、心灵与物质对立的观念深入人心，宇宙理论、形而上学得到较充分的发展。以柏拉图为代表的古希腊哲学体系三分为思辨哲学、自然哲学和精神哲学，此后直到近代，西方以求真为目标的学术范式一脉相承，宇宙论、认识论与道德论各自独立发展，虽有联系，但从未混淆不分。

中国则不同，人伦效法自然，"人法地，地法天，天法道，道法自然"（《老子》第二十五章）。自然亦被人伦化，天人之间攀上了血亲关系，君王即"天子"，从而形成了天人合一、主客混融的观念。中国古代的知识论从未与道德伦理学说明晰地区分开，为学的目标固然在于求真——探索自然奥秘，然而更在于求善——追求道德觉悟。外在的自然界未被当作独立的认知对象与人伦相分离，以外物为研究对象的科学便遭到冷遇和压抑，自然科学、分析哲学因此难以获得充分的发展，伦理道德学说却延绵不断，甚至成为众多学科门类的出发点和归宿。政治学成为道德评判，政事被归结为善恶之别、正邪之争、君子小人之辨；文学强调教化功能，成为载道的工具；史学往往以"寓褒贬，别善恶"为宗旨；教育更以德育居首，所谓"首孝悌，次见闻"（《三字经》），"行有余力，则以学文"（《论语·学而》），知识的传授退居其次。至于哲学，在中国文化体系中则往往与伦理学相混融，主要表现为一种道德哲学。这一点在儒学中体现得尤为鲜明。正如梁启超所说："儒家舍人生哲学外无学问，舍人格主义外无人生哲学。"（梁启超：《先秦政治思想史》）

宗法社会特定的伦理型文化，自有其正面的积极效用。在中国文化系统里，强调在道德面前人人平等，如孟子说"人皆可以为尧舜"（《孟子·告子下》），王阳明说"满街人都是圣人"（《传习录》下），都是肯定凡夫俗子也可以通过道德修养达到最高境界。与此同时，伦理型文化对包括君主在内的统治者也形成了道德制约和严格要求。自周朝开始，帝王死后有谥号，群臣根据其德行政绩加一概括语，褒者如成、康，贬者如幽、厉。这种人格评判式的道德制约，在古代中国所发挥的社会调节功能不可低估。伦理型文化在特定历史条件下，还能鼓舞人们自觉维护正义，忠于国家、民族，抵御外来侵略，保持高风亮节。千百年来，无数舍生取义、杀身成仁的志士仁人，都从传统道德伦理思想中汲取营养，立德、立功，彪炳千秋。当然，伦理型文化也有其消极的一面。它将伦理关系凝固化、绝对化，以致在某种程度上又成为人身压迫、精神遏制的理论之源。我们要对它进行具体分析，批判地继承其中优秀的文化遗产，剔除其糟粕，创造性地建设当代中国的新文化。

第二节　中国文化的特点

关于中国文化的特点，可以从不同角度来认识和总结。梁漱溟先生在《中国文化要义》中，曾提出中国文化的十四大特征[①]，台湾学者韦政通则概括出中国文化的十大特征[②]，其他学者还有各种不同的总结和研究结论。其实，在本书上、中编各章中，已广泛地涉及中国文化的特点问题，诸如中国文化的延续力、多样性、包容性、凝重性，它作为农业文化、宗法文化、礼仪文化、伦理文化的特征，它的特殊的思维方式、审美情趣等。本书下面两章将要论述中国文化的基本精神和价值系统，实际上也是要从内在精神和价值取向方面进一步深入揭示中国文化的特点。可以这样说，学习中国文化史，就是要从各个方面、各个角度来认识中国文化的特点，把握它的民族性和特殊性，既知道它的优点、长处，又清醒地了解它的缺点、短处。本章除了已在上节揭示中国文化的伦理型这个总的特征之外，还想从以下几个方面集中论述一下中国文化的特点。

强大的生命力和凝聚力　　在世界文化之林中，有四大文明古国，也曾经出现过许多优秀的文化体系。英国历史学家汤因比（1889—1975）认为，在数千年的人类文明史上，出现过26个文明形态，但是在全世界只有中国的文化体系是长期延续发展而从未中断过的。这种强大的生命力，是中国文化的一个重要特征。

中国文化的强大生命力，表现在它的同化力、融合力、延续力和凝聚力诸方面。

所谓同化力，是指外域文化进入中国后，大都逐步中国化，融入中国文化而成为其一部分。在这方面，最有代表性的例子莫过于佛教文化的传入和中国化。佛教并不是中国本土的文化，在公元1世纪的两汉之际开始传入中国，经过魏晋至隋唐几百年的时间，佛教高僧的东渡，佛教经典的翻译，中土僧人的西行求法，都不能使佛教文化完全征服中国的士大夫。佛教传播的结果是，其一部分变为中国式的佛教（如禅宗），一部分消融于宋明理学之中，成为中国文化的一部分。

---

① 参见梁漱溟：《中国文化要义》，见《梁漱溟全集》第三卷，济南，山东人民出版社，1990。
② 参见韦政通：《中国文化概论》，长春，吉林出版集团有限责任公司，2008。

所谓融合力，是指中国文化并非单纯的汉民族文化或黄河流域的文化，而是有机地吸收中国境内各民族及不同地域的文化——如荆楚文化、吴越文化、巴蜀文化、西域文化等，形成了具有丰富内涵的中华文化。中华各民族文化，例如历史上的匈奴、鲜卑、羯、氐、羌、契丹、辽、金等民族的文化，都交融于中国文化的血脉之中。没有这种融合，也就没有中国文化的博大精深。

中国文化的同化力和融合力，是在历史中形成的，因此它不是简单的、偶然的文化现象，而是一种文化生命力的表现。具有如此强大的文化生命力的民族，在世界历史上是少见的。英国历史学家汤因比在 20 世纪 70 年代初，曾与日本学者、社会活动家池田大作有过一次著名的对话，在这次对话中，他指出，"就中国人来说，几千年来，比世界任何民族都成功地把几亿民众，从政治文化上团结起来。他们显示出这种在政治、文化上统一的本领，具有无与伦比的成功经验"[①]。

中国文化的同化力和融合力，是其无与伦比的生命延续力的内在基础。

在人类历史上，多次出现过因为异族入侵而导致文化中绝的悲剧，如古印度文化因雅利安人入侵而雅利安化，古埃及文化因亚历山大大帝占领而希腊化、因恺撒占领而罗马化、因阿拉伯人移入而伊斯兰化，古希腊、古罗马文化因日耳曼族入侵而中绝并沉睡千年。但是在中国，此类情形从未发生。文化学界有人将七个古代文化——古埃及文化、苏美尔文化、米诺斯文化、玛雅文化、安第斯文化、哈拉巴文化、中国文化——称为人类原生形态的"母文化"。而在它们之中，唯有中国文化，历经数千年，持续至今而未曾中辍，表现出无与伦比的延续力。

这种强健的生命延续力的成因是多方面的。东亚大陆特殊的地理环境提供了相对隔绝的状态，是其缘由之一。而中国文化长期以来以突出的交融性维持着活力，也是一个重要原因。

在漫长的历史年代里，中国文化虽未受到自欧洲、西亚、南亚而来的威胁，但也屡屡有游牧人和农耕人的军事冲突，如春秋以前的"南夷与北狄交侵"（刘向：《说苑·尊贤》），十六国时期胡族进入中原，宋元时期契丹、女真、蒙古人接连南下，明末满族入关。这些勇猛剽悍的游牧人虽然在军事上大占上风，甚至多次建立起强有力的统治政权，但在文化方面，却总是自觉不自觉地与中原农耕文化交融。匈奴、鲜卑、突厥、契丹、女真、蒙古等游牧或半农半牧民族在与中原文化的接触过程中，几乎都发生了由氏族社会向封建社会的过渡或飞跃。而在这一过程中，中原文化又多方面地吸收了丰富养料，如游牧人的骑射技术，边疆地区的物产、技艺，从而增添了新的生命活力。

中国文化的强大生命力还表现在它具有历久弥坚的凝聚力上。这种凝聚力具体表现为文化心理的自我认同感和超地域、超国界的文化群体归属感。早在公元前 1000 年的

---

① 《展望二十一世纪——汤因比与池田大作对话录》，294 页，北京，国际文化出版公司，1985。

西周时期，中华先民便表达了从文化心理特质上的自我确认。到了近代，中国人更自觉地意识到：

> 中华之名词，不仅非一地域之国名，亦且非一血统之种名，乃为一文化之族名。故《春秋》之义，无论同姓之鲁卫，异姓之齐宋，非种之楚越，中国可以退为夷狄，夷狄可以进为中国，专以礼教为标准，而无有亲疏之别。其后经数千年，混杂数千百人种，而称中华如故。以此推之，华之所以为华，以文化言可决知也。①

正因为如此，直到今天，数以千万计的华侨华裔，有的已在异国他邦定居生活，但他们的文化脐带，仍然与中华母亲紧紧相连，他们未曾忘记自己是中华儿女。美籍华人、诺贝尔物理学奖得主杨振宁教授说："我觉得中国传统的社会制度、礼教观念、人生观，都对我们有极大的束缚的力量。"（《读书教学四十年·我对一些社会问题的感想》）肺腑之言，拳拳之心，是中国文化强劲凝聚力的生动体现。

> **重实际求稳定的农业文化心态**

中国传统文化是一种农业文化。所谓农业文化，并非说构成这种文化的物态成分中没有其他产业的产品，而是说整个文化的物质基础的主导方面和支配力量是在自然经济轨道上运行的农业。

黄河、长江哺育的亚洲东部这片肥沃的土地，为中华先民从事精耕细作的农业生产提供了极为优越的条件。几千年来，中国人的主体——农民，"日出而作，日入而息，凿井而饮"（《论衡·感虚篇》），躬耕田畴，世世代代、年复一年地从事简单再生产，成为国家赋役的基本承担者，这就注定了中国古代文化的农业型物态特征，并在此基础上形成了独具一格的"实用—经验理性"，如重农、尚农的社会共识，重实际而黜玄想的务实精神，安土乐天的生活情趣，包含循环与恒久意识的变易观念，等等。

在以农业为生存根基的中国，农业生产的节奏早已与国民生活的节奏相通。我国的传统节日，包括最隆重的春节，均源于农事，是由农业节气演化而成的，并不像许多其他民族那样，节日多源于宗教。在这样的文化氛围内，重农思想的产生便是顺理成章的事情。中国人很早就认识到农耕是财富的来源。《周易》说："不耕获，未富也。"（《无妄·象传》）中国礼文化的创导者周公也说："呜呼，君子所其无逸，先知稼穑之艰难，乃逸。"（《尚书·无逸》）他认为统治者要求得社会的安定，首先必须懂得农耕的重要和农人的艰辛。

战国中期的商鞅更把尚农作为富国强兵的基础。他下令免三晋客民军役三世，使其安心农业生产；又让农人固定居住，不得迁徙，以防脱离生产；还采取种种措施，令各

---

① 太炎：《中华民国解》，《民报》第15期，1907-07。

类非农业人口转入农事，以制止"不作而食"。由此形成的重农抑商政策，对后世影响深远。《吕氏春秋》则从理论上发挥了重农思想，认为"霸王有不先耕而成霸王者，古今无有，此贤者不肖之所以殊也"（《吕氏春秋·贵当》），把发展农业看成是成就霸业的基础。

大体成书于战国时期的《管子》认定"乡子弟力田为人率者"，即农人是社会的中坚，提倡以农为本，以工商为末，反复劝诫统治者要务本以安邦，重本而抑末。帝王们也深知农业繁荣是国固邦宁的根柢所在，如汉文帝颁布重农诏曰："农，天下之大本也，民所恃以生也。而民或不务本而事末，故生不遂。"（《汉书·文帝纪》）历代思想家阐扬重农的言论更是不胜枚举，农本商末、重农抑商的观念在中国式的农业社会可谓根深蒂固。

务实精神是"一分耕耘一分收获"的农耕生活带来的一种群体价值趋向。中国民众在农业劳作过程中领悟到一条朴实的真理：利无幸至，力不虚掷，说空话无补于事，实心做事必有所获。这种农人的务实作风也感染了士人，"大人不华，君子务实"（王符：《潜夫论·叙录》）是中国贤哲们一向倡导的精神。章太炎说："国民常性，所察在政事日用，所务在工商耕稼，志尽于有生，语绝于无验。"（《驳建立孔教议》）这比较准确地刻画了以农民为主体的中国人重实际而黜玄想的民族性格。正是这种民族性格使中国人发展了"实用—经验理性"，而不太注重纯理论的玄思。亚里士多德式的不以实用为目的、而由探求自然奥秘的好奇心所驱使的文化人，较少在中国产生。中国人在农业的简单再生产过程中形成的思维定势和运思方法是注意切实领会，并不追求精密谨严的思辨体系，因而被西方人称赞为"最善于处理实际事务的"民族。

安土乐天的生活情趣，更是直接从农业文明中生发出来的国民精神。传统中国人采用的主要是农业劳动力与土地这种自然力相结合的生产方式，他们建立的自然经济社会是一种区域性的小社会，与外部世界处于封闭状态。农民固守在土地上，起居有定，耕作有时。安土重迁是他们的固有观念。《周易》称："安土敦乎仁，故能爱。"（《周易·系辞上》）《礼记》称："不能安土，不能乐天；不能乐天，不能成其身。"（《礼记·哀公问》）先民所追求的，是在自己的故土从事周而复始的自产自销的农业经济所必需的安宁和稳定。以"耕读传说"自豪，以穷兵黩武为戒。所谓"善人为邦百年，亦可以胜残去杀矣"（《论语·子路》），所谓"若使天下兼相爱，国与国不相攻，家与家不相乱，盗贼无有，君臣父子皆能孝慈，若此则天下治"（《墨子·兼爱上》），便是农业社会古圣先贤和庶民百姓的共同理想。

包含着循环与恒久意识的变易观念，与农业文明存在着深刻的内在联系。中国人受到农业生产由播种、生长到收获这一循环状况以及四时、四季周而复始现象的启示，产生了一种循环论的思维方式。正如《周易·系辞下》所概括的："寒往则暑来，暑往则寒来。"政治生活中朝代的盛衰更迭，治乱分合的往复交替，所谓"天下大势，分久必合，合久必分"，以及人世间的种种变幻离合，更强化了人们的循环观念，而金、木、水、火、土五行相生、相克的公式，则是循环论自然观与社会观的哲学表征。

循环论是盛行于农业社会的一种推原思维。这种思维的特点是出发点与归宿点重合。这恰恰是农业生产的周期性和植物从种子到种子周而复始的衍化所暗示的。这类思维方式长期制约着中国人的思想方法。汉晋后流行于中国的佛教，其因果报应、修行解脱说，也是一种循环论。而将儒、佛、道三家思想汇合的宋明理学，其历史观也是循环论，邵雍的"元、会、运、世"周而复始的模式即是典型。

农业社会中的人们满足于维持简单再生产，缺乏扩大社会再生产的能力，因而社会运行缓慢迟滞。在这样的生活环境中，很容易滋生永恒意识，认为世界是悠久的、静定的。中国人往往表现出习故蹈常的惯性，好常恶变。反映在精英文化中，则是求"久"的观念应运而兴，《周易·系辞上》所谓"可久可大"，《中庸》所谓"悠久成物"，《老子》所谓"天长地久""深根固柢长生久视"，董仲舒所谓"天不变道亦不变"（《汉书·董仲舒传》），都是这种观念的典型表述。反映在民间心态中，便是追求用具的经久耐用，希望统治方式稳定守常，祈求家族延绵永远，这都是求"久"意识的表现。

当然，农业生产也向人们反复昭示着事物的变化和生生不已，因此，与恒久观念相辅相成，变易观念在中国也源远流长，影响深远，如所谓"日新之谓盛德，生生之谓易""刚柔相推而生变化"（《周易·系辞上》），所谓"大曰逝，逝曰远，远曰反"（《老子》第二十五章）。这种变易观带有很明显的循环论特征。变易、循环和恒久在中国文化中很自然地结合、统一起来，其主要表现形态就是寓变易于保守之中。如汉武帝的"复古更化"，"复古"是承继尧舜三代道统，"更化"是以儒家哲理改变秦代遗留的恶俗；又如王安石变法、张居正改革、康有为变法都是某种程度上的"托古改制"。这种以复古求变今的思路，正是农业经济所养育的中国文化在变易观上的独特表现。

> **以家族为本位的宗法集体主义文化**

中国古史的发展脉络，不是以奴隶制的国家代替由氏族血缘纽带联系起来的宗法社会，而是由家族走向国家，以血缘纽带维系政治制度，形成一种家国一体的格局。这样，氏族宗法社会的解体在我国完成得很不充分，因而氏族社会的宗法制度及其意识形态的残余大量积淀下来，几千年中，全社会并未长期存在如同古代印度和欧洲中世纪那样森严的等级制度，社会组织主要是在父子、君臣、夫妇、长幼之间的宗法原则指导下建立起来的。

宗法制度在中国根深蒂固，不仅是由于氏族社会解体极不充分，还是由于此后自然经济长期延续，"鸡犬之声相闻，民至老死不相往来"（《老子》第八十章）的村社构成中国社会的细胞群，而这些村社中又包含家庭宗族与邻里乡党两大网络，由家庭而家族，再集合为宗族，组成社会，进而构成国家。这种社会结构给宗法制度、宗法思想的迁延、流播提供了丰厚的土壤。战国时期的社会大变革，对宗法制度虽有所冲击，但以家庭为细胞的农业自然经济和血缘宗族关系，并没有被撼动。此后 2000 多年，中华文化始终以宗法氏族社会传说中的圣人——尧、舜为圣人，以宗法氏族社会的"大同世界"为理想的社会境界，社会组织结构长久地笼罩在父系家长制的阴影之下，父是家君，君是国父，家国一体，宗法关系渗透到社会生活的最深层。

以家族为本位的社会关系的基本单元是宗族。在宗族内，每个人都起码要和上下两代人(即父、子)发生关联。这样，父亲、自己、儿子就形成三代，这是一个以自己为核心的最基本的宗族。由三代分别向上、向下延伸，还可以形成分别以自己的父亲、自己的儿子为核心的另外两个最基本的宗族，实际上形成了三个同心圆。如果仍以自己为核心来考虑的话，这三个同心圆一共包括了五代，即从自己的祖父到自己的孙子形成两层圆圈。就人的自然寿命而言，这五代人是可以同时在世的。如果将以自己为核心的这两层圆圈分别再往上往下延伸，上至自己的高祖，下至自己的玄孙，这样就一共包括九代，形成四层圆圈(见下图所示)。这就是《礼记·丧服小记》中所说的"亲亲，以三为五，以五为九"，至九而"亲毕"。由此我们可以看到，在宗法观念下，个人是被重重包围在群体之中的，因此，每个人首先要考虑的，是自己的责任和义务，如父慈、子孝、兄友、弟恭之类。这就是所谓的"人道亲亲"。《礼记·大传》中释"人道亲亲"说："亲亲故尊祖，尊祖故敬宗，敬宗故收族。"由尊祖到敬宗再到收族，整个社会就团结、统一起来了，这正是儒家的思路。

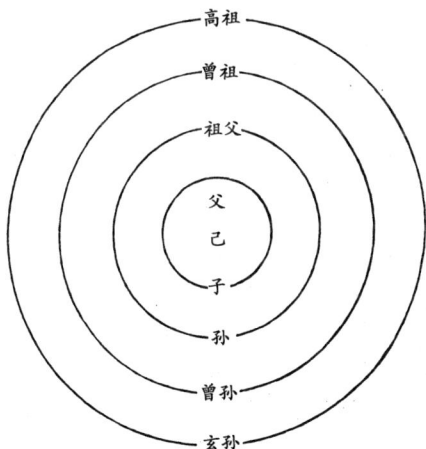

说明：1. 由"己"到"祖父"为三代，由"己"到"孙"亦为三代，由"己"之孙到"己"之祖父为五代。
　　　2. 由"己"到"高祖"为五代，由"己"到"玄孙"亦为五代，由"己"之玄孙到"己"之高祖为九代。

从"亲亲"的观念出发，可以引申出对君臣、夫妻、长幼、朋友等关系的一整套处理原则，这些处理原则是以"义务"观念为核心的。儒家经典《大学》中提出"知止"的范畴，"知止"具体表现在"为人臣止于敬""为人子止于孝""为人父止于慈"等。这些都是"义务"的概念。《论语》中记载，孔子上朝的时候，君主没到来之前，他与下大夫说话，"侃侃如也"(温和而快乐)，与上大夫说话，"訚訚如也"(正直而恭敬的样子)；君主来了之后，

"踧踖如也，与与如也"（恭敬而心中不安，而又行步安详有礼貌）。这则材料生动地说明了孔子非常注意掌握自己行为的分寸，把自己在特定环境下的角色义务处理得十分恰当。正是由于中国传统文化重家族轻个人、重群体轻个体，因而总是强调个人在群体中的义务和责任，而忽略了个人在社会中的权利，也就使得"人皆可以为尧舜"（《孟子·告子下》）这样的道德平等意识仅仅成为一种理想，而与"权利"相联系的"法制"观念在这样的系统之内没有用武之地，这正体现了传统文化的二重性。

尊君重民相反
相成的政治文化

长期运作于中国的农业自然经济，是一种商品交换欠发达、彼此孤立的经济。一方面，在这种土壤中生长起来的极度分散的社会，需要高高在上的集权政治加以统合，以抗御外敌和自然灾害，而人格化的统合力量则来自专制君主。因此，"国不堪贰"（《左传·隐公元年》）的尊君传统乃是农业宗法社会的必然产物。另一方面，农业宗法社会的正常运转，又要仰赖以农民为主体的民众的安居乐业，如此方能为朝廷提供租税赋役，保障社会所需的基本生活资料，社稷家国方得以保全，否则便有覆灭崩溃之虞。因此，"敬德保民""民为邦本"的思想传统也是农业宗法社会的必然产物。尊君和重民相反而又相成，共同构成了中国传统政治文化的一体两翼。

中国农业社会由千百个彼此雷同、极端分散的村落和城镇组成。但是，对外抗御游牧人的侵袭，对内维持社会安定又是这个农业社会的全民性需要，这就有建立统一的、权威巨大的帝国的必要。然而，农业型的自然经济决定，不能指望以商品交换形成的纽带来维系国家的大一统，只能依靠政治上和思想上的君主集权主义将国家大一统变为现实。在中国古代，除少数"异端"思想家提出过犀利的非君论外，多数学派的思想家都有不同程度的尊君思想，而绝对尊君论则是由法家提出来的。韩非从天下"定于一尊"的构想出发，提出了"事在四方，要在中央，圣人执要，四方来效"（《韩非子·扬权》）的中央集权的政治设计，并认为国君具有无上威权，对臣民蓄养以供驱使，而臣民对君则必须唯命是从。臣民不具备独立人格，视、听、言、动皆以君之旨意为转移。君以法、术、势制驭天下，天下以君为头脑和中枢，如此方可天下定于一尊，四海归于一统。此后不久正式建立的大一统的秦帝国，就是以法家的思想为蓝图构筑起来的。

尊君论并非法家的特产，先秦儒学创始人孔子便系统地阐述过温和的尊君思想，西汉大儒董仲舒则赋予尊君论以神学理论色彩，所谓"天子受命于天，天下受命于天子"（《春秋繁露·为人者天》），所谓"《春秋》之法以人随君，以君随天"（《春秋繁露·玉杯》），把国君描述成天与人之间的媒介。唐代的韩愈从社会分工角度，大倡尊君抑民之说。此后，程颐、朱熹等理学家以更加富于思辨性的理论，为"君权神授"做论证，将"君为臣纲"归结为"天理"。这种绝对君权主义到了明代更在实践上达到登峰造极的地步。明太祖朱元璋"收天下之权以归一人"（王世贞：《弇州史料》卷十一），废除了沿袭1000多年的丞相制和沿袭700多年的三省制，将相权并入君权；撤销行省，设立分别直接受制朝廷的三司（布政使司、按察使司、都指挥使司），将君权扩张到极点，真正达到了"朕即国家"的程度。

总之，中国传统农业社会需要并养育了一个君主集权政体，而这种君主集权政体一经形成，又成为超乎社会之上的异己力量，它剥夺了人民群众的权利，将军、政、财、文大权全部集中到朝廷以至皇帝个人手中。这就是马克思多次论述过的在"亚细亚生产方式"土壤中生长出来的"东方专制主义"。

与集权主义相伴生，中国农业社会又培育了另一种影响深远的政治意识，这便是民本主义。

中国自先秦即已产生的民本主义是一个具有特定历史含义和民族文化内容的概念，在使用时必须与西方的人文主义和人本主义概念加以严格区分。产生于欧洲文艺复兴时期的人文主义是同维护封建统治的宗教神学相对立的人性论和人道主义；在19世纪由德国哲学家费尔巴哈提出的人本主义，是指抽去人的具体的历史条件和社会关系，把人仅看作一种生物学存在的旧唯物主义哲学观点。而中国的民本主义则是与它们完全不同的一个历史范畴。

民本主义植根于尚农、重农的社会心理的深层结构之中，它是与重农主义互为表里的。农业社会存在和发展的前提，是农业劳动力——农民的安居乐业。农民安居乐业，农业生产才能稳定有序，朝廷的赋役才能得源源供给，"天下太平，朝野康宁"的"盛世"便有了保障。反之，如果以农民为主体的广大庶众失去起码的生存条件，出现"民不聊生""民怨沸腾"的状况，"民溃""民变"就会层出不穷，"国削君亡"就难以避免。

到东周时期，民本思想渐趋盛大。老子认为，统治者必须顺应民意，"圣人无常心，以百姓心为心"（《老子》第四十九章）。孔子则提出"节用而爱人，使民以时"（《论语·学而》），并有"修己以安人""修己以安百姓"的主张（《论语·宪问》）；他所倡导的德政，以"裕民"为前提，希望统治者"因民之利而利之"（《论语·尧曰》）。此后，孟子对民本思想做了系统发挥。他说："民为贵，社稷次之，君为轻。是故得乎丘民而为天子，得乎天子为诸侯，得乎诸侯为大夫。"（《孟子·尽心下》）他提出了"民为国本"和"政得其民"的思想。稍晚的荀子也有类似思想，他说："君者舟也，庶人者水也。水则载舟，水则覆舟。"（《荀子·王制》）关于君民关系的这一形象比喻，给历朝统治者以深刻印象。唐太宗李世民在与大臣的对话中，就阐述过民水君舟，水可载舟、亦可覆舟的道理，一再强调"载舟覆舟，所宜深慎"（《贞观政要·君道》）。

总之，"民为邦本""使民以时""民贵君轻"等民本思想是中国古代农业社会的一种传统政治思想，反对"杀鸡取卵""竭泽而渔"的"仁政""王道"学说由此派生出来。

民本主义同君主专制主义的关系是双重的。一方面，以"爱民""重民""恤民"为旗帜的民本思想与专制主义的极端形态——"残民""贱民""虐民"的暴政和绝对君权论是对立的，历来抨击暴政的人几乎无一例外地提倡民本思想。另一方面，民本主义又和君主专制主义的一般形态相互补充，构成所谓"明君论"。这种明君"重民""惜民"，民众则将安定温饱生活的希望寄托于明君。"万姓所赖在乎一人，一人所安资乎万姓，则万姓为天下之足，一人为天下之首。"（罗隐：《两同书·损益》）可见，民本主义与主权在民的民主主义是不可同日而语的。民本主义严格划分"治人者"与"治于人者"，它是从治人者的长治久安出发，才注意民众的力量和人心向背的。中国历代封建统治者及士人，一方面强调"国以民为本"，另一方面又强调"民以君为主"，在他们看来，尊君与重民是统一的。

摆脱神学独断的生活信念　同世界上任何民族一样，在中国的远古时期，也产生过原始的宗教以及对天命鬼神的绝对崇拜。直到殷商，在意识形态上仍有"尊天事鬼"的特点，甲骨卜辞中所记载的，就是殷商贵族的宗教占卜活动。但是在殷周之际，中国人的宗教观念产生了重要的变化，这就是从西周开始的疑"天"思潮以及"敬德保民"的思想观念。这种观念对此后中国文化的发展产生了重大的影响。近代以来的学者已经注意到这一历史现象，王国维指出："中国政治与文化之变革，莫剧于殷周之际。"他认为，这种变化，是"旧制度废而新制度兴，旧文化废而新文化兴"。其中的关键，在于"纳上下于道德，而合天子诸侯卿大夫士庶民以成一道德之团体"（《观堂集林·殷周制度论》）。也就是说，在西周人的观念中，从宗法中产生道德，而道德成为维系整个社会的根本纽带。宗法道德观念的确立，使神学独断的观念削弱以至被摆脱了。这是中国传统文化的一个重要特点，也是中国文化与其他文化相区别的一个突出之处。

在欧亚其他地区，宗教的神，往往是最高的信仰，是精神的寄托。而最高的善，生活的目标，人们行为的准则，都是从宗教的神的诫命或启示而来的。例如犹太教把"摩西十诫"说成是永恒的道德规范和社会的基本准则，并且说这是上帝耶和华亲自向摩西颁布并与犹太人约法的（见《旧约全书》）。又如，基督教的耶稣既被视为上帝之子，又是上帝的化身，他传布福音，教化世人，成为人间伦理道德的榜样和楷模。总之，在欧亚其他地区的许多文化中，道德源于宗教神启，宗教的神是神圣不可侵犯的。

和这种神学独断相比，中国文化显示了它的理性的一面。道德是从哪儿来的？儒家与道家都做出了自己的回答。儒家的回答有两派，孟子认为，道德之善，源于人的本性，他从人见到孺子将入井时会产生"恻隐之心"立论，引发出"羞恶之心""辞让之心""是非之心"，称之为四个"善端"，由"善端"加以扩充，就成为仁、义、礼、智四种道德品质。他从心理的经验入手，采取逻辑推理的方法去论证道德的起源，把对道德问题的讨论引向人的主观修养一途，摆脱了有神论的道德观。儒家中对道德来源做出另一派回答的是荀子。荀子认为，礼义道德来源于后天环境对人性的陶冶、改造。他说："凡人之性者，尧舜之与桀跖，其性一也；君子之与小人，其性一也。"（《荀子·性恶》）而之所以有的人成为尧舜，有的人成了桀跖，有的人成为工匠，有的人成为农贾，都在于"注错习俗之所积"（《荀子·荣辱》），亦即道德与知识都来自后天环境的教育和积累。这种观点，比孟子更为彻底地摆脱了有神论的道德观。

中国古代文化的另一大支脉——道家学说，虽然认为道产生天地万物，但又反复强调其"生而不有，为而不恃，长而不宰"（《老子》第五十一章），否定了有人格、有意志的神。道家的这种观点被概括为"道法自然"。它也深刻地影响到儒家，特别是荀子的学说。荀子在《天论》中说："列星随旋，日月递照，四时代御，阴阳大化，风雨博施，万物各得其和以生，各得其养以成。不见其事而见其功，夫是之谓神。皆知其所以成，莫知其无形，夫是之谓天。"这种说法，和道家天道无为的说法十分相近。

对于鬼神的看法，儒家既有理性的一面，也有实用的一面。孔子说："务民之义，敬鬼神而远之，可谓知矣。"（《论语·雍也》）又说："未能事人，焉能事鬼？""未知生，焉知死？"（《论语·先进》）《论语》中还说："子不语：怪、力、乱、神。"（《论语·述而》）这是其理性的一面。孔子又说："祭如在，祭神如神在。"（《论语·八佾》）"君子有三畏：畏天命，畏大人，畏圣人之言。"（《论语·季氏》）"获罪于天，无所祷也。"（《论语·八佾》）这是其实用的一面。儒家以实用的立场看待鬼神和天命，正如荀子所说："日月食而救之，天旱而雩，卜筮然后决大事，非以为得求也，以文之也。故君子以为文，而百姓以为神。"（《荀子·天论》）这样的观点，也就是所谓的"神道设教"。因此，从认识论的角度来看，儒家有其理性的一面；而从社会作用的角度来看，则有其实用的一面。中国文化在春秋战国以后的发展，坚持无神论观点的，不仅有科学家、思想家，也有文学家和历史学家，可以说形成了一种无神论的文化传统。

在世界各国历史上，都有对人类产生、人类文明的看法。例如，广泛流行于欧美的基督教文化，认为文明世界起源于上帝的创造：上帝用六天时间创造了天地万物，在第二个星期，又用泥土创造了人。因此，在基督教文化中，"创造"一词属于上帝，而世界的文明源于上帝的智慧。与此完全不同的是，在中华民族的观念中，文明的产生有另外的线索，从伏羲氏、神农氏到黄帝的传说，在汉代就已家喻户晓。这种文明起源的观念，在世界文化中也属罕见。尤其是关于黄帝的传说，影响最为久远。汉代史学家司马迁将其记录下来，列为《五帝本纪》之首，尔后 2000 多年，历代帝王也好，大众百姓也好，都把黄帝当作文明崇拜的偶像。中国古代关于伏羲氏、神农氏和黄帝的传说，大体上反映了上古时代的中国文明由渔猎到农耕而后又进入更高阶段的进程。古代中国人在对这个进程的理解上，不是依赖于"神"，而是依赖于"人"；不是依赖于超人的力量，而是依赖于探索和劳动。例如神农氏尝百草的传说、黄帝巨大脚印的"遗迹"（在今陕西省黄陵县），都具有这样的文化寓意。

人类所创造的文明，有两大类内容。一类侧重于物质方面，如渔猎与畜牧，种植与农耕；另一类则表现为文物制度与精神文化。在历史的传说记载中，创始于黄帝时期的发明，有养蚕、舟车、文字、音律、医学、算术，这些发明的一个共同特点是，它们已超出一般的农业生产范畴，而表现出更多的人文色彩。与此相对应的一个有趣的文化现象是，古代中国人对黄帝的崇拜远远超出了对伏羲氏与神农氏的崇拜。这是偶然的吗？从后人称黄帝为"人文初祖"来看，人们推崇黄帝的功德，似乎表现出这样的文化内涵：相对于物质文明来说，中国人更注重精神文明，从而形成了中国文化的人文色彩。

由于中国传统文化自先秦就具有摆脱神学独断的特点，所以在中国历史上，未出现过像欧洲中世纪基督教神学占领思想统治地位的"黑暗时代"（the dark ages）。中国传统的民间宗教信仰，有极大的实用性，而在民间的"烧香拜佛"这样的口头语中，"佛"既可能是指释迦牟尼、观音菩萨，也可能是城隍土地、太上老君、子孙娘娘、妈祖……这和西方文化中宗教的严格排他性迥然不同。这种文化现象，在某种程度上亦表现了中国文化的独特智慧。

重人伦轻自然的学术倾向 中国文化以"人"为核心，其表现在哲学、史学、教育、文学、科学、艺术等各个领域，乐以成德，文以载道，追求人的完善，追求人的理想，追求人与自然的和谐，表现了鲜明的重人文、重人伦的特色。但是，对自然界本身的认识和改造，却在一定程度上受到忽视。儒家思想在这方面的表现特别明显。以孔子为例，据有的学者统计，《论语》中有关自然知识的材料共 54 条，涉及天文、物理、化学、动植物、农业、手工业等方面的现象，不可谓不丰富，但究其内容都是利用自然知识以说明政治、道德方面的主张，而不以自然本身的研究为目的。例如，孔子说："知（智）者乐水，仁者乐山。"（《论语·雍也》）后来汉代的学者就把它发挥成如下的对话："子贡问曰：'君子见大水必观焉，何也？'孔子曰：'夫水者君子比德焉，遍而无私，似德；所及者生，似仁；其流卑下句倨，皆循其理，似义；浅者流行，深者不测，似智；其赴百仞之谷不疑，似勇；绵弱而微达，似察；受恶不让，似贞；包蒙不清以入，鲜洁以出，似善化；主量必平，似正；盈不求概，似度；其万折必东，似志。是以君子见大水观焉尔也。'"（刘向：《说苑·杂言》）可见，从水这一自然现象中，儒家士人可以观察出德、仁、理、义等一系列道德品格，而自然本身，却显得不那么重要。

荀子总结先秦学术思想，特别指出了为学的路径，他说："凡以知，人之性也，可以知，物之理也。以可知人之性，求可以知物之理，而无所疑止之，则没世穷年不能遍也。"（《荀子·解蔽》）如何解决这个矛盾呢？他提出了"知止""止诸至足"的范畴，也就是把知识限定在一定的范围，这个范围，就是学习做"圣人"的道理。

儒家这种重人伦轻自然的学术倾向，对中国文化的影响是十分深远的。魏晋时期学术界虽然有关于"才""性"的辩论，但最终并没有解决"德"与"智"的关系问题。唐太宗品评大臣，仍然是："一曰德行，二曰忠直，三曰博学，四曰词藻，五曰书翰。"（《贞观政要·任贤》）宋明理学家热衷于心性之学，朱熹虽然也发表过关于自然科学知识的见解，又为《大学》的《格物致知》章作补传，但正如研究者所指出的，理学家的目标主要不在于求知识之真，而在于求道德之善。这也就是朱熹教导其弟子时所说的："如今为此学而不穷天理，明人伦，讲圣言，通世故，乃兀然存心于一草木、一器用之间，此是何学问！如此而望有所得，是炊沙而欲其成饭也。"(《答陈齐仲》)

重人伦轻自然的思想也表现在教育领域，在封建社会，往往是身份较低的人才去学习自然科学，例如唐代的"二馆六学"(弘文馆、崇文馆、国子学、太学、四门学、书学、算学、律学)，招收弟子依照出身的品次高低，其中"六学"的书、算、律被排在最后，其学生为八品以下官员的子弟以及庶人子弟。这种情况，说明儒学重人伦轻自然的思想在封建社会影响广泛。

当然，我们应该看到，中国古代的科学技术在相当长的时间里居于世界领先地位。但是，当16—17世纪近代自然科学在西方产生并大踏步前进的时候，中国却落后了。其中的原因是多方面的，从文化史的角度看，中国传统文化重人伦而轻自然的倾向，是其原因之一。世界著名的中国科技史专家李约瑟这样评论说："儒家相信宇宙的道德秩序('天')，他们使用'道'一词，主要地——如果不是惟一地——是指人类社会里的理想道路或秩序。这在他们对待精神世界和知识的态度上表现得很明显。他们固然没有把个人与社会人分开，也没有把社会人与整个自然界分开，可是他们向来主张，研究人类的惟一适当对象就是人本身。"[①]由于儒学在传统文化中的广泛影响，在古代学术史上，关于严密逻辑结构的理论，关于技术性控制的实验，以及二者之间相互联系验证的操作，都没有得到足够重视和发展。

经学优先并笼罩一切文化领域

中国伦理型文化还有一个突出的外在形式上的特点，就是它的经学传统。所谓经学传统，是指中国文化长期以儒家经学为主流，有着一以贯之的传统，形成了独有的特色。

中国学术的发展，就其分别而言，在先秦，是诸子之学；在两汉，是经学；而后又有魏晋玄学、隋唐佛学、宋明理学、清代朴学。但从客观上去考察，自汉代以后，一直到五四运动之前，中国2000余年的学术发展，实以经学为一大主流。中国文化的发展，不论是哲学、史学、教育学、政治学、社会学，以至医学、科学与艺术，都与经学有着十分密切的关系。可以说，在中国古代，作为一个知识分子，不论他的学习兴趣与研究方向是什么，他的首要任务都是学习经书。孔子说："不学诗，无以言""不学礼，无以立"(《论语·季氏》)。可见，一个人的一言一行，都不能脱离经的指导。

中国文化的上述特点，与西方文化有很大的不同。在古希腊，文化的发展虽然还带有综合性的特点，但是已出现明显的学科分支，在数学、几何学、天文学、医学、物理学、生物学等方面，几乎都有相对独立的发展。亚里士多德的一个重要学术贡献，就是他在知识分类方面的功劳。公元前3世纪中叶左右建立的亚历山大城博学院，就设立有

---

① ［英］李约瑟：《中国科学技术史》第2卷，8页，北京，科学出版社，1990。

文学部、数学部、天文学部和医学部。科学史专家贝尔纳写道："这时的科学世界已大到足够培养出为数不多鉴赏力出众的优秀人物，来撰写天文学和数学上极专门化的著作，专门到甚至受过平均教育的公民都读不懂，而下层阶级只好怀着敬畏和猜疑望着它们。这样就使得科学家能够大胆探索复杂而精微的辩难，并由互相批评而得到伟大而迅速的进展。"①相比之下，中国文化的发展，在秦以后则一直笼罩在经学的气氛之中。

经，本来是孔子所整理的古代文化典籍。孔子是中国第一个创立私学的伟大教育家，他对古代文献的搜集整理，成为他进行教育活动的基础，同时也延续和保存了中国古代文化。孔子编辑整理的古代文献被称为六经，即《周易》《尚书》《诗》《礼》《乐》《春秋》。在这些古代文献典籍中，包含了古代的政治、历史、哲学、文学、音乐、典章制度等丰富的内容。

孔子死后，儒家分为八派。在对六经的继承和阐述方面，出现了种种繁纷复杂的情况。在先秦诸子之中，儒家是显学，其他诸子百家，也与六经有着密切的关系。荀子是先秦诸子中的总结性人物，又三为齐国稷下学宫的祭酒（学宫之长）。他说过："学，恶乎始？恶乎终？曰：其数则始乎诵经，终乎读礼。"（《荀子·劝学》）可见，古代经典文献，在春秋战国时期有着重要的地位和影响。

到了汉代，汉武帝采纳董仲舒的建议，罢黜百家，独尊儒术，经的地位被大大提高了。训解和阐述六经及儒家经典的学问，被称为经学，是学术文化领域中压倒一切的学问，成为汉以后历代的官学。经，也不断地扩充与增加。先是有七经之说，到了唐朝，经学作为官方学术，确定为九经，到宋朝又扩充为十三经。作为一切文化学术的指导性经典，十三经往往被刻在石碑上，以显示其不可更改的权威性。在中国历史上，曾有过七次刻经。如今在西安碑林博物馆内，还完整地保存着唐代的"开成石经"。在中国历史上，对十三经的注疏、训解、发挥，层出不穷。仅据清代乾隆年间的《四库全书总目》，经部的著录就有 1773 部，20427 卷。可以说，中国文化在汉代以后的发展，经学成为重要的形式。

中国文化的这种经学传统，对中国文化的发展产生了什么影响呢？

首先，是儒家思想对中国文化各个方面的广泛渗透。在先秦，儒学不过是诸子百家中的一家，但是一旦成为经，在政治力量的推动下，便渗透在精神文化和物质文化的各个领域，史学、哲学、教育、科学、艺术、法律，无一不渗透着经学的影响。汉代人以经为"常道"②，意谓不变的原则，因此后人又提出"文以载道""艺以载道"，甚至在衣食住行等社会文化方面，也要遵循道的原则。这个道，主要就是指儒家思想。

其次，在经学的影响下，科学未能充分独立。经学是一门笼统学科，即就五经而

---

① ［英］贝尔纳：《历史上的科学》卷一，151～152 页，北京，科学出版社，2015。

② 班固在《白虎通德论·五经》中说："经，常也，有五常之道。"

言，就已经包含了人文科学及某些自然科学，例如孔子就说过，读《诗经》，可以增加对鸟兽草木之名的认识。因此可以说，经学本身并不排斥自然科学；相反，儒学中的理性主义以及某些思辨方法，对自然科学甚至还有启发作用。但问题的关键是，经学以它自成一套的体系，凌驾于一切知识之上，无形中限制了科学的独立发展。有人以中国古代融会各门知识的类书与西方的百科全书进行比较，得出了很有说服力的结论。例如，在唐代类书《艺文类聚》中，共有 46 个部，其中以自然为主题的，按字面含义，只有天、地、山、水、火、木、兽、鸟等 16 部，其余都是关于人和关于人的创造物的。其他的类书如《北堂书钞》《初学记》《太平御览》《渊鉴类函》等，也都大体如此，关于自然的知识不仅所占比例很小，而且地位也远在经学之下。而在西方，情况就大不相同。从西方的早期百科全书《学问之阶》起，就贯穿着古希腊"以自然本身来说明自然"的哲学观点，基本以事物的客观本质及其相关联的逻辑作为分类的主要依据。[①] 因此，在经学的学术体系之下，中国古代科学的发展，只能走自己的独特道路。

最后，经学传统对中国宗教的发展，也产生着一定影响。在世界诸文化体系之中，宗教都占有重要的地位。如基督教在欧洲、伊斯兰教在中东广大地区、佛教在印度及东南亚地区，其文化影响都是极其深远的，而在中国古代，宗教的影响相对而言就比较薄弱。对这一客观的文化现象，虽然可以从不同角度进行研究探索，但从历史的事实来看，经学传统对宗教发展的制约则是显而易见的原因。由于以儒家为主体的经学得到历代统治者的大力扶植，佛、道二教始终未能居于中国文化的主导地位，中国历史上也就从未出现像欧洲中世纪基督教居于国教地位的那种情况。如果我们用统计资料来说明问题的话，那么，可以翻检一下中国古代最大的一部丛书《四库全书》，在其收入和存目的93551 卷图书当中，佛、道典籍总共不过 57 部，742 卷，这同西方相比，真是大相径庭。假如我们有机会参观法国国家图书馆，看一看在它的中心阅览大厅的环廊上浩如烟海的宗教类图书，就可以体会到中西文化的这种巨大差异。

中国古代经学传统对宗教发展的影响，是一个复杂的问题，对它的评价，也应是多层次、多角度的，不可以简单草率。但我们应看到中国传统文化内部不同层面的文化的相互影响和制约，具体问题具体分析，这样才能更好地理解和认识中国传统文化。

□**参考文献**□

1. 梁漱溟：《中国文化要义》，见《梁漱溟全集》（第三卷），济南，山东人民出版社，1990。

2. 朱自清：《经典常谈》，北京，生活·读书·新知三联书店，1998。

---

① 参见梁从诫：《不重合的圈——从百科全书看中西文化》，见《国学今论》，240～255 页，沈阳，辽宁教育出版社，1991。

3. 张岂之：《中华人文精神》，西安，西北大学出版社，1997。

4.［英］汤因比、［日］池田大作：《展望二十一世纪》，北京，国际文化出版公司，1985。

□思考题□

1. 为什么说中国文化是伦理型文化？

2. 结合本书的上编，探讨和分析中国文化诸特点产生的原因。

3. 中国文化诸特点对中国现代社会有何影响？

第十五章　中国文化的基本精神

中国传统文化博大精深，源远流长。在它的长期发展过程中，由于人民群众社会实践的推动和思想家们的概括提炼，逐渐形成了一系列优秀的文化传统。这些优秀文化传统，对于中国社会的发展，对于中华民族的成长壮大，有着极为重要的推动作用。而这些优秀文化传统的相互凝聚和整合，便构成中华民族文化的基本精神。换言之，优秀文化传统实质上是民族文化基本精神的具体表现。

第一节　中国文化基本精神的意涵

文化精神是相对于文化的具体表现而言的。文化的具体表现，包括器物、制度、习惯、思想意识等层面，无不和内在的文化精神相联系。文化的基本精神就是所有这些文化现象中的精微的内在动力和思想基础，是指导和推动民族文化不断前进的基本思想和基本观念。

在中国传统文化中，有一些思想观念或固有传统，长期受到人们的尊崇，成为生活行动的最高指导原则，在历史上起了推动社会发展的作用，成为历史发展的内在思想源泉，这就是中国文化的基本精神。它是民族延续发展的精神动力，或者说是中华民族生存发展的精神支柱。

作为中国文化基本精神的思想观念或文化传统，它必须具有两个不可或缺的特点：一是具有广泛的影响，感染熏陶了大多数人民，为他们所认同、所接受，成为他们的基本人生信念和自觉的价值追求；二是具有维系民族生存和发展、促进社会进步的积极作用。必须具有这两方面的特点，才可以称为文化的基本精神。

从理论思维的高度审视，所谓中国文化的基本精神，实质上就是中华民族的民族精神。民族精神，广义地讲，就是指导中华民族延续发展、不断前进的精粹思想，是民族文化的主导思想。就其性质而言，它是一种伟大的、卓越的精神；就其表现形式而言，它渗透在民族文化的优秀传统之中。

中国文化的基本精神，属于观念形态的范畴，它凝聚于文化传统之中。所谓传统，不外是历史上形成的、具有稳定的组织结构和思想要素的、前后相继的、至今仍然影响着人们的特定的思维方式、价值观念、审美情趣、道德风尚等深层文化的社会心理和行为习惯。而所谓文化传统，就是受特定文化类型中价值系统的影响，经过长期历史积淀而逐渐形成的、为全民族大多数人所认同的思想和行为方式上的难以移易的心理和行为习惯。"传统"和"文化传统"等概念，属于事实判断的范畴，本无所谓褒贬。但当这些概念与民族文化的"基本精神""民族精神"相联系的时候，在价值指向上，它就与"优秀""进步"密不可分，因为只有优秀的文化传统才能成为推动民族文化不断发展前进的内在动力。因此，我们所讲的中国文化的基本精神，是指代表中国文化发展的正确方向、体现中华民族蓬勃向上精神的那些主要的思想观念。作为中国文化基本精神的具体表现、作为中华民族精神的生动反映的那些文化传统，也必然表现为民族文化的优秀传统。

作为中国文化发展的内在动力和思想基础的文化基本精神，本身也是文化发展的产物，并且随着文化的发展演变而发展变化，不断扩大和加深自己的思想内涵。因此，中国文化的基本精神也就是在中国文化中起主导作用、处于核心地位的那些基本思想和观念，是大家熟悉的，而不是莫测高深的玄思妙想。由于中国文化丰富多彩、博大精深，表现中国文化基本精神的思想也不是单纯的，而是一个包含着诸多要素的思想体系。我们认为，天人合一、以人为本、贵和尚中、刚健有为就是中国文化基本精神的主体内容。

第二节　中国文化基本精神的主体内容

天人合一　中西文化的基本差异之一就是在人与自然的关系问题上，中国文化比较重视人与自然的和谐统一，而西方文化则强调人要征服自然、改造自然，才能求得自己的生存和发展。中国文化的这种特色，有时通过天人合一的命题被表述出来。中国古代也有"明于天人之分"和"人能胜乎天"的思想，但这种思想不占主导地位。中国古代思想家一般都反对把天和人割裂、对立起来，而主张天人协调，天人合一。在他们看来，天与人、天道与人道、天性与人性是相类相通的，因而可以达到统一。

中国古代天人合一的思想传统，有一个逐渐演化的过程。作为一种思想观念，天人合一远在先秦时期就已经产生；但作为一个明确的命题（或者成语），天人合一则是由北宋著名哲学家张载最先提出来的。西周时期，天是有意志的人格神，是自然和社会的最高主宰，天人关系实际上就是神人关系。《尚书·洪范》中说："惟天阴骘下民……天乃赐禹洪范九畴，彝伦攸叙。"这即是说，天是保佑民众的，因而把九类大法赐给禹，人伦规范才安排就绪。这种观点，认为在天与人之间有着相通的关系，可以说是中国古代天人合一思想的萌芽。春秋时期，郑国大夫子产说："夫礼，天之经也，地之义也，民之行也。天地之经，而民实则之。"(《左传·昭公二十五年》)他认为礼是天经地义即自然界的必然法则，人民必须按照天经地义的礼行事。这是把天地与人事联系起来，反映出了天与人可以相通、可以按照同样的法则运作的思想。战国时期，孟子把天道与人性联系起来，他说："尽其心者，知其性也；知其性，则知天矣。"(《孟子·尽心上》)他认为天有善善恶恶之心，人性天赋，善端与生俱有，因而性、天相通。庄子认为，人与天地自然都是由气构成，人是自然的一部分，因而天与人是统一的。但是，由于人类社会建立了种种制度、规范，破坏了自然本性，因此造成了天与人的对立。要恢复人性之自然，就必须破除一切物质文明和精神文明。因此，他极力主张"无以人灭天"，反对人为，追求一种"天地与我并生，而万物与我为一"(《庄子·齐物论》)的天人合一的精神境界。庄子的这种观点，当然是消极的、不科学的。但他提出的人与自然在本质上统一的观点，却有其深刻的合理性。《周易·文言》提出了著名的"与天地合其德"的精湛的天人合一思想。它说："夫大人者，与天地合其德，与日月合其明，与四时合其序，与鬼神合其吉凶。先天而天弗违，后天而奉天时。"所谓与天地合其德，是指人与自然界要相互适应，相互协调。所谓"先天"，即为天之前导，在自然变化未发生之前加以引导；所谓"后天"，即遵循自然的变化规律，从天而动。《周易·系辞上》说，圣人行事的准则，是"与天地相似，故不违；知周乎万物而道济天下，故不过；旁行而不流，乐天知命，故不忧；安土敦乎仁，故能爱；范围天地之化而不过，曲成万物而不遗，通乎昼夜之道而知"。这是认为人道是与天地之道相似的，懂得这个道理的圣人，就能周知万物的情态，以道匡济天下而又坚持原则，乐天知命而又发挥德行的作用，制约天地的变化而无过失，成全万物而不会有遗漏。其所以如此，就在于圣人通晓阴阳变化的规律。我们如果从哲学思维的角度考察，用现代语言来表述，就是天人协调的思想，即一方面尊重客观规律，另一方面又注意发挥人的主观能动性。可以说，这是中国古代关于天人关系的一种较为全面、正确的观点。

　　天人合一的思想发展到汉代，演变为董仲舒的天人感应论，董仲舒援阴阳五行学说入儒，提出"人副天数"之说。他将人体与自然界的时令节候相比拟，认为天有阴阳，人也有阴阳，提出"以类合之，天人一也"(《春秋繁露·阴阳义》)。董仲舒这种以天人感应为核心的天人合一论，是牵强附会的谬说。两宋时期，天人合一思想发展成为占主导地位的社会文化思潮，几乎为各种派别的思想家所接受。张载在中国文化史上第一个明确提出了天人合一的命题。他认为儒者"因明致诚，因诚致明，故天人合一，致学而可以成圣，得天而未始遗人"(《正蒙·乾称篇》)。在张载看来，世界的本原是太虚之气，人与天地万物都由气构成，气是天人合一的基础。在《正蒙·乾称篇》中，他说："乾称父，坤称母；予兹藐焉，乃混然中处。故天地之塞，吾其体；天地之帅，吾其性。民，吾同胞，物，吾与也。"乾、坤即天地；天地之塞，指充满于宇宙万物的气；天地之帅，指气之本性。这就是说，天地犹如父母，人与万物都是天地所生，都由气所构成，气的本性也就是人和万物的本性。人民都是我的同胞兄弟，万物都是我的朋友。这种观点，肯定了人是自然界的一部分，认为人与自然界统一于物质性的气。

张载认为，人和自然都遵循统一的规律，即阴阳二气相互作用、"聚散相荡，升降相求"的对立统一规律，它所体现的是自然界和人的共同的"性命之理"（《正蒙·参两》）。张载还认为，性天相通，道德原则和自然规律是一致的。性与天道，具有同样的属性，即变易。"性与天道云者，易而已矣。"（《正蒙·太和》）张载把天人合一看作是人所追求的最高境界。在他看来，人生的最高理想是天人协调。根据《周易·系辞上》"范围天地之化而不过，曲成万物而不遗"的理想追求，他主张穷理尽性，"为天地立心，为生民立命，为往圣继绝学，为万世开太平"（《张子语录》），以完成人道，实现天道，最终达到天道与人道的统一。

张载之后，天人合一思想得到不同学派的进一步阐发，但在天与人之间具有统一性的问题上，这些学派彼此间有着共识。

天人合一问题，就其理论实质而言，是关于人与自然的统一的问题，或者说是自然界和精神的统一的问题。应当承认，中国传统文化中的天人合一思想，内容十分复杂，其中既有正确的观点，也有错误的观点，我们必须实事求是地予以分析。但是，从文化的民族性的一面看，从其对民族文化的推进作用和深远影响的一面看，我们应当对之大胆肯定。中国古代思想家关于天人合一的思想，其最基本的含义，就是充分肯定自然界和精神的统一，关注人类行为与自然界的协调问题。从这个意义上说，天人合一是正确的、非常有价值的一种思想。

恩格斯对自然和精神的统一问题，有过一系列精辟的论述。他说：

（1）我们一天天地学会更正确地理解自然规律，学会认识我们对自然界习常过程的干预所造成的较近或较远的后果……人们就越是不仅再次地感觉到，而且也认识到自身和自然界的一体性，那种关于精神和物质、人类和自然、灵魂和肉体之间的对立的荒谬的、反自然的观点，也就越不可能成立了。

（2）自然界和精神的统一。自然界不可能是无理性的……理性不可能是违反自然的。

（3）思维规律和自然规律，只要它们被正确地认识，必然是互相一致的。

（4）我们的主观思维和客观世界遵循同一些规律……这个事实绝对地支配着我们的整个理论思维。

（5）思维过程同自然过程和历史过程是类似的，反过来也一样，并且证明了同一些规律对所有这些过程都是适用的。

　　恩格斯的这些论述，深刻地阐明了人类和自然界的统一性，以及自然界和精神的统一性，阐明了自然规律和思维规律的一致性；揭示了自然过程、历史过程、思维过程遵循同样的辩证法规律的一致性。根据恩格斯的这些论述，我们考察上述关于天人合一的思想，便不难看出，中国古代的这种思想，有着深刻的合理性。

　　中国古代的天人合一思想，强调人与自然的统一，人的行为与自然的协调，道德理性与自然理性的一致，充分显示了中国古代思想家对于主客体之间、主观能动性与客观规律性之间关系的辩证思考。根据这种思想，一方面，人不能违背自然，不能超越自然界的承受力去改造自然、征服自然、破坏自然，而只能在顺从自然规律的条件下去利用自然、调整自然，使之更符合人类的需要，也使自然界的万物都能生长发展。另一方面，自然界对于人类，也不是一个超越的异己的本体，不是宰制人类社会的神秘力量，而是可以认识、可以为我所用的客观对象。这种思想长期实践的结果，是得到自然界与人的统一，人的精神、行为与外在自然的一致，自我身心的平衡与自然环境的平衡的统一，以及由于这些统一而达到的天道与人道的统一，从而实现完满和谐的精神追求。天人合一的思想，对于解决当今世界由于工业化和无限制地征服自然而带来的环境污染、生态平衡遭破坏等问题，具有重要的启迪意义；对于我们今天正在进行的社会主义现代化建设，更有着防患于未然的重大现实意义。

　　当然，正如前面所谈到的，天人合一思想，作为绵亘中国古代数千年的主导文化，作为弥漫于全社会的文化传统，它在自身的发展途程中，既有丰富的内涵，也有芜杂的内容，我们应当具体问题具体分析。但是，作为民族文化精神的主导观念，作为民族文化特质的典型表现，我们应当从文化发展、延续的民族性的一面，对其给予足够的重视，做出积极的评价。

　　以人为本　　人文主义或人本主义，向来被认为是中国文化的一大特色，也是中国文化基本精神的重要内容。以人为本，就是指以人为考虑一切问题的根本，用中国传统方式来说，就是肯定在天、地、人之间，以人为中心。

　　中国传统文化价值系统的确立，中国传统文化主体内容的嬗变，中国古代各种哲学派别、文化思潮的关注焦点，以及整个中国传统文化的政治主题和价值主题，始终围绕着人生价值目标的揭示，人的自我价值的实现、实践而展开。人为万物之灵，天地之间人为贵，是中国传统文化的基调。

　　世所公认，中国文化具有超越宗教的情感和功能。换言之，在中国文化中，神本主义始终不占主导地位，恰恰相反，人本主义是中国文化的基本精神。

　　在中国文化中，人是宇宙万物的中心。人可以"赞天地之化育"，与天地"相参"（《礼记·中庸》）。考察事物，明辨物理，既要"上揆之天""下察之地"，还要"中考之人"。人是衡定万物的尺度。传统的天人合一思想，强调了天人之间的统一性。一方面，用"人事"去附会"天命"，把人的行为归依于"天道"的流行，以获得一个外在的理论构架；另一方面，人又往往把主体的伦常和情感灌注于"天道"，并将其人格化，使其成为主体意识的对象化和外在体现，天成了理性和道德的化身。封建帝王宣称的"奉天承运"，起义农民坚持的"替天行道"，不过是这种思维格局和心理状态的不同衍射而已。从表面看，是人按天意在"承运"、在"行道"。但在实际上，天却成了人们实现道德理想的手段，而不是目的。天人之间，人为主导，人是目的，充分体现了以人为本的文化精神。

中国古代思想家，特别是儒家学者，一贯反对以神为本，而坚持以人为本的立场。孔子虽然承认天命，但对鬼神采取存疑的态度。他教导弟子说："务民之义，敬鬼神而远之，可谓知矣。"（《论语·雍也》）弟子问如何事鬼神，孔子回答说："未能事人，焉能事鬼？"弟子又问人死后的情况，孔子说："未知生，焉知死？"（《论语·先进》）可见孔子是将现实的人事、人的生命放在第一位，而将侍奉鬼神、人死后的情况等放在无所谓的位置的。正因为不相信鬼神，所以孔子不相信祷告有效。当他病重时，子路请求为他祷告，他用"丘之祷久矣"（《论语·述而》）婉言谢绝。《论语》中还明确记载："子不语怪、力、乱、神。"（《论语·述而》）这些都有力地表明，孔子关注的是现实的社会人生问题，并将解决问题的希望寄托于人，而不是神。

中国传统文化中以儒家为代表的以人为本的思想，在封建社会中得到广泛的认同和创造性的发展。东汉思想家仲长统说："所贵乎用天之道者，则指星辰以授民事，顺四时而兴功业。其大略也，吉凶之祥又何取焉……所取于天道者，谓四时之宜也；所一于人事者，谓治乱之实也……从此言之，人事为本，天道为末，不其然与？"（《昌言》）这就是说，人们要顺应四时自然，用天道指引人道，建功立业，而不要利用自然现象妄言人事的吉凶。天道和人道，不能混为一谈。天道和人道，前者是末，后者是本。可以说，仲长统这里关于"人事为本，天道为末"的论述，精辟地概括了儒家人本思想的精髓。后来的进步思想家，基本上都继承、发展了这种思想。

人本思想的确立，不仅有助于人们合理地对待人与神的关系，增强人的主体意识，而且有助于抵制宗教神学。佛教传入中国后，宣传灵魂不灭、三世轮回的观念，世俗之人颇受影响，但进步思想家奋起辩驳。南北朝时期的何承天撰写了《达性论》，批判佛教神学，宣扬人本思想。他指出："人非天地不生，天地非人不灵。"人"禀气清和，神明特达，情综古今，智周万物，妙思穷幽赜，制作侔造化"。因此，不能把人与飞鸟虫蚁"并为众生"。而且，"生必有死，形毙神散，犹春荣秋落，四时代换，奚有于更受形哉"。这就是说，人与动物迥然不同，不能将其归为一类，都叫作"众生"。有生必有死，形朽神消，不可能再生，这就否定了灵魂不灭、三世轮回的神学迷信。何承天在这里所坚持的正是传统儒学的人本思想。后来，南朝的范缜写了《神灭论》，提出形质神用、形谢神灭的观点，系统而科学地论证了形神关系，彻底批驳了神不灭论，捍卫了人本主义。

宋明理学也力倡并躬行人本主义。宋明理学中有三个主要派别：气本论、理本论和心本论。气本论以张载为代表，主张世界统一于气，万物不过是气的聚散而已。理本论以朱熹为代表，主张世界统一于理，万事万物不过是理的体现。心本论以陆九渊、王阳明为代表，认为"宇宙便是吾心，吾心即是宇宙"（《陆九渊集·杂说》），世界统一于心，万事万物不过是心的外化而已。三派之间尽管有种种不同，甚至有尖锐的思想分歧和理论斗争，但都反对灵魂不灭论，否认鬼神的存在，高扬人的主体性，肯定精神生活的价值，强调道德理性对于个人境界的提升和社会发展的重要性。气本论认定道德伦理来自气的禀受，理本论宣称道德伦理源于宇宙本原之理，心本论鼓吹道德伦理出自本心的要求。这些论断各有其片面性。但是，它们都突破了宗教信仰的樊篱，在对道德伦理价值的肯定和日常践履中，弘扬了主体的能动作用，从而发展了传统儒家的人本思想，在客观上消弭了宗教神学对人们精神的腐蚀作用。

从总体上看，以儒、道两家思想为主干的中国传统文化，是一种伦理本位的文化。无论是儒家的三纲领（明明德、亲民、止于至善）、八条目（格物、致知、诚意、正心、修身、齐家、治国、平天下），还是道家的修道积德，无不以道德实践为第一要义。至于宋明理学家宣扬的"存理去欲"理论，则更是一种道德修养的学说。这种以道德修养为旨趣的人本主义，可以被称为道德的人本主义。

道德的人本主义的一个重要表现，是中国文化总是把人放在一定的伦理政治关系中来考察，把个人价值的实现，个体道德精神境界的升进，寄托于整体关系的良性互动中。政治上的君臣关系，家庭中的父子、夫妇、兄弟关系，社会上的朋友关系，构成所谓五伦。这五种伦常关系，各有其特定的道德行为规范，如君仁臣忠、父慈子孝、夫敬妇从、兄友弟恭、朋友有信。每个人既处于五伦的关系网络之中，又同时处于整个社会家国一体的宗法政治关系网络之中。于是，就有了一整套与之相应的道德规范。每个人依此规范，在社会中扮演一定的角色，履行一定的义务，彼此之间相互关联、相互制约，维系社会的正常运转，实现各自的人生价值目标。

中国传统文化中以人为本的道德人本主义的思想传统，把道德实践提到至高地位，对于人的精神的开发，对于个体道德自我的建立，有着十分重要的意义。它以道德教育代替宗教信仰，用道德自觉抵制宗教强制，大大丰富了中国文化的人文精神。当然，传统的人本主义思想，由于过分强调道德的作用，在客观上也有忽视对客观世界的认识和改造的消极因素。中国封建社会后期，科学技术逐渐落后于西方，原因固然很多，但以儒家思想为主导的人本主义文化传统固有的道德至上偏向，也是不可否认的一个方面。中国传统文化中的人本主义或人文主义思想，由于有明显的重人伦轻自然、重群体（家族）轻个体的倾向，只强调个人的义务和道德人格的独立性，而不重视个人的权利和自由，因此与近代西方资产阶级的人本主义或人文主义还是有质的区别的，不能混为一谈。

贵和尚中

贵和谐，尚中道，作为中国文化的基本精神之一，也在中华民族和中国文化的发展过程中起过十分重要的作用。中西文化的一个重要差异，就是中国文化重和谐与统一，西方文化重分别和对抗，由此形成了截然不同的文化传统。

在中国历史上，有所谓"和同之辨"。西周末年的史伯已经认识到，由不同元素相配合，才能使矛盾均衡统一，收到和谐的效果。五味相和，才能产生滋味可口的食物；六律相和，才能形成悦耳动听的音乐；善于倾听正反之言的君王，才能造成"和乐如一"的局面。史伯说："和实生物，同则不继。以他平他谓之和，故能丰长而物归之。若以同裨同，尽乃弃矣。"（《国语·郑语》）不同事物之间彼此为"他"，"以他平他"即把不同事物联结在一起。不同事物相配合而达到平衡，就叫作和，和才能产生新事物。如果把相同的事物放在一起，就只有量的增加而不会发生质的变化，就不可能产生新事物，事物的发展就停止了。史伯是第一个对和谐理论进行探讨的思想家，他对和与同的区分，说明他对矛盾的同一性已有一定的认识，解说生动而又深刻。春秋末年齐国的晏婴进而用"相济""相成"的思想丰富了和的内涵。他将其运用于君臣关系上，强调君在处理政务上意见"否可相济"的重要性。"君所谓可，而有否焉，臣献其否，以成其可；君所谓否，而有可焉，臣献其可，以去其否。"（《左传·昭公二十年》）可否相济便是和。通过"济其不及，以泄其过"的综合平衡，君臣之间能保持"政平而不干"的和谐统一关系。孔子继承了这种重和去同的思想，主张"礼之用，和为贵"（《论语·学而》）。他说："君子和而不同，小人同而不和。"（《论语·子路》）把对和与同的不同取舍作为区分君子和小人的标准，表现了重和去同的价值取向。

重和去同的思想，肯定了事物是多样性的统一，主张以广阔的胸襟、海纳百川的气概，容纳不同意见，以促进民族文化的发展。《易传》提出"天下同归而殊途，一致而百虑"（《周易·系辞下》）的主张，便是重和去同思想的体现。在文化价值观方面，中国传统文化提倡在主导思想的规范下，不同派别、不同类型、不同民族之间思想文化的交相渗透，兼容并包，多样统一。在中国文化中，儒道互补，儒法结合，儒佛相融，佛道相通，援阴阳五行入儒，儒佛道合一，以及对基督教、伊斯兰教等外来宗教的包容和吸收，都是世人皆知的历史事实。尽管其间经历了种种艰难曲折，中国文化在各种区域文化和民族文化的冲击碰撞下，逐步走向交融统一，表现了"有容乃大"的宏伟气魄。在民族价值观方面，中国文化素以礼仪道德平等待人，承认任何民族的文化都有其价值。汉代司马相如受汉武帝之命"通西南夷"，招抚少数民族，便以"兼容并包""遐迩一体"为指导思想，并称这是汉武帝"创业垂统，为万世规"（《汉书·司马相如传》）的事业之一。正是这种"兼容并包""遐迩一体"的思想，使中国不同的民族融为一体，成为统一的中华民族。在治国之道方面，兼容天下的胸怀表现为"以君子长者之道待天下"（《苏轼文集·刑赏忠厚之至论》），善于听取不同意见。"兼听则明，偏听则暗"的著名成语，便是典型的理论提炼。这些，都是中国古代重和去同文化精神的具体体现。事实证明，这种和而不同的文化观，对于中国古代文化的发展起了十分重要的积极作用。

《易传》高度赞美并极力提倡和谐思想，提出了"太和"的观念。"乾道变化，各正性命，保合太和，乃利贞。"（《乾卦·彖传》）"太和"即至高无上的和谐，最好的和谐状态。《中庸》说："万物并育而不相害，道并行而不相悖。"这正是儒家所构想的"太和"境界。宋代哲学家张载在《正蒙·太和》篇中说："太和所谓道，中涵浮沉、升降、动静相感之性，是生氤氲相荡胜负屈伸之始。"道是中国传统哲学的最高范畴。在张载这里，"太和"便是道，是最高的理想追求，即最佳的整体和谐状态。但这种和谐不是排除矛盾、消弭差异的和谐，而是蕴含着浮沉、升降、动静等对立面相互作用、相互消长、转化过程的和谐。因此，这种和谐是整体的、动态的和谐。正是这种整体的、动态的和谐，推动着事物的变化发展。

中国传统文化十分重视宇宙自然的和谐，人与自然的和谐，特别是人与人之间的和谐。孟子提出了"天时不如地利，地利不如人和"（《孟子·公孙丑下》）的思想，他所谓的"人和"，是指人民之间团结互助，以及统治者与人民之间的协调关系。他还把"得道者多助，失道者寡助"（《孟子·公孙丑下》）即人心向背看作是统治者是否具备"人和"的基本条件，把它提到决定事业成败的高度来认识。以和谐为最高原则来处理人与人之间的关系，包括君臣、父子等伦常关系，也包括国家、民族之间的关系。中国人民有爱好和平的优良传统，在维护自己民族独立的同时，不主张向外扩张，用武力去征服其他国家和民族。《尚书·尧典》赞颂古代圣王的德行时说："克明俊德，以亲九族；九族既睦，平章百姓；百姓昭明，协和万邦。"这就是儒家通过道德教化来齐家、治国、平天下的模式。它以道德修养和教化为本，先治理好自己的家族、自己的国家，并以此去感化其他国家和民族，以实现"协和万邦"的理想。《易传》说"圣人感人心而天下和平"（《咸卦·彖传》），正是表述了儒家的和平理想及其实现的途径。

中国古代的贵和思想，往往是和尚中之义联系在一起的。《中庸》说："喜怒哀乐之未发谓之中，发而皆中节谓之和。中也者，天下之大本也；和也者，天下之达道也。致中和，天地位焉，万物育焉。"达到中和状态，宇宙万物和人类社会便各安其位、各得其所了。既然和谐是最好的秩序和状态，是最高的理想追求，那么，怎样才能实现和的理想呢？儒家认为，根本的途径，在于保持中道。中，指事物的度，即不偏不倚，既不过度，也不要不及。此外，中也指对待事物的态度，既不狂，也不狷。孔子用"持中"的办法作为实现并保持和谐的手段。在他看来，无过无不及，凡事叩其两端而取中，便是和的保证，便是实现和的途径。而中又是以礼为原则的。如果为和而和，违背礼的原则，则是"乡愿"，是"德之贼"。《中庸》将孔子所主张的持中原则提到"天下之大本""天下之达道"的认识论和政治论的高度，强调通过对持中原则的体认和践履，去实现人与人之间、人与社会之间、人与天道之间的和谐与平衡。

总的说来，以中为度，中即是和，是儒家和谐观的重要内容。和包含着中，持中就能和。汉代以后，历代思想家都认同这种观念，继承并努力实践这种观念。

值得注意的是，从总体上看，先秦两汉儒家的中和理论，是以中庸观念为理论基础，以礼为标准，以对统一体的保持、对竞争观念和行为的抑制为特征的。在中国文化中影响久远的中庸之道，虽然也包含有不偏不倚、允当适度的持中之意，但它力图使对立双方所达成的统一、平衡经久不渝，永远不超越中的度，这就成为一种阻碍事物发展变化的保守理论。在中国古代，中庸之道可以说是一种调节社会矛盾使之达到中和状态的高级哲理，所谓"极高明而道中庸""舜执其两端而用其中于民"，就是这种哲理的妙用。我们不能笼统地说中庸之道是中国文化的基本精神。中国古代的中和理论还强调要以礼为标准，所谓"知和而和，不以礼节之，亦不可行也"（《论语·学而》），便是强调礼对和的制约和指导作用。这种以礼为标准的和谐，抽掉了事物相异、相悖以至相争的基础。因此，这是一种贵和需息争，息争以护和的和谐论，是论不过中、变不出礼的封闭保守式的和谐。发展到后来，这便成为典型的"天不变道亦不变""王者有改制之名，无易道之实"的守成式的和谐论。

正如中国文明的早熟一样，代表了中国古代贵和尚中基本精神的儒家和谐理论，也是早熟的。它降生于动乱迭起、"道术将为天下裂"（《庄子·天下》）的时代，其实质内容以及由此反映出的价值取向，也与"争于气力"的时代大相径庭。然而，它表现了中国伦理型文化的基本精神，其守成的一面，在时代风云由雷电交加转为天清气朗之后，便凸显出了自己的重要价值。因此，秦汉以后，中国封建社会步入常轨，儒家这种贵和尚中的思想，既适应了大一统的政治需要，又迎合了宗法社会温情脉脉的伦理情感的需要，从而成为民族的情感心理原则。无论是汉代董仲舒的"三纲五常"和天人感应理论，还是宋明理学家"存天理，灭人欲"的说教，都是以中为度，以和为归结的，都不过是先秦儒家和谐理论的不同表现而已。张载在《正蒙·乾称篇》中表白"存，吾顺事；没，吾宁也"，便是传统文化贵和尚中思想在个体人生际遇方面的集中反映。

贵和尚中思想，作为东方文明的精髓，作为中国文化基本精神的一个构成部分，它的积极作用和影响是主导方面。全民族在贵和尚中观念上的认同，使得中国人十分注重和谐局面的实现和保持，这对于社会的稳定和发展是必不可少的。做事不走极端，着力维护集体利益，求大同存小异，保持人际关系和谐，是中国人普遍的行为准则。这对于民族精神的凝聚和扩展，对于统一的多民族政权的维护，无疑有着积极作用。

刚健有为

刚健有为作为中国文化基本精神之一，是人们处理天人关系和各种人际关系的总原则，是中国人积极的人生态度的集中的理论概括和价值提炼。

孔子就已提出了刚健有为的思想。他十分重视刚的品德，他说："刚毅木讷近仁。"（《论语·子路》）刚毅指坚定性。他高度肯定临大节而不夺的品质，认为这是刚毅的表现，所谓"三军可夺帅也，匹夫不可夺志也"（《论语·子罕》），便是其生动写照。在孔子心目中，刚毅和有为是不可分割的。有志有德之人，既要刚毅，又要有历史责任感和时代使命感。"不知命，无以为君子也。"（《论语·尧曰》）孔子的弟子曾参提倡知识分子要"弘毅"。他说："士不可以不弘毅，任重而道远，仁以为己任，不亦重乎？死而后已，不亦远乎？"（《论语·泰伯》）这就是强调知识分子要有担当道义、不屈不挠的奋斗精神。孔子提倡并努力实践为崇高理想而不懈奋斗，鄙视饱食终日无所用心的人生态度，他"发愤忘食，乐以忘忧，不知老之将至"（《论语·述而》）。他还说，吃饭不要求饱足，居住不要求舒适，对工作勤劳敏捷，说话小心谨慎，到有道的人那里去匡正自己的失误，这才是好学的君子。儒家经典《中庸》提倡博学、审问、慎思、明辨、笃行的治学之道，主张刻苦学习，不甘人后，"人一能之，己百之；人十能之，己千之"。这些，都是刚健自强、积极有为思想的表现。

《易传》对刚健有为、自强不息的思想做了概括的经典性的表述。《乾卦·象传》说："天行健，君子以自强不息。"《系辞下》说："天地之大德曰生。"天体运行，健动不止，生生不已，人的活动乃是效法天，故应刚健有为，自强不息。这里阐明了效法天行之健，充分发挥人的主观能动性的思想。《易传》还说："刚健而文明，应乎天而时行。"（《大有卦·象传》）"刚健中正，纯粹精也。"（《乾卦·文言》）它把刚健当作一种重要的品质，同时又要求刚健而中正，即不妄行，不走极端，能够坚持原则，以中正的态度来立身行事，这就防止了主观盲动等片面性的弊病。从战国到清代，《易传》关于刚健有为、自强不息的思想，可以说是深入人心，为全社会所接受，不仅对于知识分子，而且对于一般民众也产生了强烈的激励作用。"西伯拘而演《周易》；仲尼厄而作《春秋》；屈原放逐，乃赋《离骚》；左丘失明，厥有《国语》；孙子膑脚，《兵法》修列；不韦迁蜀，世传《吕览》；韩非囚秦，《说难》《孤愤》；《诗》三百篇，大抵圣贤发愤之所为作也。"（《报任安书》）这段有名的记载，反映了中华民族越是遭受挫折越是奋起抗争的精神状态和坚忍不拔的意志。如果说，这只是知识分子和上层人士自强不息、积极有为思想的表现，那么，"人穷志不短"等民间俗谚以及中国古代针对儿童与青少年教育的蒙学类著作，都有大量激励人奋发向上的内容，这些都反映出自强不息精神广泛的社会影响和普遍意义。

中国传统文化中也有柔静无为之说，如老子主张"致虚极，守静笃"（《老子》第十六章），庄子及其后学更提出了"心斋""坐忘"等理论，要求忘掉人己、物我等一切区别对待，停止一切身心活动，以达到"形如槁木，心如死灰"（《庄子·齐物论》）的境地。魏晋玄学和隋唐佛学，都大讲虚静无为、涅槃寂净。中国传统哲学中有长久的动静之辩。但是，辩论的结果，还是刚健有为的思想占上风，成为中国文化的主导思想，柔静思想不过是作为一种补充。在先秦，儒家主张刚健有为，墨家"非命""尚力"，法家认为当时是"争于气力"之世，主张耕战立国，走富国强兵的道路，都是积极有为的。从魏晋到明清，都有一些思想家出来批判佛、道和宋儒的主静之说。例如，明清之际的王夫之，就大力倡导"珍生""健动"学说。他认为"健"是生命的本性，"动"是生命的机能，"动"还是道德行为的枢纽，因此，君子应"积刚以固其德，而不懈于动"（《周易内传》卷三上），即以"健动"为人生的最高原则。颜元对"健动"原则也有深刻体会，他说："三皇五帝，三王周孔，皆教天下以动之圣人也，皆以动造成世道之圣人也。五霸之假，正假其动也。汉唐袭其动之一二，以造其世也。晋宋之苟安，佛之空，老之无，周程朱邵之静坐，徒事口笔，总之皆不动也，而人才尽矣，圣道亡矣，乾坤降矣。吾尝言：一身动则一身强，一家动则一家强，一国动则一国强，天下动则天下强。"（《颜习斋言行录》）这段话充分说明了刚健有为、自强不息的精神对促进社会发展、国家强盛和文化繁荣的重要意义。刚健有为的精神，不仅在我们民族兴旺发达的时期起过巨大的积极作用，而且在危难之际，也总是成为激励人们进行斗争的强大精神力量。无数志士仁人，为此鞠躬尽瘁，不息奋争。诸如"剑外忽传收蓟北，初闻涕泪满衣裳。却看妻子愁何在，漫卷诗书喜欲狂"（杜甫：《闻官军收河南河北》）式的激动；"出师未捷身先死，长使英雄泪满襟"（杜甫：《蜀相》），"遗民忍死望恢复，几处今宵垂泪痕"（陆游：《关山月》）式的感慨；"王师北定中原日，家祭无忘告乃翁"（陆游：《示儿》），"会挽雕弓如满月，西北望，射天狼"（苏轼：《江城子·密州出猎》）式的雄心等，都是以高度的自尊自信而表现出来的自强精神。历史上许多爱国英雄，诸如岳飞、文天祥等，都是不降其志、不辱其身，必要时可以慷慨捐躯、舍生取义的楷模。文天祥的著名诗句"人生自古谁无死，留取丹心照汗青"（《过零丁洋》），集中体现了人生在世，要为崇高理想竭心尽力奋斗的正义追求，读来荡气回肠，至今仍然是激励人们为国家民族建功立业的重要精神力量。正是这种刚健有为、自强不息的精神，凝聚、增强了民族的向心力，培育了中华民族的自立精神和反抗压迫的精神，以及不断学习、不断前进的精神。

刚健有为、自强不息精神的一个突出表现，是"日新""革新"的观念在历史实践中为人们所普遍接受，并积极促进"顺乎天而应乎人"的社会变革。《礼记·大学》称赞"苟日新，日日新，又日新"。《易传》肯定"天地革而四时成，汤武革命，顺乎天而应乎人。革之时，大矣哉"（《革卦·彖传》）。这种革故鼎新的思想，后来成为不同历史时期朝野上下津津乐道的变革观念，成为有道讨伐无道的思想武器。中国历史上绵延不断的改良、革命、维新、变法的活动，都把"汤武革命，顺乎天而应乎人"当作变革的理论根据，体现了"日新又日新"的积极进取精神。

在中国传统文化中，与刚健自强有密切关系，或者说作为刚健自强思想之重要表现的，是坚持独立人格的思想。孔子认为，为了实行仁德，宁可牺牲自己的生命，而决不苟且偷生。他说："志士仁人，无求生以害仁，有杀身以成仁。"（《论语·卫灵公》）他在自己的治国方略不为统治者接受的时候，并不改变初衷，曲学阿世，而是实行"道不行，乘桴浮于海"（《论语·公冶长》）的原则。他始终坚持，"天下有道则见（现），无道则隐"（《论语·泰伯》）的人生准则，决不与黑暗统治同流合污，因而赢得了人们的尊重，成为后世坚持独立人格、保持自尊自重高尚气节的榜样。孟子明确表示，生存和道义，都是可贵的，但如果二者不可兼得，则"舍生而取义"（《孟子·告子上》）。他认为"大丈夫"应有"富贵不能淫，贫贱不能移，威武不能屈"（《孟子·滕文公下》）的气概，这种坚持独立人格的气节，不为物质利益和暴力所诱惑、所屈服的顶天立地的精神，成为烛照中华民族奋然前行的精神力量。南北朝时期的著名的无神论思想家范缜，坚持真理，不"卖论取官"（《南史·范缜传》），便是受传统的独立人格思想熏陶的结果。这种坚持独立人格、注重"大丈夫"气节的思想，无疑是中国文化的优良传统之一。

第三节　中国文化基本精神的功能

中国文化的基本精神，作为中华民族精神的表现，在中国古代社会的长期发展中，产生了深远的影响，发挥着重要的功能。全面了解这些功能，有助于我们更深刻地认识中国传统文化的积极意义，促进今天的新文化建设。

民族凝聚功能　　中国文化基本精神的一个重要功能，是民族凝聚的功能。文化基本精神有着巨大的思想统摄性，它可以超越地域、阶级、时代的界限，用中华民族的优秀文化传统哺育每个中华儿女，使其凝为一体，同心同德地为民族整体利益和长远利益而不懈地奋斗。正因为如此，每当历史上出现外敌入侵之时，中华民族都能够万众一心地抵御外侮；而每当内乱出现之时，人们往往又可以在中华一体的民族认同基础上，捐弃前嫌，团结一致，变分为合，化乱为治。这些，都是与刚健自强、以和为贵的民族文化精神对人们的滋养分不开的。

我们民族以和为贵的文化精神，还滋养出了崇尚和谐统一的博大胸怀。坚持和而不同的矛盾统一观，反对片面求同或乱斗一气；坚持统一，反对分裂。把家庭邻里的和谐、国家的统一看作天经地义的事情，这种文化传统，对于中华一体、国家一统的民族文化心理的形成，对于我们国家、社会的长期稳定发展，起了十分重要的聚合作用。

自西周以来，作为一种理性自觉，大一统观念便深深地扎根于中国人的心中，"《春秋》大一统"（《汉书·董仲舒传》）是人人皆知的名言。作为中国传统精英文化主流的诸子百家学说，尽管各是其说，有的甚至形同水火，但在国家统一、使天下"定于一"的思想方向上，却有共识，可谓相反相成。这种政治上的大一统观念，实际上是天人合一、以和为贵的民族文化精神熏陶的结果，是其折射。不仅如此，"天下一家""民胞物与""四海之内皆兄弟"的观念，还成为凝聚全社会的精神力量。以国家统一为乐，以江山分裂为忧，是中华民族天经地义的政治价值取向。这种大一统观念，经过儒、法两家从不同思维路向的论证，特别是经过秦汉时期封建大一统国家的建立而带来的民族交融、共同发展的历史实践，逐渐转化为民族文化的深层社会心理结构，成为中华民族的政治思维定势，有力地推动了中华民族的整体发展和社会文化的进步。

中国文化的基本精神，是民族凝聚力形成并发挥作用的思想基础，也是它的思想核心。民族凝聚力作为一种思想整合力量，作为民族文化对其全体成员的吸引力，作为统摄人心、团结族类的精神纽带，它必然要以文化基本精神为思想依托。没有民族文化基本精神的存在，没有它的感召力量，就没有真正的民族凝聚力。

中国文化基本精神还是增强并推动民族凝聚力更新的精神力量。作为观念形态的东西，民族凝聚力具有相对稳定性；而作为一个民族的文化传统，则是历史地发展着的。因此，不同时代民族凝聚力的内容会有所变化，或更新自己的形态。因此，人们就必须用不断更新、不断充实的文化基本精神去充实、改铸民族凝聚力，丰富它的内涵，增强它的力量，推动它不断地更新自己的形态，以适应新时代的要求。

中国文化的基本精神，对于中华民族的每个成员，还有着强烈而积极的精神激励功能。

精神激励功能

如前所述，作为中国文化的基本精神，必须具有影响广泛、促进社会发展进步的特点。文化基本精神代表着民族精神，是民族优秀文化传统的体现。因此，它应该而且必然反映着中国文化的健康的发展方向，能够鼓舞人民前进，无论在历史上还是在当代中国的文化建设中，都具有激发民族自尊心、自信心和民族自豪感的伟大作用。它理所当然地要成为维系全民族共同心理、共同价值追求的思想纽带，成为焕发人们为民族统一、社会进步而英勇奋斗，鞠躬尽瘁、死而后已的精神源泉。

中国文化中刚健自强的精神，在2000多年的历史发展中，一直激励着人们奋发向上，不断前进，坚持与内部的恶劣势力和外来的侵略压迫者做不屈不挠的斗争。近代以来，中国人民为了救亡图存和民族自强而进行了艰苦卓绝的斗争。鸦片战争后，林则徐的学生冯桂芬提出了"若耻之，莫如自强"的口号（《校邠庐抗议·制洋器议》）。近代史上的洋务运动，正是打着"自然新政"的旗号出台的。严复强调，中国要自强，必须在"鼓民力""开民智""新民德"的"自强之本"上下功夫。康有为在著名的《公车上书》中，也以《易传》的刚健、有为、尚动、通变原则作为变法的理论根据。孙中山领导的资产阶级民主革命，邹容写的《革命军》，更是把革命看成"世界之公理""天演之公例"。他们无一例外地都受到了中国传统文化中的刚健自强思想的深刻影响，把它作为精神动力，并赋予新的时代内容。五四运动后，中国共产党人以愚公移山的精神，领导了反帝反封建的新民主主义革命，推翻了压在中国人民头上的"三座大山"；中华人民共和国成立后，又以坚忍不拔的毅力，进行社会主义革命和建设中国特色社会主义道路的艰难探索，这都是对中国文化中刚健有为、自强不息精神的自觉继承和发扬光大。可以说，传统文化的基本精神仍然是中国近现代优秀文化中的活的灵魂。

中国传统文化中以人为本的精神，激励人们尊重人的价值和尊严，努力在现实生活中去发现人，实现人的价值。这种价值，首先是道德价值。儒家认为，人的本性中先天地具有仁、义、礼、智等美好的道德品质，但要把它实现出来，并且加以充实和发展，还必须经过自觉的道德修养和意志锻炼。儒家学说特别强调主体自我修养和道德实践的重要意义，鼓励人们通过道德修养来培养高尚的情操，成就完美的人格。儒家先义后利、重义轻利的价值观，固然有忽视物质利益和现实功利的弊端，但在提升人的精神境界，把人培养成为有道德之人、有精神追求之人的方面，却有着不可否认的积极作用。中国传统哲学中的各家各派，虽然价值观不同，但都重视道德修养，以人为本，对于培育和发展中国的人文主义精神传统，都做出了重要贡献。中国历代都出现了许多重修养、重气节、重独立人格的志士仁人，这与传统文化精神的熏陶、培育和激励是分不开的。

中国文化中天人合一、以和为贵的精神，还激励人们自觉地维护整体利益，坚持集体主义的价值取向。把天、地、人看作统一的整体，强调并努力创造三者之间的和谐，以维护这个整体的和谐为己任，并把个人、家庭和国家的利益看作不可分割的统一体，这样一种共同的民族文化心理态势，对于中华民族的发展壮大，有着不可忽视的积极意义。儒家的修齐治平理论，道家的"道法自然"的思维旨趣，墨家的天下尚同的政治理想等，都是以整体为上的价值取向。这种价值取向，把全局的利益看得高于局部的利益，把整体的利益看得高于个体的利益。它凸显了中华民族以小我成全大我、以牺牲个人和局部利益去维护整体和全局利益的优秀品格，造就了以国家民族利益为上的思想风貌。文化精神的价值导向功能，在这里看得非常清楚。

整合创新功能　　整合不同的价值，使其在中华一体的文化格局中熔铸成为一个有机的统一整体，从而有所开拓创新，是中国文化基本精神的又一功能。

中国文化的基本精神，是整个中华版图意义上的民族精神。而中华民族的孕育、形成和发展，有一个漫长的过程。同样，中国文化的成熟、定型，也有一个长期发展的过程。其间，作为中国传统文化基本精神的诸多主体内容，在不同时期、不同地域起着不同的作用，对原有的诸多地域文化和不同阶层的文化，起着重要的整合创新作用。

中国古代文化是在多元一体的格局下发展起来的。齐鲁文化、燕赵文化、巴蜀文化、荆楚文化、吴越文化、秦陇文化、岭南文化等，都是古代中国人在艰苦的实践中，在特定的地域里，通过长期艰苦卓绝的努力，而创造出来的反映该地域人民文明发展程度的文化。这些地域文化，各有其自然环境特色和社会人文特色，反映着不同的价值观念，彼此间不能等同、替代。但是，这些特色各异的地域文化，几乎都蕴含着自强不息的奋进精神，都有中华一体的文化认同意识。正是在这种共同精神的烛照下，多元发展的地域文化，逐渐走向交融，成为中华民族文化大家庭的重要组成部分。在中国历史上，每一次大的统一，都伴随着文化和思想观念上的整合创新。秦朝的统一，使秦与六国"车同轨，书同文，行同伦"（《礼记·中庸》），中国有了统一的文字，这对于中国文化的开拓和发展，有着极其深远的意义。尔后隋唐、明清文化中表现出的盛大恢宏气象，无一不蕴含着深刻的整合创新精神。不同地域的文化被纳入中华民族文化的整体架构之后，原本分别存在于不同地域文化之中的各种文化"基因"（价值要素），仍继续存在，有的还被大力发掘，着意提升，成为全民族共同的精神财富。

中国文化基本精神中的整合创新功能，根植于中国古代哲学的理论思维之中，前文中提到的贵和的思想，便是突出一例。"和实生物，同则不继"（《国语·郑语》），在中国古代的哲人看来，和便是创新的源泉，万物的生生日新，是统一体中不同、对立的方面整合的结果，这也就是《易传》中所说的："日新之谓盛德，生生之谓易。"

中国文化的基本精神，作为全民族的共同精神成果，在其演进的历程中，逐渐形成了文化的大传统。天人合一、人本思想、贵和尚中、刚健有为成为全社会广泛认同的文化观念，它超越了地域和阶层，成为牢固的民族文化心理，代代传承，没为外来的力量所打破、所改变。在文化大传统的熏陶下，原有的地域文化所蕴含的文化小传统，既表现出中国文化的共性，又保留了自己的特殊性，即个性，内容更加丰满，有的在发展中逐渐形成了新的传统。

值得注意的是，在中国古代文化中，文化的大传统与小传统往往交相渗透，彼此兼容，很难简单地截然分开。比如，上述中国文化基本精神的诸方面，在不同的地域文化中都有程度不同的存在和表现；就阶层而言，在上层社会和下层社会中也基本上都可以被接受。这是与中国文化基本精神雅俗共赏、上下乐道、朝野认同的特质分不开的。

中国文化基本精神有着强烈的趋善求治的价值要求。无论在理论层面或行为方式层面，还是在社会心理和潜意识的层面，都对全民族的价值取向起着任何别的因素所不能替代的作用。贵和尚中的精神，培育了中国人民追求和谐、反对分裂的整体观念，滋养了崇尚中道、不走极端的平和心境；天人合一的精神，激发出"究天人之际"的治学传统和思想传统，并成为不同时期、不同思想流派共同的思维方式和价值追求。这些，经过长期的实践，逐步深入人心，并演化为深厚的民族共同心理，以至成为集体的"文化无意识"。这些思想观念的相互整合，塑造了中国文化博大、精进、宽厚、务实的精神风貌。

□**参考文献**□

1. 张岱年、程宜山：《中国文化与文化论争》，北京，中国人民大学出版社，1990。

2. 冯天瑜：《中华元典精神》，上海，上海人民出版社，1994。

3. 张世英：《天人之际——中西哲学的困惑与选择》，北京，人民出版社，2007。

□**思考题**□

1. 什么是中国文化基本精神？它有哪些主要内容？

2. 试比较中西文化在天人关系问题上的异同，二者对现代文化有何意义？

3. 中国传统民本思想与现代民主思想的关系如何？怎样对其进行现代评价？

4. 中国传统文化基本精神与现代文化的关系如何？怎样构建中国当代文化的基本精神？

第十六章　中国传统文化的价值系统

　　价值观是一种评价性的观点，它既涉及现实世界的意义，又指向理想的境界。具体而言，价值观总是奠基于人的历史需要，体现人的理想，蕴含着一般的评价标准，展示为一定的价值取向，外化为具体的行为规范，并作为稳定的思维定势、倾向、态度，影响着广义的文化演进过程。不同时期的文化创造，总是受到特定价值观的范导，文化本身在某种意义上也可以看作是价值理想的外化或对象化。从社会的运行到个体的行为，文化的各个层面都受到价值观的内在制约，因此可以说，价值观在文化中处于核心地位。一般说来，价值观是由一系列价值原则组成的。价值原则凝聚了人们对善恶、美丑的最基本的看法。正是相互关联的价值原则，构成了文化的价值系统。

　　中国传统文化在其历史发展中，通过对天人、群己、义利、理欲等关系的规定，逐渐展示了自己的价值观念，并在儒、道、墨、法、佛诸派的价值原则中取得了自觉的形成。以儒家的价值原则为主导，不同的价值观念相拒而又交融，相反而又互补，形成了中国传统文化内涵丰富的价值系统。通常认为，中国传统文化表现出重人伦而轻自然、重群体而轻个体、重义轻利、重道轻器的特点，这主要是就儒家的价值取向而言。如果对中国传统文化做一整体系统分析，我们则不能忽略其中所包含的多元价值取向，以及它们之间的相互冲突、紧张和内在关联、互补的关系。本章即旨在对中国传统文化的价值系统做一整体的逻辑分析，以便了解它的多方面的内容，同时也更准确地把握它的思想核心。

第一节　天人关系上的不同价值取向

　　注重天人关系，是中国传统文化的显著特点。早在先秦，天人之辨便成为百家争鸣的中心问题之一。它既是一个哲学问题，又具有普遍的文化意义。"天"即广义的自然，"人"则指人的文化创造及其成果。这样，天人关系在某种意义上便构成一种价值关系，而天人之辨则成为传统文化价值系统的逻辑起点。

人文取向与
人道原则　　人是否应当超越自然的状态？作为价值观的天人之辨，首先必须对此做出回答。儒家是较早对这一问题做出自觉反省的学派之一。按照儒家的看法，自然是一种前文明的状态，人应当通过自然的人文化，以达到文明的境界。孔子很早就指出："鸟兽不可与同群，吾非斯人之徒与而谁与？"（《论语·微子》）鸟兽是自然的存在，"斯人之徒"则是超越了自然状态而文明化了的人。作为文化的创造者，人不能倒退到自然状态，而只能在文化的基础上彼此结成一种社会的联系（群）。在这里，对鸟兽（自然的存在）与"斯人之徒"（社会的存在）的区分，已包含着对人文价值的肯定。

　　"斯人之徒"是作为类的人。超越自然不仅表现在形成文明的群体，而且以个体的人文化为目标。就个体而言，自然首先以天性的形式存在，而自然的人化则意味着化天性为德性（形成道德品格）。儒家辨析天人关系，总是兼及个体，与注重群体的文明化相应，儒家一再强调个体也应当由自然的天性提升为人化的德性。在儒家看来，就天性而言，人与一般禽兽并没有多大区别，如果停留于这种本然的天性，那么，也就意味着把人降低为禽兽。荀子曾指出："水火有气而无生，草木有生而无知，禽兽有知而无义。人有气、有生、有知亦且有义，故最为天下贵也。"（《荀子·王制》）"气"、"生"、"知"（知觉能力，如目能视之类）都是一种自然的规定或属性，"义"则超越了自然而表现为一种人文化的观念。人之为人，并不在于具有气、生等自然的禀赋，而在于通过自然禀赋的人化而形成自觉的道德意识（义）。正是这种人化的过程，使人不同于自然的对象而具有至上的价值（"最为天下贵"）。这样，儒家便从群体关联与个体存在两个方面，对人文价值做了双重确认。

　　作为一种高于自然的人文存在，文明社会应当以什么为基本的价值原则？早在先秦，儒家的创始人孔子便提出了仁的观念。作为原始儒学的核心观念，仁具有多重含义，而从价值观上看，其基本的规定则是"爱人"（参见《论语·颜渊》），它所体现的，是一种朴素的人道原则。以仁为形式的人道原则，首先要求对人加以尊重和关切。当马厩失火被焚时，孔子所问的是："伤人乎？"他并不打听火灾是否伤及马（参见《论语·乡党》）。这里体现的，便是一种人道的观念：相对于牛马而言，人更为可贵，因此，失火时应首先关心人。当然，这并不是说牛马是无用之物，而是表明牛马作为与人相对的自然存在只具有外在的价值（表现为工具或手段），唯有人才有其内在价值（本身即目的）。这种人道原则体现了儒家基本的价值取向。孟子由仁学引申出仁政，要求以德行仁，反对用暴力的方式来压服人。即使在具有神学色彩的董仲舒儒学体系中，同样可以看到内在的人道观念。董仲舒虽然将"天"神化为超自然的主宰，但同时又一再强调"人下长万物，上参天地""最为天下贵"（《春秋繁露·天地阴阳》）。他还认为，天地之产生万物，乃是为了"养人"；换言之，一切以人的利益为转移，在神学的形式下，人依然处于价值关怀的中心。

在天人关系上，墨家的看法与儒家固然存在着不少差异，但也有相近的一面。和儒家一样，墨家对自然的状态与人文的形态做了区分，认为处于自然状态中的动物，有羽毛做衣服，有水草做食物，故既不事农耕，也无须纺织。人则不同："今人与此异者也，赖其力者生，不赖其力者不生。"（《墨子·非乐上》）"力"泛指人的活动。在墨家看来，正是通过这种活动，人超越了自然状态中的动物，而建立起文明的社会生活，这里蕴含着化自然为人文的要求。如何使文明社会的秩序得到稳定？墨家提出了兼爱的原则。按墨家之见，社会之所以产生争乱，主要便在于社会成员不能彼此相爱，若天下之人能兼相爱，就可以消弭纷争，彼此相亲，国与国之间也可以化干戈为玉帛。兼爱观念所体现的，同样是一种人道原则，在注重人道原则这一点上，儒、墨两家确实有相通之处。当然，儒家所强调的仁，以孝悌为本，它更多地受到宗法血缘关系的制约；墨家的"兼爱"则超越了宗法关系，它所体现的人道原则在某种意义上具有更普遍的内涵。

儒、墨两家所揭示的人道原则，在佛教那里也得到了某种回应。佛教本是外来的宗教，但随着它的衍变发展，已逐渐融入中国文化之中，其价值观也成为中国传统价值体系的一个组成部分。作为宗教，佛教认为天（自然）与人均虚幻不实，而把彼岸世界视为真实的存在。不过，在论证成佛根据时，佛教常常强调人道胜于天道。人尽管也是宇宙中的一员，但其地位却高于其他的存在，在"六道"说中，人便被列于一般动物（畜生）之上。佛教的终极目标固然是要超越现实的人生，但这种超越本身要通过人的自觉活动来完成，所谓由"迷"到"悟"，便意味着从自在状态到自为状态。这样，作为实现终极目标的环节，广义的人化过程亦得到某种肯定。与以上趋向相联系，佛教提出了慈悲为怀、普度众生的要求，这种教义尽管具有浓厚的宗教色彩，而且其所慈、所悲的对象往往相当宽泛，但是，其中无疑也渗入了某种深切的人道观念。在对人的关怀上，它与儒家的仁义、墨家的兼爱显然有一致之处。从一定意义上说，佛教的慈悲观念既表现了对儒、墨两家人道原则的吸纳与适应，又从一个侧面强化了中国文化注重人道原则的传统。

在宋明理学那里，人道原则得到了进一步的阐发。理学以儒家思想为主体，同时又糅合了佛、道等各家学说。与先秦儒学一样，理学家首先强调"天地之性人为贵"（朱熹：《四书章句集注·孟子》），亦即从天人关系的角度肯定了人的内在价值。由此出发，理学家提出了"民胞物与"的观念："民吾同胞，物吾与也……尊高年，所以长其长；慈孤弱，所以幼吾幼。"（《正蒙·乾称篇》）这里确乎充满了人道的温情：人与人之间亲如手足，尊长慈幼成为普遍的行为准则。理学所津津乐道的所谓"仁者与天地万物为一体"，也表现了同样的情怀。尽管理学对墨、佛等颇多批评，但"民胞物与"的观念却与墨、佛等展示了相近的文化精神，它在一定意义表现为儒家的仁、墨家的兼爱和佛家的慈悲等之融合。可以说，正是通过这种融合，传统的人道原则获得了更丰富具体的内涵，并成为一种稳定的价值定势。

"无以人灭天"

相对于儒、墨之突出人道原则，道家则把关注的重点放在自然（天）之上，由此形成一种异于儒、墨的价值取向。

在天人关系上，儒、墨将自然（天）视为前文明的状态，强调自然应当人文化，也就是说，自然只有在人化之后，才能获得其价值。与之相异，道家认为，自然本身便是一种完美的状态，而无须经过人化的过程。就对象而言，"天地有大美而不言，四时有成法而不议，万物有成理而不说"（《庄子·知北游》），即自然过程和谐而有规律，蕴含着一种内在的美。同样，最高的社会境界（"至德之世"）也存在于其前文明的时代："夫至德之世，同与禽兽居，族与万物并。"（《庄子·马蹄》）这是一种广义的自然状态。儒家一再对人与禽兽之分做严格辨析，要求由野而文；道家则将"同与禽兽"视为"至德之世"，这一分一合，表现了不同的价值趋向。可以看到，在道家对前文明时代的赞美中，自然状态实际上被理想化了。

从自然状态的理想化这一基本前提出发，道家对人化的过程及其结果（文明）往往持批评和否定的态度。在他们看来，自然作为一种完美的状态有其内在的价值，人化的过程不仅无益于自然之美，而且总是破坏这种理想状态。"牛马四足，是谓天；落（络）马首，穿牛鼻，是谓人。故曰：无以人灭天。"（《庄子·秋水》）牛马有四条腿，是本来如此，属自然（天）；给牛马套上缰绳，则是一种后天的人为。正如络马首、穿牛鼻是对牛马天性的戕贼一样，一切人化的过程都是对自然之美的破坏。

人化过程不仅表现为驾牛服马（对自然对象的作用），而且展开于社会过程本身，对后者，道家做了更多的批评。随着社会的演进，从技艺到道德规范等各种人文现象也随之出现并不断发展，但按道家之见，文明社会带来的并不是进步，而往往是祸乱和灾难："民多利器，国家滋昏。"（《老子》第五十七章）"大道废，有仁义；智慧出，有大伪。"（《老子》第十八章）工具的改进，固然增加了社会的财富，但同时也诱发了人的好利之心，并导致了利益上的纷争和冲突。文明的规范诚然使人超越了自然，但仁义等规范的标榜，也常常使人变得虚伪化。"窃钩者"虽不免受制裁，而"窃国者"却可以成为诸侯，并获得仁义的美誉（参见《庄子·胠箧》）。历史地看，文明的发展往往是以二律背反的形式展开，它在推动社会进步的同时，也常常带来某些负面的后果，道家的上述批评，多少意识到了这一点。不过，由强调文明进步的负面部分而否定文明，显然又走向了另一极端。

自然的人化既然只具有负面的意义，逻辑的结论便是从文明回到自然。《老子》提出"见素抱朴"的命题已表现了这一意向，庄子更具体地提出了回归自然的要求："故绝圣弃知，大盗乃止；掷玉毁珠，小盗不起；焚符破玺，而民朴鄙；掊斗折衡，而民不争；殚残天下之圣法，而民始可与论议……攘弃仁义，而天下之德始玄同矣。"（《庄子·胠箧》）在此，一切人文的创造，从知识成果到治国手段，从度量工具到社会规范等，都被列入摒弃之列，最后回到一种天人玄同的自然境界。

  道家将自然状态理想化，反对以人文创造去破坏自然环境，无疑表现了一种消极倾向。但从价值观上看，其中亦有值得注意之处。就人与自然的关系而言，道家主张无以人灭天，也包含着一种尊重自然的要求：人的文化创造不应无视自然之理，化自在之物为我之物的过程不能偏离自然本身的法则。道家强调"法自然"，在一定意义上表现了对循天理的注重。在"庖丁解牛"这一著名寓言中，庄子以生动的语言描绘了庖丁解牛的过程，其一举一动，游刃有余的熟练技巧几乎已达到了美的境界，而庖丁之所以能如此，便是因为他在活动过程中始终"依乎天理""因其固然"，即人为完全合乎天道。在颇受道家思想影响的魏晋思想家那里，这一观念得到了更明确的表述："则天成化，道同自然。"（王弼：《论语释疑》）"圣人达自然之性，畅万物之情，故因而不为，顺而不施。"（王弼：《老子道德经注》）依据这种理解，天与人并不呈现为一种对立、紧张的关系，二者本质上融合无间。就天人关系而言，过分强调人化过程的合目的性，往往容易导致人类中心的观念，并且内在地蕴含着忽视自然之理的可能性，循乎天道的自然原则对于化解这种观念，避免天人关系的失衡，有其不可忽视的意义。

  广义的天人之辨还涉及天性与德性的关系问题。儒家孟子一派认为德性即是天性的内容，荀子一派则认为德性是天性的改造。相对于儒家注重天性的改造，道家更强调对天性的顺导，所谓"无以人灭天"，亦意味着反对戕贼人的自然本性。在道家看来，自然的天性体现了人的本真状态，人为的塑造则如同络马首、穿牛鼻那样，抑制了人性的自由发展，并使人失去了本真的状态。作为文明社会的主体，人当然应超越天性而培养德性，但是如果将德性的培养仅仅理解为对天性的否定甚至泯灭，那么，德性对主体来说便会成为一种异己的存在，并容易趋于虚伪化。儒家从主体存在的角度肯定了人文的价值，但过分地强调对天性的改造，又往往使德性的培养成为一个"反于性而悖于情"（《荀子·性恶》）的过程，由此形成的德性，并不是真正健全的人性。德性作为人化的成果，属于当然。当然的外在形式是社会的规范（当然之则）。天性与德性的对立，往往导致当然对自然的否定，其逻辑结果则是使当然之则成为一种外在的强制，后来理学家的所谓"天理"，便带有这种强制的性质。总之，自然的人化一旦等同于悖逆天性，则难免导致人性的扭曲和当然之则的异化，而道家反对无条件地灭天，对于化解天性与德性、当然与自然的紧张确实也有一定意义。

  应当指出，就天人关系而言，儒家的价值取向在传统文化中占着支配的地位。如前所述，儒家要求化自然为人文，并以人道作为社会的基本原则，无疑有其积极的意义。儒家所强调的超越自然，主要是指化天性为德性，其目标在于达到道德上的完美。这种价值追求，使儒家的人道原则带有狭隘和片面的特点。在主张由天性提升为德性的同时，正统儒家往往忽视了对外在自然——作为客体的自然界——的探索与改造，并相应地表现出了某种重人文而轻自然的趋向。道家虽然崇尚自然，但其自然原则，由于缺乏积极改造、作用于自然界的内容，因此也不足以抑制儒家轻自然的倾向。这里确实表现出了传统文化价值观的消极的一面。

**力命之辨与
人的自由**　天人之辨内在地关联着力命关系问题。"天"的超验化，便表现为"命"。事实上，在中国传统文化中，"天"与"命"常常被合称为"天命"。"命"或"天命"是一个比较复杂的概念，如果剔除其原始的宗教界定，则其含义大致接近于必然性。当然，在"天命"的形式下，必然性往往被赋予某种神秘的、超自然的色彩。与命相对的"力"，一般泛指主体的力量和权能。作为天人之辨的展开，力命之辨所涉及的，乃是人的自由问题。

化自然为人文的基本条件是主体自身的努力，超越自然的要求本质上蕴含着对主体力量的确信。前面已提到在儒家那里，自然的人化更多地指化天性为德性，与这一趋向相应，主体的力量和权能首先表现于道德实践的过程。作为超越了自然状态的存在，人具有选择行为的能力，并能自觉地坚持和贯彻道德原则："为仁由己，而由人乎哉？"（《论语·颜渊》）"有能一日用其力于仁矣乎？我未见力不足者。"（《论语·里仁》）这既是一种道德的自勉，又表现了对自由的乐观信念。从孟、荀到汉儒，直到后来的宋明理学家，肯定主体在道德实践过程中的自主权能，构成了儒家文化的主流，其历史影响极为深远。

不过，儒家对主体权能的理解，往往与天命的观念纠缠在一起。在道德实践的领域，行为固然取决于自我的选择，但一旦超出这个范围，人的活动就要受到天命的限制。从社会范围看，一定时代的政治理想能否实现，最终决定于超验的"命"："道之将行也与？命也；道之将废也与？命也。"（《论语·宪问》）就个人而言，其生死、富贵也均有定命："死生有命，富贵在天。"（《论语·颜渊》）对天命的这种预设与"为仁由己"的道德自信显然存在着矛盾，二者的对峙，往往展开为"在我者"与"在外者"的分离："求则得之，舍则失之，是求有益于得也，求在我者也。求之有道，得之有命，是求无益于得也，求在外者也。"（《孟子·尽心上》）"求"表现为主体的自觉努力，在一定的范围内（"在我者"），这种努力受制于主体自身，并能达到预期的目标；超出了这一范围（走向"在外者"），则主体便无法决定行为的结果，一切只能归之于天命。儒家所谓"在我者"，主要与主体的德性涵养和道德实践相联系，"在外者"则泛指道德之外的各个领域。从个体的富贵寿夭，到社会历史进程，都可归入广义的"在外者"。二者的区分，在某种意义上表现为自由信念与宿命观念的对立。对主体自由与外在天命的双重确认，构成了儒家价值观的基本特点。从先秦到宋明，儒家在总体上都没有超出这一思维定势，尽管荀子等曾在更广泛的意义上肯定了主体自由，但这种价值取向并未能成为儒家文化的主流。

与主张"无以人灭天"相应，道家将无为规定为主体在世的原则。按其本义，无为既是对违逆自然的否定，又意味着接受既成的境遇，它与改造对象和改造自我的积极努力形成对立的两极。正是从接受既成境遇的前提出发，道家提出了"安命"的观念："知其不可奈何而安之若命，德之至也。"（《庄子·人间世》）在这里，服从超验之命，成为主体的最终选择，在主体作用与外在天命二者之间，天命成了更为主导的方面。这种价值取向多少带有宿命论的性质。不过，在强调"安命"的同时，道家又追求一种"逍遥"的境界，以为通过虚静无为，合于自然，便可以摆脱外在的束缚与限制，逍遥于世。就其形式而言，"逍遥"是一种自由之境，这种自由在道家那里往往与超越感性欲望和功利计较相联系，因而带有某种审美的意义。在道家那里，无为安命的人生取向与逍遥的人生追求交错并存，构成了颇为复杂的形态。这种价值观念与儒家也有某些相近之处，在宿命趋向与自由理想的纠缠上，二者确实彼此接近。不同的是，在儒家那里，自由之境主要与道德努力相联系，而道家的逍遥则趋向于审美的追求。

较之儒道对天命的设定，墨家和法家将注重之点更多地放在主体的力量上。墨家提出"非命"论，认为命是一种虚幻的超验之物，它往往使人放弃自身的努力，从而导致社会的惰性。按墨家之见，决定社会治乱、个人境遇的，并不是外在的天命，而是人力。墨家强调"赖其力者生，不赖其力者不生"（《墨子·非乐上》），既从天人关系上肯定了对自然的超越，又从力命关系上突出了主体力量的作用。就社会而言，"强必治，不强必乱"；就个体而言，"强必富，不强必贫"（《墨子·非命下》）。这里体现的，是对主体力量的高度自信。更值得注意的是，在墨家那里，主体力量的作用范围已超出了道德实践一隅，而指向更广的领域，它在相当程度上已扬弃了儒家所谓"在我者"与"在外者"的对峙。墨家在"非命"的同时，也批判了儒家的宿命论倾向。

法家与墨家的价值观存在不少差异，但在注重主体的作用与权能上，却有相近之处。在法家看来，社会的治乱，国家的强弱，并非取决于天命，而在于君主是否能正确地运用法、术、势。"明于治之数，则国虽小，富；赏罚敬信，民虽寡，强。"（《韩非子·饰邪》）尽管法家对主体权能的强调有时不免与君王南面之术纠缠在一起，但确信主体可以在政治实践中掌握自己的命运，则使其价值观区别于命定论。法家的如上价值原则常常被概括为："当今争于气力。"（《韩非子·五蠹》）对"力"的这种崇尚固然有可能引向暴力原则，但与墨子所谓"赖其力者生"一样，其内在精神在于高扬主体的力量。

从价值观各自特点看，儒、道徘徊于外在天命与主体自由之间，并表现出某种宿命的趋向，墨、法则从不同的角度拒斥了"命"的观念，并对主体力量与权能做了较多的肯定。然而，就现实的形态而言，作为正统的儒家价值观，往往同时又渗入了法家的某些观念，而道家与道教则分别对士林和民间产生了广泛的影响。因此，在中国传统文化中，"天命"的观念与主体权能的确信总是彼此制约、错综交杂的。

第二节　群己关系的定位

天人之辨主要在主体（人）与外部自然的关系上展开了传统的价值观念，由天人之际转向社会本身，便涉及群己关系。作为主体性的存在，人既是类，又是个体，二者应当如何定位？这一问题将传统价值体系引向了群己之辨。

儒家是最早对群己关系做自觉反省的学派之一。按儒家的看法，每一个体都有自身的价值，所谓"人人有贵于己者"（《孟子·告子上》），便是对主体内在价值的肯定。从这一前提出发，儒家提出了"为己"和"成己"之说。"为己"与"为人"相对。所谓"为人"，是指迎合他人以获得外在的赞誉，其评价标准存在于他人，个体的行为完全以他人的取向为转移。"为己"则指自我的完善，其目标在于实现自我的内在价值，即"成己"。

作为主体，自我不仅具有内在的价值，而且蕴含着完成和完善自我的能力。儒家所理解的"为己"和"成己"，主要是德性上的自我实现。在儒家看来，无论是外在的道德实践，还是内在的德性涵养，自我都起着主导的作用。主体是否遵循伦理规范，是否按仁道原则来塑造自己，都取决于自主的选择及自身的努力，而非依存于外部力量。正是在这个意义上，儒家强调求诸己，而反对求诸人："君子求诸己，小人求诸人。"（《论语·卫灵公》）儒家的重要经典《大学》进一步以自我为本位，强调从君主到普通人，"壹是皆以修身为本"。儒家的上述看法，从道德涵养的目标和道德实践、德性培养的方式上，对个体的价值做了双重肯定。

在儒家看来，自我的完善并不具有排他的性质，相反，根据人道的原则，个体在实现自我的同时，也应当尊重他人自我实现的意愿，所谓"己欲立而立人，己欲达而达人"（《论语·雍也》），就表明了这一点。如上价值原则往往被更简要地概括为成己而成人：一方面，自我的实现是成人的前提；另一方面，主体又不能停留于成己，而应由己及人。后者在某种意义上构成了自我完善的更深刻的内容：正是在成就他人的过程中，自我的德性得到了进一步的完成。

"成己"与"成人"的联系，意味着使个体超越自身而指向群体的认同。事实上，在儒家那里，成己往往以安人为目的，孔子便已提出"修己以安人"（《论语·宪问》）的主张。"修己"即自我的涵养，"安人"则是社会整体的稳定和发展。道德关系上的自我完善（"为己"），最终是为了实现广义的社会价值（群体的稳定和发展）。后者所确认的，乃是一种群体的原则。这种原则体现于人和人的关系，便具体化为和的要求。所谓"礼之用，和为贵"（《论语·学而》），"天时不如地利，地利不如人和"（《孟子·公孙丑下》）等，即体现了这一价值取向。和的基本精神是建立人与人之间相互尊重、相互信任的关系。从消极方面看，和意味着化解人间的冲突与紧张，消除彼此的相争；从积极方面看，和则是指通过共同的理想和相互沟通，达到同心同德，协力合作。这种和的观念，对中国传统文化产生了深刻的影响。

群体认同的更深刻的意蕴，是一种责任意识。按儒家之见，作为主体，自我不仅以个体的方式存在，而且总是群体中的一员，并承担着相应的社会责任。他固然应当"独善其身"，但更应"兼善天下"。在成己而成人、修己以安人等主张中，已蕴含了这一要求。正是在这种责任意识的孕育下，逐渐形成了"先天下之忧而忧，后天下之乐而乐"的价值传统，它对拒斥自我中心主义、强化民族的凝聚力，无疑具有十分重要的意义。

对个体生命与个性自由的关注

相对于儒家，道家对个体予以了更多的关注。与自然状态的理想化相应，道家所理解的人，首先并非以群体的形式出现，而是表现为一个个的自我，从这一基本前提出发，道家将自我的认同提到了突出的地位。老子已指出："自知者明。"（《老子》第三十三章）"自知"即认识自我。它既以肯定"我"的存在为前提，又意味着唤起"我"的自觉。在群己关系上，道家的价值关怀着重指向作为主体的自我。

儒家讲"为己""成己"，实际上已包含着对个体原则的确认，不过，儒家所谓"为己""成己"，主要是德性上的自我完成，即意味着自觉地以仁义等规范来塑造自我。而在道家看来，以这种方式达到的自我实现，并不是真正的自我认同，相反，它往往将导致对个性的抑制："待钩绳规矩而正者，是削其性。""自虞氏招仁义以挠天下也，天下莫不奔命于仁义，是非以仁义易其性与？"（《庄子·骈拇》）如果说，仁义构成了自我的普遍的即社会化的规定，那么，与仁义相对的"性"则是指自我的个体性规定。道家对仁义与性做了严格区分，反对以普遍的仁义规定、同化自我的内在之性，其侧重之点显然在自我的个性品格。在道家那里，自我首先是一种剔除了各种社会化规定的个体。

作为从社会规范中净化出来的个体，自我不同于德性的主体，而主要展现为一种生命的主体。与儒家注重于德性的完善有所不同，道家对个体的生命存在表现出更多的关切。在他们看来，个体之为贵并不在于其有完美的德性，而在于他是一独特的生命主体，对个体价值的尊重，主要就是保身全生。道家对个体处世方式的设定，正是以此为原则："为善无近名，为恶无近刑，缘督以为经，可以保身，可以全生，可以养亲，可以尽年。"（《庄子·养生主》）不是德性的升华，而是生命的完成，构成了自我首要的价值追求。为了"养其身，终其天年"，主体即使"支离其德"（德性上不健全），也应给予理解和宽容（《庄子·人间世》）。

除了生命存在之外，自我还具有独特的个性。道家反对以仁义易其性，便已蕴含了对个性的注重。在道家看来，仁义等规范所造就的是无差别的人格，而人性则以多样化为特点。道家对逍遥的追求，实际上已包含着崇尚个性的价值取向。在他们看来，逍遥主要是一种精神境界，其特点是摆脱了各种外在的束缚，使个体的自性得到了自由的伸张。道家的这种观念在中国文化史上产生了重要影响。魏晋时期，嵇康、阮籍等反对以名教束缚自我，要求"舒其意""逞其情"（阮籍：《大人先生传》），其中的基本精神，就是道家注重个性的原则。他们正是以逍遥作为自己的理想："谁言万事艰，逍遥可终生。"（阮籍：《咏怀诗》三十六）李贽在晚明提出性情不可以一律求，反对将自我的精神世界纳入单一的纲常规范，也表现了对个性原则的注重。

　　过分强化群体认同，往往容易忽视个体原则，并导致自我的普泛化。相对于此，道家关注个体的生命存在和独特个性，无疑有助于抑制这种趋向。不过，由于过分强调自我认同，道家又多少弱化了群体认同。他们强调保身全生，固然肯定了个体的生命价值，但对个体承担的社会责任却不免有所忽视。在反对个体普泛化的同时，道家也排斥了兼善天下的社会理想。对个性逍遥的追求，使道家更多地转向了主体的内在精神世界，这种价值取向往往容易导向自我中心主义。事实上，《老子》便以"成其私"（第七章）作为主体的合理追求。道家一系的杨朱，进而走向唯我主义："杨子取为我，拔一毛而利天下，不为也。"（《孟子·尽心上》）尽管自我中心主义并没有成为中国文化的主流，但其历史影响却始终存在。在道家思想一度复兴的魏晋，由自我认同而趋向自我中心，便成为一种相当普遍的现象。阮籍、嵇康等不满于名教的束缚，要求个性的自由伸张（"舒其意""逞其情"），由此而将"超世而绝群，遗俗而独往"（阮籍：《大人先生传》）视为理想境界，把群体认同推向了边缘。成书于魏晋时代的《列子》，以更极端的形式拒绝一切社会的约束，主张个体的独往独来："亦不以众人之观易其情貌，亦不谓众人之不观不易其情貌。独往独来，独出独入，孰能碍之？"（《列子·力命》）这种个体至上的价值观念，往往很难避免自我与社会的对抗，其消极作用是显而易见的。

群体原则的强化　　儒家主张由成己而兼善天下，道家从自我认同走向个体的逍遥，二者在群己关系上各有侧重。从中国文化的主流看，儒家所突出的群体原则显然得到了更多的确认。如前所述，墨家提出了"兼爱"的原则，从天人关系看，它体现的是一种人道的精神；就群己关系而言，它又渗入了一种群体认同的要求。和儒家一样，墨家对群体予以了更多的关注，"兴天下之利，除天下之害"（康有为：《孔子改制考·墨子托古》）是其基本的主张。墨家学派摩顶放踵，席不暇暖，为天下之利而奔走，也确实身体力行了上述价值原则。正是由强调群体认同，墨家进而提出了"尚同"之说。尚同含有群体沟通之意，其核心则是下同于上："上之所是，必皆是之；所非，必皆非之。"（《墨子·尚同上》）墨家虽然注意到个体的社会认同，但将社会认同理解为服从最高意志，则又弱化了个体的自我认同和独立人格，在上同而不下比的原则下，个体的价值被淹没在统一的意志中。也许正是有鉴于此，后来荀子批评墨家"有见于齐，无见于畸"（《荀子·天论》）。

　　在法家那里，群体原则得到了进一步的强化。墨家重兼爱，法家尚暴力，二者相去甚远。但在群己关系上，法家的主张却颇近于墨家的尚同。强调君权至上，是法家的基本特点。法、术、势在某种程度上均服务于君权，是君主驾驭天下的不同工具。按法家之见，君主即整体的化身和最高象征，个体则总是离心于整体："匹夫有私便，人主有公利。"（《韩非子·八说》）质言之，君权的合理性，就在于它代表了整体的利益。这既是对君权的论证，又渗入了整体优先的原则；而以公私来区分匹夫（个体）和君主（整体的象征），则表现出对个体的贬抑。以君主为象征的所谓"公"，本质上是一种马克思所说的"虚幻整体"。对法家来说，个体与这种整体始终处于一种不相容的关系之中，"私行立而公利灭矣"（《韩非子·五蠹》）。在二者的对立中，法家的价值取向是"无私"："明君使人无私。"（《韩非子·难三》）所谓"无私"，并不是一般地杜绝自私行为，而是在更广的意义上使个体消融于君主所象征的抽象整体。也正是从这个前提出发，法家强调以"法"来统制个体的言行："言谈者必轨于法。"（《韩非子·五蠹》）"夫立法令者，以废私也。"（《韩非子·诡使》）"法"代表着与君主相联系的统一意志。这里固然包含着以"法"来维护既定秩序的意思，但"必轨于法""以法废私"的要求，却也使主体的个性、独立思考等泯灭于恢恢法网，这种以君主（虚幻整体的象征）之"公"排斥自我之"私"的价值原则，已带有明显的整体主义的性质。

相对于墨、法，佛教对群己关系的看法则更为复杂。作为宗教，佛教以走向彼岸为理想的归宿，它所追求的首先是个人的解脱，表现为一种疏离社会的趋向。佛教以出家为修行的方式，也体现了这一特点。从这方面看，佛教无疑淡化了个体的社会责任。但另一方面，佛教又主张自觉地普度众生。大乘佛教甚至认为，个人的解脱要以众生的解脱为前提，没有众生的解脱，个人便难以真正达到涅槃之境。佛教提出"六度"，其中之一即布施度，它的内容不外是造福他人。这些观念，已表现出某种群体关怀的趋向，它在中国佛教中得到了进一步的发挥。东晋名僧慧远便指出："如令一夫全德，则道洽六亲，泽流天下，虽不处王侯之位，固已协契皇极，大庇生民矣。"（《答桓太尉书》）在这里，出家的意义似乎主要已不是个人的解脱，而是福泽众生（"泽流天下""大庇生民"）。尽管这里不无调和儒、佛之意，但其中也确实流露出了对群体的关怀。它表明，在中国传统文化中，即使是追求出世的佛教，也在相当程度上渗入了群体的意识。

从历史上看，墨、法、佛并没有成为中国文化的主流，然而，在群己关系上，其认同群体的趋向与占主导地位的儒家价值观有颇多契合之处。事实上，儒家所注重的群体原则，在其衍化过程中，也多方面地融入了墨、法等各家的观念，并呈现不断强化的趋势。在宋明新儒学（理学）那里，便不难看到这一点。理学并不否定个体完善的意义，所谓"治天下有本，身之谓也"（周敦颐：《通书·家人睽复无妄》），继承的便是儒家修身为本的传统。不过，理学往往又把自我主要理解为一种纯乎道心的主体："必使道心常为一身之主。"（《朱子语类》卷六十二）"只是要得道心纯一。"（《朱子语类》卷七十八）道心是超验天理的内化。以道心规定自我，多少使主体成为一种普遍化的"我"，在"道心纯一"的形式下，主体实质上已是"大我"的一种化身；而以个体形式出现的自我，则是必须否定的："己者，人欲之私也。"（朱熹：《论语或问》）由自我的普遍化，理学进而提出了"无我"的原则，要求"大无我之公"（朱熹：《西铭论》）。所谓"无我"，不外是自觉地将自我消融于抽象的"大我"。这种看法注意到了个体的社会化以及个体所承担的社会责任，抑制了自我中心的价值取向，但以"无我"为指归，不免又漠视了个体的存在。事实上，缺乏个体规定、纯乎道心的"我"，与仅仅满足于一己之欲的"我"，表现的是两个不同的极端，两者都很难视为健全的主体。

综上所述，从群己关系看，儒家在肯定"成己"的同时，又较多地强调了对群体的认同，道家则更注重个体的自我认同，二者分别突出了价值观上的群体原则与个体原则。随着中国文化的演进，儒家的群体原则逐渐与墨家的尚同观念、法家的废私主张等相融合，不断得到强化，并取得了支配的地位。作为传统价值观的主导方面，群体原则确实包含了一些合理的内容，但毋庸讳言，对它的过分强化，也有负面的作用。在群体至上的观念下，个体的存在价值、个性的多样化发展、个人的正当权利等，一直未能得到应有的确认。道家虽然提出了个体认同的要求，但其要求一开始便包含着自身的缺陷，因此注定只能是一种微弱的呼声，而难以得到普遍的回应。这样，中国传统价值系统便不可避免地具有重群体、轻个体的特征。

第三节　义利与理欲：价值观的深层展开

群与己的定位并不仅仅体现于抽象的观念认同，它在本质上总是涉及具体的利益关系。如何以普遍的规范来协调个体之利与整体之利？这一问题在传统文化中便展开为义利之辨。义者宜也，含有应当之意，引申为一般的道德规范（当然之则）。利则泛指利益、功效等。从价值观上看，义利之辨首先关联着道义原则与功利原则，以及二者的相互关系。

"义以为上"的道义原则　辨析义利，是儒家的重要特点，而儒家对义利关系的看法，又对中国传统价值观产生了深远的影响。根据儒家的观点，义作为当然之则，本身便有至上的性质："君子义以为上。"（《论语·阳货》）这里确认的，首先是义的内在价值。后来的宋明理学进一步通过义与天理的沟通，对义的内在价值做了论证："义者，天理之所宜。"（朱熹：《论语集注·里仁》）理具有普遍必然的品格，义之所以具有至上性，即在于它体现了理的要求。

义一旦被赋予内在价值，便同时成为评判行为的主要准则。如果行为本身合乎义，则即使它不能达到实际的功效，也同样可以具有善的价值，所谓"惟义所在"（《孟子·离娄下》）便表明了这一点。事实上，儒家往往将义（当然之则）理解为一种无条件的道德命令，并把履行道德规范（行义）本身当作行为的目的。这种看法带有明显的抽象道义论的性质。不过，"义以为上"的观念在培养崇高的道德节操等方面，也有不可否认的意义。中国历史上，"惟义所在"的律令，往往具体化为"富贵不能淫，……威武不能屈"（《孟子·滕文公下》）的道德追求，并出现了不少舍生取义的志士仁人。就此而言，道义的原则确实可以给人以正面的价值导向。

肯定义的内在价值，当然并不意味着完全否定利在社会生活中的意义。事实上，儒家并不绝对弃绝功利。孔子到卫国，并非仅仅关心那里的道德风尚如何，相反，倒是开口便盛赞该地人口众多。当他的学生问他"既庶矣，又何加焉"时，孔子明确回答："富之。"（《论语·子路》）庶（人口众多）和富在广义上均属于利的范畴。按儒家之见，利并不是一种绝对的恶，从社会范围来看是如此，就个人而言也是这样。"富而可求也，虽执鞭之士，吾亦为之。"（《论语·述而》）即使圣人，也不能完全不讲利："圣人于利，不能全不较论。"（《二程外书》卷七）不过，利固然不可一概排斥，但利的追求始终必须处于义的制约之下。正是在这个意义上，儒家一再强调要"见利思义"（《论语·宪问》），如果不合乎义，则虽有利亦不足取："不义而富且贵，于我如浮云。"（《论语·述而》）相对于义，利始终处于从属的地位。

一般来说，利首先与个人或特殊集团相联系，而个人（或特殊集团）之利往往并不彼此一致，因此，如果片面地以利作为行为的唯一准则，就不可避免地将导致社会成员在利益关系上的冲突："若切于好利，蔽于自私，求自益以损于人，则人亦与之力争，故莫肯益之，而有击夺之者矣。"（《周易程氏传》卷三）与利不同，义超越了个人的特殊利益，具有普遍性的品格，唯其如此，故能对特殊的利益关系起某种调节作用。历史地看，儒家突出义的普遍制约，反对唯利是求，这对于避免利益冲突的激化，维护社会的稳定，确实具有积极意义。

然而，"以义制利"的要求与"义以为上"的观念相结合，往往又导致了对功利意识的过度压抑。按儒家的看法，利固然不可一概否定，但追求、计较功利之心则不可有。"一有谋计之心，则虽正谊明道亦功利耳"（王阳明：《与黄诚甫》）。这样，合乎义的利虽然得到了某种容忍，但功利意识（"谋计之心"）则完全处于摒弃之列。也就是说，功利的观念完全不容许进入动机的层面。这种看法注意到了功利意识的片面强化将对行为产生消极的导向作用，但同时又忽视了功利意识在一定条件下也可以成为积极的动因。历史地看，技艺的进步、经济的发展、政治结构的调整等，最初往往直接或间接地是受到功利追求的推动。反之，功利意识的过分压抑，则常常容易弱化社会的激活力量。从这方面看，儒家以道义原则抑制功利原则，又明显地有负面的导向作用。

功利的取向

儒家之外，墨家是对义利关系做过认真考察的一个学派。和儒家一样，墨家对义十分注重，认为"万事莫贵于义"（《墨子·贵义》）。但二者对义的理解又颇有不同。儒家强调义的内在价值，并由此剔除了义的外在功利基础。相对来说，墨家更侧重义的外在价值。照墨家的看法，义之所以可贵，主要就在于它能带来功利的效果："义，利也。"（《墨子·经上》）这种界定蕴含着如下观念，即当然之则应当建立在功利的基础之上，义本身已内在地蕴含着功利的原则。

从义基于利的前提出发，墨家将功利原则视为评判行为的基本准则。仁固然不失为善的品格，但仁并不仅仅表现德性的完善，它最终必须落实于现实的功利行为："仁人之所以为事者，必兴天下之利，除去天下之害，以此为事者也。"(《墨子·兼爱中》)作为基本的价值原则，兴利除害同时为社会生活提供了具体的范导，墨家之尚贤、尚同、节葬、节用、非攻等主张，无一不是以功利原则为终极根据。如尚贤使能之所以合理，首先在于"天下皆得其利"(《墨子·尚贤中》)；即使是亲子关系，也同样不能离开功利的基础："孝，利亲也。"(《墨子·经上》)在墨家那里，功利追求的合理性得到了普遍的确认。

从价值观上看，墨家突出功利原则，对扬弃儒家道义原则的抽象性，显然具有积极意义。就其起源、作用而言，作为当然之则的义，最终总是以功利关系为其基础，抽去了这一基础，势必弱化其现实性的品格。同时，对功利意识的过度抑制，也容易使价值导向片面化，墨家肯定功利追求的合理性，多少有助于价值范导上的重新调整。但是，以功利追求为基本的价值原则，也有其自身的问题。尽管墨家把利首先理解为天下之利，使其功利原则有别于狭隘的利己原则，但是，将义界定为利，显然又对义的内在价值有所忽视。事实上，义固然有其功利基础，但作为人的尊严、人的理性力量的体现，它又具有超功利的一面，忽略这一点而完全以功利作为权衡标准，就容易使社会失去健全的价值追求，并使人本身趋向于工具化。在墨家那里，我们已经可以看到这种偏向。照墨家的看法，理想的社会关系是彼此交相利："利人者，人亦从而利之。"(《墨子·兼爱中》)这种关系本质上具有互为工具的性质，而在彼此计较、相互利用中，人与人之间往往很难避免紧张和对抗，其结果就会走向兼爱的反面。当墨家将"害人者，人亦从而害己"(《墨子·兼爱中》)作为与交相利相反的原则指出时，便更清楚地显示了这一点。

较之墨家，法家赋予功利原则以更极端的形式。按照法家的看法，追求功利，是人的本性："名与利交至，民之性。"(《商君书·算地》)同样，人与人之间的关系，也以利益为纽带。就君臣关系而言，臣之事君，旨在求得富贵，君则以爵位俸禄诱使臣为自己效力。"臣尽死力以与君市，君垂爵禄以与臣市，君臣之际，非父子之亲也，计数之所出也。"(《韩非子·难一》)二者的关系完全是一种利益的交易。同样，医生为病人吸吮伤口，并非出于人道的目的，而是"利所加也"；造车人希望人们富贵，并不是出于博爱之心，而是因为"人不贵则舆不售"(参见《韩非子·备内》)。推而广之，父子、夫妇之间，也都无不"用计算之心以相待"。这种普遍的、赤裸裸的利益关系，使道德规范的作用失去了现实的基础。对法家来说，当社会成员之间完全相互利用、彼此交易时，行义(遵循道德原则)只会带来消极的后果："行义示则主威分，慈仁听则法制毁。"(《韩非子·八经》)相对于墨家要求以利为义的基础(以利来确证义)，法家对义则更直接地持取消和否定的态度。

作为当然之则的义一旦被摒弃，功利原则便成了唯一的范导原则。就行为的评判而言，确定其价值的标准，并不是动机端正与否，而是行为产生的实际功用："夫言行者，以功用为之的彀者也。"(《韩非子·问辩》)只要能带来实际效益，便是合理的行为，在此，善恶的评价已为功利的权衡所取代。同样，君主治国，也要利用人们趋利的本性，以功利作为激励手段。既然"利之所在民归之"（《韩非子·外储说左上》），因此在治天下时，便应导之以利，"赏莫如厚，使民利之"（《韩非子·八经》）。与墨家一样，法家的如上价值原则固然有鉴于功利观念在社会运行中的某些作用，并进一步扬弃了道义原则的抽象性，但是，以功利作为调节人际关系的基本原则，必然导致功利意识的过度膨胀，并使人的价值追求走向歧途。在导之以利的原则下，人在双重意义上趋于工具化：他既是实现君主意志的工具，又是外在功利的附庸。这种个体，显然不能视为健全的主体。同时，尽管法家最终将个体之利纳入以君主为代表的"公利"，但以利摒弃义，则意味着利益计较的公开化和合理化，由此形成的社会往往很难避免紧张与冲突，在法家价值原则占统治地位的秦代，便可以看到这一点。

儒家的道义原则与墨、法的功利原则构成了传统价值观在义利关系上的不同取向，二者各有所见，又各有其片面性。就总体而言，儒家的道义原则始终居于正统地位，对中国传统文化的影响，也更为明显。但墨、法的功利原则亦以不同的形式渗入其中，二者相反相融，赋予传统价值体系以复杂的形态。

理欲之辨的价值意蕴　义作为普遍的社会规范，总是以理性要求的形式出现，利在广义上则以需要的满足为内容，而这种需要首先表现为感性的物质需要。这样，义与利的关系往往进而展开为理性要求与感性需要的关系，即所谓理欲关系。与肯定"义以为上"相联系，儒家更关注理性的要求。孔子便已指出："君子谋道不谋食……君子忧道不忧贫。"（《论语·卫灵公》）此处之"道"，泛指广义的社会理想（包括道德理想），"谋道"所体现的，就是理性的追求。在感性欲求（"谋食"）与理性追求（"谋道"）二者之间，后者处于优先的地位。一旦"志于道"，则即使身处艰苦的生活环境，也可以达到精神上的愉悦。孔子曾这样称赞其学生颜回："贤哉，回也！一箪食，一瓢饮，在陋巷，人不堪其忧，回也不改其乐。"（《论语·雍也》）这种"乐"，也就是后来儒家（特别是宋明理学）所津津乐道的"孔颜之乐"。它的核心是超越感性的欲求，在理想追求中，达到精神上的满足。儒家的这种看法将精神的升华提到了突出地位，并进一步展示了人不同于一般动物的本质特征。

但是，儒家的这种价值追求，同时又蕴含着理与欲之间的某种紧张。在"谋道不谋食"的主张中，感性的要求无疑受到了轻视和冷落。随着儒学的正统化，理性优先的原则也不断被强化，而感性的欲求则一再被贬抑。到宋明理学，这一关系更趋极端。理学家将感性的欲求称为"人欲"，并赋予它以恶的品格："人欲者，此心之疾疢，循之则其心私而且邪。"（朱熹：《辛丑廷和奏札（二）》）作为邪恶的本性，人欲与天理不可并立，二者为截然对立的关系。而所谓天理，不外是理性原则的形而上化。既然人欲与天理无法相容，结论便只能是"灭人欲"。"是以圣人之教，必欲其尽去人欲而复全天理。"（朱熹：《答陈同甫》，《朱文公文集》卷三十六）理学家对理欲关系的这种理解，显然将儒学关于理性优先的原则进一步片面化了。一般而论，人固然应当超越感性层面而达到理性的升华，但如果仅仅注重理性精神的发展而无视乃至抑制感性生命的充实，则理性的精神境界亦不免趋向抽象化和玄虚化。在"纯乎天理"的精神世界中，理性的丰富内涵已为抽象的道德律令所取代，而主体的创造活力也为"存天理"所抑制。

理性从一个方面体现了人的普遍本质，感性则更多地关联着人的个体存在，突出理性的要求同时意味着强化人的普遍本质和漠视人的个体存在。正是从"存天理，灭人欲"的前提出发，理学家得出了"饿死事极小，失节事极大"（《二程遗书》卷二十二）的非人道结论。因为"守节"是对天理的维护，而生死只涉及个体的存在。相对于天理的要求，个体的存在似乎微不足道，在"饿死事极小"的冷峻律令中，包含着对个体存在价值的极度贬抑。

在理欲关系上，墨家的价值取向与儒家有所不同。如前所述，墨家崇尚功利的原则，而所谓利，往往又被还原为感性要求的满足："衣食者，人之生利也。"（《墨子·节葬下》）"利，所得而喜也。"（《墨子·经上》）这里的"喜"便是与丰衣足食相联系的感性愉悦。从社会范围看，功利原则的实现，同样以"饥者得食，寒者得衣"（《墨子·尚贤下》）为基本的表现形式，衣食所满足的，不外是人的感性需要。在墨家那里，功利原则与感性原则是融合为一的。相对于儒家由理性优先而走向存理灭欲，墨家对感性要求的注重，自然有其不可忽视的意义。作为现实的主体，人既有理性的普遍本质，又表现为感性的生命存在。停留于感性的层面，固然难以使人成为自为的主体，但忽视了感性的存在，同样也将使人变得片面化。墨家对感性要求的肯定，显然有助于抑制理性的过度僭越。

然而，墨家在确认感性原则的同时，对人多方面的精神需要，往往又不免有所忽视，在其"非乐"的主张中，便不难看到这一点。"乐"泛指艺术审美的活动。按墨家之见，这种活动不仅不能给人带来现实的利益，而且会妨碍人们获得衣食之资："民有三患：饥者不得食，寒者不得衣，劳者不得息。三者，民之巨患也。然即当为之撞巨钟，击鸣鼓，弹琴瑟，吹竽笙，而扬干戚，民衣食之财，将安可得乎？"（《墨子·非乐上》）这里固然有反对统治者沉溺于声乐的一面，但同时也有为强化感性需要而抑制以审美形式表现出来的精神追求之意。较之维护人的感性存在，墨家对理性精神的升华，确实注意不够。现实功利所带来的感性愉悦（"利，所得而喜也"），往往使主体的理性追求未能获得合理的定位，它在另一重意义上蕴含了理与欲的紧张。

与义利关系上儒家的道义原则成为主导的价值趋向一致，在理欲关系上，理性优先的原则也逐渐取得了正统的形态。尽管历史上不少思想家反对将理与欲加以对立，但在传统价值系统中，二者的统一并未真正达到。

第四节　人格理想与价值目标

感性存在与理性本质的辨析，都以人为对象，其中内在地涉及人格的设定。完美的人格应当具有什么样的规定？正是在这一问题上，传统价值观念得到了更集中的反映。不同的价值目标正是通过人格理想表现为各种具体的形态。

"内圣"的追求

人格的完善，是儒家基本的价值追求。儒家所谓"为己""成己"，其内在旨趣不外是在人格上达到理想的境界，而儒家的价值理想，也最终落实于人格理想。

儒家注重的是人格的"内圣"规定。"内圣"首先表现为善的德性，而善又以广义的仁道精神为其内容。原始儒学以仁为核心。仁既体现了人道的原则，同时又为理想人格提供了多重规定。从正面来说，仁德总是表现为对人的尊重、关心，真诚相待。孔子曾把"恭、宽、信、敏、惠"视为仁的具体内容（《论语·阳货》），这些条目同时从不同方面展示了"内圣"的品格。后来儒家一再强调的仁、义、礼、智、信等，也可以视为人格的内在规定。与正面确立仁德相联系的是"克己"，后者在另一意义上体现了仁，即所谓"克己复礼为仁"（《论语·颜渊》）。"成己"是以仁来塑造自我，"克己"则是以仁来净化自我，亦即《大学》所谓"正心、诚意"，二者从不同方面指向善的德性。

除了仁德之外，人格还包括"知"的规定。在儒家那里，仁与知总是联系在一起的。"未知，焉得仁？"（《论语·公冶长》）而"内圣"在某种意义上即表现为仁与智的统一。"仁且智，夫子既圣矣。"（《孟子·公孙丑上》）"知"是一种理性的品格，按儒家的看法，缺乏理性的品格，主体往往会受制于自发的情感或盲目的意志，从而很难达到健全的境界。只有通过理性升华，才能由自在走向自为，形成完善的人格，并赋予行为以自觉的性质。从先秦儒家到宋明理学，都把理性自觉看作是成圣的必要条件。《大学》强调"欲修其身者，先正其心；欲正其心者，先诚其意；欲诚其意者，先致其知"，便概括地表现了儒家的这种思路。如果说，在天人关系上，儒家着重突出了人道原则，那么，在人格境界上，儒家则把作为人道核心的仁与理性融合为一，从而体现了人道原则与理性原则的统一。

人格的理性规定与理欲之辨上的理性优先相联系，使儒家形成了一种理性主义的价值传统。不过，在突出理性原则的同时，儒家往往又将其涵盖于仁道之下，孔子就把"知"主要理解为"知人"。所谓知人，不外是对社会人伦的体察。孟子更明确地指出："仁之实，事亲是也；义之实，从兄是也；智之实，知斯二者弗去是也。"（《孟子·离娄上》）依据这种界定，知的功能便在于把握仁义等当然之则，并在行为中自觉加以贯彻。

也就是说，理性的作用主要限于道德实践的领域，而理性本身也取得了某种伦理化的形式。事实上，在儒家那里，理性优先即是道德理性优先，是伦理性的优先。这种看法注意到德性对理性的制约，它对于避免理性走向歧途，抑制人格的异化，有其不可忽视的意义。

然而，理性的伦理化同时也意味着理性的狭隘化。与确立伦理性的主导地位相应，对事实的认知往往被置于边缘的地位，"知人"往往压倒"知物"。孔子强调"君子不器"（《论语·为政》），固然含有人格不能偏向一端之意，但同时也流露出对认知理性或技术理性的轻视。这种轻视在宋明理学中表现得更为明显。理学家对"德性之知"与"见闻之知"做了严格区分。所谓"见闻之知"，泛指基于感性见闻的事实认知，与之相对的"德性之知"则主要是与分辨善恶相联系的道德评价。在理学家看来，见闻之知乃"物交而知"，它对人格的完善没有什么意义；唯有德性之知，才构成人格的真正本质。从这一前提出发，理学家对道德理性之外的事实认知往往采取贬抑的态度："大端惟在复心体之同然，而知识技能非所与论也。"（《王阳明：《传习录》中）这种看法不仅忽视了人格的多方面发展，而且使理性原则变得片面化了，它使认知理性或技术理性始终难以得到应有的地位。

从人格取向看，儒家在"内圣"之外又讲"外王"。所谓"外王"，是指治国平天下的事功。儒家的某些代表人物甚至还把"外王"提到十分引人注目的地位，如荀子便认为，理想的人格应当具有"经纬天地而裁官万物"的本领，但就儒家总的价值趋向而言，"内圣"始终处于主导地位，外在事功不过是其逻辑的必然结果。《大学》提出"修身、齐家、治国、平天下"的思想，修身旨在达到"内圣"之境，治国平天下则属广义的"外王"，而"壹是皆以修身为本"的纲领，便使"内圣"具有了本体的地位。在理学家那里，"内圣"进一步压倒了"外王"。理学家将"醇儒"视为理想的人格典范，而醇儒的特点即在于到达了"惩忿窒欲，迁善改过"的"内圣"境界，与之相对的则是外在的事功。"向内便是入圣贤之域，向外便是趋愚不肖之途"（《朱子语类》卷一一九）。这种内向要求，多少弱化了理想人格的实践品格。

儒家将仁与知规定为理想人格的双重品格，由此而确认了仁道原则与理性原则的统一。就其深层内涵而言，仁表现为一种完美的德性，知则是指在德性制约下的伦理理性或道德理性，二者从不同方面展示了善的品格。这样，走向"内圣"之境，总体上便表现为一种善的追求。

"逍遥"
的境界

相对于儒家之注重善，道家更多地赋予理想人格以真的品格，其人格典范也被称为"真人"。与天人关系上突出自然原则相应，人格上的真，首先表现为合于自然。"不以心捐道，不以人助天，是之谓真人。"（《庄子·大宗师》）所谓"不以心捐道"，也就是顺从与遵循自然之道。在道家看来，理想人格并不是自然的对立物，相反，它总是融入天地之中，与万物为一体，所谓"天地与我并生，而万物与我为一"（《庄子·齐物论》），便强调了这一点。当然，这种"为一"，并不是一种本体论意义上的存在状态，而更多的是一种精神境界。在这种境界中，主体不再把自然视为异己的对象，而是不断地化解与自然的紧张和对立，使小我与宇宙大我达到内在的统一，"独与天地精神往来，而不敖（傲）倪于万物"（《庄子·天下》）。正是在与自然的契合中，人格达到了一种逍遥之境。道家的这种看法固然带有抽象的性质，但同时也多少注意到了理想人格应当是一种自由人格，而人格的自由之境又以合规律性为前提。

作为人格境界，真与伪相对。道家心目中的理想人格总是"其知情信，其德甚真"（《庄子·应帝王》）。这里的"德"，并不是儒家的仁德。在道家看来，以仁德规定人格总是不免走向外在的矫饰："枝于仁者，擢德塞性以收名声。"（《庄子·骈拇》）这种人格显然悖逆了自然之道而趋于虚伪化。道家对仁义做了种种抨击，从人格理想的角度看，这种批评同时也表现了对德性虚伪的不满。与外在的矫饰相对，完善的人格应当如明镜一样显示其本真的品格："至人之用心若镜，不将不迎，应而不藏。"（《庄子·应帝王》）这就是说，"与道为一"的精神境界，应当以本然的、真实的形态出现，它既不应迎合他人以获得外在的赞誉（"收名声"），也不有所执着（"不藏"），总之，内在品格与外在表现应当完全一致。"真在内者，神动于外；是所以贵真也。"（《庄子·渔父》）一般来说，德性一旦虚伪化，便会导致内在之"我"（内在的人格）与外在之"我"（人格在社会中的展现）的分裂，亦即形成二重人格。人格的这种二重化，实质上也就是人格的异化。道家对仁的批评，固然忽视了人格的德性内涵，但其贵真的价值取向，对于人格的异化，无疑也有某种抑制作用。

人格作为真实的"我"，总是有其个性特征。道家以本真的人格扬弃仁德的矫饰，同时意味着确认人格的个体品格。庄子曾说："吾所谓藏者，非所谓仁义之谓也，任其性命之情而已矣。"（《庄子·骈拇》）这里的"藏"是指善。按道家的看法，人格的追求并不表现在以普遍的仁义规范来塑造自我，它的旨趣在于尊重自我的个性，并使之得到真实的流露。所谓贵真，便包含着"天下欣欣焉，人乐其性"（《庄子·在宥》）的要求，"人乐其性"就是通过个性认同而达到的人格境界。在人格取向上，儒家更多地将德性理解为仁义等普遍规范的内化，其基本的人格模式是"圣人"。这种看法多少蕴含着人格的单一化或划一化趋向。相对来说，道家"人乐其性"的主张，对人格的个性规定则予以了较多的关注。道家以"任其性"否定普遍规范对人格的制约当然有其片面性，但它将贵真与尊重个性联系起来，显然又有助于人格的多样化发展。

儒家将德性与理性融合为一，以"内圣"为人格目标，这种价值追求是中国传统文化的主导方面。按其本义，"内圣"主要表现为一种道德理想，以"内圣"为追求的目标，即意味着将伦理学意义上的善视为最高价值。这种价值观对中国传统文化产生了多方面的影响，从传统政治结构到个体行为，都在不同程度上包含着某种伦理化的倾向。这种价值观念对精神境界的升华固然不无积极意义，但如前所述，伦理价值的过度强化，同时也有其负面的效应。就社会领域来说，在道德的完善成为主要目标的背景下，政治结构的变革(包括法制的有效运作)往往很难得到应有的重视；就人与自然的关系而言，在道德关注压倒一切的前提下，对自然的认识与作用往往被置于视野之外。由此同时又形成一种重道(广义的"道"，包括道德理想)轻器(包括社会及自然领域的具体对象)的传统。可以看到，以德性对理性的支配为出发点，善的追求与道的涵盖相互交错，构成了传统价值体系的显著特点。

　　总体来看，中国传统的价值观呈现为一个颇为复杂的系统，它既涉及多重价值关系，又交错着人们对价值关系各个方面的不同侧重和强化，而儒、道、墨等各家各派则从理论的层面，对价值观做了自觉的概括，并提出一系列基本的价值原则。它们既从不同方面反映了人们在历史演化过程中的文化追求，又渗入了多样的价值理想，并规范着人们的行为。传统价值系统给我们留下的是一份具有双重意义的遗产，我们既不能简单地全盘否定，也不能无批判地将其中的某些价值原则现成地拿过来。而在更高的基础上化解天与人、自由与必然、群与己、义与利、理与欲等的紧张，扬弃人道原则与自然原则、群体原则与个体原则、道义原则与功利原则、理性原则与感性原则的对立，重建真、善、美统一的价值理想，则是中国人在走向现代的历史进程中所面临的时代课题。

□参考文献□

　　1. 张岱年、程宜山：《中国文化与文化论争》，北京，中国人民大学出版社，1990。

　　2. 张岂之：《中华人文精神》，西安，西北大学出版社，1997。

□思考题□

　　1. 价值观在中国传统文化中具有何种地位？

　　2. 天人之辨的价值观内涵是什么？

　　3. 如何理解儒家的群己关系论？

　　4. 传统义利之辨有何现代意义？

　　5. 儒、道两家的人格学说分别代表了何种价值取向？

第十七章　中国传统文化向近代的转变

第一节　中国传统文化的危机

民族危机与文化危机

汉武帝"罢黜百家，独尊儒术"后，儒学在意识形态领域取得了统治地位，并成为传统文化的核心。以后，随着时间的推移和社会的变迁，中国传统文化，主要是儒家文化，也发生了一系列变化。例如魏晋时，它吸收老、庄，形成玄学；宋明时，又吸收佛学，形成理学；等等。但是，在2000多年的封建社会中，它无论怎样变化，都没有超出封建地主阶级意识形态的范围，其基本精神和特点没有改变，也没有发生过危机。

儒家文化的这种稳定性，源于中国封建经济结构和政治制度的稳定性。在鸦片战争以前，这种经济结构和政治制度没有受到过有力的冲击，更没有从内部发生动摇，因此作为这种经济结构和政治制度的反映的传统文化就不会发生危机。但鸦片战争改变了这种状况。

爆发于1840年的中英鸦片战争不同于以往发生过的任何一次战争。当时的英国是一个典型的资本主义国家，它已经在世界上建立起庞大的殖民主义体系，鸦片战争就是英国为了向亚洲扩张而发动的一次殖民主义战争。由此而引起的中华民族的危机是极为深刻的：中华民族不仅遇到了通常意义上的"亡国""亡天下"的民族危机，而且遇到了封建经济结构和政治制度解体的危机，以及与之相联系的传统文化的危机。

从广义文化的视角来看，中国近代的民族危机根本上就是一种文化危机。

从鸦片战争开始，"进行国际贸易和战争的西方"向"坚持农业经济和官僚政治的中国"发起全面挑战。[①] 就形式来说，有军事的、经济的、政治的、文化的，而所有这些形式的挑战实际上都包含着西方的价值观向中国传统的价值观的挑战，由此就引起了中国

---

① 费正清编：《剑桥中国晚清史》上卷，2页，北京，中国社会科学出版社，1993。

传统价值观的危机，也就是传统文化的危机。

出现了危机，传统文化就不能不发生变化，而且这种变化已不可能按照原来的轨道进行，因为客观历史条件已经发生巨大的变化。

鸦片战争以后，一方面，由于西方资本主义势力的入侵，中国开始沦为半殖民地半封建社会，小农业和家庭手工业相结合的封建经济逐步遭到破坏，建立在这个经济基础之上的封建专制制度也随之发生动摇。而作为封建经济和政治的反映并反转过来为之服务的传统文化，已不能有效地回答和解决社会所面临的问题，这就迫使传统文化不能不革新，以适应新的社会形势——新的经济成分即资本主义经济成分逐渐发展和新的阶级即资产阶级不断成长的新形势，这样，传统文化就向资产阶级新文化的方向转化了。另一方面，随着西方殖民主义者的入侵，西方文化也随之涌入。西方文化即资本主义文化，它在中国人面前表现出既野蛮又先进的双重性格。当这种文化和中国传统文化碰撞时，就显出中国传统文化的一定弱点和弊端，这就迫使传统文化不能不向西方文化学习。于是，中国文化就开始摆脱以往的隔绝状态而走向世界了。

可以说，鸦片战争所引起的文化危机是中国传统文化走向近代的重要契机。

从"开眼看世界"到"师夷长技"　中国人对西方世界和西方文化的认识，是从鸦片战争真正开始的。在鸦片战争以前，中国人对西方世界了解得极少。以林则徐为例，他在奉旨到广州查禁鸦片时，连英国、美国的地理位置都不清楚。他还沿袭以往的谬说，认为西方"夷人"习惯吃牛羊肉磨的肉粉，必须饮服中国的茶和大黄来"消食"。林则徐是一位著名的讲求经世致用的封疆大吏，但是，作为一个以自给自足的自然经济为基础的泱泱大国的封疆大吏，他（以及他的同僚和道光皇帝）所关注的只是中国的内部事务及边疆事务，而不关心，似乎也没有必要关心遥远的外国事务。

但是鸦片战争以后不同了，因为这场战争开始把中国卷入世界资本主义经济体系中，并使中国成为其附庸，这就迫使中国人不能不关心资本主义世界的事物了。

当1839年春天，林则徐在广州查禁鸦片走私时，他才开始认真研究英国以及其他西方国家的情况。他组织人员搜集有关英国的情报，并主持编译了《四洲志》。这部书是根据英国人慕瑞的《地理大全》编译的，它介绍了世界五大洲30多个国家的地理、历史、政情、风俗。这部书是近代中国第一部向国人系统地介绍世界地理的著作，打开了中国人的眼界。从这个意义上说，它是中国人"开眼看世界"的起点，而林则徐则是"开眼看世界"的第一人。

继林则徐之后，魏源编成《海国图志》100卷，这是一部规模宏大的世界史地著作。此外，姚莹写成《康輶纪行》，徐继畬编成《瀛寰志略》，何秋涛著成《朔方备乘》，梁廷枏写成《海国四说》。这些著作，有的是关于世界地理、历史的，有的是关于中外关系的，它们表现出近代中国人最初的世界意识。

魏源等"开眼看世界"的先进人物，从其所接触到的西方文明中，敏锐地认识到西方有自己的文明体系。魏源指出：在远客之中，有明礼行义、上通天德、下察地理、旁彻物情、贯串古今者，是瀛海奇士、域外良友，不可称为"夷狄"。① 这表明先进的中国人开始摆脱盲目自大的民族心理，而以一种健康的民族心理去对待其他民族。一旦有了这样的态度，也就容易发现其他民族的长处，产生学习其他民族长处的愿望，就有学习世界先进文化的要求了。

鸦片战争时期，中国人所看到的还仅是西方的物质文明，并且主要是坚船利炮，因此最初所表现出来的学习西方的意向也主要是仿造船炮。据统计，在鸦片战争结束之后，有 60 多个大臣建议仿造船炮，道光皇帝也多次发布谕令，于是清廷上下掀起一阵仿造船炮的热潮。"天朝上国"的皇帝，过去是看不起"西夷"的，这时却不得不承认"西夷"的船炮比中国的厉害，并谕令仿造，这是一种观念上的重大转变。但是很遗憾，道光皇帝没能再前进一步，把仿造船炮上升为学习其他的一般原则。

倒是学者魏源，在他的《海国图志》中，从学习西方的军事技术的要求中，概括出一个重要的命题——"师夷长技以制夷"，并且提出了比较系统地学习西方军事技术和民用科学技术的具体主张。他建议：其一，建立造船厂和火器厂，聘请法国人和美国人当指导，仿造西洋船舰、火器，以及量天尺、龙尾车、风锯、水锯、火轮机、火轮车、自来火、自转碓、千斤秤等各种民用器具。其二，在科举考试中增加水师科，对于能制造西洋船舰、火轮舟、飞炮、火箭、水雷、奇器的人，授予科甲出身（《海国图志·筹海篇·议战》）。魏源的建议具有离经叛道的意味：聘用外人，仿制洋器，这背离了"用夏变夷"的传统，而堕入"用夷变夏"的"歧途"；掌握制造技术的工匠可以获得科甲出身，这违背了儒家"重政轻艺""重本轻末"的传统，破坏了八股取士的科举制度。因此，当时就有人批评"师夷长技"的建议过于"失体"了。②

但是，魏源"师夷长技"的主张却具有重要意义。它表明 19 世纪 40 年代先进的中国人从中西文化的最初撞击中，破天荒地发现了在至高、至善、至美的传统文化中也存在着不足，而一向被认为粗鄙的"夷人"却有某些"长技"，传统文化的不足正需要用"夷技"来弥补和纠正。这是一种深刻的文化观念的变化，它推动了中西文化的交流融会，开始了中国文化近代化的历程。

---

① 魏源：《海国图志·西洋人玛起士〈地理备考〉叙》，（清）光绪二年魏光焘平庆泾固道署重刻。
② 参见（清）梁廷枏：《夷氛闻记》卷五，北京，中华书局，1959。

第二节　中国文化走向近代的艰难历程

中国文化从传统走向近代的历程是和中国近代经济、政治的变化以及中国人对西方文化的认识水平密切联系的，它大体上经历了物质层面的文化变革、制度层面的文化变革和观念层面的文化变革三个阶段。当然，这种阶段划分只具有相对的意义，它并不是说，在某个阶段中只有某一特定层面文化的变革，就完全没有其他层面文化的变革，而是说在某个阶段中某种层面文化的变革居于主要地位。

物质层面的文化变革

中国文化的近代化从 19 世纪 40 年代林则徐主持编译《四洲志》和魏源提出"师夷长技"的口号就开始了，但直到 60 年代才形成颇有规模的近代化运动，中国文化才发生了明显变化。

19 世纪 60 年代，清政府搞起一场改革运动——洋务运动。这个运动的指导思想是"中体西用"。这种思想可以追溯到魏源"师夷长技"的主张，而最先对此做比较系统的理论说明的是早期改良主义者冯桂芬。他于 1861 年写成《校邠庐抗议》一书，论述了学习西方的必要性、紧迫性和可行性，并就如何处理中西文化关系问题发表了原则性的意见："以中国之伦常名教为原本，辅以诸国富强之术。"（《校邠庐抗议·采西学议》）这个意见成为洋务运动的纲领，它后来被概括成"中学为体，西学为用"这种更简明的说法。这个纲领在政治上企图以西方资本主义的先进技术来巩固衰老的封建制度，在文化上企图以西方近代科技思想来弥补儒学的不足。

所谓西技就是西方近代的自然科学和工艺技术。它产生于 15 世纪后半叶的欧洲，当时新兴的资产阶级迫切要求发展自然科学，以便为资本主义社会生产力的发展提供理论和更新技术，而自然科学的发展又为资产阶级反对经院哲学的斗争提供了思想武器。它既标志着社会生产力的发展，也反映了新兴资产阶级世界观的变化。因此，近代科学技术本质上属于资本主义和资产阶级，而不属于封建主义和贵族、地主阶级，它是世界近代化的根本动力。洋务派和早期改良派企图用西方科技思想来纠正和弥补儒家文化的不足，这就不自觉地把中国文化引向了近代化。

19 世纪 60—90 年代，洋务派兴办了一批近代军事工业和民用工业，与之相联系，文化领域也发生了重大变化，这就是大量引入西方科学技术知识，形成中国近代第一次译介西学的高潮。据梁启超在《西学书目表》中统计，到 1895 年，已翻译西学书籍 354 种（不包括宗教类），其中大部分是科学技术书籍，也有少量史地、政法类书籍。所翻译的自然科学书籍已包括数学、物理、化学、天文、生物、医学等门类，所翻译的技术书籍包括兵工、造船、铁路、化工、矿山、冶金、纺织、印刷等门类（《西学书目表》）。

洋务运动时期，还兴办了一批新式学堂。新式学堂仿照西方的学制和分科教学体系，将数学、物理、化学、博物等自然科学引入课堂，大大普及了自然科学知识。西方科学技术的引进和传播，冲击和动摇了儒家文化的传统价值取向和思维习惯，有助于近代科学的世界观和方法论在中国的传播和发展。

制度层面的文化变革　19世纪70—80年代，早期维新派逐渐从洋务派中分化出来。他们与洋务派的主要不同之点在于他们主张不仅在物质层面，而且要在制度层面上学习西方文化，即从学习"西技"发展到学习"西政"。他们倾慕西方的议会制度，并且希望仿效。这种维新思想到甲午战争时已形成广泛的社会思潮。

维新派主张在中国实行君主立宪制度，他们的文化宣传也是围绕着这个主题进行的。他们宣传西方资产阶级的政治学说，鼓吹君主立宪，提倡民权，批判封建专制主义，从而形成中国近代第一次思想解放的潮流。他们办报纸，立学会，创办新式学堂，使文化教育的面貌为之一新。资产阶级的新学术——哲学、历史学、经济学、文学理论等萌生，"诗界革命""文体革命""小说界革命""戏剧革命"等相继而起，中国的资产阶级新文化初步创立起来。

维新派的代表人物是康有为、梁启超、严复等。严复曾经留学英国，具有深厚的西学修养，他大力宣传西方资产阶级的政治学说，并于1898年翻译出版了宣传达尔文进化论的《天演论》。此后进化论风靡中国文化思想界。但相对来说，严复所输入的西学的影响主要发生在20世纪初，而在戊戌变法维新时期，康、梁的影响更大。

康有为和他的学生梁启超是当时的风云人物。他们和严复不同，并不直接从事引进西学的工作，而是努力创造一种"不中不西，即中即西"的文化，其主要方法是用西学来解释中国的传统文化。例如，康有为说："若夫泰西立国之有本末，重学校，讲保民、养民、教民之道，（设）议院以通下情，君不甚贵，民不甚贱，制器利用以前民，皆与吾经义相合，故其致强也有由。吾兵、农、学校皆不修，民生无保、养、教之之道，上下不通、贵贱隔绝者，皆与吾经义相反，故宜其弱也。"（《保国会上讲演辞》）照此说来，西方的经济制度、教育制度和政治制度是符合儒家经义的，而清朝的经济制度、教育制度和政治制度反倒不符合儒家经义。显然，康有为这里所说的"儒家经义"，已不是传统意义上的儒家经义，而是体现着资产阶级的经济观念、教育观念和政治观念的"儒家经义"。实际上，康有为企图用"托古改制"的办法来变革现实，他所宣扬的儒学已不再是传统意义上的儒学，而是一种"儒表西里"的新儒学，一种体现着资产阶级思想和观念的儒学，故又称"新学"。

康有为和梁启超等所创造的这种"不中不西，即中即西"的文化，是戊戌时期新文化的主流。它是那一特定历史环境的产物。第一，在甲午战争后，新兴的资产阶级与封建势力相比，力量还弱小，它在政治上虽然有变封建制度为资本主义制度的愿望和要求，却不敢也不能够同封建制度彻底决裂；在文化上，它有破除封建地主阶级文化、建立资产阶级新文化的愿望和要求，却不敢也不能够同封建文化彻底决裂，不能不借助于古代文化的旧形式来表达新思想。第二，资产阶级维新派的新思想、新观念主要不是他们自己在新的社会历史条件下独立创造出来的，而是从西方引进来的，他们的认识了解还十分肤浅，因此不能不通过传统文化来为外来文化找到民族化的表达形式。第三，在19世纪60—90年代，西学传播的水平还比较低，输入的主要是"西艺"——西方近代科学技术，而很少"西政"——西方近代社会政治学说，梁启超描述戊戌维新时期的文化思想状况说："盖当时之人，绝不承认欧美人除能制造、能测量、能驾驶、能操练之外，更有其他学问，而在译出西书中求之，亦确无它种学问可见。康有为、梁启超、谭嗣同辈，即生育于此种'学问饥荒'之环境中，冥思苦索，欲以构成一种'不中不西，即中即西'之新学派，而已为时代所不容。"①这就从文化背景上说明了"'不中不西，即中即西'之新学派"，即"托古改制"之维新派产生的必然性。

由于以上原因，戊戌时期的新文化，无论在内容上还是形式上，都带有古色古香，不能完全从封建主义的旧文化中脱胎出来。

这种情况到20世纪初发生了很大变化。戊戌变法失败后，特别是1900年八国联军之役以后，革命思潮逐渐取代维新改良思潮而成为时代的主潮，以国内新式学堂师生和留日学生为主体的新式知识分子群体开始形成，他们无论倾向革命还是主张改良，都对西方的政治学说发生了强烈兴趣，并且成为输入西学的主力，掀起了一个译介西方社会政治学术著作的热潮。据《译书经眼录》记录，在20世纪初翻译的书籍中，有自然科学类164部，占总数的19.6%；社会科学类327部，占60.9%。而据《东西学书录》记录，在1900年以前翻译的西学书籍中，有自然科学类437部，占总数的75.3%；社会科学类仅80部，占13.9%。比较这两组统计数据，就可以看出，在制度层面变革中国文化的要求和努力主要发生于20世纪初，即辛亥革命的准备时期。在这一时期，一批著名的西方社会科学著作被翻译出版，如：《路索民论》(杨廷栋译，即卢梭的《民约论》)，《培根文集》，孟德斯鸠的《法意》(严复译，即《法的精神》)，穆勒的《自由原理》(马君武译；另有严复译本，名《群己权界论》)，《穆勒名学》(严复译)，斯宾塞的《社会学原理》(严复译，译名为《群学肄言》)，甄克思的《社会通诠》(严复译)，《美国独立檄文》(即《美国独立宣言》)等。

在这一时期，许多思想家、宣传家已不借助传统文化的旧形式来表达自己的思想，邹容的《革命军》，陈天华的《狮子吼》《猛回头》，孙中山的许多论著，以及革命派发表在报刊上的大量时论，都用鲜明的时代语言表达了资产阶级的新思想(国粹派等少数人例外)。无论在内容方面，还是在形式方面，资产阶级新文化都有了更加独立的形态。

---

① 梁启超：《清代学术概论》，146页，北京，中华书局，2016。

20世纪初的新文化在中国近代文化史上占有重要地位，它为辛亥革命做了思想上的准备。

观念层面的文化变革

辛亥革命后，建立起了资产阶级民主共和国——中华民国。这是一场制度革命的胜利，此后，虽然发生了袁世凯和张勋的两次复辟，但是都很快失败了，这表明共和观念已深入人心。但是，复辟的事实又从另一方面说明，仅有制度层面的变革是不够的，它不能巩固，"共和立宪而不出于多数国民之自觉"（陈独秀：《吾人最后之觉悟》）是不会成功的。基于这样的认识，陈独秀、李大钊等人掀起了以改造国民性为主要目的的新文化运动。中国的文化变革也就进入观念层面近代化的阶段。

新文化运动的先驱者们认为，国民性的改造归根结底是革除旧的价值观念和道德观念，建立新的与共和制度相适应的价值观念和道德观念。这种新的价值观念和道德观念的根本之点就在于"重人的价值"，树立"独立人格"。为此目的，他们提出了三个响亮的口号：个性主义、科学、民主。

个性主义，是新文化运动的一块基石。

近代启蒙的根本含义是人性的觉醒、个性的解放、人格的独立。中国从19世纪末开始的启蒙运动（戊戌启蒙）并没有抓住这个主题。那时，在民族危机的刺激下，兴起的是一场以救亡图存为目的、以制度改革为主旨的政治启蒙运动，它对于个性解放并不很关注。"天赋人权"的呼喊和"新民"的鼓吹，是在20世纪的第一个十年，但是却被淹没在政治论战和武装革命的波涛中。到了新文化运动时期，唤醒"国民之自觉"才成为根本任务。所谓"国民之自觉"，即使大多数国民"完其自主自由之人格之谓也"（陈独秀：《敬告青年》）。我们从那时"打倒孔家店"的口号、妇女解放的潮流、"我怎样想就怎样写"的白话文运动中，从鲁迅批判"吃人礼教"的小说《狂人日记》和郭沫若感情"自然流泻"的诗歌《女神》中，都能听到个性解放的强烈呼喊，并感受到它的深刻影响。

与鼓吹个性解放同时，"科学"与"民主"的口号也响彻云霄。科学与民主不是新文化运动时才提出来的，早期维新派就已朦胧地提出了这种要求，戊戌维新时叫作"格致"和"民权"。到20世纪初，科学与民主已成为强劲的社会思潮。新文化运动时提出的科学与民主的口号，是继承以往的科学和民主思想而来的，但亦有重要的不同。以往提倡科学与民主，其目的不是要人们树立科学与民主的态度，也就是说，并不着眼于改造人的心理素质，而主要着眼于富国强兵和改造社会制度。那时先进人物的思想逻辑是：科学与民主能够使国家富强，而只有改变专制制度才能保证民主的实行和科学的发展，因此首要任务是改变社会制度。那时，最有影响力的是康有为的君主立宪思想和孙中山的共和革命思想，其主旨都是要尽快在中国建立起民主政治制度来。

新文化运动时期的形势不同了，当时所面临的主要任务是如何巩固共和制度，新文化运动的先驱者们认为这就需要提高国民觉悟，而提高国民觉悟的主要方法是培养国民的科学与民主意识。陈独秀曾在《青年杂志》创刊号上发表了一篇阐述新文化运动宗旨的文章，其中写道："国人而欲脱蒙昧时代……当以科学与人权并重。"因此，他向青年提出"自主的而非奴隶的""科学的而非想象的"等六项人生准则（《敬告青年》）。这就是要青年树立科学的人生观和人生态度。当时胡适提倡实验主义（或称实用主义）也是出于这种目的。所谓实验主义就是把自然科学的实验方法普遍化，上升为一种方法论，进一步又成为一种人生态度。

从个性解放的要求出发，树立起科学和民主意识，于是就产生了新的价值观念，这种新的价值观念和道德观念与传统的以纲常名教为基础的价值观念和道德观念是格格不入的。所以陈独秀从这样的视角批判儒学："儒者三纲之说，为一切道德政治之大原"，乃是一种"奴隶道德"，它使为民者、为妻者、为子者都成为"附属品，而无独立自主之人格矣"（《一九一六年》）。

中国传统文化是一种伦理型文化，而新文化运动正是要在伦理层面上改变旧文化，它把伦理的觉悟看成是"吾人觉悟最后之觉悟"，因此表现出十分激烈的反传统情绪。传统文化遭到了前所未有的批判，而新文化也在伦理、心理层面展开了近代化的进程。这样，中国文化从鸦片战争开始，到新文化运动，就大体实现了从传统向近代的转变。

第三节　中国文化从传统走向近代的动因

中国传统文化是经过几千年的发展和沉积而成的，具有相当成熟、相当稳定的形态，但是到了近代，经过不到 100 年时间，它就大体上转变成为近代型文化。是什么原因促成了它的转型呢？

西方文化的冲击　一些学者，特别是一些西方学者，非常强调西方文化"冲击"的作用，他们认为，以儒学为核心的中国传统文化是一个内部缺乏活力的惰性体系，长期停滞不前，只有在西方文化的冲击下，才被迫做出反应，被迫向近代转变。这个理论模式通常被称作"冲击—反应"论。如果仅从中西文化交流的角度来探寻中国文化转型的原因，那么这个理论模式是有一定道理的。

不容否认，中国传统文化是在与西方文化长期隔绝的环境中发展的，它虽然没有停滞不前，但却发展缓慢，它的迅速变化是从鸦片战争以后开始的，这显然是受到西方文化冲击的结果。从"师夷长技"开始的物质层面文化的近代化，到制度层面文化的近代化，再到心理层面文化的近代化，每一步都留有西方文化的深刻影响。"冲击—反应"理论正是肯定了这个事实，肯定了西方近代工业文明在促使中国走向近代社会过程中的历史性作用。

但是，这种理论的片面性也是非常明显的。它只看到西方文化在中国走向近代化过程中所起的积极作用，只看到中国传统文化在这一过程中所起的消极阻碍作用，而没有看到中国传统文化内部富有活力的那些因素也起了一定的积极作用，因此它不能全面正确地解释中国文化近代化的历程和动因。

诚然，当西方文化涌来时，中国传统文化常表现出相当顽固的拒斥态度。但是它并不是只有拒斥的一面，在它的内部也存在着某些与西方近代文化相沟通、相衔接的因素，这些因素是富有活力的，它们在中国文化近代化的过程中也起了积极作用，并且经过转型而成为中国近代新文化的有机组成部分。在这些富有活力的因素中，比较重要的有以下几个方面。

> 传统文化的
> 内在活力因素

一、经世思想

经世思想是儒家文化的基本精神之一。孔子在创立儒家学派时就提倡一种积极用世的精神，后世儒家继承了这种精神，"修身、齐家、治国、平天下"成为他们的座右铭，修身的目的就是为了治国平天下。但在不同时期、不同学派中，经世精神也有强弱显隐的不同。以清代为例，清朝初年学风朴实，富于经世精神；乾隆、嘉庆时，由于统治阶级严厉钳制言论，知识分子只好把自己的聪明才智用于故纸堆中，致使经世精神隐而不彰；到鸦片战争前夕，清朝已经衰落，统治阶级对社会舆论的控制能力大大减弱，社会问题丛生，于是经世思想再次抬头，渐渐成为一种有影响的社会思潮。著名学者包世臣、龚自珍、魏源，封疆大吏贺长龄、陶澍、林则徐等，都是讲究经世学问的，他们致力于研究农政、刑名、河工、漕运、盐法、战守、货币等实学。稍晚一些，曾国藩、李鸿章等人也都讲究经世之学。在经世思想的支配下，魏源提出"师夷长技"的主张，曾国藩提出："欲求自强之道，总以修政事、求贤才为急务，以学做炸炮、学造轮舟等具为下手工夫。"（《曾文正公手书日记》）对于魏源、曾国藩等人来说，把研究中国的实学扩及研究西方的实学，乃是一个自然的逻辑结论。

二、变易思想

在中国传统文化中存在着丰富的变易思想。儒家经典之一《易经》就是一部专门讲变易哲学的著作，它通过八卦推演，阐明了万物都是在阴阳两种势力的矛盾运动中变化发展的道理，对后世影响很大。近代中国人在鼓吹改革、变法时常常引用古代的变易思想作为根据。例如，早期改良主义者王韬说："孔子圣之时者也，于四代之制，斟酌损益，各得其宜，曰行夏之时，乘殷之辂，服周之冕，乐则韶舞。诚使孔子生于今日，其于西国舟车枪炮机器之制亦必有所取焉。"(《杞忧生〈易言〉跋》)康有为则把《易经》中"穷变通久"的观点发挥到了极致，他说："故新则和，旧则乖；新则活，旧则板；新则疏通，旧则阻滞；新则宽大，旧则刻薄。自古开国之法，无不新，故新为生机；亡国之法，无不旧，故旧为死机。"(《请大誓臣工开制度新政局折》)中国传统变易思想成了他变法的理论根据。维新派还把传统变易思想和从西方传来的进化论结合起来，建立起具有中国特色的进化学说。康有为的"三世"说就是这种结合的产物。从他的那部著名的空想社会主义著作《大同书》中，我们也可以看到中西变易进化思想的奇妙结合。

三、民本思想

在中国传统文化中有着丰富的民本思想。仅以儒家而言，孟子的"民贵君轻"说一直为后世儒者所继承和发展，特别是明清之际的进步思想家王夫之、黄宗羲、顾炎武等人，在严厉批判君主专制主义的同时，把古代的民本思想发展到了新的高度，使之具有了某些近代启蒙思想的色彩。

传统文化中的民本思想为近代资产阶级(包括向资产阶级转变的地主阶级中的开明派)的政治家、思想家们所继承，并在新的历史条件下加以发展。例如，康有为在解释孟子"民贵君轻"的"微言大义"时说："盖国之为国，聚民而成之，天生民而利乐之，民聚则谋公共安全之事，故一切礼乐政法皆以为民也。但民事众多，不能人人自为公共之事，必公举人任之，所谓君者，代众民任此公共保全安乐之事，为民众之所公举，即为民众之所公用。民者如店肆之东人；君者，乃聘雇之司理人耳。民为主而君为客，民为主而君为仆，故民贵而君贱，易明也。"[①]照此说，君主不是什么"天子"，而是民众的一员；君权不是神授的，而是民众赋予的；君主不是民众的主人，而是民众的仆人，君主是受民众的委托、受民众的聘雇而为民众服务的。康有为的解释很明显地受到了黄宗羲的影响。黄宗羲在《明夷待访录·原君》中指出：君主产生于处理公共事务的需要，因此，"古者以天下为主，君为客，凡君之所毕世而经营者，为天下也"。

资产阶级革命派也尽量利用中国古代的民本思想，来为革命服务。孙中山对民本思想的继承和发挥众所周知，还有作为资产阶级革命派之一翼的国粹派，在这方面也很突出，他们很推崇古代那些有"异端"思想的"在野君子"，尤其是明末清初的思想家王夫之、黄宗羲、顾炎武和鸦片战争前后的龚自珍、魏源等人。刘师培在《中国民约精义》一书中，就曾广泛地援引这些学者的言论，阐发其中的民主因素，宣传主权在民和法治

① 康有为：《孟子微·中庸注·礼运注》，20～21页，北京，中华书局，1987。

思想。这本写于 1903 年的 50000 余言的小册子流传很广，刘师培也因之被誉为"东方卢梭"。经过国粹派的阐发，中国古代文化中的民主性精华在 20 世纪初得到了发扬，它对当时的资产阶级革命运动起了一定的积极推动作用。

中国文化从殷周时起就是一个融汇了多民族文化而形成的综合体。与欧洲中世纪文化相比，中国传统文化更具有涵摄性和包容性。中国文化的这个特点，在近代也起了十分重要的作用。近代从西方传入的各种先进思想，如科技思想、民主思想，以及五四以后传入的马克思主义，都可以在博大精深的中国文化中找到接洽点，被吸收到不断发展更新的中国文化体系中去，这是西方先进文化能够在中国传播、生根发展的重要原因之一。

中国传统文化中的活力因素不止以上所列举的几点，像自强不息的进取精神、深沉的忧患意识等也都极有意义，在近代文化变革中都起了重要作用或有重要发展。由于在中国传统文化中存在着许多积极的活力因素，它们在中国近代文化变革中起着联结新旧文化的作用，因此，中国近代的新文化，无论是资产阶级新文化，还是无产阶级领导的新民主主义文化，都不可能完全等同于西方文化，而是吸收了许多传统文化的精华、具有中国民族特色的新文化。

> **文化变革的根本原因是什么**

西方近代文化和中国传统文化中的活力因素，都是促使中国文化走向近代化的重要原因。但是必须看到，它们都不是根本原因，根本原因和动力是中国近代社会发展的需要。

前文已指出，植根于中国封建社会农业经济土壤之中的传统文化，已经不适应近代社会发展的需要了。在近代中国，资本主义经济成分已不再是原始的萌芽状态，以大机器生产为特征的近代资本主义已经产生并逐步发展，资产阶级随之产生并逐渐成长，它要求创造和发展为它服务的新文化，这就使传统文化产生了危机，并不得不向近代转型。

但是，中国近代社会并不是一个完全意义上的资本主义社会，而是一个半殖民地半封建社会，社会发展的核心问题不是如何发展资本主义的问题，而是如何挽救民族危机的问题。中国近代社会的变化主要是由于民族危机引发的，从一定意义上说，解决这个危机的过程，也就是中国社会向前发展的过程。中国近代文化的发展方向，它的内容、特点，也都是由这个危机和解决这个危机的要求所决定的；它对西方文化的选择，对传统文化的继承和改造，都是为解决这个危机服务的。

鸦片战争后，魏源提出"师夷长技以制夷"，就是为了抵抗外国侵略而倡导学习西方科技。光绪皇帝搞戊戌变法也是出于这种目的。当变法失败时，慈禧太后把他幽囚在瀛台，声色俱厉地质问他为什么要"变乱祖宗成法"，他战战兢兢地答道："洋人逼迫太急，欲保存国脉，通融试用西法。"（《清廷戊戌朝变记》）在慌乱中，光绪皇帝仍然简洁地说明了救亡图存和变法的关系。孙中山在谈到 20 世纪初年的革命风潮时说："革命的这种风潮，是欧美近来传进中国的。中国人感受这种风潮，都是爱国志士，有悲天悯人的心理，不忍国亡种灭，所以感受欧美的革命思想，要在中国来革命。"（《在黄埔军官学校的告别演说》）这也说明他是为救亡才输入革命思想的。

一代代志士仁人，都是围绕着挽救民族危机这个主题，苦苦探索，从"师夷长技以制夷"，到维新变法，到民主革命，到马克思主义，种种选择，都是为了这一目的。

中国近代社会发展的客观需要，不仅决定了中国人对西方文化和传统文化的内容的选择，而且决定了如何改造它们。以输入的西学为例，在中国最有影响力的莫过于进化论。所谓进化论，就是西方的社会达尔文主义。这种理论，以生存竞争说来解释人类社会，是一种为殖民者扩张服务的反动理论。但是一传入中国，却起了极大的积极作用，它增强了处于民族危机中的中国人的民族意识，并为社会改革提供了理论根据。再如自由学说，在西方是讲基于个人财产基础上的个人享有的自由权利，而在中国则主要是讲国家的独立自主，民族的自由解放。这显然是由中国深重的民族危机的客观形势所决定的。道理很简单，如果没有民族的独立自主，就不可能有个人的自由；在争取民族独立的斗争中，不宜过分强调个人的自由意志，相反倒要强调个人服从、个人牺牲。因此，在近代中国，个人自由权利的观念一直很淡薄，新文化运动中自由主义意识曾流行一时，但很快就被淹没在新的反帝反封建的政治斗争和军事斗争的高潮中了。

中国近代深重的民族危机也决定了近代文化思潮的迅速变迁和发展路向。大约每经过一代人的时间，即20—30年，中国就要更迭和流行一种新的文化思潮。19世纪60—90年代，主要是求强求富的洋务思潮；19世纪90年代—20世纪初年，主要是要求建立西方式民主制度的民主主义思潮；在1919年五四运动前后的新文化运动中，主要是追求个性解放的思潮，但为时不久，马克思主义就取代它而为先进的中国人所接受。中国人之所以最终选择了马克思主义，是因为历史的实践已经证明：只有社会主义才能救中国。

如上所述，中国近代的民族危机和社会发展的需要决定了对中西文化内容的选择和改造，决定了近代文化思潮的迅速变迁和发展路向，因此它是中国文化近代化的根本动力，与它相比，西方文化和中国传统文化中的活力因素都还是次要原因。

第四节　中国近代文化发展的正确方向

近代文化论争

在中国近代，围绕着如何发展近代文化，包括如何处理中西文化关系等问题，发生过多次文化论争。思想家们提出了许多解决方案或理论，其中影响较大的有"中体西用"论、"中国本位文化"论、"全盘西化"论等。

　　"中体西用"论是鸦片战争之后就出现的一种观点，流行于 19 世纪 60—90 年代洋务运动时期。这种理论一面主张引进西方的物质文化，一面又要捍卫中国传统的精神文化，而二者的关系是，前者为"用"，后者为"体"，"用"是为"体"服务的。早期维新派人物薛福成对此说得很清楚："今诚取西人器数之学，以卫吾尧舜禹汤文武周孔之道。"（《筹洋刍议·变法》）这个处理中西文化关系的方针在洋务运动时期曾经起过积极的作用，因为那时洋务派是主张变革的，站在他们对立面的是强大的封建顽固势力，顽固派根本拒绝西学，在这样的背景下，也只有在"中体西用"的口号下才有可能部分地引进西学。

　　"中体西用"论的另一个积极作用在于它开始破坏儒家文化固有的体系。儒学的基本体系就是孔子说的"修己安人"，即所谓"内圣外王"。"内圣"是通过内省修身的功夫完成自我道德人格，其具体步骤是"格物，致知，诚意，正心，修身"（《礼记·大学》）；"外王"是把自我道德人格由内及外、由近及远地推开来，以达到"治人""安人"的目的，其具体步骤就是"齐家、治国、平天下"。"内圣"是"治身心"之学，"外王"是"治世事"之学。在"内圣外王"的结构中，"内圣"是前提，"外王"是目的，只有先完成"内圣"，才能推及而实现"外王"。"内圣"和"外王"的这种关系也可以用"体"和"用"这对范畴来说明。明末清初学者李颙说："明道存心以为体，经世宰物以为用，则体为真体，用为实用。"（《答顾宁人先生》）"内圣"和"外王"即"体"和"用"的关系，二者是一个内在的统一体，这种统一表现在两个方面：第一，"内圣"修养和"外王"事功都是通过研究儒家经典来实现的，即二者统一在儒家经典的学习和实践中，这就是所谓"通经致用"；第二，通过"修己"即"成德成圣"自然就可以获得治国平天下的"外王"功效，即所谓"明体达用"。

　　洋务派"中学为体，西学为用"的主张是承袭儒家"内圣外王"的思路而来的，但二者也有一些重要的不同。张之洞在《劝学篇·外篇》中曾这样解释"中体"和"西用"的关系："中学为内学，西学为外学；中学治身心，西学应世事。"如果是这样，那么，第一，"内圣"的修己和"外王"的事功已不可能都通过学习儒家的经典来实现，"修己"通过中学来实现，"事功"则要通过西学来实现，换言之，"通经"已不必然能够"致用"；第二，由于中学只能"治身心"，而不能"治世事"，因此，"修己成圣"已不可能自然地获得治国平天下的"外王"事功，也就是说，"明体"已不能完全"达用"。这样一来，儒家经典就不再具有无所不能的绝对权威性，儒学由"内圣"推及"外王"的逻辑结构就遭到了破坏，而不得不把西方近代的物质文明引到中国文化中来。这是破天荒的事情，是一个历史性的进步。

　　但是，"中体西用"论的进步性是有限的。到 19 世纪 90 年代中期，中国文化的近代化进入第二个层面——制度层面，它要求改变封建制度，改变传统文化的"体"——三纲五常和"尧舜禹汤文武周孔之道"，而"中体西用"论正是要维护这个"体"，因此它就成为中国文化近代化的严重阻力。

到戊戌维新时，"中体西用"论就已不再是社会进步思潮的主流了，而成为一股逆流，不断遭到批判。但它在中国的影响一直很大，还不时兴起波澜，20 世纪 20 年代出现的"东方文化派"，30 年代出现的"中国本位文化派"，以及主张"返本开新"的现代新儒家，实质上都是变相的"中体西用"论者。

"中国本位文化"论正式提出是在 1935 年 1 月。当时由王新命、何炳松、陶希圣、萨孟武等十位教授在上海《文化建设》月刊上联名发表了《中国本位的文化建设宣言》（以下简称《宣言》），正式提出了这种理论。"中国本位文化"论的核心观点是："此时此地的需要，就是中国本位的基础。"①他们认为这就是建设新文化的依据，也是处理中西文化关系的准则。究竟如何对待中西文化，《宣言》的作者写道："把过去的一切，加以检讨，存其所当存，去其所当去"，"吸收欧、美的文化是必要而且应该的，但须吸收其所当吸收……吸收的标准，当决定于现代中国的需要。"②

从抽象原则上说，"中国本位文化"的提法并不错，它主张以中国现实需要为标准来取舍中西文化，超越了"中""西""体""用"之争。但问题的关键并不在于这些理论和原则的抽象阐述，而在于如何具体判定中国"此时此地的需要"，因为它关系到实际上要建设什么样的文化的问题。对于这个关键性问题，"中国本位文化派"是这样回答的：现在西方世界有三套文化，即英美的资本主义、新的国家主义和苏联的共产主义，而这三者均不合于中国国情，中国需要的是"第四套"文化③。什么是"第四套文化"呢？《宣言》的后台陈立夫说："'将我国固有之德性智能从根救起，对西方发明之物质科学迎头赶上'二语，实是为中国本位文化建设之方针与方法也。"④这一方针原来就是"中体西用"论的翻版。在这种文化建构中，没有给民主主义留下任何位置，所谓"此时此地的需要"云云，说穿了，不过是适应蒋介石的文化统治政策的需要罢了。

对于"中国本位文化"论的实质，当时胡适看得比较清楚。他指出，所谓"中国本位的文化"不过是"中体西用"论"最新式的化装"。他讥讽地写道：《宣言》的作者们把"中国本位"解释为"此时此地的需要"，而何键、陈济棠等军阀，一面从西方购买"最新模特儿"的飞机大炮，一面又在提倡"读经祀孔"，这也正是根据"中国此时此地的需要"而建设的"中国本位的文化"！⑤ 胡适的批评可谓一针见血。

胡适是个"全盘西化"论者。他在 1929 年首次使用"全盘西化"这个词来表达他的文化观点，到 20 世纪 30 年代，又声明放弃这种提法，因为"数量上的严格'全盘西化'是不容

---

① 《中国本位的文化建设宣言》，载《文化建设》第 1 卷第 4 期，1935-01。
② 同上。
③ 陶希圣：《对〈中国本位文化建设宣言〉的几点补充意见》，载《大学新闻周报》第 3 卷第 8 期，1935-04-23。
④ 陈立夫：《文化与中国文化之建设》，载《中央周报》第 355 期，1935-03-25。
⑤ 胡适：《试评所谓"中国本位的文化建设"》，载《大公报·星期论文》，1935-03-31。

易成立的"，所以改为"充分世界化"①，其实这两个词在胡适和其他西化论者那里是通用的，谁也没有把"全盘西化"硬性地解释为"百分之百西化"。

胡适等人的"全盘西化"论主要是针对 20 世纪 20—30 年代的"东方文化派"和"中国本位文化派"等文化保守主义派别而提出来的，它具有反对封建复古主义、反对国民党文化专制主义的积极意义。它在理论上的合理因素主要是分析了文化的整合性，强调了物质文明和精神文明的统一性。

胡适在论析物质文明和精神文明的关系时指出，凡是一种文明必有物质的和精神的"两个因子"，没有一种文明单是精神的，也没有一种文明单是物质的。"一部摩托车所代表的人类的心思智慧决不亚于一首诗所代表的心思智慧"，"精神的文明必须建筑在物质的基础之上"。② 胡适已经认识到，中国传统的精神文明是建筑在传统的农业社会的物质基础之上的，西方现代文明是建筑在工业社会的物质基础之上的，因此中国要想在物质文明方面仿效西方，就必须在精神文明方面也仿效西方，即不但在"机械"上，而且在"政治社会道德"上仿效西方。这表现出了资产阶级民主主义者对西方民主政治的热烈追求。

但是，"全盘西化"论者过分强调了文化的整合性，把它看成是机械的统一。另一位"全盘西化"论者陈序经说："文化本身是分开不得，所以它所表现出的各方面都有连带及密切的关系。设使因为内部或外来的势力冲动或变更任何一方面，则他方面也受其影响，他并不像一间屋子，屋顶坏了，可以购买新瓦来补好……所以我们要格外努力去采纳西洋的文化，诚心诚意地全盘接受他，因为他自己本身是一种系统，而他的趋势，是全部的，而非部分的。"这就是说，要接受西方文化就必须全盘接受，不能有所区分和选择。这种机械的观点显然是错误的，也不符合中国近代文化发展的实际。在中国近代文化发展过程中，一直都是有选择地吸收西方文化，并没有全盘西化。不仅中国如此，日本、印度等国家也是有选择地吸收西方文化，都没有全盘西化。诚然，有什么样的物质文明就有什么样的与之相适应的精神文明，但它们也不是完全同步发展的。作为观念形态的文化（文明）是一定社会的经济和政治的反映，并反转过来给予社会经济和政治以巨大影响。因此，人类文化的发展在某一历史时期主要表现为物质文化的进步，在另一历史时期则主要表现为精神文化的进步，二者表现为辩证的、动态的统一，而不是机械的、静态的统一。两个不同民族进行文化交流时，一个民族总是根据自己物质文明发展的水平去吸收另一个民族的文化，于是就表现出文化的选择性来。在古代，印度佛教传来时，中国和印度处于同样的物质文化的发展水平上，因此中国就比较容易接受佛教。在近代，中西文化发生撞击时，中国和西方不是处于同一发展水平，中国落后于西方，

---

① 胡适：《充分世界化与全盘西化》，载《大公报·星期论文》，1935-06-23。

② 胡适：《我们对于西洋近代文明的态度》，载《现代评论》第 4 卷第 83 期，1926-07-10。

因此，中国首先认识到自己落后并需要吸收的是西方的物质文化；而当中国的近代物质文化有了一定基础时，才能进而认识和吸收西方的精神文化。这就表现出对西方文化的选择性来，而不是要么全盘接受，要么全盘排拒。

胡适鉴于"全盘西化"的提法有"语病"，而改用"充分世界化"，这表明他很重视文化发展的时代性。但是他在强调时代性时，却忽略了文化的民族性。在近代，西方文化是先进的，是时代文化的主潮；中国文化是落后的，尚处于"古典时代"，中国应该也必须向西方的先进文化学习。这是近代先进的中国人的共识。但是这并不等于说中国就应该也必须完全抛弃自己的文化传统，全面认同西方文化。一个独立的民族，不仅是人种学意义上的，而且是文化学意义上的。一个民族的文化是由民族共同体在长期的历史发展中创造的，从这个角度来说，不同民族的文化是难分轩轾的，它们均适应了各民族自己的生存和发展的需要。民族文化，特别是其中的民族心理、民族习惯，本民族特有的思维方式、审美情趣等，都是经过长期的历史沉积而形成的，它们虽然也发生缓慢的变化，但具有不可割断的历史继承性。中国传统文化是中华民族在漫长的岁月中共同创造的，从来没有中断过，也不是任何人、任何外来力量所能割断的。就是胡适本人，实际上也一直徜徉在传统文化的海洋中，并为整理传统文化做出了很大贡献。这个事实对于"全盘西化"论者颇有讽刺意味。

民族的、科学的、大众的文化

在 20 世纪 30 年代围绕"全盘西化"论和"中国本位文化"论的论争中，一个十分重要的收获是关于中国新文化的发展路向逐渐清晰起来，这就是要建设"民族的、科学的、大众的"新文化。

1936 年 6 月，鲁迅和沈雁冰、冯雪峰商议后提出了"民族革命战争的大众文学"的口号。[①] 这是一个发展新文学的口号，同时又具有一般的文化学意义。这里已谈到文学的民族性和大众性问题，鲁迅还指出这个文学运动是"无产阶级领导的"。稍后，1937 年，张申府、胡绳等倡导"新启蒙运动"。他们明确主张发展无产阶级领导的新文化，而这个新文化应该是以科学的方法即"唯物、客观、辩证、解析"的方法总结和继承新文化运动的科学和民主传统，并且提出："这个新启蒙运动的文化运动应该不只是大众的，还应该带些民族性。"[②]这样，新文化的性质和发展方向就更明确了。

1940 年 1 月，张闻天(洛甫)在陕甘宁边区文化界救亡协会第一次代表大会上做《抗战以来中华民族的新文化运动与今后任务》的报告，指出中国的新文化应该是"民族的""民主的""科学的""大众的"，并且说这四项是有机联系着的。"真正民族的，必然是民主的、科学的、大众的。"[③]

也是在这一年的 1 月，毛泽东发表了著名的《新民主主义论》，其中有一节专门论述

---

① 参见鲁迅：《论现在我们的文学运动》，见《且介亭杂文末编》，130 页，北京，人民文学出版社，2006。
② 张申府：《五四运动与新启蒙运动》，载《读书月报》第 2 号，1937。
③ 《张闻天选集》，252～253 页，北京，人民出版社，1985。

新民主主义文化，说它应该是"民族的、科学的、大众的文化"①。比较一下，毛泽东的提法比张闻天的少了一个"民主的"，不过毛泽东在解释"大众的"含义时，说"大众的"即是"民主的"。因此两人的提法实质上是一致的。

毛泽东具体指出，所谓"民族的"，包括两层含义。一层是说，"它是反对帝国主义压迫，主张中华民族的尊严和独立的"。这就是说，新民主主义文化必须为解决中国近代社会的首要任务——挽救民族危机、维护民族独立而服务。其实，这不仅是新民主主义文化，也是整个中国近代新文化的根本任务。因此，反对帝国主义，维护民族独立，就是中国近代新文化的基本内容和特征。另一层含义是说，"它是我们这个民族的，带有我们民族的特性"。这是强调新民主主义文化应该具有民族性。这个民族性又包括文化的民族特征和文化交流中的民族主体意识。毛泽东对于后者特别做了详细论述。他写道："中国应该大量吸收外国的进步文化，作为自己文化食粮的原料……但是一切外国的东西，如同我们对于食物一样，必须经过自己的口腔咀嚼和胃肠运动，送进唾液胃液肠液，把它分解为精华和糟粕两部分，然后排泄其糟粕，吸收其精华，才能对我们的身体有益，决不能生吞活剥地毫无批判地吸收。所谓'全盘西化'的主张，乃是一种错误的观点。"②毛泽东在这里指出了文化民族性的深刻内涵：民族性不仅表现在应该有本民族的文化特征上，而且表现在吸收外来文化时的主体性上，而这种主体性不仅表现在吸收外来文化时的主体选择性上，而且表现在消化外来文化的能力上。也就是说，即使是外国的优秀文化，也不能完全照搬过来，而必须结合中国的实际情况，经过中国人自己的"消化"，使之成为具有中国特点的文化，包括对马克思主义也必须采取这种态度。

所谓"科学的"，一是说内容是科学的，二是说方法是科学的。内容是科学的，是说"它是反对一切封建思想和迷信思想，主张实事求是，主张客观真理，主张理论和实践一致的"；方法是科学的，主要是讲辩证的方法。为了具体说明新民主主义文化应有的科学内容和科学方法，毛泽东特别讲了应该如何清理中国古代文化的问题。他指出："清理古代文化的发展过程，剔除其封建性的糟粕，吸收其民主性的精华，是发展民族新文化提高民族自信心的必要条件；但是决不能无批判地兼收并蓄。必须将古代封建统治阶级的一切腐朽的东西和古代优秀的人民文化即多少带有民主性和革命性的东西区别开来。中国现时的新政治新经济是从古代的旧政治旧经济发展而来的，中国现时的新文化也是从古代的旧文化发展而来，因此，我们必须尊重自己的历史，决不能割断历史。但是这种尊重，是给历史以一定的科学的地位，是尊重历史的辩证法的发展，而不是颂古非今，不是赞扬任何封建的毒素。"《新民主主义论》里这段话概括起来就是两点：一是不能割断历史，二是必须批判地继承。前者和民族虚无主义划清了界限，后者同文化保

---

① 《毛泽东选集》第二卷，706页，北京，人民出版社，1991。

② 同上书，706～707页。

守主义划清了界限。

所谓"大众的"，即是"民主的"。这就是说，新民主主义文化必须具有民主精神，而这种民主精神首先就表现在使人民群众享有文化权。毛泽东特别强调新民主主义文化"应为全民族中百分九十以上的工农劳苦民众服务，并逐渐成为他们的文化"。这就将民主意识和群众观点统一起来。这一点对于发展新文化具有特别重要的意义。在当时中国那样一个广大人民群众被剥夺了受教育权利因而文盲充斥的国家，新文化运动的重要任务之一就是使广大人民群众掌握文化，离开了这一点，新文化运动就失去了意义。

事实上，鸦片战争以后的中国新文化，大体就是沿着"民族的、科学的、大众的文化"的方向发展的，这是一个不以人的意志为转移的客观过程，但在很长时期中是不自觉的。毛泽东提出了这个正确的方针，才指导新文化运动自觉地沿着这个方向前进。

但是，必须指出，毛泽东的《新民主主义论》发表于抗日战争时期，而后则是解放战争。残酷的战争环境，严重地影响了新民主主义的文化建设。不但如此，胡适等资产阶级民主主义者所倡导的资产阶级文化也由于种种原因而没有得到充分发展。因此，中国文化从传统向近代的转型并未能很好地完成，从而给新中国的文化建设留下了一个严峻的课题。

□参考文献□

1. 龚书铎：《中国近代文化概论》，北京，中华书局，1997。
2. 罗荣渠主编：《从"西化"到现代化》，北京，北京大学出版社，1990。

□思考题□

1. 试析中国文化从传统走向近代的动因。
2. 评"中体西用"论的积极作用和消极影响。

第十八章　建设社会主义的中国新文化

第一节　中国文化发展的新阶段

早在中华人民共和国成立前夕，毛泽东就提出了建设中国新文化的历史任务。他昭告世人："中国人民解放战争和人民大革命，已经复兴了并正在复兴着伟大的中国人民的文化。"（《唯心史观的破产》）1949 年 6 月，在北京召开的新政治协商会议筹备会上，毛泽东再次提出，共和国建立后要"有系统地和有步骤地在全国范围内进行政治的、经济的、文化的和国防的建设工作"（《在新政治协商会议筹备会上的讲话》）。同年 9 月召开的中国人民政治协商会议通过的《共同纲领》规定："中华人民共和国的文化教育为新民主主义的，即民族的、科学的、大众的文化教育。人民政府的文化教育工作，应以提高人民文化水平，培养国家建设人才，肃清封建的、买办的、法西斯主义的思想，发展为人民服务的思想为主要任务。"

在上述方针的指导下，人民政府对旧中国留下的文教单位加以接收改造，清除帝国主义的文化侵略势力，批判封建买办思想文化，建立了以马列主义为指导、以共产党和青年团为核心的政治思想教育体制，大力发展工农文化教育和少数民族文化教育，对高等院校进行院系调整，并对知识分子实行"争取、团结、改造"的政策。成效是十分显著的。在半殖民地半封建的旧中国，80％的人是文盲，尤其广大劳动人民根本得不到受教育的权利，广大少数民族地区的教育更是极端落后。这样，大力普及教育，大力发展工农教育和少数民族教育，就成为在教育对象方面的一个方向性的革命。新中国的教育事业有了长足的发展。《中华人民共和国 2024 年国民经济和社会发展统计公报》显示：2024 年全年我国研究生教育招生 135.7 万人，在学研究生 409.5 万人，毕业生 108.4 万人。普通、职业本专科招生 1068.9 万人，在校生 3891.3 万人，毕业生 1059.4 万人。中等职业教育招生 575.4 万人，在校生 1659.4 万人，毕业生 542.2 万人。普通高中招生 1036.2 万人，在校生 2922.3 万人，毕业生 891.0 万人。初中招生 1848.8 万人，在校生

5386.2万人，毕业生1698.2万人。普通小学招生1616.6万人，在校生10584.4万人，毕业生1857.3万人。特殊教育招生15.8万人，在校生91.6万人，毕业生17.7万人。学前教育在园幼儿3584.0万人。九年义务教育巩固率为95.9％，高中阶段毛入学率为92％。我国各类教育还呈现出继续发展的态势。在这样一个底子薄的大国、穷国，建立如此庞大的教育体系，并使其结构、布局日趋合理，教育质量不断提高，这是走了一条其他国家所没有走过的特殊的道路。

以提高全体人民的文化素质为目标，新中国的群众性文化事业也有很大的发展和进步。图书报刊发行量增加了数十倍，公共图书馆、博物馆、文化馆、艺术表演团体、电影放映场所等群众文化单位均成倍地增加，过去没有的作为现代大众传播媒介的电视已普及到千家万户。新中国的文物考古、古籍整理和文献出版工作的成绩也十分突出。在云南元谋县等一些地区先后发现170万年、200万年、300—400万年前的猿人化石；旧石器时期和新石器时期、母系氏族社会和父系氏族社会的文化遗址，在全国许多地方均有发现；诸多历史文化遗址，如秦始皇陵兵马俑坑、马王堆汉墓、银雀山汉墓等出土的各种石器、陶器、竹器、漆器、青铜器、金银器、墓壁画、竹简、帛书等国宝，数量巨大。新中国组织专家学者校勘和标点了《二十四史》《清史稿》《资治通鉴》《续资治通鉴》等许多重要古籍，《十三经》《诸子集成》《册府元龟》《太平御览》等大型集成类图书均整理出版或重印，并且有相当高的质量。

1956年，毛泽东提出了繁荣学术文化的"百花齐放，百家争鸣"的方针。尽管这一方针在贯彻执行中曾受到"左"的路线干扰，但由于它正确地反映了学术文化发展的规律和我们这个时代的特征，所以还是大大促进了文学、艺术、社会科学、自然科学、技术科学的发展和繁荣，新中国成立以来在这些文化领域所取得的成就是巨大的，无论数量还是质量都是前人所不可企及的，有些已达到或接近世界先进水平。可以说，新中国成立以来，中国出现了历史上从来没有过的文化复兴和繁荣的时代。这一时代的特征首先在于文化事业从少数人掌握、为少数统治阶级服务转变为由多数人掌握、为全体劳动人民服务，因而极大地解放了文化所蕴含的精神生产力。其次，从新民主主义文化发展而来的中国特色的社会主义文化，是以马克思主义的世界观和方法论为指导的，因此必然要批判封建主义和资本主义的旧文化，同时又要善于从人类过去创造的文化成果中吸取有用的东西，为建设社会主义新文化提供养料。

但囿于国际、国内条件和自身经验的不足，也由于当时政治形势的严峻和经济建设任务的繁重，新中国的文化建设在取得了巨大成就的同时，也出现了一些缺憾和失误，特别是1966年"文化大革命"开始后，新中国的文化事业遭受了很大的挫折，在一段时间内陷入停滞状态。当然，我们也要看到，"文化大革命"的迷误只是一种暂时的历史倒退现象，因为新中国的成立、生存和发展这一事实本身就决定着中国文化不断进步的总的历史趋势是不可逆转的，领导着中国社会主义事业的中国共产党，终于通过自己总结经验教训而从迷误中走了出来。

第二节　20 世纪 80 年代"文化热"的反思

**社会主义改革与
20 世纪 80 年代"文化热"**

党的十一届三中全会以后，中国出现了改革开放的大好形势。伴随着经济、政治改革的要求，在思想文化领域出现了一场持续十余年的文化研讨热潮。因为这一热潮主要发生在 20 世纪 80 年代，所以人们一般称之为 20 世纪 80 年代的"文化热"。在这一热潮中，无论是专家学者、青年学生还是其他社会各界人士，都共同关心并热烈探讨文化问题；无论是报刊、广播电视、大学课堂还是其他教育文化场所，文化问题都成为人们议论的中心。

20 世纪 80 年代的"文化热"，为什么会以如此巨大的规模、声势和魅力风靡于中国大地？一句话，它是对新中国文化发展中曾出现的曲折的反思和对中国未来的现代化宏伟大业的前瞻，它是在中国的社会主义改革和对外开放中应运而生的。

大家知道，当代中国正处在一个以经济体制改革为先导的社会主义全面改革的新时期。这场改革要实现从原先的半自然经济、产品经济向社会主义市场经济的转轨，因此不可避免地会发生新旧两种经济体制以及新旧观念之间的对立和冲突。我国几千年积累下来的文化观念，并不是与市场经济和现代化社会相适应的文化观念，而是农业社会的观念、封建宗法的观念和小生产的观念。我国近代发生的旧民主主义革命和新民主主义革命，以及中华人民共和国成立以后的社会主义革命，都没有彻底完成破除这些旧观念的历史任务；相反，它们却在"文化大革命"中回潮并泛滥成灾。改革开放后，反映这些观念的平均主义、重农轻商等僵化保守的传统习惯和社会心理，一度妨碍着市场经济的顺利发展，成为影响经济改革深入发展的阻力。邓小平同志在党的十二届三中全会上说："小生产的习惯势力还在影响着人们。这种习惯势力的一个显著特点，就是因循守旧，安于现状，不求发展，不求进步，不愿接受新事物。"（《解放思想，实事求是，团结一致向前看》）因此他多次强调指出：中国需要改革，不改革就没有出路。

改革既是一场深刻的革命，又是一个巨大的社会系统工程，它要在经济领域、政治领域和思想文化领域三个层面或先或后交错展开，其任务无疑是十分艰巨的。因此，中国经济改革和政治改革，期待着思想文化的改革成为雷鸣前之闪电，使先进的文化观念成为先导，促进社会主义事业的全面发展。由此可见，文化研讨实质上就是在改革开放的背景下，物质文化、制度文化变革在更深层次的思想文化层面的必然反映。因此，20 世纪 80 年代"文化热"与改革如影随形、紧密伴随，就是十分自然、可以理解的事情了。

文化研究的
巨大成绩

20世纪80年代的文化研究与文化讨论，表现出以往的文化研讨所不曾有过的崭新内容和独特性质，它取得的成就是巨大的、多方面的，对中国社会主义新文化建设的推动作用是不可低估的。

20世纪80年代"文化热"的特点之一是它的现实性。它绝不是文化殿堂里的装饰物或陈列品，也不是清谈馆里供人消遣的谈资，而是牢牢立足于中国的现实，对新中国文化发展中曾出现的曲折进行深刻的反思，并对改革中遇到的各种问题，都从文化的角度加以探索研究，破除旧框框，打开新思路。因此，这一文化研讨热潮在坚持正确的政治方向的前提下，实际具有思想解放的意义，能够产生巨大的社会效能，促进社会主义物质文明和精神文明建设，给改革带来强大的思想动力。

20世纪80年代"文化热"的特点之二是它的广泛性。它已远远超出了传统的文史哲研究的学科范围和领域，也远远超出了文化学者的书斋研究和课堂教学的有限天地，而成为一门全民关注、参与的综合性学问。由于现代科学跨学科研究带来的各学科相互交叉、渗透、综合的趋势，影响于文化研究，则不仅形成了哲学、文学、历史学、经济学、社会学、政治学、伦理学、心理学等各门人文社会科学相互配合、共同研究文化问题的局面，而且打破了人文社会科学和自然科学的传统界限，许多自然科学家也十分关切人类共同命运和中国文化的前途问题。就研究内容而言，举凡人们的思想观念、社会心理、思维模式、行为方式、伦理道德、审美情趣、文化比较等，都进入了文化学者的研究视野。20世纪80年代的文化研究不仅仅限于精英文化的范围，它还扩展到大众文化领域，诸如企业文化、校园文化、旅游文化、服饰文化、饮食文化等均一时兴起，文化研究已不再是少数文化学者的专利。

20世纪80年代"文化热"的特点之三是它的世界性。在改革开放的总形势下，中国当代文化已把自己置于世界文化的背景之中，把民族意识和全球意识结合起来，把民族精神和时代精神统一起来。文化研讨的一个重要内容，就是中西文化比较。在今天，我们再也不可能在封闭的情况下来孤立地进行中国文化研究，中国当代文化必然要受到世界文化思潮的影响。一个值得注意的现象是，由于对外开放，许多境外学者也实际上参与了20世纪80年代中国的文化讨论。这不是坏事情。中国文化正是需要在多元文化交流中打破以往的闭塞状态，走向世界，走向未来。

正因如此，20世纪80年代的"文化热"，显而易见带有改革开放的时代特征。它以多维视野反思中国文化，审视世界文化，承认世界文化是多元并举、互为补充的整体格局，并力图通过痛定思痛的自我反省、突破框囿的大胆求索，为创造社会主义新文化做好思想理论上的准备，并进行全社会的动员和启蒙。在这个意义上可以说，20世纪80年代"文化热"支持、赞助了改革开放，促进了文化观念的更新，推动了社会的进步。

有人曾经做过一个统计，从1949年到1979年的30年间，中国内地出版的文化学著作只有《中国文化史要论》一种。而在 20 世纪 80 年代出版的有关文化学、文化哲学、文化人类学、文化心理学、文化社会学、文化生态学、中国文化概论、中国文化史、西方文化史、东方文化史、比较文化学以及地域文化、专题文化研究的著作，数以千计，其中包括一些规模宏大、影响甚广的文化研究和普及丛书。可以说，在 20 世纪 80 年代，中国人文社会科学领域所取得的最突出的进展就是文化研究。文化学作为一门综合性学科建立起来，已经具有了一定的规模和理论框架，并且展开了它多方面的丰富内容。这对中国文化在 20 世纪 90 年代以至 21 世纪的发展，起到了有力的推动和指导作用。

文化讨论中的不谐调音调　20 世纪 80 年代的文化讨论表现出一种比较宽松的学术氛围，各种不同的文化观点、理论和主张都公开提了出来，并且相互间展开了热烈的争鸣和辩论。其中绝大多数都是为了深刻总结历史经验教训，为中国文化的未来发展探索一条切实可行的道路，但是也有少数论者是带着一种政治情绪的偏执来参加文化讨论的，因而不能客观地、理性地观察文化问题，发出了一些与时代精神不甚谐调的音调。这些文化观点主要包括以下几种。

全盘西化论。持此论者利用我国改革开放、国门洞开、西方形形色色思潮涌入之机，借文化包装贩卖政治赝品，极容易引起人们的思想混乱。有人公开主张："中国现在没有一样不落后，应当全方位开放或者叫全盘西化。""我这个全方位概念，是让先进的文化全面冲击中国，不是说哪个角度不要冲击……你不要先说哪个一定好，你不要先说坚持四条，坚持这个，坚持那个，我觉得没必要。"很明显，这种论调带有明显的政治色彩，是 20 世纪 80 年代中国资产阶级自由化思潮的代表性言论。如果说我国 20 世纪二三十年代的"全盘西化"论还不失为一种文化主张（当然这种主张并不正确），人们还可以从中汲取一些可供借鉴的思想资料的话，那么，20 世纪 80 年代的新的"全盘西化"论则毫无积极的文化意义可言，只是一种毫无掩盖的崇洋媚外意识，在政治上主张效法西方走资本主义道路。抛弃了民族主体意识，讲什么"全方位开放"，不加选择地"全方位引进"，实际上是一种民族投降主义、卖国主义，不仅会危及我们的社会主义制度，而且可能危及我们国家的独立和统一。在这种理论指导下，有人鼓吹中国要当"300 年殖民地"才有可能走上现代化的进程，把"全盘西化"的卖国主义实质可谓暴露无遗。

彻底重建论。持此论者多为一些青年学者。他们认为，立足于 20 世纪末期来审视中国的文化传统，发现其在总体上已一无足取，必须对中国文化进行全力的动摇、震荡，使之彻底瓦解、尽速消亡。欲建设中国新文化，"必须进行彻底的反传统"，"断裂传统"，"以反传统来继承传统"，甚至宣称反传统是"永远不悔的旗帜"。其实这种论点是缺乏科学根据、远离辩证思维的，是主观主义和情绪化的表现。

每个人都生活在一定的文化传统中，传统可以创新、转换，但是不能随便割断、抛弃。对中国文化传统应进行辩证的分析，全面认识它的正面和负面价值，不加分析地全盘否定危害甚大。但是，在文化反思时期，一些青年面对落后局面，容易情绪激动，认识片面，不正确地采用否定一切的态度。他们把现实的错误、落后，全都算在传统文化的账上，甚至埋怨生长养育我们的这片"黄土地"未能孕育出西方那样的科学文明。这种片面、偏激的认识很容易导致民族虚无主义，盲目崇拜西方，这是文化讨论中出现的一种不正确的理论。

复兴儒学论。这是 20 世纪 80 年代文化讨论中的一种保守论调。持此论者多为海外华裔学者，也在少数中国学者中引起共鸣。在他们看来，中国社会出路的解决在于文化出路的解决，文化出路的根本解决在于儒学的复兴。因此，只要抓住复兴儒学这个"根本"，就可以解决当代中国包括信仰危机、道德建设、经济发展等在内的一切问题。应该承认，持此论者对中国传统文化特别是传统儒学有较深入的了解，并有相当深厚的民族感情。但是儒学本身绝非尽善尽美，更不是包医百病的药方，加之百多年来欧风美雨的冲击以及马列主义在新中国确立了指导思想的地位，在这种情况下，如果说要批判地吸收传统儒学中的某些有价值的思想成分则可，如果说要完全恢复儒学在中国的统治地位，用以指导中国的现代化建设，则不仅是一厢情愿的主观幻想，而且是一种历史的倒退。

文化讨论中还出现了"西体中用"论、"新启蒙"论等种种不同主张，情况比较复杂，不宜简单评判，而应做全面具体的分析和评价。

事情很清楚，文化建设是当代中国必须要作好的一篇大文章，必须坚持正确的政治方向，用科学和理性来指导。如果用种种错误的、偏激的方式来进行文化批判和文化重构工作，不仅会在思想上、理论上引起混乱，而且会在实践中形成错误导向，把一些学识尚浅、判断力不强的青年人引向歧途，为害匪浅。凭实而论，错误的东西必将为正确的东西所取代，情绪化的东西终归要由理性来匡正，非科学的东西必依归于科学。错误的非科学、非理性的东西毕竟不能转化为现实的政策。因此，用理性的头脑、客观冷静的眼光来审视新中国的文化建设问题，无论对于文化学者还是青年一代，都是至关重要的。

第三节　20 世纪 90 年代以来文化建设的宝贵经验

20 世纪 90 年代，建设有中国特色的社会主义文化与精神文明建设工作有机融合，取得了丰硕成果和宝贵经验。全党继续高举邓小平理论伟大旗帜，围绕中心，服务大局，唱响主旋律，打好主动仗。无论是理论武装工作，还是思想道德教育、文化阵地建设、精神产品生产和群众性文化活动，都呈现出整体推进的态势。成绩的取得与党中央提出建设有中国特色的社会主义文化的一系列正确主张是分不开的。

刚刚进入 20 世纪 90 年代，江泽民同志《在庆祝中国共产党成立七十周年大会上的讲话》中明确指出："有中国特色的社会主义文化，必须以马克思列宁主义、毛泽东思想为指导，不能搞指导思想的多元化；必须坚持为人民服务、为社会主义服务的方向和'百花齐放，百家争鸣'的方针，繁荣和发展社会主义文化，不允许毒害人民、污染社会和反对社会主义的东西泛滥；必须继承发扬民族优秀传统文化而又充分体现社会主义时代精神，立足本国而又充分吸收世界文化优秀成果，不允许搞民族虚无主义和全盘西化。我们应该牢牢把握有中国特色社会主义文化的这些基本要求，极大地提高全民族的思想道德和科学文化素质，促进社会主义物质文明和精神文明的发展。"这一讲话精神是对20世纪80年代文化研讨经验教训的深刻总结，也是对20世纪90年代文化建设方向的正确揭示。

1996年，党的十四届六中全会作出了《中共中央关于加强社会主义精神文明建设若干重要问题的决议》（以下简称《决议》）。《决议》论述了社会主义精神文明建设的总的指导思想，设计了社会主义初级阶段中国思想道德建设的基本框架，提出我们的任务是"以科学的理论武装人，以正确的舆论引导人，以高尚的精神塑造人，以优秀的作品鼓舞人"，培养有理想、有道德、有文化、有纪律的社会主义公民，提高全民族的思想道德素质和科学文化素质。这既是加强社会主义精神文明建设的重要指导思想，也是建设有中国特色的社会主义文化的重要指导思想。

1997年，党的十五大对建设有中国特色的社会主义文化有了更系统、更深刻和更全面的纲领性认识。十五大报告指出："有中国特色社会主义的文化，就是以马克思主义为指导，以培育有理想、有道德、有文化、有纪律的公民为目标，发展面向现代化、面向世界、面向未来的，民族的科学的大众的社会主义文化。这就要坚持用邓小平理论武装全党，教育人民；努力提高全民族的思想道德素质和教育科学文化水平；坚持为人民服务、为社会主义服务的方向和百花齐放、百家争鸣的方针，重在建设，繁荣学术和文艺。建设立足中国社会现实、继承历史文化优秀传统、吸取外国文化有益成果的社会主义精神文明。"这一文化主张与纲领，明确指出了建设有中国特色社会主义文化的指导思想、方针原则、基本目标和基本特征，是中国人民在21世纪建设有中国特色社会主义文化的总要求。第一，马克思主义是文化建设的指导思想。建设有中国特色社会主义文化必须以马克思主义为指导。第二，培育"四有"公民是文化建设的目标。中国文化的现代化进程，从根本上说取决于国民素质的提高和人才资源的开发。人是要有精神的，只有造就适应社会主义现代化建设需要的一代又一代有理想、有道德、有文化、有纪律的公民，全面提高全民族的思想道德素质和科学文化素质，才能尽快实现中华民族的伟大复兴。第三，面向现代化、面向世界、面向未来的，民族的、科学的、大众的社会主义文化，是有中国特色社会主义文化的基本特征。"三个面向"表明了文化的价值取向，"民族的、科学的、大众的"表明了文化的民族特性、科学内容和科学方法、民主精神，"社会主义"表明了文化的性质和方向。

2000年，江泽民同志又提出了"三个代表"重要思想，他深刻指出，始终代表中国先进生产力的发展要求、代表中国先进文化的前进方向、代表中国最广大人民的根本利益，"是我们党的立党之本、执政之基、力量之源"（《论"三个代表"》）。随后《在庆祝中国共产党成立八十周年大会上的讲话》再次提出：坚持"三个代表"重要思想，这是保持党的先进性，保证党和国家事业兴旺发达的最重大的问题。"三个代表"重要思想是在总结历史经验的基础上，对中国共产党的性质、宗旨和根本任务的完整概括。其中对建设有中国特色的社会主义文化也提出了更高的要求和不断更新的奋斗目标。

　　进入 21 世纪，党的十七届六中全会通过的《中共中央关于深化文化体制改革推动社会主义文化大发展大繁荣若干重大问题的决定》指出："要培养高度的文化自觉和文化自信，提高全民族文明素质，增强国家文化软实力，弘扬中华文化，努力建设社会主义文化强国。"这一科学判断，把建设社会主义先进文化和建设国家软实力统一到我国文化强国的战略部署中，是中国文化走向世界的基础，也是社会主义文化大发展、大繁荣的任务。党的十八大以来，习近平总书记曾在多个场合提到文化自信，《在庆祝中国共产党成立 95 周年大会上的讲话》中，特别对文化自信加以阐释，指出"文化自信，是更基础、更广泛、更深厚的自信"，观点鲜明、态度坚决地传递出了新时代中国特色社会主义文化建设的理念和指导思想。2022 年，党的二十大将传承中华优秀传统文化与坚持和发展马克思主义相结合。党的二十大报告指出："坚持和发展马克思主义，必须同中华优秀传统文化相结合。只有植根本国、本民族历史文化沃土，马克思主义真理之树才能根深叶茂。中华优秀传统文化源远流长、博大精深，是中华文明的智慧结晶，其中蕴含的天下为公、民为邦本、为政以德、革故鼎新、任人唯贤、天人合一、自强不息、厚德载物、讲信修睦、亲仁善邻等，是中国人民在长期生产生活中积累的宇宙观、天下观、社会观、道德观的重要体现，同科学社会主义价值观主张具有高度契合性。我们必须坚定历史自信、文化自信，坚持古为今用、推陈出新，把马克思主义思想精髓同中华优秀传统文化精华贯通起来、同人民群众日用而不觉的共同价值观念融通起来，不断赋予科学理论鲜明的中国特色，不断夯实马克思主义中国化时代化的历史基础和群众基础，让马克思主义在中国牢牢扎根。"我们的文化自信不仅来源于博大精深、传承不绝的中华优秀传统文化，也来源于鲜明独特、奋发向上的革命文化，还来源于承前启后、继往开来的社会主义先进文化。党的二十大报告也指出，我们要"坚持为人民服务、为社会主义服务，坚持百花齐放、百家争鸣，坚持创造性转化、创新性发展，以社会主义核心价值观为引领，发展社会主义先进文化，弘扬革命文化，传承中华优秀传统文化，满足人民日益增长的精神文化需求，巩固全党全国各族人民团结奋斗的共同思想基础，不断提升国家文化软实力和中华文化影响力"。建设文化强国，我们应坚定文化自信，以马克思主义为指导，以社会主义核心价值观为中心，以中华优秀传统文化为根，建立具有时代特征、民族特征和社会主义特色的文化话语体系。每位有志于为党和社会主义文化事业做出贡献的共产党员、文化学者和青年学生，都会从中备受鼓舞，并深深感到，社会主义文化建设方向明确，前景辉煌，任重道远。

第四节 "古为今用，洋为中用，批判继承，综合创新"
——建设中国特色社会主义文化的哲学思考

从"会通超胜"说
到"古今中外法"
在新中国文化建设基本方针和道路这一重大问题上，中国的马克思主义者提出和坚持"古为今用，洋为中用，批判继承，综合创新"的正确主张。这一主张不仅有辩证法的世界观、方法论作为思想理论基础，而且是先进的中国人长期探索和缜密思考的结果。

早在明朝末年中国人接触"泰西之学"①之初，科学家徐光启就有"欲求超胜，必须会通"（阮元：《畴人传》卷三十二）之说，哲学家方以智亦有"借远西为刬子，申禹周之矩积"（《物理小识·总论》）之论，史学家万斯同则有"兼通两家之学而折其衷"（《送梅定久南还序》）之见，经学家焦循还有"会通两家之长，不主一偏之见"（阮元：《里堂学算记序》）之辞。降至晚清，魏源提出"天地气运自西北而东南将中外一家"（《海国图志后叙》）的预言，王韬也有天下之道"其终也由异而同"，"必有人焉融会贯通而使之同"（《弢园文录外编·原道》）的判断。这些早期的中西文化"会通"说，虽然还很难与折中主义完全划清界限，有的也有"中体西用"的倾向，但在当时历史条件下，它是冲破文化封闭状态，主张向西方学习的一种先进、开放的理论。徐光启等人正是在这种理论的指导下，做了许多引介西方学术文化的工作。

到了近代，这种古今融合、中外会通的观点，一直是富有辩证思维的有识之士的共同主张。如章太炎力主会通"华梵圣哲之义谛，东西学人之所说"（《菿汉微言》）。孙中山则称："余之谋中国革命，其所持主义，有因袭吾国固有之思想者，有规抚欧洲之学说事迹者，有吾所独见而创获者。"（《中国革命史》）蔡元培在文化方面，同样也持辩证综合的观念，他主张吸收世界各国的文化，尤其是共和先进国之文化，但是也应注意："所得于外国之思想言论学术，吸收而消化之，尽为我之一部，而不为其所同化。"（《在清华学校高等科演说词》）学习要和独创相结合，要和研究本国的文化遗产相结合，"非徒输入欧化，而必于欧化之中为更进之发明；非徒保存国粹，而必以科学方法，揭国粹之真相"（《〈北京大学月刊〉发刊词》）。由于蔡元培在中国文化界、教育界的特殊地位，他的上述言论影响深远，尤其是反对被人同化之说，对具有民族情感的人士有很大的激励作用。

在新文化运动的洗礼下，中国的马克思主义者也相继提出了古今中西文化沟通互补的思想。李大钊认识到："平情论之，东西文明，互有短长，不宜妄为轩轾于其

---

① 当时"泰西之学"主要是指西方近代科学技术。

间。"(《东西文明根本之异点》)他预言人类必将"创造一兼东西文明特质、欧亚民族天才之世界的新文明"(《俄法革命之比较观》)。恽代英也提出："居于今日之世界，宜沟通中西文明之优点，以造成吾国之新精神。"(《经验与智识》)这些提法都具有辩证思维的性质，表现出唯物史观派文化哲学的新的思想高度。

　　毛泽东汲取前人的智慧，综合党内外同志的真知灼见，进一步发展和深化了辩证综合的文化观。早在新民主主义革命时期，他在《如何研究中共党史》的讲话中就指出：如何研究党史呢？根本的方法"就是全面的历史的方法……通俗地讲，我想把它叫作'古今中外法'，就是弄清楚所研究的问题发生的一定的时间和一定的空间，把问题当作一定历史条件下的历史过程去研究。所谓'古今'就是历史的发展，所谓'中外'就是中国和外国，就是己方和彼方。"他还说明，所谓"古今中外法"，"也就是历史主义的方法"。毛泽东在这里提出的方法也完全适合于一般文化研究。对于文化研究来说，所谓"古今"，就是从时间的角度把文化及其传统看作是历史地发展着的；所谓"中外"，就是从空间的角度正确处理民族文化和外来文化的关系。中华人民共和国成立以后，他在《同音乐工作者的谈话》中又指出，"中学为体，西学为用"和"全盘西化"论之所以是错误的，就是因为在概念上犯了错误，因为"'学'是指基本理论，这是中外一致的，不应该分中西"，"中国的和外国的，两边都要学好"。总之，在古今关系上要做到"古为今用"；在中外关系上要以解决中国问题为中心，"洋为中用"。这就是毛泽东所倡导的"古今中外法"。徐特立曾通俗地讲解毛泽东这一辩证法的文化观，他说："毛泽东同志提出的古今中外法，就是说我们古代的也要，现在的也要，外国的也要，中国的也要。把古代的变为自己的和现代的结合起来，把外国的变为自己的和中国的结合起来，这样看问题才是马列主义的方法。"①应该说，毛泽东的这一提法富于辩证思维，精辟深刻。

建设社会主义新文化的指导原则　当今中国文化建设应坚持何种方针，怎样保证中国新文化沿着正确的道路健康、持久、深入地发展呢？1986年9月，党的十二届六中全会制定的《中共中央关于社会主义精神文明建设指导方针的决议》中指出：我们要建设"以马克思主义为指导的，批判继承历史传统而又充分体现时代精神的，立足本国而又面向世界的，这样一种高度发达的社会主义精神文明"。1997年9月党的十五大提出："建设立足中国社会现实、继承历史文化优秀传统、吸取外国文化有益成果的社会主义精神文明。"党的二十大报告进一步指出："全面建设社会主义现代化国家，必须坚持中国特色社会主义文化发展道路，增强文化自信，围绕举旗帜、聚民心、育新人、兴文化、展形象建设社会主义文化强国，发展面向现代化、面向世界、面向未来的，民族的科学的大众的社会主义文化，激发全民族文化创新创造活力，增强实现中华民族伟大复兴的精神力量。"这是对中国特色社会主义文化发展方向和道路的准确表述。

---

①　《徐特立教育文集》，88～89页，北京，人民教育出版社，1979。

　　首先，当代中国文化应以马克思主义作为自己的指导思想和理论基础。这是中国人民经历艰难困苦，经过无数次失败的教训才做出的历史选择。在此之前，中国人也曾希图以西方资产阶级的天赋人权论、进化论和其他学说作为自己的理论武器，然而成效甚微，失败却接踵而至。在怀疑和困惑中，中国人找到了马克思主义这个人类文化史上伟大的科学成果，中国文化从此才真正找到了正确的出路。实践证明，中国人民对于马克思主义的选择是正确的，此外没有别的选择。在中国文化的指导思想和理论基础这个问题上，中华人民共和国成立以后几十年的经验教训告诉我们：第一，中国文化必须遵循马克思主义开辟的道路前进，坚持革命性与科学性的统一，同各种非马克思主义的思想划清原则界限，同反马克思主义的思想进行坚决的斗争，这样才能坚持社会主义的政治方向，才不至于走到邪路上去。第二，在文化领域坚持马克思主义还必须注意克服极左思想的干扰，不应当把马克思主义看作离开人类文明发展大道的、自我封闭的、定于一尊的东西，而应当把它看作是开放的、容纳百家精华的、不断更新发展的思想体系。建筑在这种先进理论基础上的中国新文化，必然是根深叶茂的，自身有永不枯竭的生机，对外有无比强大的竞争力。

　　其次，当代中国文化要辩证地处理好"古"和"今"即历史传统和时代精神的关系。一方面，当代中国文化立足于新的历史背景，它要高瞻远瞩，面向世界，面向未来，有强烈的时代精神，因而决不能把自己局限于一个狭小的格局中孤芳自赏，更不能盲目地颂古、信古、好古、怀古；另一方面，要对历史传统进行认真研究，谨慎地甄别，以当代中国文化建设的需要为标准，分清糟粕和精华，然后进行正确的取舍。在这个问题上，把传统文化全盘接收过来是不行的，全面反叛、否弃也是不明智的，而应做到立足当今，古为今用。

　　最后，当代中国文化要辩证地处理好"中"与"外"亦即立足本国与面向世界的关系。所谓立足本国就是说中国文化建设要根据中国的国情、中国人民的民族习惯和中国现代化的需要来进行，而不是简单地照搬照抄外国文化建设的经验。中国有自己的特殊情况：人口众多，幅员广大，经济文化发展极不平衡；有些地区近百年来已受到近代经济和文化的洗礼，而更多的地区在生产方式、生活方式和文化心理方面还没有完全脱离自然经济、农业社会的传统模式；知识分子有较高的科学、民主与法治的要求，而文化程度较低的人们又对传统的文化、习俗比较适应。凡此种种都必须加以具体分析，因时因地因人制宜地加以解决。所谓面向世界就是说中国文化建设必须实行开放政策，不能搞文化封闭主义。近代世界和中国的历史都表明，拒绝接受外国的先进文化，任何国家、任何民族要发展进步都是不可能的。当然，我们面向世界，学习、吸收外国文化，决不要吸收那些腐朽丑恶的东西，决不要吸收其维护剥削和压迫的资产阶级思想体系，这是不言而喻的。党的二十大还进一步指出，我们要"坚守中华文化立场，提炼展示中华文明的精神标识和文化精髓，加快构建中国话语和中国叙事体系"，同时又要"深化文明交流互鉴，推动中华文化更好走向世界"。立足中国，面向世界，这是我们必须坚持的。

中国文化的
认同与适应

对于"古今""中西"的辩证关系，还应给以哲学的观照和理解。

任何一个国家、一个民族的文化，在其发展途程中，都经常出现这样一种矛盾运动：一方面它要维护自己的民族传统，保持自身文化的特色；另一方面它又需要吸收外来文化以发展壮大自己。这种矛盾运动，文化学上称为"认同"与"适应"。

首先，让我们分析一下民族文化认同问题。按照斯大林的说法："民族是人们在历史上形成的一个有共同语言、共同地域、共同经济生活以及表现于共同文化上的共同心理素质的稳定的共同体。"（《马克思主义与民族、殖民地问题》）可见，任何民族都有其与其他民族相互区别的文化传统。文化传统是一个民族世代代积累而成的精神财富，是一个民族发展动力接连不断的源泉。文化传统可以造成一个民族的自尊心、自豪感和自强精神。有了它，一个民族在遇到难以应对的历史环境的挑战的时候，就有可能激发民族活力，解决面临的复杂问题，使民族获得新生。

从世界文化史来看，欧美各国和日本实现现代化的一个强有力的精神杠杆就是本民族强烈的民族意识和爱国主义精神。尽管英、法、德、美、日诸国在采用资本主义制度和资产阶级意识形态方面是共同的，但是这些国家实现现代化的具体进程和方式，都各有自己的民族特色，它们都尽可能地保持了自己民族文化的特色，亦即在最大程度上实现了民族文化的自我认同。这些国家的人民在今天仍然常常以虔敬的心情缅怀自己的文化传统，对于本民族的历史文化遗迹，哪怕片纸只言，也视若瑰宝，备加珍惜。这种非常执着的、被人们称为"寻根"意识的东西，其实就是文化心理认同。

中国是一个文化传统极其深厚的泱泱古国，中国人民的民族文化认同心理更较其他民族为甚。仅以近代为例，无论是资产阶级维新派、革命派，还是无产阶级革命家，那些为中国近代化、现代化而不懈奋斗的志士们，他们的基本原动力就是根植于民族文化传统深层的爱国主义精神。今天的中国正处在历史转折的关头，它要迎接世界现代化潮流的挑战，把自己建设成为现代化的社会主义强国，更需要以民族文化传统为依托，进行独立的思考和判断，否则就不能自尊、自信、自强，自立于世界民族之林。中国的现代化不应该也不可能是西方各国或日本现代化的翻版，而应该是中国人民自己的勇气、信心、智慧和力量的产物。

几十年以来，不断地出现这样一种论调：中国文化的出路在于文化传统的"断裂"和"自我超越"。持此论者对旧的传统充满了义愤，渴望与传统一刀两断，于是将传统文化说得一无是处，不可救药。其实，一个民族的历史是不能割裂的，它的文化传统也是不能强行"断裂"的，任何一个民族成员都不可能"超越"自己的时代和自己涵泳其内的文化传统。貌似激烈的口号和过分夸张的言辞所包含的主观随意性，绝不可能真正给民族文化找到正确的出路，至多只能稍稍掩盖他们对传统的束手无策、软弱无力而已。章太炎曾针对这种虚诞的论调指出："自国的人，该讲自国的学问，施自国的教育，像水、火、柴、米一个样儿，贵也是要用，贱也就要用。"（《论教育的根本要从自国自心发出来》）因此，企图"断裂"民族文化传统的设想完全是一种"无根"之论，事实上不可能做到，并会在客观上销蚀人们的民族自信心，这完全是有害无益的。

我们肯定民族文化传统对于现代化的意义，并不是认为传统文化与现代化没有任何冲突，可以原封不动地保存下来，也不是主张人们回到陈旧的传统中去，更不是要人们去盲目地颂扬传统文化中的封建性毒素。立足于 21 世纪的时代高度和面临实现中华民族伟大复兴的历史任务，中华民族的文化认同绝不是向传统文化的全面认同和复归，而是立足现实，从传统文化中汲取可以为今天所用的东西。鲁迅说得好：

> 夫国民发展，功虽有在于怀古，然其怀也，思理朗然，如鉴明镜，时时上征，时时反顾，时时进光明之长途，时时念辉煌之旧有，故其新者日新，而其古亦不死。若不知所以然，漫夸耀以自悦，则长夜之始，即在斯时。（《摩罗诗力说》）

这些话是鲁迅在 20 世纪初新旧文化冲突激荡的时刻说的，时隔这么多年，仍然闪耀着理性的光芒，他对于"怀古"与"创新"的辩证分析，至今仍可以作为我们文化工作的指导方针。

其次，让我们来分析一下民族文化的适应性问题。一般说来，当一个民族处于封闭状态，与外域文化不发生任何联系的时候，是无所谓适应不适应的；只有当它与异民族发生交往，特别是激烈冲突的时候，发展阶段较低的民族文化才有一个如何适应发展阶段较高的民族文化的问题。文化发展的规律是：一个民族的文化只有遇到更先进的文化，在冲突与融合中才能更新发展。所以说，外部挑战乃是文化发展的重要条件。

从世界文化史看，欧美国家和日本（他们大都是临海国家）自古以来就崇尚贸易活动，重视同其他民族的交往，因此把对外文化交流视为习惯和自然，深感文化交流可以带来本民族的文化进步。在这方面日本文化是一个适应型文化的范例。日本历史学家高桥龟吉说："日本人对于外国的文化，并不视为异端，不抱抵触情绪和偏见，坦率地承认它的优越性，竭力引进和移植。"（《战后日本经济跃进的根本原因》）事实确是如此。它在古代一直以中国为师，深受中国文化的恩惠。近代当它意识到不以西方为师便难以生存和发展时，便断然"脱亚"，大量地、普遍地引进西方文化，终于使自己迅速成为世界强国。

相比之下，中国文化的适应能力是比较薄弱的。中国传统文化由于地理环境的隔离机制和历史上长期的领先地位，遂产生了强烈的文化优越感和自我中心的文化心态。在近代中国，一些文化保守主义者就认为，中华文化高明而精微，外来文化低劣而粗浅，因而在对待外来文化上总是难以摆脱自我本位的对应模式。这种对应模式直接繁衍出"中国文化本位"论、"国粹主义"等种种论调，什么"中国道德天下第一"，"外国物质文明虽高，中国精神文明更好"，"外国的东西，中国都已有过，某种科学即某子所说的云云"，如此等等，不一而足。在今天，依旧有人主张复归传统，复兴儒学，以此为自救之路。我们要排除这种不合时宜的自大心理，就必须从思想上明确："中央之国"的观念是封建时代的观念，平等观念、全球观念才是现代观念。我们要面对现实，以世界多民族、多种文化中的普通一员的身份来界定自身，以平等的身份和其他民族的文化进行交流对话。这样中国文化才有可能走向世界，走向未来。否则，深闭固拒，限于一隅，是难以发展进步的。

另一方面，对待外来文化的消极适应、全盘西化的观点也是错误的。其错误之一是散布民族自卑感，认为中国事事不如人。既然事事不如人，无可挽救，俯首投降算了，还有什么民族自救可言！其错误之二是不辨良莠，全盘引进。这种引进方法不啻是把痈疽当宝贝，岂不是病上加病！民族虚无主义和国粹主义，民族自卑感和民族自大心理，看似相反，其实是一种病态文化心理的两个方面、两种症状，究其病因都是对文化适应问题缺乏辩证的认识。在这个问题上，还是鲁迅的看法较为正确，他说：

> 明哲之士，必洞达世界之大势，权衡校量，去其偏颇，得其神明，施之国中，翕合无间。外之既不后于世界之潮流，内之仍弗失固有之血脉。（《文化偏至论》）

这就是说，对待外来文化既要有现代的眼光和宏大的气魄，敢于正面迎接它；同时又要在保持民族文化固有血脉的基础上对它加以分析权衡，去取得当，这样才于民族文化的建设和发展有益。这种分析，充满辩证法的光彩，无疑是很有见地的。

综上所述，认同与适应是一对辩证的矛盾，认同不是全面的认同，适应不是消极的适应，应当把它们有机地统一起来，既能保持民族主体性和民族文化的优良传统，又能广泛吸收外来文化的优秀成果，而最终以建设社会主义新文化、提高中华民族的科学文化水平为依归。这实际上就是毛泽东倡导的"古今中外法"，就是"古为今用""洋为中用"的选择和继承原则，这才是马克思主义的文化辩证法。

中国文化的综合与创新　关于中国文化建设的具体道路和走向，从"五四"以来直至今日，议论纷纷，但总的说来不外三种意见，三种典型看法。有的学者概括说：中国文化的发展有三条道路，第一是故步自封，因循守旧，以大国自居，自以为高明，这是没有前途的；第二是全盘西化，完全抛弃固有的文化传统，这是错误的，也是没有前途的；第三是主动吸收世界的先进文化成就，同时保持民族文化的独立性，发扬固有的优秀传统，创造自己的新文化，争取与发达国家并驾齐驱。① 也有的学者概括说：在"五四"以来的中国现代思想史上，一直存在着马克思主义、自由主义的西化派和以现代新儒家为代表的文化保守主义三大思潮既互相对立又互动发展的思想格局，20 世纪 80 年代文化讨论中的三个最主要的思想派别——自由主义的全盘西化派、保守主义的儒学复兴派和马克思主义的"综合创新"派，"它们之间的对立斗争和统一关系，仍然没有超出'五四'时期业已形成的思想格局，是七年来的文化论争在新的历史条件下的继续和延伸"②。上述论者共同强调："古为今用，洋为中用，批判继承，综合创新"是中国马克思主义派的文化主张。这四句话是一个整体，合在一起即马克思主义派对古今中西问题的完整回答，是缺一不可的。这一概括和上述"关于社会主义精神文明建设指导方针"的提法，和毛泽东的"古今中外法"，在精神上是完全一致的。其中关于综合创新的文化主张，很值得重视，具有重要的理论意义和现实意义。

"综合创新"论在学习、继承毛泽东"古今中外法"的基础上，进一步运用辩证思维的方法，立足于多维广阔的文化背景，超越中西对立、体用二元的简单思维模式，从社会主义现代化建设的实际出发，展示了中国新文化建设的可供操作的具体思路，体现了正确的理论导向。

古今中西文化的综合创新是建立在对文化结构进行分析的基础上的。任何一种文化体系作为完整的结构，都可以分解为不同的层面（如物质文化层面、制度文化层面和观念文化层面），每一层面又可以分解为若干要素，换言之，文化要素构成文化层面，文化层面构成文化系统。对此是可以加以分析的。

文化要素和系统之间的关系有种种复杂的情况，其中有两种特别值得注意的情况。一个文化系统所包含的文化要素，有些是不能脱离原系统而存在的，有些则可以经过改造而容纳到别的文化系统中去。前者意味着一个文化系统所包含的一些文化要素间，具有不可离的关系，例如中国殷周时代的分封制、井田制、贵族制，就具有"三者相扶以行，孤行则踬"（王夫之：《读通鉴论》卷三）的不可离关系，它们一损俱损，一荣俱荣，并与原系统相终始。后者意味着一个文化系统所包含的一些文化要素之间，具有可离的关系，例如科学和宗教、艺术、风俗是可离的。文化要素之间除了上述可离与不可离的关系外，还有相容与不相容的关系。例如，道德教育和法律制度是相辅相成、缺一不可的，而君主专制、封建道德与近代科学的发展则是不相容的。

认识到文化要素之间的相容与不相容、可离与不可离的关系十分重要，是我们把文化当作一个动态系统来把握的关键。

同一个文化系统中，既有相容并且不可离的许多要素，它们之间的相辅相成、相

---

① 参见张岱年：《文化与哲学》，北京，中国人民大学出版社，2006。

② 《现代新儒学研究的回顾与展望——访方克立教授》，载《哲学研究》，1990(3)。

互补充，是这个文化系统保持相对稳定不变的机制，它们稳定的联系即是这个文化系统的结构。同一个文化系统中，也有不相容或者可离的许多要素，前者隐伏着导致系统崩溃的契机，后者则可以成为代之而起的新系统的要素。这也就是说，在时间上相继而起的两个不同的文化系统之间，既有一个取代另一个的关系，又有一个继承另一个的关系。因为有一个继承另一个的关系，所以可以肯定二者之间包含有一些共同的文化要素。

在空间上并存的不同文化系统包含一些共同的文化要素，也各自包含一些不同的文化要素。前者表现了文化的普遍性，后者表现了文化的特殊性。这些不同文化系统的要素之间，也存在可离与不可离的关系、相容与不相容的关系，这既是它们各自具有相对独立性的根据，也是它们可以互相吸收、相互融合的根据。[①]

正是基于这样的认识，马克思主义文化派既反对"东方文化优越"论，又反对"全盘西化"论，而主张兼取中西文化之长，融会贯通而创造新的中国文化。无论对于中国古老的文化系统，还是对于西方文化系统以及其他民族的文化系统，都应该分门别类地进行整理、研究、分析、剔抉，就像庖丁解牛那样把整体的牛分解为各个部分，对各个文化系统的剖析则是把系统分解成各个要素，对于当代中国两个文明建设有益的就"拿来"，无益的就舍弃，有害的就加以批判肃清。这样就能够像百川汇海一样，吸纳各个文化系统的优势和长处，建立古今中西文化的合理互补结构。社会主义文化是多项有价值的文化成果的新的综合，同时也是一个文化创造的过程。通过这样的工作，中国固有文化一定可以实现质的飞跃，实现创新。

总之，建设中国特色的社会主义文化，就是在社会主义制度下，以马克思主义为指导，建立古今中外文化的最佳互补结构，亦即批判继承历史传统而又充分体现时代精神的、立足本国而又面向世界的社会主义新文化。这种新文化既不是固守传统，也不是照搬西方，它是在中国本土上、在中国固有文化基础上建设起来的，体现民族精神、时代精神和中国现代化进程的新文化。这种新文化承认原有文化基础的历史继承性，承认文化的发展进化是在原有基础上的发展进化，否则就失去了文化发展的内在根据；同时，这种新文化也承认文化在空间上的交流、民族间的沟通，以开放的胸襟迎接、吸纳新的文化要素，不断充实自己和增加生命活力。建立这种社会主义新文化必须高扬民族主体性的原则，也就是说要把中华民族的利益作为衡量、择取文化的标准。任何外来文化的吸纳和利用，都必须有利于我们国家、民族的生存和发展，有利于这个古老民族的进步和繁荣。

我们坚信，具有光荣历史传统的勤劳智慧的中华民族，一定会通过综合创新而实现民族文化的伟大复兴！

---

① 参见张岱年、程宜山：《中国文化与文化论争》，北京，中国人民大学出版社，1990。

□参考文献□

1. 张岱年、程宜山：《中国文化与文化论争》，北京，中国人民大学出版社，1990。

2. 方克立：《批判继承，综合创新》，见《现代新儒学与中国现代化》，天津，天津人民出版社，1997。

□思考题□

1. 中华人民共和国成立以后我国文化建设取得了哪些重要成就？主要的经验教训是什么？

2. 怎样认识和理解建设中国特色社会主义文化的基本内涵和精神实质？

3. 怎样从哲学思想的高度深刻理解"古为今用，洋为中用，批判继承，综合创新"的文化主张？

后　记

本书是在国家教委指导下集体编著的高等学校公用教材。中国文化概论课程已在部分高等学校试开，它在帮助青年学生了解祖国的历史文化，提高其人文素质，增强民族自信心、自尊心和自豪感，培养爱国主义情操方面起了积极的作用。实践证明，很有必要在包括文、理、工、农、医在内的各类高等学校普遍开设这门课程。去年年底，国家教委给我们布置了编写《中国文化概论》教材的任务，要求一年完成。我们依靠集体的力量，按期完成了这本书稿。

本书由张岱年（北京大学）、方克立（南开大学）主编，下设包括全体编写组成员在内的编委会，常务编委为张岱年、方克立、冯天瑜（湖北大学）、郭齐勇（武汉大学）、杨志坚（国家教委）。各章的作者分别是：

绪论：何晓明（湖北大学）；

第一章：葛剑雄（复旦大学）；

第二章：陈支平（厦门大学）；

第三章：王连升（南开大学）；

第四、五章：周积明（湖北大学）；

第六章：申小龙（复旦大学）；

第七章：汪茂和（南开大学）；

第八章：郭齐家（北京师范大学）；

第九章：莫砺锋（南京大学）；

第十章：张法（中国人民大学）；

第十一章：许凌云（曲阜师范大学）；

第十二章：樊和平（东南大学）；

第十三章：赖永海（南京大学）；

第十四章：郭齐勇（武汉大学）；

第十五章：任大援（西北大学）；

第十六章：李宗桂（中山大学）；

第十七章：杨国荣（华东师范大学）；

第十八章：房德邻（北京师范大学）；

第十九章：周德丰（南开大学）。

本书编写工作程序大致是这样的：今年1月，在北京召开了中国文化研讨会暨《中国文化概论》编写工作会议，20多位与会学者对在高等学校开设这门课程的意义做了充分的肯定和深刻的阐述，并基本上肯定了主编提出的《中国文化概论》编写大纲的合理性和可行性。会后开始组织编写队伍，确定章节分工，并要求在上半年分别写出各章初稿。8月初，在黑龙江省齐齐哈尔市召开了《中国文化概论》初稿讨论会，全体作者出席了会议，并邀请部分专家与会指导。会后各位作者根据主编归纳的意见对初稿做了修改。11月，在武汉召开了统稿会议，由方克立、冯天瑜、郭齐勇执笔分别对上、中、下三编进行统一修改、协调和润色。最后主编通读了全稿，于12月初交出版社付梓。

由于这部书稿是多人执笔编写的，文字风格不尽一致，内容交叉重复在所难免。同时由于经验不足，内容深浅程度的掌握亦不尽如人意。总的来说，作为普通高等学校教材，有内容偏深、分量过重之虞。这些问题和不足，在统稿中只能部分地解决，大的改进则要俟诸来日。

我们十分感谢国家教委高教司、社科司、思政司对本书编写工作的关心、指导和支持；十分感谢戴逸、罗国杰、张岂之、龚书铎、肖萐父、方立天、张立文、钱逊、羊涤生、瞿林东、许树安、张锡勤、董驹翔等专家在北京和齐齐哈尔会议上的热心参与、指导和帮助，以及在审阅书稿时所提出的十分中肯的意见和建议；十分感谢中国人民大学、齐齐哈尔师范学院、湖北大学为三次会议提供的优越条件和优质服务；也十分感谢北京师范大学出版社及责任编辑仇春兰同志为本书出版所付出的辛勤劳动。

编者

1993年12月1日

修订本后记

本书作为高等学校人文素质教育课程的公用教材，已被全国各类高等学校广泛采用。在使用过程中，大学生们和任课教师提出了许多中肯的修改意见。我们这次的修订工作，就是在充分听取他们意见的基础上，充分考虑了近十年来中国文化的新进展，对原教材做的一次全面的审查与局部的修改、调整，力图使它更适应于 21 世纪大学生人文素质教育的需要。

在这次修订工作中，除了第六章"中国语言文字"请北京师范大学王宁、齐元涛重写之外，其余各章仍请原作者执笔。为了便于教学，修订本在各章后面均增补了"思考题"和"参考文献"。

这次修订工作由主编方克立主持，王连升、周德丰、任大援、齐元涛协助主编做了一些文字统稿的工作。

教育部高等教育司和北京师范大学出版社对这次修订工作十分重视，给予了多方面的指导和支持。

编者

2003 年 6 月 20 日

第3版编辑后记

《中国文化概论》一书的第 1 版出版于 1994 年，距今已近 30 年。此间，许多当年尚是青年学人的作者，已渐次竞为学界砥柱；在出版社内，此书也已历经数代编辑耕耘、维护。至于今日，作者和编辑中，已然俱有仙逝者，扼腕悲悼之余，不免喟叹时光荏苒。尝记与彼时尚在世的主编方克立先生提及出版第 3 版一事，他初时并不认为有此必要。因本书诞生后经过了这么长的时间，似乎该完成的历史使命已毕，此后当随时间自然隐去，会有新的教材成为新的经典。然而事实上，高校中的诸多师生仍长久地认可和记挂着这本书，它在高校的中华优秀传统文化教育中，仍质朴而绵延地发挥着应有的作用。得知此情，方先生欣然接受了出版第 3 版的方案。

此次修订在第 2 版的基础上做了如下工作：其一，重新校订并润色了全书文字，核查了全书文献，调整了部分章节（由 19 章整合为 18 章），完成了系统的勘误工作；其二，落实了习近平新时代中国特色社会主义思想和党的二十大精神进教材的工作，更新了部分资料、数据；其三，变更了图书版式。在完成这些工作后，我们希望这本教材能更加切合今天高等院校相关教学活动的需要，能更好地辅助中华优秀传统文化的传承与传播在高等教育中的开展和推进。

这本教材的健旺生命，既是由作者对中国文化的自豪、热爱和精妙论述赋予的，亦是由读者对中国文化历史与未来的崇敬、自信和关切赋予的。作为出版人，对所有赋予此书生命者，唯有满腔敬意和谢忱！第 3 版的完善工作不会止步于此，如发现疏漏之处，请反馈至 huans2001@163.com，编辑诚挚地接受读者批评、指正！

编辑　周劲含
2023 年 6 月